中国居民收入分配年度报告（2017）

顾问　王晓涛　宋晓梧　程建林　施子海

ANNUAL REPORT ON CHINA HOUSEHOLD INCOME DISTRIBUTION（2017）

国家发展和改革委员会就业和收入分配司
北京师范大学中国收入分配研究院　编著

社会科学文献出版社
SOCIAL SCIENCES ACADEMIC PRESS (CHINA)

《中国居民收入分配年度报告（2017）》编写委员会

顾　　问　王晓涛　宋晓梧　程建林　施子海

编 委 会　李　亢　常铁威　李　实　刘　浩　王益烜
张　毅　张志斌　叶霖儿　尹志远　常　城
刘　健　贾希为　张立新

编委会主任　李　亢

编写小组　陈　俊　李小亮　韩非池　万海远　陈　希
邸建亮　张嘉佩　刘洪波　马　佳　孟灿文
丁成栋　尤笑宇　单晓红　井　明　王晓飞
马　静　余　平　张　达　詹　鹏　戴　科

前　言

近年来，我国经济实力再上新台阶，经济结构出现重大变革，经济体制改革持续推进，经济更具活力和韧性，保障和改善民生的力度进一步加大，那么，居民收入分配领域发生了怎样的变化?《中国居民收入分配年度报告(2017)》涵盖了全国居民收入状况以及城乡、所有制、行业、地区等分组资料，还有与之相关的财税政策、社会保险、社会救助等数据信息，反映了当前我国居民收入分配状况的全貌，向社会广大读者全面回答了这一问题。

从2016年的情况看，我国国民经济形势缓中趋稳、稳中向好，经济结构继续优化，质量和效益有所提高，同时，收入分配制度改革进一步向纵深发展，收入分配结构出现了一些新的变化，这使《中国居民收入分配年度报告(2017)》的编写出版更具现实意义。

这本书的组织编写工作由国家发改委就业和收入分配司与北京师范大学中国收入分配研究院共同完成，参与的部门包括国家统计局、人力资源社会保障部、民政部、财政部、国务院扶贫办、国家税务总局等。其中，第一章到第六章是关于居民收入分配的年度统计资料和分析报告，包括按城乡、地区、行业和经济类型划分的收入分组等情况；第七章到第十二章是与居民收入密切相关的个人所得税、社会保险、社会救济、财政再分配、扶贫攻坚、技能人才等信息和工作情况；第十三章到第十五章是对年度收入分配的形势分析及劳动力成本、收入分配政策评估等方面的研究报告。这些报告反映了部分新的学术动态和专家观点，提供了收入分配研究的新视角，供读者参考。本书附录是2016年国家出台的有关收入分配的政策性文件及主要收入分配统计资料。由于本书为每年连续编写，因此各年数据可连续观察，研究比较，判断发展趋势，既可以为政府部门决策提供参考依据，又能为社会机构与个人提供多角度信息和分析材料。

国家发改委副主任王晓涛同志非常支持本书的编写工作，并担任本书顾问。中国经济改革研究基金会理事长宋晓梧同志作为北京师范大学中国收入分配研究院院长对此也积极给予支持并担任本书顾问。本书的具体编写工作是在国家统计局国民经济核算司、住户调查办公室、人口和就业统计司，人力资源和社会保障部职业能力建设司、社保中心，国家税务总局所得税管理司，民政部规划财务司，财政部综合司，国务院扶贫办规划财务司等部门的共同努力下完成的，对以上领导和专家同仁以及这些部门机构的合作与支持，我们在此一并表示衷心的感谢！

限于我们的水平，本书在编写中会有不少缺点，恳请广大读者给予指正，以便我们在今后不断改进，全面、准确、及时地做好中国居民收入分配状况报告的编写工作。

国家发展和改革委员会就业和收入分配司

北京师范大学中国收入分配研究院

2017 年 11 月

目　录

第一章
2016年全国居民收入分配总体状况

2016年，世界经济延续疲弱复苏态势，我国发展所处的外部经济环境依然错综复杂，国内发展面临诸多矛盾叠加、风险隐患交会的严峻挑战。在以习近平同志为核心的党中央坚强领导下，各地区、各部门全面贯彻党的十八大和十八届三中、四中、五中、六中全会精神，认真落实党中央、国务院决策部署，统筹推进“五位一体”总体布局和协调推进“四个全面”战略布局，坚持稳中求进工作总基调，坚持新发展理念，以推进供给侧结构性改革为主线，深入推进“三去一降一补”，着力振兴实体经济，妥善应对风险挑战，引导形成良好社会预期，经济社会保持平稳健康发展，实现了“十三五”良好开局。在国民经济缓中趋稳，新结构、新经济、新动能加速形成，传统产业结构调整深化的新形势下，全国居民收入实现较快增长，居民可支配收入占国民可支配收入的比重继续提高，宏观收入分配格局进一步改善。

一 居民收入及其变化情况

根据最新的资金流量核算结果，2015年，我国居民可支配收入为42.3万亿元，同比名义增长8.1%，增速较上年下滑1.4个百分点，占国民可支配总收入比重为61.6%，占比较上年提高1个百分点。由于2016年资金流量表尚未编制完成，我们根据资金流量核算历史数据和城乡住户调查资料进行推算，2016年我国居民可支配收入有望超过46万亿元，在国民可支配总收入中的占比将会继续提高。

（一）居民收入增长的特点

1. 居民收入增长与经济增长基本同步

党的十八大报告中明确提出必须深化收入分配制度改革，努力实现居民收入增长和经济发展同步、劳动报酬增长和劳动生产率提高同步，提高居民收入在国民收入分配中的比重，提高劳动报酬在初次分配中的比重。近年来，通过完善劳动、资本、技术、管理等要素按贡献参与分配的初次分配机制，加快健全以税收、社会保障、转移支付为主要手段的再分配调节机制，深化企业和机关事业单位工资制度改革，推行企业工资集体协商制度，保护劳动所得，多渠道增加居民财产性收入，居民收入持续平稳较快增长。2016年，全国居民人均可支配收入23821元，比上年名义增长8.4%，扣除价格因素实际增长6.3%，比人均GDP增速高0.2个百分点。其中，按常住地分，城镇居民人均可支配收入33616元，比上年名义增长7.8%，实际增长5.6%；农村居民人均可支配收入12363元，比上年名义增长8.2%，实际增长6.2%。2016年，我国城镇化率达到57.4%，其中，城镇年平均人口7.82亿，农村年平均人口5.97亿。根据住户调查数据按城乡年平均人口直接放大推算，2016年城乡居民收入约为33.7万亿元，同比名义增长9.7%，高于GDP名义增长率1.7个百分点。历史数据表明，根据住户调查数据直接放大推算的城乡居民收入占资金流量核算中居民可支配收入的比重在70%左右波动（见表1－1），据此推算，2016年资金流量核算中居民可支配收入将会超过46万亿元，在宏观收入分配格局中，居民可支配收入占比将会继续提高，延续自2009年以来稳步上升的走势。

表1－1　住户调查数据推算结果与资金流量核算结果的比较

年份	住户调查数据推算结果（亿元）	资金流量核算结果（亿元）	住户调查数据推算结果占资金流量核算结果的比例（%）
2000	46502.6	65484.2	71.0
2001	51208.4	70437.0	72.7
2002	57383.2	75669.6	75.8

续表

年份	住户调查数据推算结果（亿元）	资金流量核算结果（亿元）	住户调查数据推算结果占资金流量核算结果的比例（%）
2003	63791.7	85042.6	75.0
2004	72643.2	95905.2	75.7
2005	82423.5	109841.8	75.0
2006	93814.1	128123.2	73.2
2007	111917.5	155432.6	72.0
2008	130855.3	184002.0	71.1
2009	144888.3	203755.2	71.1
2010	165899.3	239384.3	69.3
2011	194687.1	285192.2	68.3
2012	223683.7	320793.2	69.7
2013	250914.4	357113.4	70.3
2014	278897.0	391110.0	71.3
2015	306923.8	422956.4	72.6

我们将2005年以来GDP与居民可支配收入的名义增长率进行比较可以看到，如图1－1所示，2008年以前，居民可支配收入增长速度一直慢于GDP；2008年之后，国民收入分配逐渐向居民倾斜，居民可支配收入增长率快于GDP增长率已经成为宏观经济运行的常态。

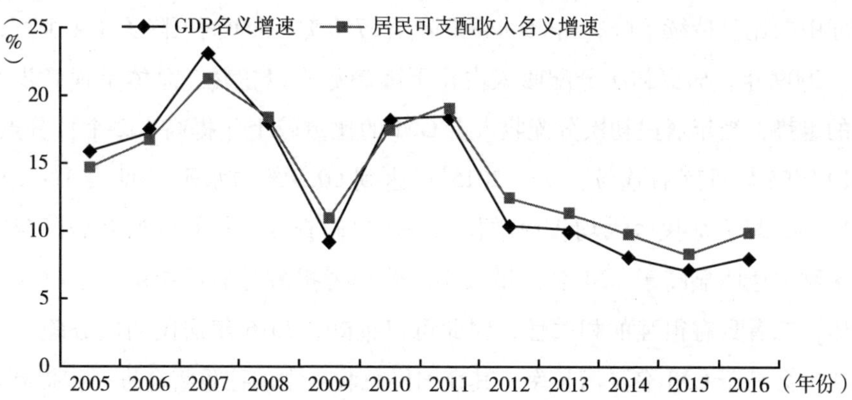

图1－1　2005年以来GDP、居民可支配收入名义增速

2. 居民收入在宏观收入分配中占比继续上升

在宏观收入核算中，参与收入分配的主体分为企业、政府和居民三大机构部门，三者的收入分配格局是国民经济的重大比例关系之一，社会各界都高度关注。2015 年，国家统计局根据研发支出核算方法改革后的 GDP 数据编制了 2014 年资金流量表，并对 1992 ~ 2013 年资金流量表进行了修订。2016 年、2015 年资金流量表在基础资料来源、核算方法等方面都与 1992 ~ 2014 年资金流量表保持一致可比。资金流量核算结果显示，2015 年，居民部门收入在初次分配和再分配环节的占比均有所上升，根据现有资料估算，预计 2016 年居民收入在宏观收入中的比例还将继续提高。

国民核算中收入分配包括初次分配和再分配两个层次。其中，初次分配收入是指生产活动所创造的价值在参与生产活动的生产要素所有者及政府之间进行分配，生产要素主要包括劳动力、资本、自然资源等。政府、企业和居民部门初次分配收入之和等于国民总收入（GNI）。2015 年，居民部门初次分配收入为 41.8 万亿元，占国民总收入比重达到 60.9%，较 2014 年上升 0.8 个百分点。由最新的三部门收入分配占比可以看到，2000 ~ 2015 年居民初次分配收入占 GNI 的比重变化可以清晰地分为两个阶段：2000 ~ 2008 年，居民初次分配收入由 64768.8 亿元增长到 183431.2 亿元，年均名义增长 13.9%，低于同期 GNI 名义增长率 1.9 个百分点，相应地，居民收入在初次分配中的比重持续下降，由 65.4% 下降至 57.0%，8 年间下降了 8.4 个百分点；2009 年，居民初次分配收入占比下降趋势得以扭转，总体呈现稳步回升的走势，当年居民初次分配收入占 GNI 的比重较上年提高 1.2 个百分点，2010 年略微回落后连续上升，2015 年达到 60.9% 的水平（见表 1 - 2）。2016 年，城乡居民收入均较快增长，按住户调查数据推算的城乡居民劳动者报酬增速明显高于 GNI 名义增长率。劳动者报酬是居民初次分配收入的主体，二者具有很强的相关性，因此可以推断，2016 年居民初次分配收入增速也会高于 GNI 名义增长率，其在国民总收入中的比重将会进一步提高。

收入再分配是在初次分配的基础上，通过经常转移对收入进行再次分配。再分配的结果是形成各个机构部门的可支配收入。通常情况下，再分配环节居民的经常转移净额规模不大，一般只占居民可支配收入的1%左右，因此，经常转移只是对居民收入的小幅调整，居民部门在初次分配和再分配环节占比十分接近。2015年，居民可支配收入为42.3万亿元，占国民可支配总收入比重为61.6%，比2014年上升1个百分点。表1-2的数据序列显示，2000~2015年，居民可支配收入占国民可支配收入的比重也可以明显地分为两个阶段：2000年，居民可支配收入为65484.2亿元，2008年达到184002.0亿元，年均名义增长13.8%，低于同期国民可支配总收入名义增长率2.1个百分点，相应地，居民可支配收入在国民可支配总收入中的比重持续下降，由65.8%下降至56.7%，8年间下降了9.1个百分点；2009年，这一下降趋势得以扭转，居民可支配收入占比回升了1.4个百分点，2010年略微回落后，2011~2015年持续上升，2015年达到61.6%的水平。2016年，城乡居民收入增长较快，政府惠及民生的转移支付力度不断加大，居民可支配收入的占比将会继续提高。

表1-2 2000年以来居民收入在初次分配和再分配中的占比

年份	初次分配(%)	再分配(%)
2000	65.4	65.8
2001	63.9	64.0
2002	62.3	62.3
2003	61.7	61.6
2004	58.8	58.7
2005	58.9	58.4
2006	58.4	57.9
2007	57.5	56.8
2008	57.0	56.7
2009	58.2	58.1
2010	57.9	57.8
2011	58.5	58.6
2012	59.1	59.5
2013	59.9	60.5
2014	60.1	60.6
2015	60.9	61.6

3. 劳动者报酬占国民总收入的比重有所提高

劳动者报酬指在核算期内劳动者从事生产活动应获得的全部报酬。具体包括两大类：一是劳动者在单位就业获得的劳动报酬，包括工资、奖金、津贴和补贴，单位为员工缴纳的社会保险费和住房公积金及其他各种形式的福利和报酬等；二是个体经济活动中自雇者的劳动报酬，需要基于个体经营收入按一定比例在劳动者报酬和营业盈余之间进行划分。

从图 1－2 我们可以看到，2000～2007 年，劳动者报酬在国民总收入中的比重总体呈下降的趋势，由 2000 年的 52.7% 下降至 2007 年的 48.1%。2008～2009 年，劳动者报酬占 GNI 比重明显上升，2009 年达到 48.8%，比 2007 年提高 0.7 个百分点，2010 年有所回落后持续回升，2015 年劳动者报酬达到 35.7 万亿元，占国民总收入比重为 52.0%，比 2014 年上升 1.1 个百分点。根据现有资料推算，2016 年劳动者报酬占国民总收入的比重将会继续提高。劳动者报酬是居民收入的主要来源，占居民可支配收入的比重超过 80%，劳动者报酬平稳较快增长有利于提高居民收入比重，改善宏观收入分配格局。

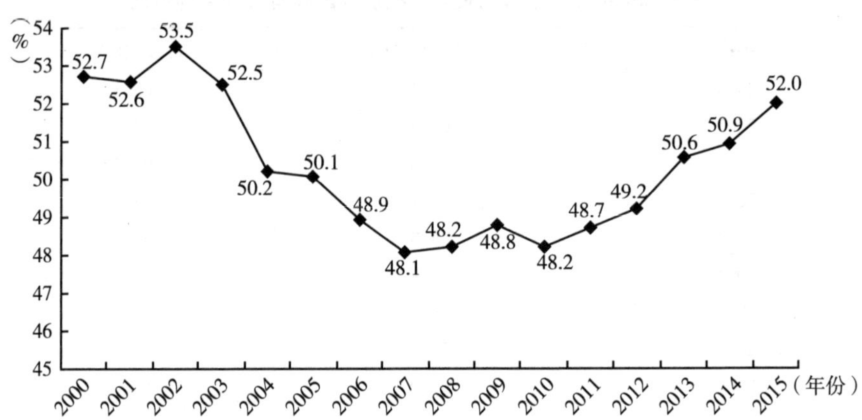

图 1－2　2000 年以来劳动者报酬占国民总收入的比重

4. 城乡居民收入相对差距缩小

基尼系数是用来衡量居民收入差距的常用指标。基尼系数在 0 和 1 之间，数值越大，说明居民收入差距越大。近年来，中国的基尼系数总体上是呈下降趋势的，从 2008 年到 2015 年，中国居民收入的基尼系数从 0.491 下降到 0.462，2016 年基尼系数为 0.465，比 2015 年略微提高 0.003，但是中国基尼系数总体下降的趋势并没有改变。根据调查，基尼系数扩大的原因主要是城市一部分低收入者的养老金收入增速略有放缓，农村一部分以粮食生产收入为主的居民由于粮价的下跌，收入略有减少。随着脱贫、扶贫攻坚的力度加大和城乡一体化的步伐加快，居民收入差距将会保持逐步缩小的趋势。基尼系数的持续下降表明，近年来党中央国务院和各级政府实施的稳增长、惠民生的各项政策措施取得了比较明显的成效，低收入阶层、社会弱势群体在收入分配改革中得到了较多的政策支持，居民收入分配存在差距的状况有了明显改善。但从绝对数值来看，我国的基尼系数仍然处在比较高的水平，不断缩小居民收入分配差距，真正使全体居民共同分享经济发展成果的任务仍很艰巨。

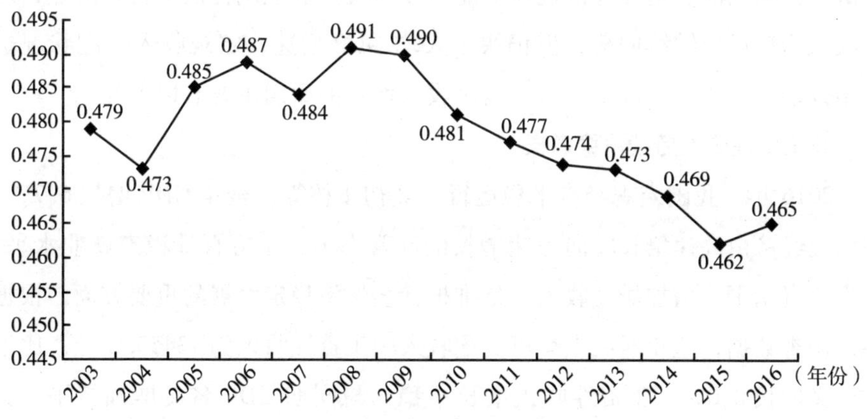

图 1－3　2003～2016 年基尼系数走势

2016 年，城乡居民人均可支配收入相对差距较上年有所缩小，城乡收入倍差由 2015 年的 2.73 下降到 2.72。根据住户调查资料，2016 年，城镇居民人均可支配收入 33616 元，比上年增长 7.8%，扣除价格因素，实际增长 5.6%。农村居民人均可支配收入 12363 元，比上年增长 8.2%，扣除价格因素，实际增长 6.2%，增幅高于城镇居民人均可支配收入，城乡居民人均可支配收入差距继续收窄。

按照全国居民五等份收入分组，低收入组人均可支配收入 5529 元，中等偏下收入组人均可支配收入 12899 元，中等收入组人均可支配收入 20924 元，中等偏上收入组人均可支配收入 31990 元，高收入组人均可支配收入 59259 元。贫困地区农村居民人均可支配收入 8452 元，比上年增长 10.4%，扣除价格因素，实际增长 8.4%。农村居民内部收入差距有所扩大，农村居民高收入户人均可支配收入为低收入户人均可支配收入的 9.5 倍，比 2015 年扩大了 1.1 倍。城镇居民人均可支配收入内部差距略有扩大，高收入户人均可支配收入为低收入户人均可支配收入的 5.4 倍，比 2015 年扩大了 0.1 倍。

（二）拉动居民收入增长的主要因素

2016 年，我国经济运行筑底企稳，着力推动供给侧结构性改革、培育经济增长新动能、增强经济抗风险能力成为我国宏观调控的主要着力点，居民收入增速虽然继续回落，但仍快于人均 GDP 增速，宏观收入分配状况进一步改善。从收入构成要素看，居民收入增长的原因主要有以下几个。

1. 工资性收入持续平稳增长

2016 年，我国宏观经济平稳运行，经初步核算，全年 GDP 增长 6.7%。在国民经济由高速增长转向中速增长的新常态下，千方百计稳定就业水平，提高工资水平，增加居民收入，是维护社会经济稳定发展的重要方面。根据住户调查数据，全年居民人均可支配收入中工资性收入为 13455.2 元，比上年名义增长 8.0%，工资性收入增长平稳，与同期 GDP 名义增幅持平。其中，城镇居民工资性收入名义增长 6.9%，农村居民工资性收入名义增长 9.2%。居民工资性收入保持平稳增长的主要原因：一是就业形势稳中向好，农民工数量增速首次回升。2016 年全国城镇新增就业 1314 万人，城镇失业人员再就业 554 万人，就业困难人员实现就业 169 万人，超额完成全年目标任务。2016 年末，全国就业人员 77603 万人，比上年末增加 152 万人，其中城镇就业人员 41428 万人。年末城镇登记失业率为 4.02%，比上年末略微下降 0.03 个百分点。2016 年农民工增加 424 万人，增长 1.5%，增速比 2015 年提高 0.2 个百分点，是自 2011 年以来首次出现增速回升。在 GDP 持续回落的过程中，中国的就业状况并未恶化，甚至有所改善，反映了经济结构调整取得阶段性成效。二是职工平均工资平稳较快增长。2016 年，随着经济增速放缓，职工工资增幅也有所回落，但仍保持平稳较快增长。全国城镇单位就业人员年平均工资为 67569 元，同比名义增长 8.9%，比 GDP 名义增速高 0.9 个百分点，其中国有单位就业人员年平均工资为 72538 元，同比名义增长 11.1%；城镇集体单位就业人员年平均工资为 50527 元，同比名义增长 8.4%；其他单位就业人员年平均工资为 65531 元，同比名义增长 7.6%。

2. 城镇居民经营性收入增速回升

城镇和农村居民经营性收入是指家庭成员从事生产经营活动所获得的收入。经营性收入是一种混合性收入，主要由劳动者报酬和营业盈余构成。针对城乡家庭经营的不同特点，根据普查资料，国民经济核算中有如下规定：城镇居民经营性收入中劳动者报酬占 30%，其余部分为营业盈余；农村居民经营性收入中劳动者报酬占 75%，其余部分为营业盈余。2016 年，虽然宏观经济增长持续放缓，但随着新产业、新业态快速发展，服务业占比不断上升，消费升级及消费对经济增长的作用不断增强，城镇居民经营性收入增速明显回升。根据住户调查资料，2016 年居民人均可支配收入中经营性收入比上年名义增长 6.6%，增速较上年回升 0.6 个百分点，但仍低于可支配收入名义增幅 1.8 个百分点。其中，城镇居民经营性收入同比名义增长 8.5%，农村居民经营性收入同比名义增长 5.3%。

3. 财产净收入增长较快

在住户调查中，财产净收入是指居民将其所拥有的金融资产、住房等非金融资产和自然资源交由其他机构单位、住户或个人支配而获得的回报并扣除相关费用后得到的净收入。财产净收入包括利息净收入、红利收入、储蓄性保险净收益、转让承包土地经营权租金净收入、出租房屋净收入、出租其他资产净收入和自有住房折算净租金等。根据住户调查资料，2016 年全国居民人均可支配收入中财产净收入为 1889.0 元，同比名义增长 8.6%，比可支配收入名义增幅高 0.2 个百分点。其中城镇居民财产净收入为 3271.3 元，同比名义增长 7.5%，农村居民财产净收入为 272.1 元，同比名义增长 8.2%。

4. 转移净收入快速增长

在住户调查中，转移净收入是转移性收入与转移性支出的差。其中转移性收入是指国家、单位、社会团体对住户的各种经常性转移支付和住户之间的经常性收入转移，包括养老金或退休金、社会救济和补助、政策性生活补贴、救灾款、经常性捐赠和赔偿、报销医疗费、住户间赡养收入、本住户非常住成员寄回或带回收入等。转移性支出是指调查户对国家、单位、住户或个人的经常性或义务性转移支付，包括缴纳的税款、各项社会保障支出、赡养支出、经常性捐赠和赔付支出以及其他经常转移支出等。根据住户调查资料，2016 年全国居民人均可支配收入中转移净收入为 4259.1 元，同比名义增长 11.7%，比可支配收入名义增幅高 3.3 个百分点。其中城镇居民转移净收入为 5909.8 元，同比名义增长 10.7%，农村居民转移净收入为 2328.2 元，同比名义增长 12.7%。

二　居民可支配收入的来源构成及变化趋势

从宏观上看，可支配收入的形成经历了初次分配和再分配两个环节。初次收入分配是国民总收入的形成及其在政府、企业和居民之间的分配；再分配是通过税收、政府支出、社会保障等手段在机构部门间进行经常转移，最终形成各个部门的可支配收入。根据收入分配的流程，居民可支配收入主要由劳动者报酬、总营业盈余、财产净收入和经常转移净收入构成。

近年来，根据基础资料变化情况，国家统计局对资金流量表进行了三次比较大的修订。

第一次修订是在 2011 年初，按照财政部提供的全口径财政收支详细数据、国家外汇管理局修订后的国际收支平衡表数据和部分交易项目编制方法的调整，国家统计局形成了比较规范和完整的实物资金流量表编制方法，并对 1992 ~ 2009 年实物资金流量表进行了系统修订。随后编制完成的 2010 年、2011 年和 2012 年实物资金流量表都是以这一方案为基础的，在编制方法和基础资料来源方面与历史数据也是基本可比的。

第二次修订是在 2015 年上半年完成的。在第三次全国经济普查之后，国家统计局对利用生产法、支出法和收入法计算的GDP历史数据进行了系统修订，GDP总量和结构都发生了比较大的变化。按照国际惯例，国家统计局根据新修订的GDP数据，并补充搜集了部分专业和部门统计资料，对1992~2012年资金流量表进行了修订，修订后的居民、政府和企业部门的初次分配收入和可支配收入总体格局及变化趋势与修订前基本一致，但多数年份居民收入比重有所下降，政府部门收入比重不变或略有下降，企业部门收入比重上升。2013年资金流量表在基础资料来源、核算方法等方面都与新修订的资金流量表保持一致可比。

第三次修订是2016年进行的，由于GDP核算方法修订时对研发支出核算方法进行了改革，国家统计局根据新修订的GDP数据对资金流量表数据进行了修订，同时，2015年资金流量表也根据研发支出核算方法改革后的GDP数据进行了编制，与1992~2014年资金流量表保持一致可比。由于研发支出不涉及资金流量表中住户部门数据，本次修订不影响居民收入绝对额数据，但由于历年GDP增大，因此每年的居民可支配收入占比均有下降，但变化趋势不变。

我们根据最新修订的资金流量表数据，对2000年以来居民可支配收入构成项目的变化情况进行分析（见表1-3）。

表1-3 2000~2015年居民收入来源构成

年份	居民可支配收入		劳动者报酬		总营业盈余		财产净收入		经常转移净收入	
	总额（亿元）	比重（%）	总额（亿元）	比重（%）	总额（亿元）	比重（%）	总额（亿元）	比重（%）	总额（亿元）	比重（%）
2000	65484.2	100	52242.9	79.8	10285.1	15.7	2240.8	3.4	715.5	1.1
2001	70437.0	100	57529.8	81.7	10066.9	14.3	2236.4	3.2	603.9	0.9
2002	75669.6	100	64501.5	85.2	8158.6	10.8	2380.9	3.1	628.6	0.8
2003	85042.6	100	71735.7	84.4	9937.2	11.7	2608.1	3.1	761.6	0.9
2004	95905.2	100	80969.1	84.4	10721.2	11.2	3191.2	3.3	1023.8	1.1
2005	109841.8	100	93117.5	84.8	12509.9	11.4	3812.1	3.5	402.4	0.4
2006	128123.2	100	107083.6	83.6	14769.7	11.5	5948.5	4.6	321.4	0.3
2007	155432.6	100	130274.7	83.8	17124.9	11.0	8208.2	5.3	-175.2	-0.1
2008	184002.0	100	155013.4	84.2	18618.8	10.1	9799.1	5.3	570.8	0.3
2009	203755.2	100	170231.8	83.5	23477.8	11.5	9241.1	4.5	804.5	0.4

续表

年份	居民可支配收入		劳动者报酬		总营业盈余		财产净收入		经常转移净收入	
	总额（亿元）	比重（%）	总额（亿元）	比重（%）	总额（亿元）	比重（%）	总额（亿元）	比重（%）	总额（亿元）	比重（%）
2010	239384.3	100	198410.3	82.9	29322.1	12.2	10313.8	4.3	1338.1	0.6
2011	285192.2	100	235935.4	82.7	34858.6	12.2	12954.9	4.5	1443.2	0.5
2012	320793.2	100	265105.9	82.6	37483.9	11.7	15894.1	5.0	2309.2	0.7
2013	357113.4	100	298966.1	83.7	40625.7	11.4	14168.1	4.0	3353.5	0.9
2014	391110.0	100	328347.4	84.0	43977.1	11.2	15148.7	3.9	3636.8	0.9
2015	422629.2	100	357075.8	84.5	46223.5	10.9	14692.6	3.5	4637.3	1.1

由历年数据我们可以看到，在居民可支配收入中，劳动者报酬是主体，多数年份占比在80%以上，近年来一直在不断提升；由于我国的个体经营户在机构部门分类中属于住户部门，因此，总营业盈余也是居民收入的一个重要来源，其占比多数年份稳定在11%左右；居民财产净收入来源比较单一，在可支配收入中多数年份只占3%～5%，近几年占比还在逐步降低；经常转移净收入占比最低，绝大多数年份低于1%。以2015年为例，这四项收入占居民可支配收入的比重如图1－4所示。

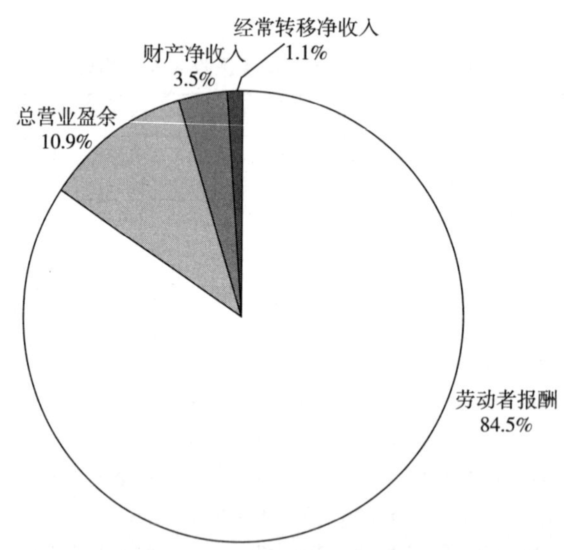

图1－4　2015年居民可支配收入构成

（一）劳动者报酬是居民可支配收入最主要的来源

居民的劳动者报酬等于国内的劳动者报酬收入与来自国外的劳动者报酬净收入之和，其中，国内劳动者报酬直接取自收入法计算的 GDP 中的劳动者报酬，来自国外的劳动者报酬根据国际收支平衡表数据计算，其数额很小。

2000～2015 年，除 2000 年外，劳动者报酬占居民可支配收入的比重均在 80% 以上，近年来劳动者报酬占比不断上升。具体来看，2000 年至 2002 年，劳动者报酬在居民可支配收入中的占比上升较快，由 79.8% 上升至 85.2%，之后缓慢下降，2012 年劳动者报酬占居民可支配收入的比重下降到 82.6%，2012 年以后劳动者报酬占比不断上升，2015 年，该比重达到 84.5%。劳动者报酬是居民可支配收入的主要来源，保持劳动者报酬的较高增速有利于改善居民在国民收入分配格局中的地位。

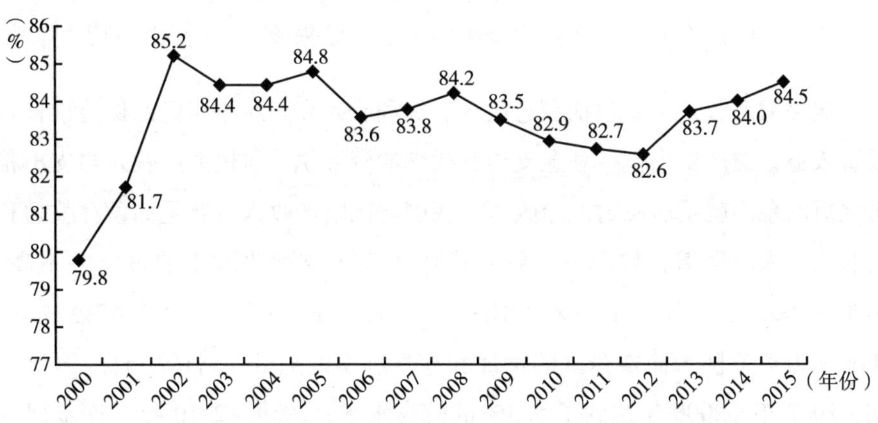

图 1－5　2000 年以来劳动者报酬占居民可支配收入的比重

（二）总营业盈余是居民可支配收入的重要来源

居民收入中的总营业盈余主要包括农户和城镇个体经营户的营业利润和固定资产折旧。总营业盈余是居民可支配收入的第二大来源，其比重多数年份在 11% 左右波动。如图 1－6 所示，2000 年至 2002 年，总营业盈余占比出现了比较明显的下降，之后小幅振荡上升，2011 年以后总营业盈余占比缓慢下滑，2015 年总营业盈余占比已降至 10.9%。

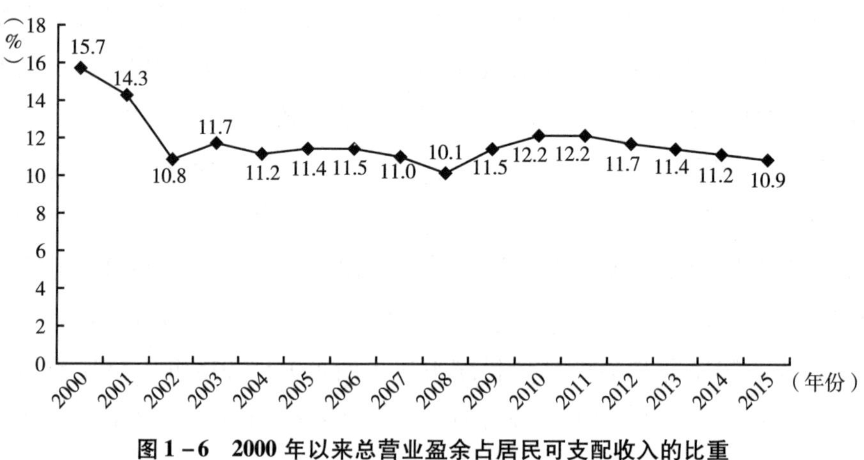

图 1-6　2000 年以来总营业盈余占居民可支配收入的比重

（三）财产净收入是居民可支配收入的重要来源，但所占比例仍然偏低

居民财产收入主要包括利息收入、红利收入和归属于居民的保险准备金投资收益；财产支出包括利息支出和缴纳的资源税。居民财产收入与支出相抵之后的余额就是居民财产净收入。我国居民财产收入主要是储蓄存款的利息收入，来源渠道比较单一，财产净收入在可支配收入中的占比并不高。2000~2005 年，财产净收入占比变化不大，在 3.0% ~3.5% 窄幅波动；2006~2008 年随着储蓄存款的增加和存款利率的上升，财产净收入明显增加，2007 年、2008 年达到了 5.3% 的较高水平；2009~2010 年，逐步回落到 4.3%；2011 年、2012 年连续两年上升后，2013 年出现了明显的下降，财产净收入只占居民可支配收入的 4.0%，2015 年财产净收入占居民可支配收入的比重继续下降，为 3.5%（见图 1-7）。目前，我国居民投资途径少，财产收入来源单一，这是抑制居民财产收入增加的主要障碍。

（四）经常转移收入总量小但意义重大

居民经常转移收入包括社会保险福利、财产险赔付收入、社会补助、从

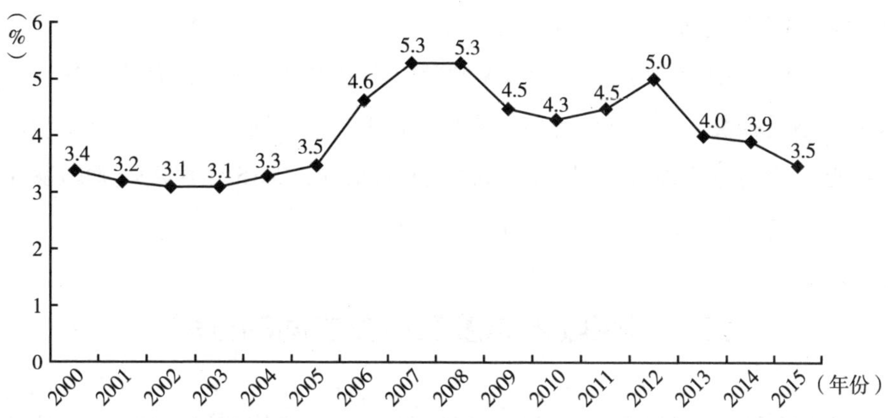

图1－7　财产净收入占居民可支配收入的比重

国外获得的经常转移收入等；经常转移支出包括缴纳的个人所得税、社会保险缴款、财产险保费支出以及对国外的经常转移支付等。经常转移收入和支出相抵之后的净额即为经常转移净收入。

居民经常转移净收入总量并不大，其占可支配收入的比重绝大多数年份都低于1%（见图1－8），但对于发挥财政的再分配功能，调节居民收入差距具有十分重要的意义。从2000年以来的数据看，2000～2004年，经常转移净收入占可支配收入的比重比较稳定，基本上围绕1%窄幅波动，但2005～

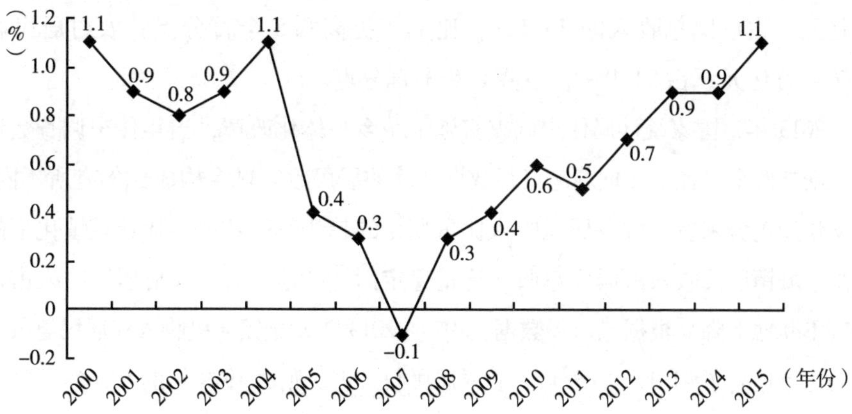

图1－8　经常转移净收入占居民可支配收入的比重

2007 年，这一比重出现了明显的下降，2007 年经常转移净收入甚至为 -175.2亿元。2007 年之后，随着财政部门民生支出力度不断加大，居民转移收入增长较快，经常转移净收入占比缓慢但持续地回升。近两年，随着脱贫攻坚工作的力度加大，居民转移收入不断增加，2015 年居民经常转移净收入占可支配收入的比重已达到 1.1%。

三　居民收入总量在城乡之间的分配

我国的资金流量核算中，机构部门划分为金融机构部门、非金融企业部门、政府部门、住户部门和国外部门，其中住户部门不再细分为城镇和农村，因此，目前只能依据城乡住户调查数据来分析居民收入在城乡之间的分配情况。根据住户调查数据中的城乡居民人均可支配收入和城乡居民年平均人口直接放大推算得出的居民收入占资金流量核算中的居民可支配收入的比重将近 70%，因此基本能够代表居民可支配收入的城乡总体分配状况。本节使用的居民收入均指根据住户调查资料直接推算的结果。

（一）居民收入的城乡分配比例及其变化

2016 年，居民收入总量为 33.7 万亿元，其中，城镇居民收入为 26.3 万亿元，占居民总收入的 78.1%，比上年提高 0.8 个百分点；农村居民收入 7.4 万亿元，占 21.9%，下降 0.8 个百分点。

2013 年，国家统计局住户调查实施了城乡一体化改革，当年住户调查数据分为新老两个口径，根据新老口径数据计算的居民收入城乡构成比例有所不同，但从长期走势来看，城乡居民收入比重变化的趋势是一致的，随着城镇化率的提高，城镇居民收入占居民总收入比重稳定而持续地上升，农村居民收入占比相应不断地下降。根据老口径数据，1979 ~2013 年，城镇居民收入在居民总收入中的比重提高了 41.1 个百分点；农村居民收入占比则由 1979 年的 63.6% 下降至 22.5%。根据新口径数据，从 2013 年到 2016 年城镇居民收入在居民总收入中的比重提高了 2.0 个百分点，相应地，农村居民收入比重下降了 2.0 个百分点。

表1－4　居民收入的城乡构成比例

单位：%

年份	城镇居民收入占居民总收入比重	农村居民收入占居民总收入比重	年份	城镇居民收入占居民总收入比重	农村居民收入占居民总收入比重
1980	37.2	62.8	2000	60.5	39.5
1981	35.6	64.4	2001	62.9	37.1
1982	34.0	66.0	2002	66.0	34.0
1983	33.1	66.9	2003	68.1	31.9
1984	34.5	65.5	2004	69.2	30.8
1985	36.2	63.8	2005	70.3	29.7
1986	40.3	59.7	2006	71.8	28.2
1987	41.8	58.2	2007	73.2	26.8
1988	42.7	57.3	2008	74.2	25.8
1989	44.5	55.5	2009	75.2	24.8
1990	44.0	56.0	2010	75.7	24.3
1991	46.6	53.4	2011	76.2	23.8
1992	49.1	50.9	2012	77.0	23.0
1993	51.8	48.2	2013	77.5	22.5
1994	53.0	47.0	城乡住户调查一体化改革后		
1995	52.3	47.7	2013	76.1	23.9
1996	51.6	48.4	2014	76.5	23.5
1997	52.8	47.2	2015	77.3	22.7
1998	54.9	45.1	2016	78.1	21.9
1999	57.8	42.2			

注：根据《中国统计年鉴（2017）》有关数据整理。

（二）城乡居民收入结构变化的原因

居民收入分配总量中城镇居民收入占比不断提高、农村居民收入占比持续下降是城市化进程中的必然现象。但在城市化进程中，必须重视城乡协调发展，避免出现城乡收入差距不断扩大的不利局面。

1. 城市化进程是影响城乡居民收入分配结构的主要原因

随着城市化进程的加速，城镇人口在总人口中的比重不断上升，使城镇居民收入在居民总收入中的比重不断提高。1978 年末，我国城镇人口为 17245 万，城市化率只有 17.92%，还是一个十分典型的农业国家。2016 年末，我国城镇人口迅速发展为 79298 万，增加了 62053 万，城市化率已经达到 57.35%，提高了 39.43 个百分点。相应地，农村人口由 1978 年末的 79014 万下降到 2016 年末的 58973 万，其在总人口中的比重由 82.08% 下降到 42.65%。

2. 城乡居民人均收入水平差距扩大是城镇居民收入在居民总收入中比重上升的另一个重要原因

从表 1－5 城乡居民人均收入对比可以看出，1979～1985 年，由于农村实行家庭联产承包责任制，农民的生产积极性被迅速调动起来，收入大幅度提高，农村居民人均纯收入的增长速度明显快于城镇居民人均可支配收入的增速，城乡居民人均收入差距明显缩小。1978 年，城镇居民人均可支配收入是农村居民人均纯收入的 2.57 倍，1985 年，这一比例已经降至 1.86 倍的水平。1985 年以后，随着城市改革的逐步推进和不断深化，城市居民的收入增长明显加快，农民收入增长遇到了一些新的困难和制约因素，增速放缓。1985～2000 年，城乡居民人均收入差距有所扩大，在 2～3 倍的区间中波动。进入 21 世纪以来，城乡居民人均收入差距明显扩大到 3 倍以上。2009 年之后，农村居民人均收入增长明显回升，并高于城镇居民收入增速，二者收入差距开始缓慢收窄，2013 年，城镇居民人均可支配收入是农村居民人均纯收入的 3.03 倍，仍高于 3。城乡住户调查一体化改革后，根据新口径数据计算，2013 年城镇居民人均可支配收入是农村居民人均纯收入的 2.81 倍。近年来，延续了 2009 年以来城乡居民收入差距缩小的走势，2016 年城乡居民收入差距继续缩小，城镇居民人均可支配收入是农村居民人均纯收入的 2.72 倍。

表 1－5　城乡居民人均收入水平对比

年份	城镇居民人均可支配收入（元）	农村居民人均纯收入（元）	城镇居民人均可支配收入相当于农村居民人均纯收入的倍数
1978	343.4	133.6	2.57
1979	405.0	160.2	2.53
1980	477.6	191.3	2.50
1981	500.4	223.4	2.24
1982	535.3	270.1	1.98
1983	564.6	309.8	1.82
1984	652.1	355.3	1.84
1985	739.1	397.6	1.86
1986	900.9	423.8	2.13
1987	1002.1	462.6	2.17
1988	1180.2	544.9	2.17
1989	1373.9	601.5	2.28
1990	1510.2	686.3	2.20
1991	1700.6	708.6	2.40
1992	2026.6	784.0	2.58
1993	2577.4	921.6	2.80
1994	3496.2	1221.0	2.86
1995	4283.0	1577.7	2.71
1996	4838.9	1926.1	2.51
1997	5160.3	2090.1	2.47
1998	5425.1	2162.0	2.51
1999	5854.0	2210.3	2.65
2000	6280.0	2253.4	2.79
2001	6859.6	2366.4	2.90
2002	7702.8	2475.6	3.11
2003	8472.2	2622.2	3.23
2004	9421.6	2936.4	3.21
2005	10493.0	3254.9	3.22
2006	11759.5	3587.0	3.28
2007	13785.8	4140.4	3.33
2008	15780.8	4760.6	3.31
2009	17174.7	5153.2	3.33
2010	19109.4	5919.0	3.23
2011	21809.8	6977.3	3.13

续表

年份	城镇居民人均可支配收入(元)	农村居民人均纯收入(元)	城镇居民人均可支配收入相当于农村居民人均纯收入的倍数
2012	24564.7	7916.6	3.10
2013	26955.1	8895.9	3.03
城乡住户调查一体化改革后			
年份	城镇居民人均可支配收入(元)	农村居民人均纯收入(元)	城镇居民人均可支配收入相当于农村居民人均纯收入的倍数
2013	26467.0	9429.6	2.81
2014	28843.9	10488.9	2.75
2015	31194.8	11421.7	2.73
2016	33616.2	12363.4	2.72

四　核算中的居民可支配收入与住户调查中居民收入的联系与区别

目前，反映居民收入的统计指标主要有两大类：一类来源于国民经济核算中的资金流量表，反映居民、政府和企业的收入分配关系，属于宏观收入分配核算的范畴；另一类是国家统计局住户调查提供的城镇居民人均可支配收入和农村居民人均纯收入，属于微观收入统计的范畴。这两类指标在统计原则、数据来源、收入分类等方面都有所不同，在应用时还应注意到二者的联系和差别。

（一）核算中的居民可支配收入与住户调查数据的联系

国民经济核算中，可支配收入的形成经过收入初次分配和再分配两个环节：在初次分配环节，居民收入包括劳动者报酬、总营业盈余、财产收入等；在再分配环节，居民缴纳所得税和社会保险，获得社会保险福利和其他社会补助，经过经常转移调节，形成了居民可支配收入。其中，国内劳动者报酬总额直接取自收入法计算的 GDP 的核算结果。根据历史数据，资金流量表中的劳动者报酬增速与利用城乡住户调查资料和城乡年均人口计算的劳动者报酬增速十分接近，因此，在分析收入分配关系时，如果时效性要求高，不能获得所需年份的资金流量表，用城乡住户调查资料推算结果替代也是基本可行的。

（二）核算中的可支配收入与住户调查收入的区别

（1）统计标准不同。住户调查主要遵循《住户收入统计堪培拉标准》，国民经济核算中的居民收入核算遵循《国民经济核算体系（SNA）2008》。这两个统计标准并不是相互孤立的，统计专家在制定标准过程中也努力使收入统计在微观层面和宏观层面上衔接一致，但由于关注的重点不同和住户调查自身固有的特点，两者在分类和具体测量上仍然存在一些差异。

（2）收入记录时间不同。在住户调查中，收入记录是基于收付实现制，而国民经济核算是基于权责发生制的原则。

（3）核算中的总营业盈余与住户调查中的经营性净收入口径不同。总营业盈余是住户部门增加值扣除住户部门支付的劳动者报酬和缴纳的生产税净额后的余额，包括个体经营户营业利润、固定资产折旧和自有住房服务价值；住户调查中的经营性净收入是包含个体经营户的营业盈余和劳动者报酬的混合性收入。

（4）劳动者报酬与工资性收入的口径有差异。在资金流量核算中，劳动者报酬指劳动者因从事生产活动所获得的全部报酬，包括各种形式的工资、奖金和津贴，既包括货币形式的，也包括实物形式的，还包括劳动者享受的公费医疗和医药卫生费及单位支付的社会保险费、住房公积金等。在住户调查中，工资性收入不包括单位为劳动者缴纳的社会保险费、个体经营者的劳动报酬等。

（5）核算中的财产收入与住户调查中的财产性收入口径有差异。在资金流量核算中，财产收入指将金融资产和自然资源（如土地等）等有形非生产资产提供给其他单位使用而获得的收入，主要包括利息、红利、地租等。住户调查中的财产性收入指通过家庭拥有的动产和不动产所获得的收入，包括核算中不包括的房屋租金、股票买卖收益、产权收入、专利收入、财产转让溢价收入等。

（6）核算中的经常转移收入与住户调查中转移性收入的口径有差异。在资金流量核算中，经常转移是一个单位向另一个单位提供货物或服务，而没有获得任何回报的交易，包括收入税、社会保险缴款、社会保险福利、社会补助及其他经常转移。在住户调查中，转移性收入指国家、单位、社会团体对居民家庭的各种转移支付和居民家庭间的收入转移，包括资金流量核算经常转移中不包括的住房公积金、住房补贴、政策性补贴等。

五　居民收入分配中存在的主要问题

2016 年，虽然宏观经济下行的趋势逐渐减缓，但 GDP 增速仍进一步放缓，城乡居民可支配收入增长速度也随之放慢，但仍然快于人均 GDP 增速，在初次分配与再分配环节居民收入均稳步提高，宏观收入分配格局进一步改善。从居民、政府与企业三者分配关系看，居民收入占比依然有上升的空间，城乡之间、行业之间收入差距较大的问题仍比较突出，收入分配领域长期形成的一些结构性矛盾还需要在改革与发展中进一步化解。

（一）居民收入在宏观收入分配中的比重仍有提高的空间

调整国民收入分配格局，努力提高居民收入，是党中央和国务院的重要政策目标。党的十八大报告明确提出千方百计增加居民收入，深化收入分配制度改革，努力实现居民收入增长和经济发展同步、劳动报酬增长和劳动生产率提高同步，提高居民收入在国民收入分配中的比重，提高劳动报酬在初次分配中的比重。十八届三中全会进一步明确了要深化收入分配制度改革，健全收入决定机制，提高劳动收入比重，形成合理有序的收入分配格局。十九大报告指出坚持按劳分配原则，完善按要素分配的体制机制，促进收入分配更合理、更有序。鼓励勤劳守法致富，扩大中等收入群体，增加低收入者收入，调节过高收入，取缔非法收入。坚持在经济增长的同时实现居民收入同步增长、在劳动生产率提高的同时实现劳动报酬同步提高。我国居民收入在国民收入分配中的比例自 1998 年以来持续下降，已经累积了比较大的降幅。2009 年，这一下降趋势得以逆转，但回升速度比较缓慢。根据资金流量核算结果，2015 年全国居民初次分配收入占国民总收入比重为 60.9%，比 2014 年提高了 0.8 个百分点；居民可支配收入占国民可支配总收入比重为 61.6%，比 2014 年提高 1.0 个百分点。根据目前数据估算，2016 年我国居民收入在宏观收入中的比例还会有所提高。目前我国居民收入占比与加拿大、德国等国比较接近，但明显低于美国、英国等发达国家（见表 1－6），仍有提升的空间。提高居民收入对于扩大居民消费需求、优化经济结构具有十分重要的意义。在我国宏观经济步入新常态的大背景下，努力增加居民收入，调整收入分配结构，继续提高居民收入在初次分配和再分配中的比重，依然是今后相当长时期内应该坚持的政策目标。

表 1－6　世界各国居民可支配收入占比

国家	加拿大	法国	德国	日本	韩国	英国	美国	俄罗斯
2015 年居民可支配收入占比（%）	62.0	64.3	62.5	59.5	57.0	68.4	75.6	59.9

注：数据来自 OECD 数据库。

（二）收入差距依然比较明显

根据基尼系数判断，目前我国居民总体收入差距依然比较大。2016 年，我国基尼系数为 0.465，虽然自 2008 年以来我国基尼系数持续下降，但下降幅度很小，仍然处于偏高的区间。国际上通常认为，当基尼系数在0.3～0.4 时表示收入分配比较合理，在 0.4～0.5 表示收入差距过大，超过 0.5 则意味着出现两极分化。目前，我国基尼系数为 0.465，处于收入差距过大的区间内，反映出我国居民收入差距依然比较明显。收入差距大集中体现在三个方面：一是行业收入差距大，一些具有行政性垄断特征的行业，如电力、石油、金融等行业，工资及隐性福利远远高于社会平均水平；二是城乡居民收入差距总体仍然偏大，农村居民收入仍然远低于城镇居民；三是区域差距明显，东北及西部地区发展滞后，居民收入水平与东部地区存在比较明显的差距。

（三）税收调节和社会保障力度有待进一步加强

再分配是调节居民收入，特别是保障中低收入群体分享改革发展成果的重要手段，但长期以来，居民转移收入在可支配收入中比重偏低，收入分配调节作用不明显，政府再分配调节的力度有待进一步加大。突出表现在：一是个人所得税制需改革和完善。我国税收收入以流转税为主，对收入分配具有很强调节作用的个人收入所得税规模偏小。2016 年，全国个人所得税收入为 10088.98 亿元，仅占全国税收收入的 7.7%。与此同时，个人所得税主要征收对象为征收相对容易的工薪阶层，对于许多高收入者，由于收入来源多、征管难度大，税收流失相对较多，弱化了所得税调节居民收入差距的作用。二是对中低收入群体保障水平不高。虽然我国已初步建立了覆盖城乡的社会保障体系，但社会保障水平偏低，居民在医疗、养老、教育等方面顾虑很多，抑制了居民消费增长。此外，随着我国人口老龄化日趋严重，养老金收支有可能会出现缺口，需要政府未雨绸缪，统筹安排。

六　改善居民收入分配的政策建议

我国在经济高速增长三十余年后，已经成为仅次于美国的第二经济大国，居民收入水平大幅提高。与此同时，我国也进入跨越中等收入陷阱，步入发达国家行列的关键期，改善居民收入分配是转变发展方式、优化经济结构的一个重要方面。居民收入分配改革要对现有利益格局进行比较大的调整，将涉及广大居民的切身利益，因此，要按照“提高两个比重”的要求，加强顶层设计，不断细化各项改革措施，抓好各项改革措施的贯彻落实工作。

（一）保障劳动所得，不断提高劳动者报酬在初次分配收入中的比重

劳动者报酬是居民收入的主体，占居民可支配收入的80%以上，出台有针对性的政策措施，确保劳动收入的较快增长，不断提高劳动者报酬在国民总收入中的比重，是居民收入分配改革的关键环节。一是稳定就业规模，促进创业，提高就业水平。坚持就业优先战略和积极就业政策，实现更高质量和更充分就业。大规模开展职业技能培训，注重解决结构性就业矛盾，鼓励创业带动就业。提供全方位公共就业服务，促进高校毕业生等青年群体、农民工多渠道就业创业。不断规范和健全市场机制，完善市场体系建设，为大众创业、万众创新提供良好的市场条件；鼓励和扶持就业容量大的服务业企业和小微企业的发展，增加就业机会。二是切实执行劳动者权益保护措施，保障劳动所得，同时做好就业指导、技能培训等服务，提升劳动者的技能与综合素质。

（二）多种方式增加居民财产收入

进入中等收入国家之后，居民积累了一定的财富，财产收入就成为居民收入的一个重要来源，也是衡量国民富裕程度的重要指标。长期以来，我国居民财产收入占可支配收入的比重不高，且来源单一，利息是财产收入的主要来源。因此，要加大改革力度，多渠道增加居民财产收入。一是不断加强法治建设，为多渠道增加居民财产收入提供法律保障，尤其在拆迁、征地、征用公民财产过程中，要依法确保公民财产权利和财富增值权利不受侵犯。二是加快利率市场化改革，鼓励金融创新，丰富金融产品，切实保护存款人的权益，增加居民在储蓄、债券、保险、外汇等方面的理财收益。三是促进证券市场平稳健康发展。加大上市公司的信息披露和财务管理力度，完善上市公司的分红制度，营造一个鼓励长期价值型投资的证券市场，从制度上保证投资者特别是中小投资者的合理回报。四是保障农民土地流转收益。要依法保障农民对承包土地的占有、使用、收益等权利及宅基地使用权、集体收

益分配权，在依法自愿有偿和加强服务基础上，完善土地承包经营权流转市场，允许农民以转包、出租、互换、转让、股份合作等形式流转土地承包经营权，发展多种形式的适度规模经营、社区合作和专业合作，拓宽农民租金、股息、红利等财产性收入来源渠道。

（三）加大再分配调节力度，进一步健全社会保障制度

在再分配环节，政府必须综合运用税收、转移支付、社会保障等政策措施，加大对收入分配的调节力度，弥补市场缺陷，促进社会公平。一是要进一步优化财政支出结构，加大民生投入力度。继续加大在促进就业、社会保障、教育、公共医疗卫生、保障性住房等民生领域的财政资金投入力度，增加对居民的转移支付，尤其是重点增加对农民、城镇困难群体、贫困地区贫困人口的直接补贴。二是健全社会保障制度，保障城乡居民基本生活水平。完善城镇职工基本养老保险和城乡居民基本养老保险制度，尽快实现养老保险全国统筹。完善统一的城乡居民基本医疗保险制度和大病保险制度。完善失业、工伤保险制度。建立全国统一的社会保险公共服务平台。三是逐步提高直接税比重。逐步建立全国统一的个人信用体系，不断加大税收征管力度，特别是加大对高收入群体的税收征管力度，完善对高收入者个人所得税的征收、管理和处罚措施，做到应收尽收，充分发挥税收的调节功能，促进收入分配公平公正。四是加强社会救助和社会福利体系建设。健全城乡居民最低生活保障标准动态调整体系，逐步提高低保标准和补助水平。加大对城乡困难群体的专项救助力度，健全临时求助机制。以扶老、助残、救孤、济困为重点，逐步拓宽社会福利的保障范围。五是扶持和鼓励非政府公益组织的发展。从简化审批手续、落实税收优惠等方面入手，支持和鼓励个人和企业创办非营利性的非政府组织，在医疗、教育、养老服务领域开展公益事业。

（四）多措并举，全方位缩小收入分配差距

目前我国的收入分配差距仍然较大，体现为行业之间、城乡之间、地区

之间的差异较大，因此仍需要从多方面入手，全面缩小收入分配差距。一是继续规范收入分配秩序，加强对金融、石油、电力等垄断行业企业的薪酬管理，使不同行业的收入差距保持在合理的范围之内，调节过高收入，规范各类灰色收入，取缔非法收入。二是实施乡村振兴战略，坚持农业农村优先发展，加快推进农业农村现代化。深化农村集体产权制度改革，保障农民财产权益，壮大集体经济。构建现代农业产业体系、生产体系、经营体系，完善农业支持保护制度，发展多种形式适度规模经营，培育新型农业经营主体，健全农业社会化服务体系，实现小农户和现代农业发展有机衔接。促进农村一、二、三产业融合发展，支持和鼓励农民就业创业，拓宽增收渠道。三是实施区域协调发展战略。加大力度支持革命老区、民族地区、边疆地区、贫困地区加快发展，强化举措推进西部大开发形成新格局，深化改革加快东北等老工业基地振兴，发挥优势推动中部地区崛起，创新引领率先实现东部地区优化发展，建立更加有效的区域协调发展新机制。

（国家统计局国民经济核算司　陈希）

第二章
2016年全国居民收入分配状况

2016 年，各级政府着力推动供给侧改革，大力推进创新驱动发展战略，广泛开展大众创业、万众创新，不断挖掘经济增长新动能，持续保障和改善民生，努力激发重点群体活力，带动城乡居民收入实现平稳增长，收入分配状况总体不断改善。

一　全国居民收入状况

据国家统计局对全国 31 个省（自治区、直辖市）16 万户居民家庭开展的住户收支与生活状况调查，2016 年全国居民人均可支配收入 23821 元，同比名义增长 8.4%，扣除价格因素影响，实际增长 6.3%，略快于人均 GDP 6.1% 的实际增长率，为到 2020 年实现居民收入翻番的目标又打下一个好基础。

从各省（自治区、直辖市）居民人均可支配收入增长情况看，西部地区城乡居民人均可支配收入增速相对较快，而东北老工业基地和山西、河南等省份受压减产能和自身经济活力影响，人均可支配收入增长相对较缓慢。人均可支配收入名义增速排在前 10 位的省份分别是西藏、贵州、云南、重庆、青海、湖南、四川、江西、甘肃、安徽，7 个省份属于西部地区；排在后 10 位的省份分别是辽宁、山西、黑龙江、吉林、河南、内蒙古、北京、浙江、广西、陕西（见表 2－1）。

表 2-1　2016 年各省（自治区、直辖市）居民人均可支配收入及其名义增长率

地　区	人均可支配收入（元）	比上年名义增长（%）	地　区	人均可支配收入（元）	比上年名义增长（%）
合　计	23821	8.4	河　南	18443	7.7
北　京	52530	8.4	湖　北	21787	8.8
天　津	34074	8.9	湖　南	21115	9.3
河　北	19725	8.9	广　东	30296	8.7
山　西	19049	6.7	广　西	18305	8.5
内蒙古	24127	8.1	海　南	20653	8.8
辽　宁	26040	6.0	重　庆	22034	9.6
吉　林	19967	6.9	四　川	18808	9.2
黑龙江	19838	6.7	贵　州	15121	10.4
上　海	54305	8.9	云　南	16720	9.8
江　苏	32070	8.6	西　藏	13639	11.3
浙　江	38529	8.4	陕　西	18874	8.5
安　徽	19998	8.9	甘　肃	14670	8.9
福　建	27608	8.7	青　海	17302	9.4
江　西	20110	9.1	宁　夏	18832	8.7
山　东	24685	8.7	新　疆	18355	8.9

注：表中数据进行了四舍五入，天津、河北、上海、甘肃、新疆略低于安徽。

资料来源：根据 2016 年全国住户收支与生活状况调查资料整理，下同。

二　居民收入增长特点

（一）工资性收入增长 8.0%

2016 年，全国居民人均工资性收入 13455 元，增长 8.0%，增速比上年回落 1.1 个百分点，对全国居民人均可支配收入增长的贡献率为 53.7%，拉动全国居民人均可支配收入增长 4.5 个百分点，是全国居民人均可支配收入增长最主要的拉动力量。工资性收入占可支配收入比重为 56.5%，比上年小幅下降0.2个百分点。工资性收入增长的主要原因：一是全国就业情况总体平稳，农民工务工人数和工资水平继续增长，为工资性收入稳定增长打下良好基础；二是行政事业单位工资改革和公车改革等，带动了工资水平的上涨；三是最低工资标准和企业工资指导线上调，为企业职工工资增长提供了保障。

（二）经营净收入增长6.6%

2016年，全国居民人均经营净收入4218元，增长6.6%，增速比上年加快0.6个百分点，对全国居民人均可支配收入增长的贡献率为14.1%，拉动全国居民人均可支配收入增长1.2个百分点。经营净收入占可支配收入比重为17.7%，比上年下降0.3个百分点。经营净收入增长的主要原因：一是各级政府积极落实各项扶持政策，不断拓展大众创业、万众创新空间，个体工商户和小微企业的经营环境进一步改善；二是城乡居民收入增长和交通出行条件改善，出行出游人数日益增多，带动了交通运输、住宿餐饮业、批发零售业等第三产业的发展。但2016年全年粮食减产，玉米、苹果等农产品价格持续低迷使得第一产业增收乏力，部分降低了全国居民第三产业经营净收入较快增长的拉动效果。

（三）财产净收入增长8.6%

2016年，全国居民人均财产净收入1889元，增长8.6%，增速比上年回落1.0个百分点，对全国居民人均可支配收入增长的贡献率为8.1%，拉动全国居民人均可支配收入增长0.7个百分点。财产净收入占可支配收入比重为7.9%，与上年持平。财产净收入增长主要原因是城乡居民出租房屋收入和红利收入增长较快，同时在国家积极发展多种形式农业适度规模经营，鼓励农户依法自愿有偿流转承包土地经营权的政策导引下，部分农村地区承包土地流转逐渐活跃，农村居民转让土地承包经营权净收入增长较快。

（四）转移净收入增长 11.7%

2016 年，全国居民人均转移净收入 4259 元，增长 11.7%，增速比上年加快 0.5 个百分点，对全国居民人均可支配收入增长的贡献率为 24.1%，拉动全国居民人均可支配收入增长 2.0 个百分点。转移净收入占可支配收入比重为 17.9%，比上年提高 0.5 个百分点。转移净收入增长的主要原因：一是我国老龄人口有所增长，且国家连续十一年持续提高企业离退休人员基本养老金，带动城镇居民人均养老金和离退休金增长 11.5%；二是政府加大转移支付力度使其惠及更多城镇居民，城镇居民人均报销医疗费增长 18.1%；三是各地大力推进精准扶贫，增加扶贫投入，因地制宜不断推出惠民政策，城乡居民从政府得到的各类社会救助救济收入和政策性生活补贴大幅增加；四是各项政策性生产补贴按时发放，带动农村居民人均现金政策性惠农补贴增长 19.1%。

（五）人均可支配收入中位数增长 8.3%

2016 年，全国居民人均可支配收入中位数为 20883 元，比上年增长 8.3%，与人均可支配收入平均数增速基本持平，人均可支配收入中位数相当于平均数的 87.7%，与上年基本持平。分城乡看，城镇居民人均可支配收入中位数相当于平均数的 93.9%，比上年提高 0.5 个百分点；农村居民人均可支配收入中位数相当于平均数的 90.2%，比上年提高 0.1 个百分点。

（六）全国居民收入结构“一升两降”

2016 年，全国居民人均可支配收入来源构成中，工资性收入、经营净收入比重分别比上年同期下降 0.2 个和 0.3 个百分点，财产净收入比重与上年持平，转移净收入比重比上年同期提高 0.5 个百分点。转移净收入比重上升说明各级政府各项惠民政策取得明显成效，居民从政府的再分配中获得更多实惠。2016 年全国居民人均可支配收入来源构成见图 2 - 1。

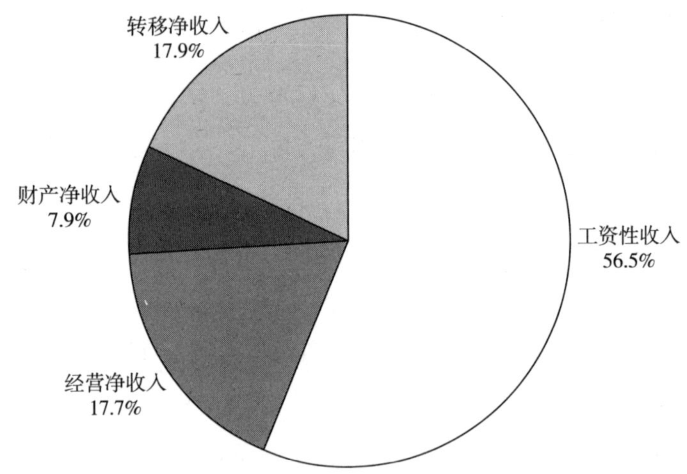

图 2－1　2016 年全国居民人均可支配收入来源构成

三　居民收入差距状况

（一）城乡居民收入相对差距继续缩小

2016 年，城镇居民人均可支配收入 33616 元，同比名义增长 7. 8%，扣除价格因素影响，实际增长 5. 6%；农村居民人均可支配收入 12363 元，同比名义增长 8. 2%，扣除价格因素影响，实际增长 6. 2%。农村居民人均可支配收入名义增速和实际增速分别快于城镇居民 0. 4 个和 0. 6 个百分点，城乡居民人均收入之比为 2. 72∶1，比上年下降 0. 01。

从农村内部看，2016 年贫困地区农村居民人均可支配收入 8452 元，比上年名义增长 10. 4%，扣除价格因素影响，实际增长 8. 4%，实际增速比全国农村居民平均水平高 2. 2 个百分点。按现行国家农村贫困标准，2016 年全国农村贫困人口 4335 万人，比上年减少 1240 万人，减贫人口继续保持在 1000 万人以上；贫困发生率为 4. 5%，比上年下降 1. 2 个百分点。

（二）高低收入组相对差距有所扩大

按人均可支配收入从低到高进行五等份分组，2016 年全国中等偏上收入组和高收入组居民收入增速相对较快，高低收入组间收入差距比上年有所扩大。调查数据显示，2016 年，低收入组居民人均可支配收入 5529 元，增长 5.9%，增速在五个组别中最低，低于全国居民人均可支配收入增速 2.5 个百分点；中等偏下收入组居民人均可支配收入 12899 元，增长 8.4%，增速与全国居民人均可支配收入增速持平；中等收入组居民人均可支配收入 20924 元，增长 8.3%，增速低于全国居民人均可支配收入增速 0.1 个百分点；中等偏上收入组居民人均可支配收入 31990 元，增长 8.7%，增速在五个组别中最高，高于全国居民人均可支配收入增速 0.3 个百分点；高收入组居民人均可支配收入 59259 元，增长 8.6%，增速高于全国居民人均可支配收入增速 0.2 个百分点。2016 年高低收入组人均可支配收入之比为 10.7∶1，比上年上升 0.3，与 2014 年持平。2014 ~ 2016 年全国居民不同收入组人均可支配收入情况见表 2 – 2。

表 2 – 2　2014 ~ 2016 年全国居民按收入五等份分组的人均可支配收入

年份	合计	低收入组（元）	中等偏下组（元）	中等收入组（元）	中等偏上组（元）	高收入组（元）	高低收入组收入比（以低收入组为 1）
2014	20167	4747	10887	17631	26937	50968	10.7
2015	21966	5221	11894	19320	29438	54544	10.4
2016	23821	5529	12899	20924	31990	59259	10.7
2016 年比 2015 年增长（%）	8.4	5.9	8.4	8.3	8.7	8.6	—

（三）地区间居民收入相对差距略有下降

分区域看，2016 年收入水平较低的西部地区居民收入增长最快，东部地区和中部地区次之，增速均超过全国居民人均可支配收入增长速度，东北地区居民收入增速最慢。西部地区居民人均可支配收入增速为9.1%，比东部地区高0.5个百分点，比中部地区高0.6个百分点，比东北地区高2.7个百分点。东部地区与西部地区居民人均可支配收入之比为1.67∶1，中部地区与西部地区居民人均可支配收入之比为1.09∶1。东部地区与西部地区、中部地区与西部地区居民人均可支配收入相对差距均比上年有所缩小。2015～2016年地区间居民收入差距情况见表2－3。

表2－3　2015～2016年全国居民按东、中、西及东北地区分组的人均可支配收入

年份	全国（元）	东部地区（元）	中部地区（元）	西部地区（元）	东北地区（元）	东西部地区收入之比（以西部地区收入为1）
2015	21966	28223	18442	16868	21008	1.673
2016	23821	30655	20006	18407	22352	1.665
2016年比2015年增长（%）	8.4	8.6	8.5	9.1	6.4	—

从省份间差距看，高低省份间相对收入差距有所缩小，但绝对差距依然存在。调查数据显示，2016年收入最高的省份是上海，人均可支配收入为54305元，收入最低的省份是西藏，人均可支配收入为13639元，收入比为3.98∶1，比上年下降0.09，首次低于4.0∶1；收入绝对差额为40666元，比上年扩大3053元。

（四）全国居民人均可支配收入基尼系数为0.465

调查资料显示，由于全年粮食减产、主要农产品价格下行、部分省份受灾等对低收入群体的影响较大，2016年全国居民人均可支配收入基尼系数为0.465，比2015年上升0.003，但仍比2014年下降0.004，居民收入差距总体在不断缩小。2007年以来全国居民人均可支配收入基尼系数见图2－2。

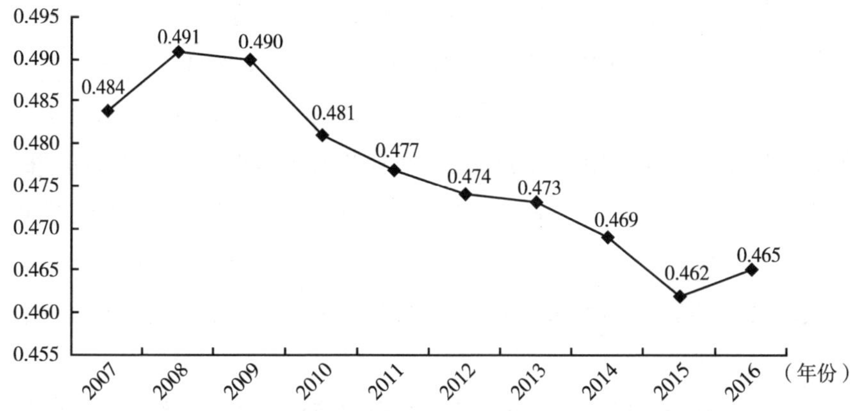

图 2－2　2007 年以来全国居民人均可支配收入基尼系数

四　政策建议

（一）分类施策，激发重点群体增收活力

技能人才、新型职业农民、科技人员等七大重点群体在当前居民收入增长格局中具有增收潜力大、带动能力强的特点，对于不断培育和扩大中等收入群体，逐步形成合理有序的收入分配格局，带动城乡居民实现总体增收具有重要意义。各级政府应分类施策，完善各类重点群体的薪酬激励和创业激励机制，拓宽各类重点群体的职业发展通道，降低各类重点群体的就业和创业门槛，加大对重点困难群体的就业扶持力度，不断提高七大重点群体的收入获取能力，建立和完善以就业促进、技能提升、托底保障等为重点的综合配套政策，充分调动七大重点群体的积极性、主动性和创造性，为实现城乡居民增收提供服务支撑、能力支撑和技术支撑。

（二）积极实现稳定就业，着力提高中低群体收入水平

一是努力拓展就业渠道，积极实现稳定就业。2016 年，按人均可支配

收入五等份分组，最低收入组城乡居民来自工资和经营等就业方面的收入占人均可支配收入的比例为74%，因此实现稳定就业是保证中低收入群体收入增长的重要保障。一方面，政策制定中要体现“就业优先”，积极加强对中低收入群体的就业指导和帮扶，健全完善各项配套政策，建立有利于稳定中低收入群体就业的制度安排；另一方面，稳定工资增长，适时提高最低工资标准，积极探索工资增长与消费价格指数挂钩、与企业效益挂钩等工资稳定增长的长效机制，全面治理拖欠工资行为，努力保证中低收入群体收入增长与经济增长同步。

二是加大政府转移支付力度，增强社会保障托底作用，努力提高中低收入群体收入水平。中低收入群体是社会保障和政府转移支付的主要受惠者，也是各项惠民政策的重点保障对象，各级政府要加大政府转移力度，积极落实好各项离退休金和养老金标准调整、加强社会救助等方面的政策，发力精准扶贫，充分发挥社会保障的托底作用，从社保和临时救助等各方面对中低收入群体进行扶持和保障。

（三）扎实推进以人为核心的新型城镇化

城镇化是推动区域经济发展的重要动力，也是实现农村居民向城镇居民转变，提高居民收入和生活水平的重要手段。城镇化不仅是物的城镇化，更重要的是人的城镇化，以人为核心，促进有能力在城镇稳定就业和生活的常住人口有序实现市民化是新型城镇化的首要任务。

在以人为核心的新型城镇化过程中，一是深化户籍制度改革，落实好农业转移人口在不同类型城镇落户的政策，建立城乡统一的户口登记制度，按照自愿、分类、有序的原则因地制宜逐步放开放宽落户限制，扫清农业转移人口落户城镇的制度障碍。二是全面实行居住证制度，建立健全居住证与基本公共服务供给衔接机制，推进城市基本公共服务均等化，创造条件将新市民纳入养老、医疗、失业等城市社会保障体系，保障新市民在居住、就业、社会保障、随迁子女教育等方面依法享有各项权益。三是保障农业转移人口原有“三权”，解决农业转移人口进城落户的后顾之忧。结合土地承包经营权确权登记工作，依规确认农业转移人口对承包土地、宅基地、集体收益分配享有的权益，努力建立健全农村产权交易市场，赋予农村居民更加充分的财产权利，为农业转移人口进城落户创造有利条件。同时在土地征用过程中，注重对失地人口的权益保障，让失地人口充分享有城镇化带来的相应收益。

（国家统计局住户调查办公室　邱建亮）

第三章

2016年城镇居民收入分配状况

据国家统计局对全国31个省（自治区、直辖市）16万户居民家庭开展的全国住户收支与生活状况调查，2016年，全国城镇居民人均可支配收入继续保持平稳增长，实际增速达5.6%，转移净收入和经营净收入占比提高。中等收入组和中等偏上收入组居民收入增长较快，高低收入组间收入差距总体呈现缩小态势。东西部地区收入相对差距与上年基本持平，地区间收入差距略有缩小。

一　城镇居民收入状况

2016年，全国城镇居民人均可支配收入达33616元，同比名义增长7.8%，扣除价格因素影响，实际增长5.6%。

从31个省（自治区、直辖市）城镇居民人均可支配收入增长情况看，2016年城镇居民人均可支配收入名义增速在8.5%以上的有7个，按增速由高到低分别是西藏、青海、上海、天津、贵州、重庆、湖北；名义增速低于7.0%的有5个，按增速由高到低分别是吉林、河南、黑龙江、山西、辽宁；其余19个省份的城镇居民人均可支配收入增速都在7.0%~8.5%。

表3-1　2016年各省（区、市）城镇居民人均可支配收入和名义增长率

地　区	人均可支配收入(元)	名义增长率(%)	地　区	人均可支配收入(元)	名义增长率(%)
全　国	33616	7.8	河　南	27233	6.5
北　京	57275	8.4	湖　北	29386	8.6
天　津	37110	8.8	湖　南	31284	8.5

续表

地　区	人均可支配收入(元)	名义增长率(%)	地　区	人均可支配收入(元)	名义增长率(%)
河　北	28249	8.0	广　东	37684	8.4
山　西	27352	5.9	广　西	28324	7.2
内蒙古	32975	7.8	海　南	28453	8.0
辽　宁	32876	5.6	重　庆	29610	8.7
吉　林	26530	6.5	四　川	28335	8.1
黑龙江	25736	6.3	贵　州	26743	8.8
上　海	57692	8.9	云　南	28611	8.5
江　苏	40152	8.0	西　藏	27802	9.2
浙　江	47237	8.1	陕　西	28440	7.6
安　徽	29156	8.2	甘　肃	25693	8.1
福　建	36014	8.2	青　海	26757	9.0
江　西	28673	8.2	宁　夏	27153	7.8
山　东	34012	7.8	新　疆	28463	8.3

资料来源：根据2016年全国住户收支与生活状况调查资料整理，本章下同。

二　城镇居民收入增长特点

（一）工资性收入增长6.9%

2016年城镇居民人均工资性收入20665元，增长6.9%，增速比上年回落0.9个百分点。主要原因：一是就业情况总体平稳，为工资性收入稳定增长打下良好基础；二是行政事业单位工资改革和公车改革等，带动了工资水平的上涨；三是最低工资标准和企业工资指导线上调，为企业职工工资增长提供了保障。

城镇居民收入增速行业分化比较明显。其中，来自房地产、科教文卫和公共管理等行业的工资性收入增长均超过10%，来自电力、热力、燃气及水生产和供应业，交通运输、仓储和邮政业，金融业等行业的工资性收入增长8.5%左右。以上行业收入的较快增长，对冲了采矿、制造、住宿餐饮等传统行业收入增长较慢甚至下降对工资性收入增长的负面影响。

（二）经营净收入增长 8.5%

2016 年城镇居民人均经营净收入 3770 元，增长 8.5%，增速比上年加快 2.5 个百分点。主要是因为大众创业、万众创新快速推进，带动了第三产业的发展，全年城镇居民第三产业经营净收入 2961 元，增长 10.0%。

（三）财产净收入增长 7.5%

2016 年城镇居民人均财产净收入 3271 元，增长 7.5%，增速比上年回落 0.7 个百分点。其中，主要是因为城镇居民出租房屋收入和红利收入增长较快，分别增长 8.3% 和 6.2%。

（四）转移净收入增长 10.7%

2016 年城镇居民人均转移净收入 5910 元，增长 10.7%，增速比上年回落 0.2 个百分点。主要是因为我国老龄人口有所增加，各地企业退休人员基本养老金上调政策落实，且调整幅度在 6.5% 以上，带动城镇居民人均养老金和离退休金增长 11.5%。政府加大转移支付力度使其惠及更多城镇居民，城镇居民人均报销医疗费增长 18.1%，人均从政府和组织得到的实物产品和服务收入增长 15.2%。同时，受 2015 年全国机关事业单位离退休人员实施养老保险制度改革翘尾因素减弱的影响，转移净收入增速比上年回落 0.2 个百分点。

（五）转移净收入和经营净收入占比提高

2016 年城镇居民人均可支配收入中，转移净收入和经营净收入所占比重均有所提高，转移净收入占比提高明显；工资性收入和财产净收入占比有所下降。全国住户调查数据显示，2016 年城镇居民人均可支配收入中，转移净收入占 17.6%，比上年提高 0.5 个百分点；经营净收入占 11.2%，比上年提高 0.1 个百分点；工资性收入占 61.5%，比上年下降 0.5 个百分点；财产净收入占 9.7%，比上年下降 0.1 个百分点（见表 3 -2）。

表 3－2　2015～2016 年城镇居民人均可支配收入来源构成

指标名称	2015 年		2016 年	
	水平(元)	构成(%)	水平(元)	构成(%)
可支配收入	31195	100	33616	100
1. 工资性收入	19337	62.0	20665	61.5
2. 经营净收入	3476	11.1	3770	11.2
3. 财产净收入	3042	9.8	3271	9.7
4. 转移净收入	5340	17.1	5910	17.6

（六）中位数增速快于平均数增速

2016 年城镇居民人均可支配收入中位数为 31554 元，比上年增长 8.3%，增速快于平均数增速 0.5 个百分点。城镇居民人均可支配收入中位数相当于平均数的 93.9%，比上年提高 0.5 个百分点。

三　各项收入来源对城镇居民增收的贡献情况

（一）工资性收入增长贡献占 54.8%

2016 年城镇居民人均可支配收入中，工资性收入人均增加 1328 元，拉动城镇居民人均可支配收入增长 4.3 个百分点，对全年城镇居民增收的贡献率较明显，为 54.8%，与 2015 年贡献率相比下降 4.8 个百分点。

（二）经营净收入增长贡献占 12.1%

2016 年城镇居民人均可支配收入中，经营净收入人均增加 294 元，拉动城镇居民人均可支配收入增长 0.9 个百分点，对全年城镇居民增收的贡献率为 12.1%，与 2015 年贡献率相比上升 3.7 个百分点。

（三）财产净收入增长贡献占 9.5%

2016 年城镇居民人均财产净收入增长 229 元，拉动城镇居民人均可支配收入增长 0.7 个百分点，对全年城镇居民增收的贡献率为 9.5%，与 2015 年贡献率相比下降 0.3 个百分点。

（四）转移净收入增长贡献占 23.5%

2016 年城镇居民人均转移净收入增长 570 元，拉动城镇居民人均可支配收入增长 1.8 个百分点，对全年城镇居民增收的贡献率为 23.5%，与 2015 年贡献率相比上升 1.2 个百分点。

表 3－3　2015～2016 年城镇居民人均可支配收入分项贡献率

指标名称	2015 年		2016 年	
	水平(元)	收入增长贡献率(%)	水平(元)	收入增长贡献率(%)
可支配收入	31195	100	33616	100
1. 工资性收入	19337	59.6	20665	54.8
2. 经营净收入	3476	8.4	3770	12.1
3. 财产净收入	3042	9.8	3271	9.5
4. 转移净收入	5340	22.3	5910	23.5

四　城镇居民收入差距状况

（一）高低收入组间收入差距总体呈缩小态势

从城镇居民收入五等份分组数据看，2016 年低收入组收入增速慢于其他各收入组，高低收入组间收入相对差距虽较上年略有扩大，但总体呈缩小态势。全国住户调查数据显示，收入五等份分组中，低收入组人均可支配收入 13004 元，增长 6.3%，增速低于平均水平 1.5 个百分点；中等偏下收入组人均可支配收入 23055 元，增长 7.5%，增速低于平均水平 0.3 个百分点；中等收入组人均可支配收入 31522 元，增长 8.3%，增速高于平均水平 0.5 个百分点；中等偏上收入组人均可支配收入 41806 元，增长 8.4%，增速高于平均水平 0.6 个百分点；高收入组人均可支配收入 70348 元，增长 8.1%，增速高于平均水平 0.3 个百分点。2016 年高收入组与低收入组人均可支配收入之比为 5.41∶1，较上年扩大 0.09，但比 2014 年缩小 0.08（见表 3-4），总体保持缩小态势。

表 3-4　2014～2016 年不同收入组城镇居民人均可支配收入差距

年份	全国（元）	低收入组（元）	中等偏下收入组（元）	中等收入组（元）	中等偏上收入组（元）	高收入组（元）	高低收入组收入比（以低收入组收入为 1）
2014	28844	11219	19651	26651	35631	61615	5.49
2015	31195	12231	21446	29105	38572	65082	5.32
2016	33616	13004	23055	31522	41806	70348	5.41
2016 年比 2015 年增长（%）	7.8	6.3	7.5	8.3	8.4	8.1	—

（二）省份间收入差距略有扩大

（1）省（区、市）间收入相对差距略有扩大。全国住户调查数据显示，2016 年城镇居民收入最高与最低省份人均可支配收入之比为 2.245∶1，较上年扩大 0.017；收入绝对差额为 31999 元，较上年扩大 2804 元（见表 3-5）。

表 3-5　2015～2016 年省（区、市）间城镇居民人均可支配收入差距

年份	收入最高省份	收入最低省份	收入最高与最低省份的收入绝对差额（元）	收入最高与最低省份的收入之比（以最低省为 1）
2015	上海（52962 元）	甘肃（23767 元）	29195	2.228
2016	上海（57692 元）	甘肃（25693 元）	31999	2.245
2016 年比 2015 年扩大	—	—	2804	0.017

（2）收入高的省份主要集中在东部地区，收入低的省份主要集中在西部地区。从 2016 年各地区城镇居民人均可支配收入看，东部 10 省份

中，除海南、河北排位相对靠后（分列第18、22位）外，其他8个省份均排在前列，依次是上海、北京、浙江、江苏、广东、天津、福建、山东。收入最低的7个省份中，有4个在西部地区，2个在东北地区，1个在中部地区，按排名由后至前，依次是甘肃、黑龙江、吉林、贵州、青海、宁夏、河南。

（三）地区间收入差距略有缩小

1. 东西部地区收入相对差距与上年基本持平

全国住户调查数据显示，2016年东部、中部、西部和东北地区城镇居民人均可支配收入分别为39651元、28879元、28610元和29045元，分别增长8.1%、7.7%、8.1%和6.0%。西部地区城镇居民收入增速与东部地区持平。2016年东部与西部地区城镇居民人均可支配收入之比为1.386，与上年基本持平，较2014年缩小0.004；收入绝对差额为11041元，较上年扩大823元（见表3－6）。

表3－6　2014～2016年地区间城镇居民人均可支配收入差距

年份	东部地区（元）	中部地区（元）	西部地区（元）	东北地区（元）	东西部地区收入之比（以西部地区收入为1）
2014	33905	24733	24391	25579	1.390
2015	36691	26810	26473	27400	1.386
2016	39651	28879	28610	29045	1.386
2016年比2015年增长(%)	8.1	7.7	8.1	6.0	—

2. 各地区间的收入差距有所缩小

全国住户调查数据显示，2016年东部、中部、西部和东北地区城镇居民收入之比为138.6∶100.9∶100∶101.5（2015年为138.6∶101.3∶100∶103.5）。西部地区与中部地区、东北地区差距缩小明显，与东部地区差距较上年基本持平。

3. 地区内各省份间收入差距变化不大

2016 年东部地区收入最高的上海市与收入最低的河北省收入比为 2.04，比上年扩大 0.01；中部地区收入最高的湖南省与最低的河南省收入比为 1.15，比上年扩大 0.02；西部地区收入最高的内蒙古自治区与最低的甘肃省收入比为 1.28，比上年缩小 0.01；东北地区收入最高的辽宁省与最低的黑龙江省收入比为 1.28，比上年缩小 0.01。

五　政策建议

（一）重点关注城镇低收入群体增收问题

城镇低收入群体是同农村贫困人口相对应的弱势群体，在国家大力推行扶贫攻坚战略的同时，这一群体的收入和生活状况同样关系到全面建成小康社会目标的实现。

为“守住底线”，缩小城镇居民高低收入组间收入差距，首先要建立统一可比、具体量化的认定标准，明确识别城镇低收入目标群体。其次要完善低保对象认定办法，建立健全低保标准动态调整机制。最后可采取以下具体政策：第一，通过职业技能培训提高城镇低收入群体就业能力，设立具有特殊公益性、服务性等性质的工作岗位，拓宽就业门路，有力地为低收入群体“供血”；第二，落实最低工资制度，切实维护低收入群体劳动报酬权，保障低收入群体基本生活水平；第三，完善社会保障制度，实施全民参保计划，基本实现法定人员全覆盖。形成合理的社会保险和住房公积金缴费基数，避免对低收入群体的制度性挤出，多渠道解决低收入群体家庭住房困难问题。

（二）继续重视城镇居民地区收入差距问题

2016 年居民收入分配状况较 2015 年总体略有改善，但仍需重视城镇居民地区收入差距状况：省份间收入差距依然存在，收入最高省份与最低省份的差距略有扩大；东西部地区收入相对差距虽然与上年基本持平，但绝对差距仍有小幅扩大。省份间收入差距实质上也是地区收入差距问题的一种体现，收入最高的上海市位于东部地区，收入最低的甘肃省位于西部地区，所以缩小省份间收入差距同缩小地区收入差距的任务目标一致、政策共通。

针对城镇居民地区收入差距问题：第一，国家要继续稳定和扩大对中西部地区及东北地区的财政转移支付力度和规模，加大对口扶持政策实施力度，建立被扶持省市定期汇报考核制度，注重制度建设，着力解决地区差异大、制度碎片化问题。第二，着力提高偏远地区流入人才和长期驻扎人员工资水平和福利待遇，确保偏远地区有人去、去了偏远地区的人能干事。第三，中西部地区及东北地区要充分发挥自身资源优势，西部地区要利用边境区位优势、中部地区要利用全国中间枢纽优势、东北地区要利用先天工业遗产优势，各自深挖、吸引人才，提升自生及发展能力，进一步缩小同东部地区的差距。

（三）多举措促进城镇居民收入增长

促进城镇居民收入增长的关键在于多管齐下，不断拓展居民增收渠道。尽管工资性收入在城镇居民收入中所占比重较大，但包括经营净收入、财产净收入和转移净收入在内的非工资性收入，对城镇居民增收的影响越来越大，而且极具增长潜力。

第一是针对各类人员分别施策，促进城镇居民工资性收入稳步提高。工资性收入因在居民收入构成中占主体地位，在很大程度上决定着城镇居民收入水平和生活水平的高低。针对城镇各类人员分别实施工资性收入增长措施：一要建立机关事业单位人员工资正常增长机制，提高其福利待遇；二要按照《国务院关于激发重点群体活力带动城乡居民增收的实施意见》要求，瞄准技能人才、科研人员、企业经营管理人员等重点群体，实施差别化增收激励政策；三是关注城镇弱势群体就业问题，创造条件确保弱势群体稳定就业。

第二是营造良好经营环境，促进城镇居民经营性收入增加。各级政府要持续推动大众创业、万众创新，着力营造公开、公平、公正的体制机制和竞争环境，清除创业壁垒，提升创业参与率和成功率，鼓励劳动者通过创业获得经营性收入。同时探索创业成果利益分配机制，进一步完善创新型中小企业上市股权激励和员工持股计划的制度规则，创造更大的市场空间和更多的就业岗位，通过创业带动就业。

第三是开源清障，增加财产性收入。拓宽居民财产投资渠道，加强金融产品和金融工具创新，改善金融服务，向居民提供多元化的理财产品；加强对财产性收入的法制保障，切实维护中小投资者利益；平衡劳动所得与资本所得税负水平，着力促进机会公平，鼓励更多群体通过勤劳和发挥才智致富。

第四是托底保障，增加转移性收入。各级政府要始终坚持以民生优先为导向，集中力量做好普惠性、基础性、兜底性民生建设工作，进一步织密扎牢民生保障网。要及时按照要求贯彻落实上调养老金、社会救助标准等政策。完善多层次的社会救助体系，全面统筹针对城镇低收入群体的医疗、教育、住房、就业等专项救助和临时救助工作，切实做好改善民生各项工作，让低收入群体更多更好分享发展成果，促进社会公平。

（国家统计局住户调查办公室　张嘉佩）

第四章
2016年农村居民收入分配状况

据国家统计局对全国31个省（自治区、直辖市）16万户居民家庭开展的全国住户收支与生活状况调查①和国家农村贫困监测调查，2016年全国农村居民人均可支配收入保持较快增长，增速快于城镇居民，城乡居民收入差距有所缩小。贫困地区农村居民收入增速快于全国农村居民平均水平。

一 农村居民收入状况

2016年农村居民人均可支配收入12363元，比上年名义增长8.2%，扣除价格因素影响，实际增长6.2%，名义增速和实际增速比上年分别回落0.7个和1.3个百分点。农村居民人均可支配收入中位数11149元，比上年增长8.3%②，增速快于平均数增速0.1个百分点。农村居民人均可支配收入中位数相当于平均数的90.2%，比上年提高0.1个百分点。

从各省（自治区、直辖市）农村居民收入增长情况看，增速较快的省份中，位于西部地区的较多。增速处于前10位的省份按增速由高到低分别是西藏、上海、重庆、贵州、云南、广西、四川、青海、海南和江西。增速处于后10位的省份按增速由高到低分别是山东、河北、河南、内蒙古、甘肃、湖北、吉林、辽宁、山西和黑龙江（见表4－1）。

---

① 从2013年起，国家统计局开展了全国住户收支与生活状况调查，2013～2015年数据来源于此项调查。与2013年前的分城镇和农村住户调查的调查范围、调查方法、指标口径有所不同。

② 如无特别说明，以下分析中的增长速度均为未扣除价格因素影响的名义增长率。

表4－1　2016年全国及各省（自治区、直辖市）农村居民人均可支配收入和名义增长率

地区	人均可支配收入（元）	名义增长率（%）	地区	人均可支配收入（元）	名义增长率（%）
全　国	12363	8.2	河　南	11697	7.8
北　京	22310	8.5	湖　北	12725	7.4
天　津	20076	8.6	湖　南	11930	8.5
河　北	11919	7.9	广　东	14512	8.6
山　西	10082	6.6	广　西	10359	9.4
内蒙古	11609	7.7	海　南	11843	9.1
辽　宁	12881	6.8	重　庆	11549	9.9
吉　林	12123	7.0	四　川	11203	9.3
黑龙江	11832	6.6	贵　州	8090	9.5
上　海	25520	10.0	云　南	9020	9.4
江　苏	17606	8.3	西　藏	9094	10.3
浙　江	22866	8.2	陕　西	9396	8.1
安　徽	11720	8.3	甘　肃	7457	7.5
福　建	14999	8.7	青　海	8664	9.2
江　西	12138	9.0	宁　夏	9852	8.0
山　东	13954	7.9	新　疆	10183	8.0

资料来源：根据2016年全国住户收支与生活状况调查资料整理，下同。

二　农村居民收入增长特点

2016年农村居民收入增长的主要特点有：一是工资性收入、经营净收入和财产净收入增速比上年有所回落，特别是农业经营净收入增长较慢；二是转移净收入增速比上年有所提高，在各分项收入中增速最高；三是贫困地区农村居民收入增速快于全国农村居民平均水平。

（一）工资性收入增长9.2%

2016年农村居民人均工资性收入5022元，增长9.2%，增速比上年回

落1.6个百分点。农民工就近务工数量增加和工资水平继续增长是带动农村居民工资性收入增长的主要因素。据全国农民工监测调查，2016年在本地务工的农民工数量增长3.4%，农民工月均收入比上年增长6.6%，增速比上年小幅回落0.6个百分点。

（二）经营净收入增长5.3%

2016年农村居民人均经营净收入4741元，增长5.3%，增速比上年回落1.0个百分点。第一产业经营净收入增长3.7%。一是种植业净收入小幅增长。人均种植业净收入2440元，增长1.1%，增速比上年回落3.5个百分点。蔬菜、棉花、糖料等农产品价格上涨，使得种植业净收入实现增长。增速回落主要是受到全年粮食减产和玉米、苹果等农产品价格持续低迷的影响。二是牧业净收入大幅增长。主要是生猪价格大幅上涨以及饲料价格下降，带动生猪养殖收入大幅增长，但羊肉价格大幅下跌，也造成相关地区牧业收入下跌。人均牧业净收入574元，增长17.4%，增速同比上升7.1个百分点。第二和第三产业经营净收入分别增长4.3%和10.3%。

（三）财产净收入增长8.2%

2016年农村居民人均财产净收入272元，增长8.2%。主要是转让承包土地经营权租金净收入和出租房屋净收入增长较快，分别增长12.8%和17.3%，但利息收入有所减少。

（四）转移净收入增长12.7%

2016年农村居民人均转移净收入2328元，增长12.7%，增速比上年加快2.6个百分点。一是各地大力推进精准扶贫，增加扶贫投入，以及其他惠民政策的实施使得农民得到实实在在的实惠。农村居民人均社会救济和补助收入增长24.0%，其中，人均直接到户扶贫款增长187.0%，人均最低生活保障费增长7.9%，人均政策性生活补贴增长23.0%，人均从政府得到的实物产品和服务收入增长48.0%。二是四季度东北三省及内蒙古发放了玉米生产者补贴，农村居民人均现金政策性惠农补贴增长19.1%。

（五）贫困地区农村居民收入增长快于全国农村居民平均水平

据全国农村贫困监测调查，2016年贫困地区[①]农村居民人均收入8452元，名义增长10.4%，剔除价格因素影响，实际增长8.4%，实际增速高于全国农村平均水平2.2个百分点。贫困地区农村居民人均收入达到全国农村居民人均水平的68%，比上年提高1.0个百分点。其中，全国14个集中连片地区农村居民人均收入8348元，名义增长10.9%，实际增长8.9%，实际增速比全国平均水平高2.7个百分点。国家扶贫开发工作重点县农村居民人均收入8355元，名义增长10.8%，剔除价格因素后，实际增长8.7%，实际增速比全国农村平均水平高2.5个百分点。

三 各项收入来源对农村居民收入增长的贡献情况

（一）工资性收入增长贡献占44.8%

2016年农村居民人均可支配收入中，工资性收入增加422元，对全年农民增收的贡献率为44.8%，拉动收入增长3.7个百分点。工资性收入占农村居民收入的比重为40.6%。

（二）经营净收入增长贡献占25.2%

2016年农村居民人均可支配收入中，经营净收入增加237.7元，对全年农民增收的贡献率为25.2%，拉动收入增长2.1个百分点。经营净收入占农村居民收入的比重为38.3%。

---

① 贫困地区，包括集中连片特困地区和片区外的国家扶贫开发工作重点县，共832个县。其中集中连片特困地区覆盖680个县，国家扶贫开发工作重点县共计592个，集中连片特困地区包括440个国家扶贫开发工作重点县。

（三）财产净收入增长贡献占 2.2%

2016 年农村居民人均可支配收入中，财产净收入增加 20.5 元，对全年农民增收的贡献率为 2.2%，拉动收入增长 0.2 个百分点。财产净收入占农村居民收入的比重为 2.2%。

（四）转移净收入增长贡献占 27.8%

2016 年农村居民人均可支配收入中，转移净收入增加 261.9 元，对全年农民增收的贡献率为 27.8%，拉动收入增长 2.3 个百分点。转移净收入占农村居民收入的比重为 18.8%。

表 4－2　2016 年农村居民人均可支配收入来源及增长贡献情况

指标	2016 年水平(元)	名义增长率(%)	分项收入贡献率(%)	收入构成(%)
农村居民人均可支配收入	12363	8.2	100.0	100.0
其中:工资性收入	5022	9.2	44.8	40.6
经营净收入	4741	5.3	25.2	38.3
财产净收入	272	8.2	2.2	2.2
转移净收入	2328	12.7	27.8	18.8

四　农村居民收入差距状况

2016 年农村居民人均可支配收入名义增速高于城镇居民 0.4 个百分点，西部地区农村居民收入增长最快，城乡居民收入差距、东西部地区间农村居民收入差距比上年有所缩小。但农村居民内部收入差距有所扩大。

（一）城乡居民相对收入差距进一步缩小

2016 年城镇居民人均可支配收入 33616 元，增长 7.8%；农村居民人均可支配收入 12363 元，增长 8.2%。农村居民人均可支配收入增速比城镇居民收入增速快0.4个百分点。城乡居民人均可支配收入之比为2.72∶1，比上年下降0.01。

（二）地区间农村居民相对收入差距继续缩小

分区域①看，2016年东部、中部、西部、东北地区农村居民人均可支配收入分别为15498元、11794元、9918元、12275元，分别增长8.4%、8.0%、9.1%、6.8%，西部地区农村居民收入增长最快，其次是东部、中部和东北地区。东西部地区农村居民人均收入之比由上年的1.57∶1缩小为1.56∶1；中部和西部地区农村居民人均收入之比由上年的1.20∶1缩小为1.19∶1；东北和西部地区农村居民人均收入之比由上年的1.26∶1缩小为1.24∶1，地区间农村居民收入差距进一步缩小。

表4-3　按东部、中部、西部和东北地区分组的农村居民人均可支配收入

年份	东部地区（元）	中部地区（元）	西部地区（元）	东北地区（元）	东西部地区收入之比（西部=1）
2015	14297	10919	9093	11490	1.57
2016	15498	11794	9918	12275	1.56
2016年比2015年名义增长（%）	8.4	8.0	9.1	6.8	

（三）农村居民高低收入组人均收入差距有所扩大

按人均可支配收入从低到高进行五等份分组，2016年高收入组农村居民人均可支配收入增长最快，低收入组农村居民人均可支配收入有所下降。低收入组人均可支配收入为3006元，下降2.6%；中等偏下组人均可支配

① 这里的东部、中部、西部、东北地区是按照《中国统计年鉴》发布的四个地区的划分标准划定的。其中，东部地区包括北京、天津、河北、上海、江苏、浙江、福建、山东、广东、海南10省份；中部地区包括山西、安徽、江西、河南、湖北、湖南6省份；西部地区包括内蒙古、广西、重庆、四川、贵州、云南、西藏、陕西、甘肃、青海、宁夏、新疆12省份；东北地区包括辽宁、吉林、黑龙江3省份。

收入为7828元，增长8.4%；中等收入组人均可支配收入为11159元，增长8.2%；中等偏上组人均可支配收入为15727元，增长8.2%；高收入组人均可支配收入为28448元，增长9.4%。高低收入组人均收入之比由上年的8.43∶1扩大为9.46∶1，高低收入组之间的收入差距有所扩大。

表4-4　2015～2016年农村居民不同收入组人均收入差距

年份	农村居民人均可支配收入（元）	低收入组（元）	中等偏下组（元）	中等收入组（元）	中等偏上组（元）	高收入组（元）	高低收入组人均收入之比（低收入组=1）
2015	11422	3086	7221	10311	14537	26014	8.43
2016	12363	3006	7828	11159	15727	28448	9.46
2016年比2015年名义增长（%）	8.2	-2.6	8.4	8.2	8.2	9.4	

（四）除东北地区持平外，其他地区内省份间收入差距均有所扩大

2016年东部地区农村居民人均收入最高的上海市与最低的海南省之间的人均收入之比为2.16∶1，比上年扩大0.02；中部地区农村居民人均收入最高的湖北省与最低的山西省之间的人均收入之比为1.26∶1，比上年扩大0.01；西部地区农村居民人均收入最高的内蒙古自治区与最低的甘肃省之间的人均收入之比为1.56∶1，比上年扩大0.01；东北地区农村居民人均收入最高的辽宁省与最低的黑龙江省之间的人均收入之比为1.09∶1，与上年持平。

（五）农村居民人均收入最高与最低省份之间的差距有所扩大

2016年农村居民人均收入最高的上海市收入增速快于人均收入最低的甘肃省的收入增速，人均收入之比为3.42∶1，比上年扩大0.07；人均收入差额为18063，比上年扩大1795元。但从整体上来说，人均收入水平相对较低的西部地区省份，增速相对较快，在增速排名前10位的省份中有7个是西部地区省份。

表 4-5　2015~2016 年农村居民人均收入最高省份与最低省份间的收入差距

年份	人均收入最高省份	人均收入最低省份	收入最高与最低省份间的人均收入差额（元）	收入最高与最低省份的人均收入之比
2015	上海	甘肃	16269	3.35∶1
2016	上海	甘肃	18063	3.42∶1
2016 年比 2015 年扩大			1796	0.07

五　政策建议

（一）促进低收入农村居民收入稳定增长

2016 年低收入农村居民人均收入有所下降，农村内部收入差距有所扩大。促进低收入农村居民收入稳定增长，有助于缩小农村内部收入差距。增加低收入农村居民收入要坚定推进农业供给侧结构性改革，促进农业经营净收入稳定增长。一是加快高标准农田建设，提高建设质量。推进重大水利工程建设，积极修复水毁灾损农业设施和水利工程，加强水利薄弱环节建设，进一步增强农业抗灾害能力；二是统筹调整农业种植结构，积极发展适度规模经营，做大做强优势特色产业，进一步提高农业种植效益；三是加强农业科技研发和推广，强化科技创新驱动。积极培育新型职业农民，优化农业从业者结构。

（二）进一步拓宽农村居民增收渠道

近年来，工资性收入和财产性收入在农村居民收入中的比重越来越高，对促进农村居民收入稳定增长发挥了重要作用。要进一步拓宽农村居民增收渠道，为农村居民增收添加新动力。一是继续健全农业劳动力转移就业服务体系，鼓励多渠道就业，切实保障农民工合法权益。完善农村创业创新体系，鼓励各类人才回乡下乡创业创新，将现代科技、生产方式和经营模式引入农村，增加农民就近转移就业机会。二是深化农村集体产权制度改革。落实农村土地“三权分置”办法，加快推进农村承包地确权登记颁证。积极探索以流转、出租、合作等方式盘活利用农户耕地、空闲农房及宅基地，增加农民财产性收入。

（三）扎实推进精准扶贫各项政策

进一步推进精准扶贫各项政策措施落地生根，提高扶贫政策的针对性和灵活性，加强督促检查，注重提高脱贫质量。一是建立健全稳定脱贫长效机制，探索建立动态扶贫体系；加强扶贫政策与社会保障的衔接，提高社会保障水平，降低脱贫农民返贫风险。二是继续加强农村教育体系建设，持续提高农村居民文化水平，激发贫困人口脱贫致富积极性、主动性，增强脱贫的内生动力。

（国家统计局住户调查办公室　刘洪波）

附：2016年农民工监测调查报告

一　农民工规模、分布及流向

（一）农民工总量继续增加，增量主要来自本地农民工

2016 年农民工总量达到 28171 万人，比上年增加 424 万人，增长 1.5%，增速比上年加快 0.2 个百分点。其中，本地农民工 11237 万人，比上年增加 374 万人，增长 3.4%，增速比上年加快 0.7 个百分点；外出农民工 16934 万人，比上年增加 50 万人，增长 0.3%，增速较上年回落 0.1 个百

分点。本地农民工增量占新增农民工的 88.2% 。在外出农民工中，进城农民工 13585 万人，比上年减少 157 万人，下降 1.1% 。

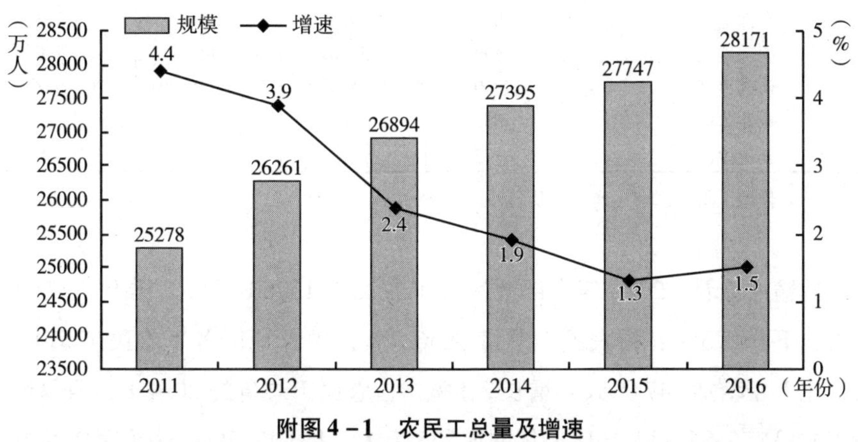

附图 4-1 农民工总量及增速

（二）西部地区农民工人数增长最多，吸纳能力逐步增强

从输出地看，2016 年东部地区农民工 10400 万人，比上年增加 100 万人，增长 1% ，占农民工总量的 36.9% ；中部地区农民工 9279 万人，比上年增加 105 万人，增长 1.1% ，占农民工总量的 32.9% ；西部地区农民工 7563 万人，比上年增加 185 万人，增长 2.5% ，占农民工总量的 26.9% ；东北地区农民工 929 万人，比上年增加 34 万人，增长 3.8% ，占农民工总量的 3.3% 。西部地区农民工人数增长多于其他地区，西部地区农民工增量占全国新增农民工的 43.6% 。

附表 4-1 农民工在输出地和输入地的区域分布

单位：万人，%

	2015 年	2016 年	增量	增速
按输出地分：				
东部地区	10300	10400	100	1.0
中部地区	9174	9279	105	1.1
西部地区	7378	7563	185	2.5
东北地区	895	929	34	3.8

续表

	2015 年	2016 年	增量	增速
按输入地分：				
东部地区	16008	15960	-48	-0.3
中部地区	5599	5746	147	2.6
西部地区	5209	5484	275	5.3
东北地区	859	904	45	5.2
其他地区	72	77	5	6.9

注：其他地区指中国港、澳、台及国外。

从输入地看，2016 年东部地区务工农民工 15960 万人，比上年减少 48 万人，下降 0.3%，占农民工总量的 56.7%；中部地区务工农民工 5746 万人，比上年增加 147 万人，增长 2.6%，占农民工总量的 20.4%；西部地区务工农民工 5484 万人，比上年增加 275 万人，增长 5.3%，占农民工总量的 19.5%；东北地区务工农民工 904 万人，比上年增加 45 万人，增长 5.2%，占农民工总量的 3.2%。

（三）外出农民工增速继续回落，跨省流动农民工继续减少

2011～2016 年，外出农民工增速呈逐年回落趋势，增速分别为 3.4%、3.0%、1.7%、1.3%、0.4% 和 0.3%。外出农民工占农民工总量的比重也由 2011 年的 62.8% 逐渐下降到 2016 年的 60.1%。

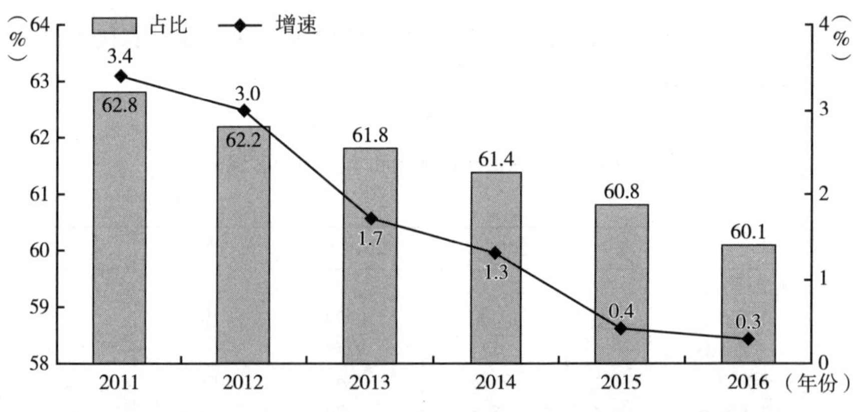

附图 4－2　外出农民工增速及占农民工总量的比重

外出农民工中，跨省流动农民工7666万人，比上年减少79万人，下降1%，占外出农民工的45.3%，比上年下降0.6个百分点。分区域看，东部地区跨省流动的农民工占17.8%，比上年提高0.4个百分点；中部地区跨省流动的农民工占62%，比上年下降0.5个百分点；西部地区跨省流动的农民工占52.2%，比上年下降1.3个百分点；东北地区跨省流动的农民工占22.9%，比上年下降2.3个百分点。

附表4-2 2016年外出农民工地区分布及构成

单位：万人，%

按输出地分	外出农民工			构成		
	合计	跨省流动	省内流动	合计	跨省流动	省内流动
合计	16934	7666	9268	100.0	45.3	54.7
东部地区	4691	837	3854	100.0	17.8	82.2
中部地区	6290	3897	2393	100.0	62.0	38.0
西部地区	5350	2794	2556	100.0	52.2	47.8
东北地区	603	138	465	100.0	22.9	77.1

二 农民工基本特征

（一）女性农民工占比继续提高，有配偶的占比提高

在全部农民工中，男性占65.5%，女性占34.5%。其中，外出农民工中男性占68.3%，女性占31.7%；本地农民工中男性占62.8%，女性占37.2%。农民工中女性占比比上年提高0.9个百分点，主要是由本地农民工在农民工总量中占比继续提高，而本地女性农民工占比较高所致。

全部农民工中，未婚的占19.8%，比上年下降1.4个百分点；有配偶的占77.9%，比上年提高1.5个百分点。外出农民工有配偶的占64.8%，比本地农民工低25.4个百分点，但占比提高较快。

（二）农民工年龄不断提高，新生代农民工占比近五成

农民工仍以青壮年为主，但青壮年农民工所占比重继续下降，农民工平均年龄不断提高。从平均年龄看，2016 年农民工平均年龄为 39 岁，比上年提高 0.4 岁。从年龄结构看，40 岁以下农民工所占比重为 53.9%，比上年下降 1.3 个百分点；50 岁以上农民工所占比重为 19.2%，比上年提高 1.3 个百分点。

1980 年及以后出生的新生代农民工已逐渐成为农民工的主体，占全国农民工总量的 49.7%，比上年提高 1.2 个百分点；老一代农民工占全国农民工总量的 50.3%。

附表 4－3　农民工年龄构成

单位：%

年龄	2012 年	2013 年	2014 年	2015 年	2016 年
16～20 岁	4.9	4.7	3.5	3.7	3.3
21～30 岁	31.9	30.8	30.2	29.2	28.6
31～40 岁	22.5	22.9	22.8	22.3	22.0
41～50 岁	25.6	26.4	26.4	26.9	27.0
50 岁以上	15.1	15.2	17.1	17.9	19.2

（三）农民工受教育水平不断提高

2016 年，农民工中，未上过学的占 1%，小学文化程度的占 13.2%，初中文化程度的占 59.4%，高中文化程度的占 17%，大专及以上文化程度的占 9.4%。高中及以上文化程度农民工所占比重比上年提高 1.2 个百分点。其中，外出农民工中高中及以上文化程度的占 29.1%，比上年提高 1.2 个百分点；本地农民工中高中及以上文化程度的占 23.9%，比上年提高 1.3 个百分点。

（四）接受过技能培训的农民工比重小幅下降

2016 年，接受过农业和非农职业技能培训的农民工占 32.9%，比上年下降 0.2 个百分点。其中，接受非农职业技能培训的占 30.7%，接受农业

附表 4－4　农民工文化程度构成

单位：%

文化程度	农民工合计		外出农民工		本地农民工	
	2015 年	2016 年	2015 年	2016 年	2015 年	2016 年
未上过学	1.1	1.0	0.8	0.7	1.4	1.3
小学	14.0	13.2	10.9	10.0	17.1	16.2
初中	59.7	59.4	60.5	60.2	58.9	58.6
高中	16.9	17.0	17.2	17.2	16.6	16.8
大专及以上	8.3	9.4	10.7	11.9	6.0	7.1

技能培训的占 8.7%，均与上年持平；农业和非农职业技能培训都参加过的占 6.5%，比上年提高 0.2 个百分点。其中，本地农民工接受过农业和非农职业技能培训的占 30.4%，比上年下降 0.4 个百分点；外出农民工接受过农业和非农职业技能培训的占 35.6%，比上年提高 0.2 个百分点。

附表 4－5　接受过技能培训的农民工比重

单位：%

	接受农业技能培训		接受非农职业技能培训		接受技能培训	
	2015 年	2016 年	2015 年	2016 年	2015 年	2016 年
合计	8.7	8.7	30.7	30.7	33.1	32.9
本地农民工	10.2	10.0	27.7	27.8	30.8	30.4
外出农民工	7.2	7.4	33.8	33.8	35.4	35.6

三　农民工就业

（一）从事制造业和建筑业的农民工比重下降明显

2016 年，从事第二产业的农民工比重为 52.9%，比上年下降 2.2 个百分点。其中，从事制造业的农民工比重为 30.5%，比上年下降 0.6 个百分点；从事建筑业的农民工比重为 19.7%，比上年下降 1.4 个百分点。从事第三产业的农民工比重为 46.7%，比上年提高 2.2 个百分点。其中，从事批发和零售业的农民工比重为12.3%，比上年提高0.4个百分点；从事居民服务、修理和其他服务业的农民工比重为11.1%，比上年提高0.5个百分点。

附表4－6　农民工从业行业分布

单位：%，个百分点

行业	2015年	2016年	增减
第一产业	0.4	0.4	0.0
第二产业	55.1	52.9	－2.2
其中：制造业	31.1	30.5	－0.6
建筑业	21.1	19.7	－1.4
第三产业	44.5	46.7	2.2
其中：批发和零售业	11.9	12.3	0.4
交通运输、仓储和邮政业	6.4	6.4	0.0
住宿和餐饮业	5.8	5.9	0.1
居民服务、修理和其他服务业	10.6	11.1	0.5

（二）农民工月均收入增速有所回落

2016年，农民工月均收入3275元，比上年增加203元，增长6.6%，增速比上年回落0.6个百分点。分行业看，除制造业收入增速较上年提高，居民服务、修理和其他服务业增速与上年持平以外，建筑业，批发和零售业，交通运输、仓储和邮政业，住宿和餐饮业农民工月均收入增速分别比上年回落1.5个、1.9个、1.5个和0.7个百分点。

附表4－7　分行业农民工月均收入及增速

单位：元，%

行业	2015年	2016年	增速
合计	3072	3275	6.6
制造业	2970	3233	8.9
建筑业	3508	3687	5.1
批发和零售业	2716	2839	4.5
交通运输、仓储和邮政业	3553	3775	6.2
住宿和餐饮业	2723	2872	5.5
居民服务、修理和其他服务业	2686	2851	6.1

（三）本地和在中部地区务工的农民工月均收入增长较快

外出务工农民工月均收入3572元，比上年增加213元，增长6.3%；本地务工农民工月均收入2985元，比上年增加204元，增长7.3%。本地务工农民工月均收入比外出务工农民工低587元，但增速比外出务工农民工高1个百分点。

分地区看，在东部地区务工的农民工月均收入3454元，比上年增加238元，增长7.4%；在中部地区务工的农民工月均收入3132元，比上年增加224元，增长7.7%；在西部地区务工的农民工月均收入3117元，比上年增加153元，增长5.2%；在东北地区务工的农民工月均收入3063元，比上年减少42元，下降1.4%。在中部地区务工的农民工月均收入增速分别比在东部、西部和东北地区务工的农民工高0.3个、2.5个和9.1个百分点。

四　农民工权益保障

（一）超时劳动情况有所改善

2016年，外出农民工年从业时间平均为10个月，月从业时间平均为25.2天，日从业时间平均为8.7个小时，均与上年持平。日从业时间超过8小时的农民工占37.3%，周从业时间超过44小时的农民工占84.4%，分别比上年下降1.8个和0.6个百分点，超时劳动情况改善比较明显。

附表4－8　外出农民工从业时间和强度

	2015年	2016年
全年外出从业时间（月）	10.1	10.0
平均每月工作时间（天）	25.2	25.2
平均每天工作时间（小时）	8.7	8.7
日工作超过8小时的农民工比重（%）	39.1	37.3
周工作超过44小时的农民工比重（%）	85.0	84.4

（二）签订劳动合同的农民工比重下降

2016 年，与雇主或单位签订了劳动合同的农民工比重为 35.1%，比上年下降 1.1 个百分点。其中，外出农民工与雇主或单位签订劳动合同的比重为 38.2%，比上年下降 1.5 个百分点；本地农民工与雇主或单位签订劳动动合同的比重为 31.4%，比上年下降 0.2 个百分点。

附表 4－9　农民工签订劳动合同情况

单位：%

	无固定期限劳动合同	一年以下劳动合同	一年及以上劳动合同	没有劳动合同
2015 年农民工合计	12.9	3.4	19.9	63.8
其中：外出农民工	13.6	4.0	22.1	60.3
本地农民工	12.0	2.5	17.1	68.3
2016 年农民工合计	12.0	3.3	19.8	64.9
其中：外出农民工	12.4	4.2	21.6	61.8
本地农民工	11.5	2.2	17.7	68.6

（三）被拖欠工资的农民工比重下降

2016 年被拖欠工资的农民工人数为 236.9 万人，比上年减少 38.9 万人，下降 14.1%。被拖欠工资的农民工比重为 0.84%，比上年下降 0.15 个百分点。自 2013 年以来，被拖欠工资的农民工比重均在 1% 以下，但是不同年份间有波动。2013～2015 年被拖欠工资的农民工比重分别为 1%、0.76% 和 0.99%。其中，2015 年农民工工资被拖欠的情况有所反弹，被拖欠工资的农民工比重比 2014 年提高 0.23 个百分点。

2016 年，被拖欠工资的农民工人均被拖欠 11433 元，比上年增加 1645 元，增长 16.8%。其中，被拖欠工资的外出农民工人均被拖欠 11941 元，比上年增加 1249 元，增长 11.7%；被拖欠工资的本地农民工人均被拖欠 10518 元，比上年增加 1851 元，增长 21.4%。2016 年被拖欠的工资总额为

270.9 亿元，比上年增加 0.9 亿元，增长 0.3%；与 2015 年被拖欠的工资总额增长 35.8% 相比，拖欠情况出现好转。

从农民工比较集中的几个行业看，2016 年制造业，建筑业，批发和零售业，交通运输、仓储和邮政业被拖欠工资的农民工比重分别为 0.6%、1.8%、0.2% 和 0.4%，分别比上年下降 0.2 个、0.2 个、0.1 个和 0.3 个百分点。居民服务、修理和其他服务业被拖欠工资的农民工比重有所上升，2016 年为 0.6%，较上年上升 0.3 个百分点。

附表 4-10 分行业农民工被拖欠工资的比重

单位：%，个百分点

行业	2015 年	2016 年	增减
合计	0.99	0.84	-0.15
制造业	0.8	0.6	-0.2
建筑业	2.0	1.8	-0.2
批发和零售业	0.3	0.2	-0.1
交通运输、仓储和邮政业	0.7	0.4	-0.3
住宿和餐饮业	0.3	0.3	0.0
居民服务、修理和其他服务业	0.3	0.6	0.3

五 进城农民工居住状况

（一）进城农民工的购房比例提高

在进城农民工中，租房居住的农民工占 62.4%，比上年下降 2.4 个百分点，其中租赁私房的农民工占 61%，比上年下降 1.9 个百分点。购房的农民工占 17.8%，比上年提高 0.5 个百分点，其中购买商品房的农民工占 16.5%，比上年提高 0.8 个百分点。单位或雇主提供住房的农民工占 13.4%，比上年下降 0.7 个百分点。以其他方式解决居住问题的农民工占 6.4%，比上年提高 2.6 个百分点。购买保障性住房和租赁公租房的农民工不足 3%。

（二）居住困难的进城农民工占比下降

进城农民工人均住房面积为19.4平方米，与上年基本保持一致。其中，人均住房面积在5平方米及以下居住困难的农民工户占6%，比上年下降2.3个百分点；人均住房面积在6~15平方米的农民工户占37.4%，人均住房面积在16~25平方米的农民工户占25.5%，均比上年提高2.1个百分点；人均住房面积在26~35平方米的农民工户占12.6%，人均住房面积在36平方米以上的农民工户占18.5%，分别比上年下降1.1个和0.9个百分点。

（三）进城农民工居住条件总体有所改善

农民工户住房配备电冰箱和洗衣机的比重分别为57.2%和55.4%，分别比上年提高2.9个和3.8个百分点；86.5%的农民工户住房有自来水，比上年提高0.3个百分点；77.9%的农民工户住房有洗澡设施，比上年提高2.8个百分点；69.6%的农民工户住房有独用厕所，比上年提高0.2个百分点；85.5%的农民工户能上网（计算机或手机），比上年提高7.1个百分点；18.6%的农民工户拥有汽车（生活和经营用车），比上年提高2.7个百分点。

六　进城农民工社会融合情况

（一）进城农民工的社会交往形式有待丰富

2016年，在城市生活中，除家人外，进城农民工在业余时间进行人际交往方面，老乡占35.2%，比上年提高1.6个百分点；当地朋友占24.3%，比上年提高0.8个百分点；同事占22.2%，比上年提高0.7个百分点；其他外来务工人员占3.1%，比上年下降1.1个百分点；基本不和他人来往占12.7%，比上年下降1.6个百分点。

进城农民工业余时间主要是看电视、上网和休息，分别占45.8%、33.7%和29.1%。其中，选择上网和休息的比重分别比上年提高了2.7个

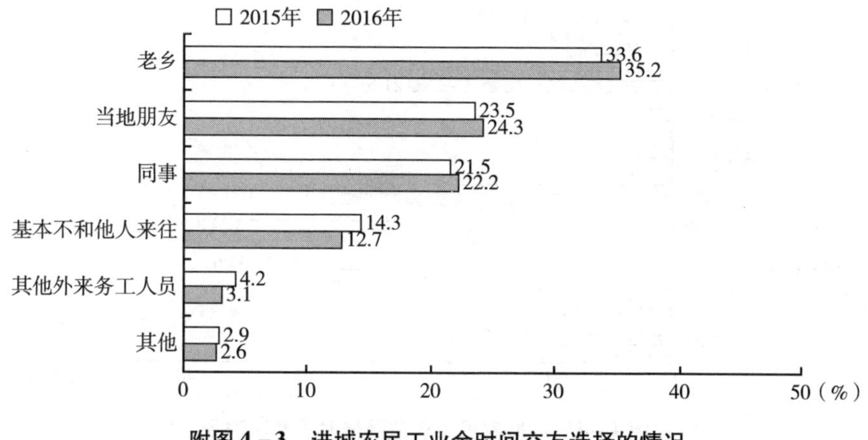

附图 4－3　进城农民工业余时间交友选择的情况

和 0.9 个百分点。选择参加文娱体育活动、读书看报的比重分别为 6.3% 和 3.7%，分别比上年下降 0.8 个和 0.9 个百分点。选择参加学习培训的比重仅为 1.3%，与上年持平。

（二）权益受损时选择法律途径解决的进城农民工占比显著提高

2016 年，在工作和生活中遇到困难时，62.4% 的进城农民工想到的是找家人、亲戚帮忙，找老乡的占 28.9%，找本地朋友的占 24.7%，找单位领导或同事的占 11.7%，找工会、妇联和政府部门的占 6.8%，找社区的占 2.3%。找家人、亲戚帮忙，找老乡和找本地朋友帮忙的农民工比重分别比上年提高 0.7 个、1.1 个和 1.4 个百分点。当权益受损时，进城农民工选择的解决途径依次是：36.8% 与对方协商解决，比上年提高 0.9 个百分点；30.1% 向政府相关部门反映，比上年下降 4.5 个百分点；27.2% 通过法律途径解决，比上年提高 5.1 个百分点。

（三）已就业进城农民工加入工会组织的占比提高

2016 年，从对工会组织的知晓情况看，已就业进城农民工中 20.8% 知道所在企业或单位有工会组织，比上年提高 1.3 个百分点；59.6% 知道所在单位和企业没有工会组织，19.6% 不知道自己所在企业或单位是否有工会组

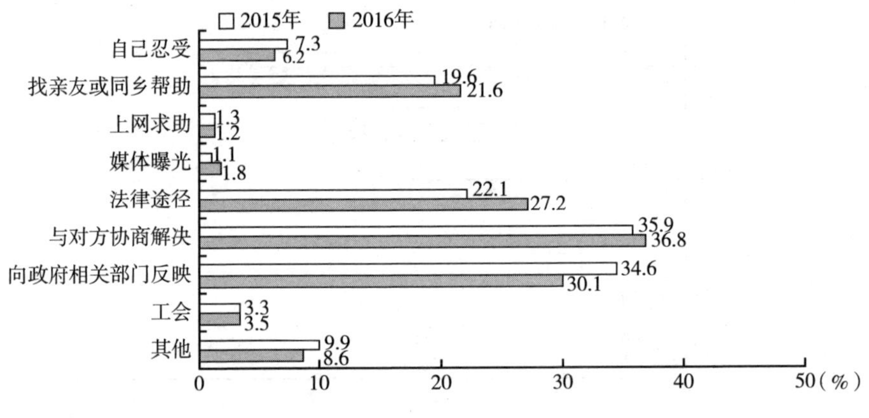

附图4－4　进城农民工权益受损时的解决途径

织。在知道自己所在企业或单位有工会组织的农民工中，53.8%的农民工加入了工会，比上年提高2.9个百分点；加入工会的进城农民工占已就业的进城农民工的比重为11.2%，比上年提高1.3个百分点。在加入工会的农民工中，经常参加工会活动的占21.3%，比上年下降1个百分点；偶尔参加的占62.1%，比上年提高0.4个百分点；没参加过的占16.6%，比上年提高0.6个百分点。

附注

1. 调查简介

农民工监测调查：为准确反映全国农民工规模、流向、分布等情况，国家统计局2008年建立农民工监测调查制度，在农民工输出地开展监测调查。调查范围是全国31个省（自治区、直辖市）的农村地域，在1527个调查县（区）抽选了8906个村和23.7万名农村劳动力作为调查样本。采用入户访问调查的形式，按季度进行调查。

农民工市民化调查：为准确反映在新型城镇化建设中农民工在城镇就业生活、居住状况和社会融合等基本情况，国家统计局2015年建立农民工市民化监测调查制度。调查范围是全国31个省（自治区、直辖市）的城镇地域，随机抽取了4.08万户进城农民工样本，由调查员使用手持电子采集终端（PDA），直接入户面访的形式，于每年 10 月开展年度调查。

2. 主要指标解释

农民工：指户籍仍在农村，在本地从事非农产业或外出从业 6 个月及以上的劳动者。

本地农民工：指在户籍所在乡镇地域以内从业的农民工。

外出农民工：指在户籍所在乡镇地域外从业的农民工。

进城农民工：指居住在城镇地域内的农民工。城镇地域为根据国家统计局《统计上划分城乡的规定》划分的区域，与计算人口城镇化率的地域范围相一致。

东部地区：包括北京、天津、河北、上海、江苏、浙江、福建、山东、广东、海南 10 个省（市）。

中部地区：包括山西、安徽、江西、河南、湖北、湖南 6 省。

西部地区：包括内蒙古、广西、重庆、四川、贵州、云南、西藏、陕西、甘肃、青海、宁夏、新疆 12 个省（自治区）。

东北地区：辽宁、吉林、黑龙江 3 个省。

第五章
2016年地区间居民收入分配状况

2016年，按照全面建成小康社会奋斗目标的总体要求，党中央、国务院坚持民生优先，努力拓宽增收渠道，促进区域协调发展，各地区城乡居民收入继续稳步增长，地区间收入相对差距保持基本稳定，居民生活状况进一步改善。

一 2016年各地区居民收入分配状况

（一）各地区城镇居民收入差距状况

1. 绝对差距及其变化

2016年，各地区城镇居民人均可支配收入绝对差距有所缩小。与2015年相同，城镇居民人均可支配收入最高和最低的地区仍然是上海和甘肃。上海人均可支配收入为57691.7元，比2015年增加4729.8元，增长8.9%；甘肃人均可支配收入为25693.5元，比2015年增加1926.4元，增长8.1%。2016年，最高的上海和最低甘肃之间的收入绝对差距为31998.2元，比2015年增加2803.4元。从最高的上海和最低的甘肃收入之比看，2016年为2.25，比2015年的2.23增加了0.02。从各地区的增长速度看，增速最快的为青海，增速为9.0%；增速最慢的为辽宁，增速为5.6%；增速快慢之比为1.60∶1，比2015年的1.88∶1有所下降。从各地区的增加额看，最高的上海为4729.8元，最低的山西为1524.6元，增加额高低相差3205.2元（见表5－1）。

表 5－1　2016 年城镇居民人均可支配收入及排序

单位：元，%

地区	2016 年	2015 年	增加额	增长速度	2016 年位次	2015 年位次	趋势
上　海	57691.7	52961.9	4729.8	8.9	1	1	→
北　京	57275.3	52859.2	4416.1	8.4	2	2	→
浙　江	47237.2	43714.5	3522.7	8.1	3	3	→
江　苏	40151.6	37173.5	2978.1	8.0	4	4	→
广　东	37684.3	34757.2	2927.1	8.4	5	5	→
天　津	37109.6	34101.3	3008.3	8.8	6	6	→
福　建	36014.3	33275.3	2739.0	8.2	7	7	→
山　东	34012.1	31545.3	2466.8	7.8	8	8	→
内蒙古	32974.9	30594.1	2380.8	7.8	9	10	↑1
辽　宁	32876.1	31125.7	1750.4	5.6	10	9	↓1
湖　南	31283.9	28838.1	2445.8	8.5	11	11	→
重　庆	29610.0	27238.8	2371.2	8.7	12	12	→
湖　北	29385.8	27051.5	2334.3	8.6	13	13	→
安　徽	29156.0	26935.8	2220.2	8.2	14	14	→
江　西	28673.3	26500.1	2173.2	8.2	15	15	→
云　南	28610.6	26373.2	2237.4	8.5	16	18	↑2
新　疆	28463.4	26274.7	2188.7	8.3	17	20	↑3
海　南	28453.5	26356.4	2097.1	8.0	18	19	↑1
陕　西	28440.1	26420.2	2019.9	7.6	19	16	↓3
四　川	28335.3	26205.3	2130.0	8.1	20	21	↑1
广　西	28324.4	26415.9	1908.5	7.2	21	17	↓4
河　北	28249.4	26152.2	2097.2	8.0	22	22	→
山　西	27352.3	25827.7	1524.6	5.9	23	23	→
河　南	27232.9	25575.6	1657.3	6.5	24	24	→
宁　夏	27153.0	25186.0	1967.0	7.8	25	25	→
青　海	26757.4	24542.3	2215.1	9.0	26	28	↑2
贵　州	26742.6	24579.6	2163.0	8.8	27	27	→
吉　林	26530.4	24900.9	1629.5	6.5	28	26	↓2
黑龙江	25736.4	24202.6	1533.8	6.3	29	29	→
甘　肃	25693.5	23767.1	1926.4	8.1	30	30	→

注：①从 2013 年起，国家统计局开展了城乡一体化住户收支与生活状况调查，本表数据来源于此调查，与 2013 年前的分城镇和农村住户调查的调查范围、调查方法、指标口径有所不同，下同。②本表不含西藏，下同。箭头后的数字表示上升或下降的位次。

资料来源：《中国统计年鉴 2017》，中国统计出版社，2017。

2. 相对差距及其变化

通过各地区收入的离散系数变化（见图 5 – 1）可以看出，地区间城镇居民人均可支配收入的离散系数在经历了 2002 ~2005 年不断攀升的阶段后，近年来呈逐步下降趋势，特别是 2012 年的离散系数出现陡降，达到 2002 年以来的最低点。2013 年开始，由于统计口径变化，离散系数有所上升，但仍维持在较低水平。这表明最近几年，在城镇居民人均可支配收入快速增长的同时，地区间的相对差异程度趋于稳定。2016 年离散系数继续缓慢上升，达到了自 2013 年开展城乡一体化住户收支与生活状况调查以来的最高点。

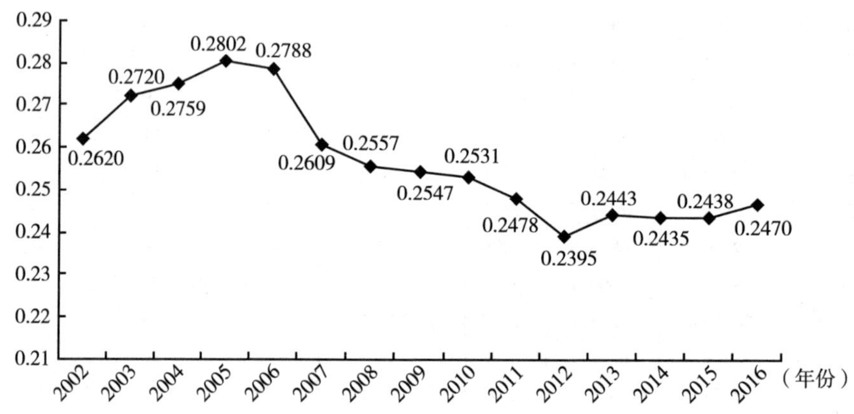

图 5 – 1　地区间城镇居民人均可支配收入的离散系数变化状况

3. 各地区城镇居民收入位次及其变化

与 2015 年相比，2016 年各地区城镇居民人均可支配收入的位次产生了一定变化。其中，20 个地区位次与 2015 年持平，4 个地区位次变化了 1 位，6 个地区的位次变化较大。位次提升最大的是新疆，由 2015 年的第 20 位提升到第 17 位；位次下降最多的是广西，由 2015 年的第 17 位下降到第 21 位。

（二）各地区农村居民收入差距状况

1. 绝对差距及其变化

2016 年，各地区农村居民人均纯收入绝对差距进一步扩大。农村居民

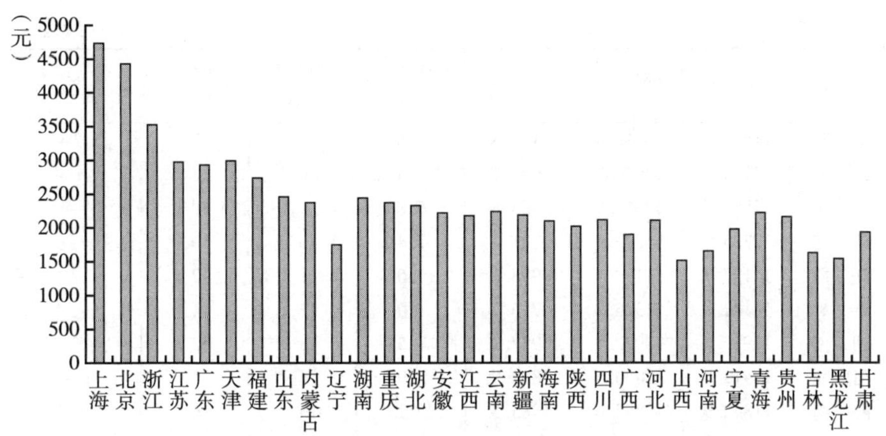

图 5－2　城镇居民人均可支配收入 2016 年比 2015 年的增加额

人均纯收入最高的是上海，人均纯收入为 25520.4 元，比 2015 年增加 2315.2 元，增长 10.0%，增速比上年加快 0.5 个百分点；最低的是甘肃，人均纯收入为 7456.9 元，比 2015 年增加 520.7 元，增长 7.5%，增速减缓 3 个百分点。2016 年，最高的上海和最低的甘肃收入绝对差距为 18063.5 元，比 2015 年增加 1794.5 元，增加额比 2015 年的 1354.0 元扩大 440.5 元，表明差距有所扩大。从各地区的增长速度看，2016 年仅有上海增速达到 10%，最慢的为黑龙江和山西，增速为 6.6%，增速快慢之比为 1.52∶1。从各地区的增加额看，最高的上海为 2315.2 元，最低的甘肃为 520.7 元，增加额高低相差 1794.5 元，比 2015 年增加 327.0 元（见表 5－2）。

表 5－2　2016 年农村居民人均纯收入及排序

单位：元，%

地区	2016 年	2015 年	增加额	增长速度	2016 年位次	2015 年位次	趋势
上　海	25520.4	23205.2	2315.2	10.0	1	1	→
浙　江	22866.1	21125.0	1741.1	8.2	2	2	→
北　京	22309.5	20568.7	1740.8	8.5	3	3	→
天　津	20075.6	18481.6	1594.0	8.6	4	4	→
江　苏	17605.6	16256.7	1348.9	8.3	5	5	→
福　建	14999.2	13792.7	1206.5	8.7	6	6	→

续表

地区	2016 年	2015 年	增加额	增长速度	2016 年位次	2015 年位次	趋势
广　东	14512.2	13360.4	1151.8	8.6	7	7	→
山　东	13954.1	12930.4	1023.7	7.9	8	8	→
辽　宁	12880.7	12056.9	823.8	6.8	9	9	→
湖　北	12725.0	11843.9	881.1	7.4	10	10	→
江　西	12137.7	11139.1	998.6	9.0	11	12	↑1
吉　林	12122.9	11326.2	796.7	7.0	12	11	↓1
湖　南	11930.4	10992.5	937.9	8.5	13	15	↑2
河　北	11919.4	11050.5	868.9	7.9	14	14	→
海　南	11842.9	10857.6	985.3	9.1	15	16	↑1
黑龙江	11831.9	11095.2	736.7	6.6	16	13	↓3
安　徽	11720.5	10820.7	899.8	8.3	17	18	↑1
河　南	11696.7	10852.9	843.8	7.8	18	17	↓1
内蒙古	11609.0	10775.9	833.1	7.7	19	19	→
重　庆	11548.8	10504.7	1044.1	9.9	20	20	→
四　川	11203.1	10247.4	955.7	9.3	21	21	→
广　西	10359.5	9466.6	892.9	9.4	22	22	→
新　疆	10183.2	9425.1	758.1	8.0	23	24	↑1
山　西	10082.5	9453.9	628.6	6.6	24	23	↓1
宁　夏	9851.6	9118.7	732.9	8.0	25	25	→
陕　西	9396.4	8688.9	707.5	8.1	26	26	→
云　南	9019.8	8242.1	777.7	9.4	27	27	→
青　海	8664.4	7933.4	731.0	9.2	28	28	→
贵　州	8090.3	7386.9	703.4	9.5	29	29	→
甘　肃	7456.9	6936.2	520.7	7.5	30	30	→

资料来源：《中国统计年鉴 2017》，中国统计出版社，2017。

2. 相对差距及其变化

从地区间农村居民人均纯收入的离散系数看，近年来地区间农村居民人均纯收入的相对差距在波动中呈下降趋势。2006 年的离散系数达到近年的最高值，经过 2009 年的小幅波动后，2014 年达到近年来的最低值，2016 年继续延续 2015 年的回升状态（见图 5－3）。

3. 各地区农村居民收入位次及其变化

与 2015 年相比，2016 年各地区农村居民人均纯收入的位次方面，21 个地区位次与 2015 年持平，9 个地区的位次发生了变化。位次提升最大的是

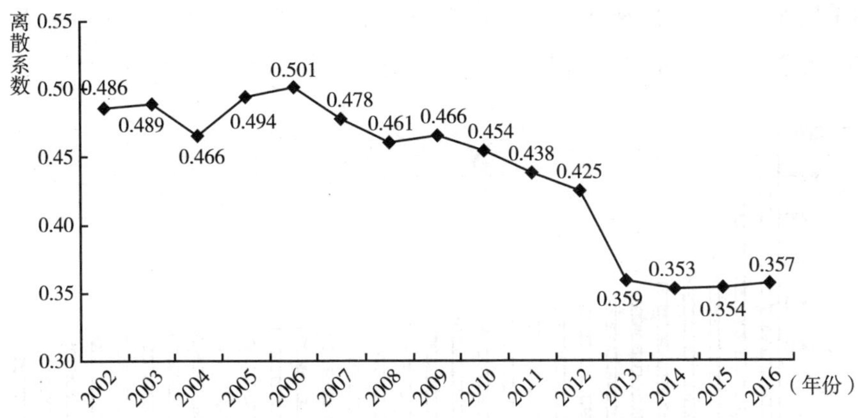

图 5－3　地区间农村居民人均纯收入的离散系数变化状况

湖南，由 2015 年的第 15 位提升到了第 13 位；位次下降最多的是黑龙江，由 2015 年的第 13 位下降到第 16 位。除此之外，吉林、河南、山西的位次下降了一位（见表 5－2）。

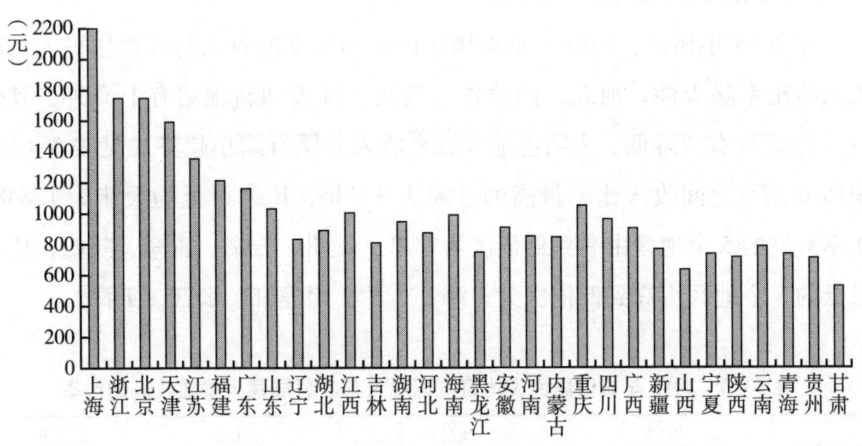

图 5－4　农村居民人均纯收入 2016 年比 2015 年的增加额

（三）各地区城乡收入差距比较

1. 绝对差距继续扩大

2016 年，城乡收入差距最高的为北京，达 34965.8 元；收入差距最小的是黑龙江，为13904.5元。二者之间的绝对差距为21061.3元，比2015年扩大了1878.2元（见图5－5）。

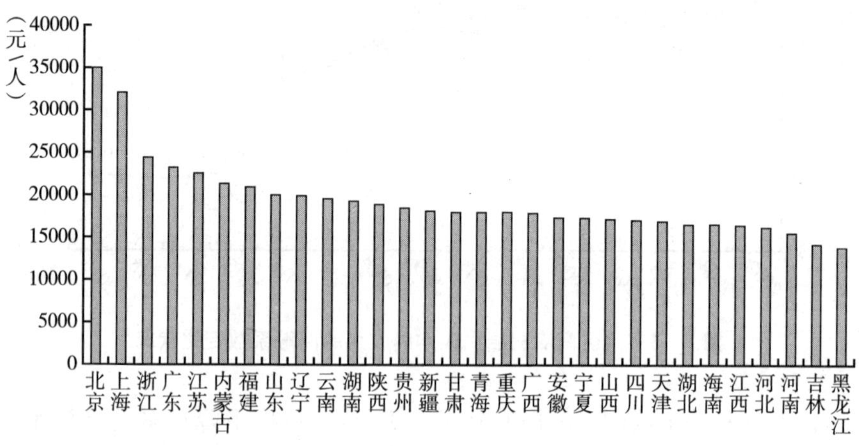

图5－5　2016年各地区城乡居民收入差距

2. 相对差距与收入水平负相关

与2015年相比，2016年的城镇居民人均可支配收入与农村居民人均纯收入的比率除天津、河北、内蒙古、湖北、甘肃和新疆略有上升外，其余24个地区均有所降低，表明各地区城乡收入差距有缩小趋势（见表5－3）。2016年城乡之间收入比率最高的甘肃为3.446，比率最低的天津为1.848；比率最高的5个地区由高到低依次为甘肃、贵州、云南、青海、陕西；比率最低的5个地区由高到低依次为上海、吉林、黑龙江、浙江、天津。

表5－3　2016年城镇居民人均可支配收入与农村居民人均纯收入的比率

地区	城镇		农村		比率		城乡收入比率的变化
	2016	2015	2016	2015	2016年	2015年	
北　京	57275.3	52859.2	22309.5	20568.7	2.567	2.570	－
天　津	37109.6	34101.3	20075.6	18481.6	1.848	1.845	+
河　北	28249.4	26152.2	11919.4	11050.5	2.370	2.367	+
山　西	27352.3	25827.7	10082.5	9453.9	2.713	2.732	－
内蒙古	32974.9	30594.1	11609.0	10775.9	2.840	2.839	+
辽　宁	32876.1	31125.7	12880.7	12056.9	2.552	2.582	－

续表

地区	城镇		农村		比率		城乡收入比率的变化
	2016	2015	2016	2015	2016 年	2015 年	
吉　林	26530. 4	24900. 9	12122. 9	11326. 2	2. 188	2. 199	-
黑龙江	25736. 4	24202. 6	11831. 9	11095. 2	2. 175	2. 181	-
上　海	57691. 7	52961. 9	25520. 4	23205. 2	2. 261	2. 282	-
江　苏	40151. 6	37173. 5	17605. 6	16256. 7	2. 281	2. 287	-
浙　江	47237. 2	43714. 5	22866. 1	21125. 0	2. 066	2. 069	-
安　徽	29156. 0	26935. 8	11720. 5	10820. 7	2. 488	2. 489	-
福　建	36014. 3	33275. 3	14999. 2	13792. 7	2. 401	2. 413	-
江　西	28673. 3	26500. 1	12137. 7	11139. 1	2. 362	2. 379	-
山　东	34012. 1	31545. 3	13954. 1	12930. 4	2. 437	2. 440	-
河　南	27232. 9	25575. 6	11696. 7	10852. 9	2. 328	2. 357	-
湖　北	29385. 8	27051. 5	12725. 0	11843. 9	2. 309	2. 284	+
湖　南	31283. 9	28838. 1	11930. 4	10992. 5	2. 622	2. 623	-
广　东	37684. 3	34757. 2	14512. 2	13360. 4	2. 597	2. 602	-
广　西	28324. 4	26415. 9	10359. 5	9466. 6	2. 734	2. 790	-
海　南	28453. 5	26356. 4	11842. 9	10857. 6	2. 403	2. 427	-
重　庆	29610. 0	27238. 8	11548. 8	10504. 7	2. 564	2. 593	-
四　川	28335. 3	26205. 3	11203. 1	10247. 4	2. 529	2. 557	-
贵　州	26742. 6	24579. 6	8090. 3	7386. 9	3. 306	3. 327	-
云　南	28610. 6	26373. 2	9019. 8	8242. 1	3. 172	3. 200	-
陕　西	28440. 1	26420. 2	9396. 4	8688. 9	3. 027	3. 041	-
甘　肃	25693. 5	23767. 1	7456. 9	6936. 2	3. 446	3. 427	+
青　海	26757. 4	24542. 3	8664. 4	7933. 4	3. 088	3. 094	-
宁　夏	27153. 0	25186. 0	9851. 6	9118. 7	2. 756	2. 762	-
新　疆	28463. 4	26274. 7	10183. 2	9425. 1	2. 795	2. 788	+

比较分析城乡人均收入差距与城镇居民人均可支配收入和农村居民人均纯收入的关系，如图 5 - 6、图 5 - 7 所示。可以看到，北京、上海、浙江和天津四个经济发达地区城镇居民人均可支配收入、农村居民人均纯收入与城乡收入差距之间的关系与其他省份有较明显不同。分析结果显示，各地区城镇居民人均可支配收入与城乡收入差距之间的线性相关系数为 - 0. 36，剔除上述四个省份后为 - 0. 29；而各地区农村居民人均纯收入与城乡收入差距之间存在较显著的负相关关系，相关系数达到 - 0. 66，剔除北京、上海、浙江

和天津四个地区后，相关系数达到 -0.77，明显高于城镇居民。

图5-1 显示近年来地区间城镇居民人均可支配收入的离散系数在 0.24 ~0.28，图5-3 显示近年来地区间农村居民人均纯收入的离散系数在 0.35 ~0.50，这表明地区间城镇居民人均可支配收入的差距明显小于地区间农村居民人均纯收入的差距。

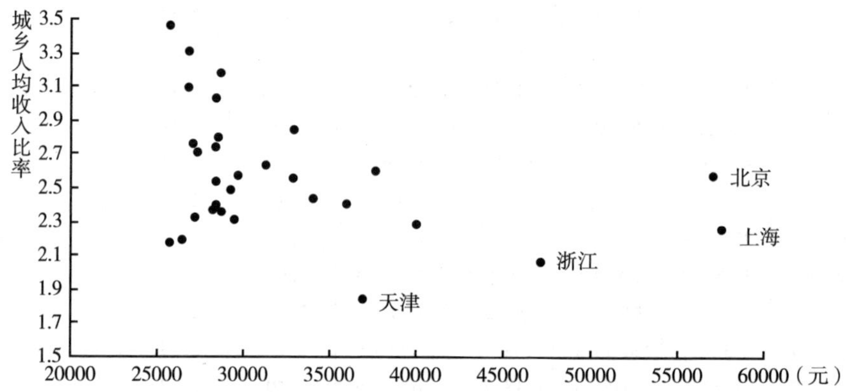

图5-6　2016年城乡收入差距与城镇居民人均可支配收入的关系

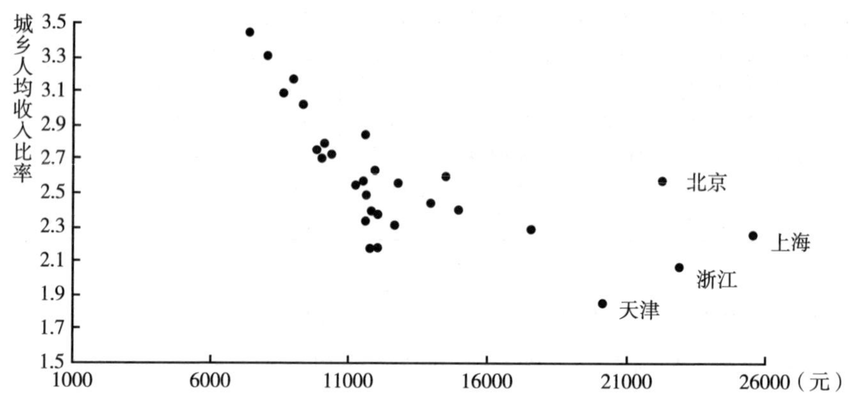

图5-7　2016年城乡收入差距与农村居民人均纯收入的关系

3. 城乡排位差异较大

比较各地区城镇和农村收入水平的排序情况，可以看出，大部分地区的城镇和农村居民收入排位存在差异（见表5-4）。城镇和农村居民收入排位相同的地区有 4 个，分别是第 1 位上海，第 8 位山东，第 25 位宁夏和第 30 位甘肃。城镇和农村居民收入排位差距超过 10 个位次的地区有 4 个，分别是云南（城镇排位比农村排位高 11 位）、内蒙古（城镇排位比农村排位高 10 位）、吉林（城镇排位比农村排位低 16 位）和黑龙江（城镇排位比农村排位低 13 位）；其余 22 个地区的排位变化均在 1 ~ 9 个位次。

表 5 – 4　2016 年城乡居民收入水平排序比较

地　区	城镇居民收入水平排序	农村居民收入水平排序	城乡收入排位差
上　海	1	1	0
北　京	2	3	-1
浙　江	3	2	1
江　苏	4	5	-1
广　东	5	7	-2
天　津	6	4	2
福　建	7	6	1
山　东	8	8	0
内蒙古	9	19	-10
辽　宁	10	9	1
湖　南	11	13	-2
重　庆	12	20	-8
湖　北	13	10	3
安　徽	14	17	-3
江　西	15	11	4
云　南	16	27	-11
新　疆	17	23	-6
海　南	18	15	3
陕　西	19	26	-7
四　川	20	21	-1
广　西	21	22	-1
河　北	22	14	8
山　西	23	24	-1
河　南	24	18	6
宁　夏	25	25	0
青　海	26	28	-2
贵　州	27	29	-2
吉　林	28	12	16
黑龙江	29	16	13
甘　肃	30	30	0

比较分析各地区城镇居民人均可支配收入与农村居民人均纯收入的关系，如图5－8所示。分析结果显示，各地区城乡之间的收入高度相关，近年来的相关系数稳定在0.92以上，在2007年和2008年连续两年各地区城乡收入的相关系数达到0.958，为近年的最高值，2009年基本上与前两年持平，从2010年起呈下降趋势，2015年略有回升，2016年继续保持回升状态。这表明各地区城镇居民人均可支配收入与农村居民人均纯收入的密切程度较高，地区因素对居民收入的影响较明显。

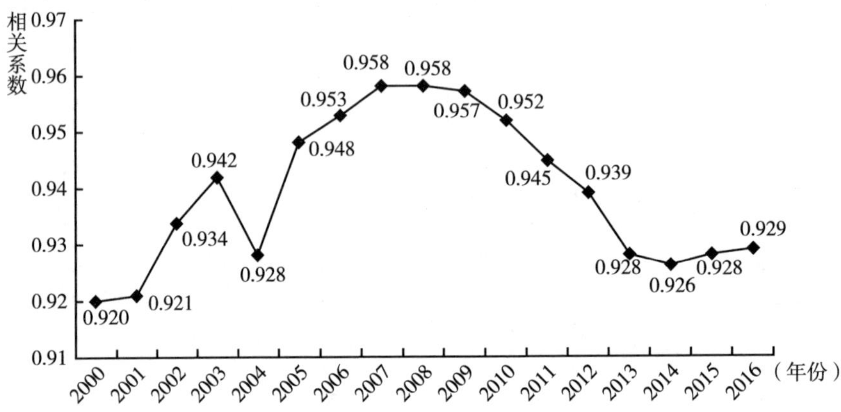

图5－8　地区间城乡居民收入相关系数的变化状况（2000～2016年）

二　东、中、西部及东北地区四大区域之间的居民收入比较

（一）四大区域间城镇居民收入差距

2016年，东部地区城镇居民人均可支配收入为39651.0元，比上年增加2959.8元，增长8.1%；中部地区城镇居民人均可支配收入为28879.3元，比上年增加2069.7元，增长7.7%；西部地区城镇居民人均可支配收入为28609.7元，比上年增加2136.6元，增长8.1%；东北地区城镇居民人均可支配收入为29045.1元，比上年增加1645.5元，增长6.0%（见表5－

5）。从绝对差距看，东部地区与中部地区的收入差距为 10771.7 元，比 2015 年扩大了 890.0 元；东部地区与西部地区的收入差距为 11041.3 元，比 2015 年扩大了 823.1 元；东部地区与东北地区的收入差距最小，为 10605.9 元，比 2015 年扩大了 1314.2 元。从相对差距看，2016 年东部、中部、东北部和西部地区城镇居民可支配收入的比值为 1.39∶1.01∶1.02∶1（以西部地区为1，下同），与 2015 年的比值基本相同。数据表明，2016 年东部地区城镇居民收入远高于其他三个区域，中部、西部和东北地区收入水平相仿。从增长速度看，东部和西部地区增速略低于 2015 年，但仍保持在 8% 以上，均为 8.1%；中部地区增速比上年低 0.7 个百分点，为 7.7%；东北地区增速比上年低 1.1 个百分点，为 6.0%，是四个地区中增速最慢的地区。

表 5－5　四大区域城镇居民人均可支配收入比较

单位：元，%

地　区	2016 年	2015 年	增加额	2016 年增速
东部地区	39651.0	36691.3	2959.8	8.1
中部地区	28879.3	26809.6	2069.7	7.7
西部地区	28609.7	26473.1	2136.6	8.1
东北地区	29045.1	27399.6	1645.5	6.0

资料来源：《中国统计年鉴 2017》，中国统计出版社，2017。

（二）四大区域间农村居民收入差距

2016 年，东部地区农村居民人均纯收入为 15498.3 元，比 2015 年增加 1200.9 元，增长 8.4%；中部地区农村居民人均纯收入为 11794.3 元，比 2015 年增加 875.3 元，增长 8.0%；西部地区农村居民人均纯收入为 9918.4 元，比 2015 年增加 825.0 元，增长 9.1%；东北地区农村居民人均纯收入为 12274.6 元，比 2015 年增加 784.5 元，增长 6.8%（见表 5－6）。从绝对差距看，东部地区与中部地区的收入差距为 3704.0 元，比 2015 年扩大了 325.6 元；东部地区与西部地区的收入差距为 5579.9 元，比 2015 年扩大了 375.9 元；东部地区与东北地区的收入差距最小，为 3223.7 元，比上年扩大了416.4元。从相对差距看，2016年东部、中部、东北和西部地区农村居民人均收入的比值为1.56∶1.19∶1.24∶1（以西部地区为1），与2015年的比值1.57∶1.20∶1.26∶1相比略有缩小，可以看出东部与其他三大区域农村收入差距有所缩小。

数据显示，2016年东部地区农村居民收入仍然高于其他三个区域。从增长速度看，农村居民收入增长最快的仍是西部地区，最慢的仍是东北地区，但东部、中部和西部增速均有所下降，东北地区增速有所回升。其中，东部、中部和西部地区增速仍保持在8%以上；东北地区增速为6.8%，比2015年增加0.4个百分点，与最快的西部地区相比相差2.3个百分点，增速明显滞后于其他地区。

表5－6　四大区域农村居民人均纯收入比较

单位：元，%

地　区	2016年	2015年	增加额	2016年增速
东部地区	15498.3	14297.4	1200.9	8.4
中部地区	11794.3	10919.0	875.3	8.0
西部地区	9918.4	9093.4	825.0	9.1
东北地区	12274.6	11490.1	784.5	6.8

资料来源：《中国统计年鉴2017》，中国统计出版社，2017。

三　按产业结构分组的城乡居民收入比较

为分析产业结构对地区居民收入的影响，按经济规模和产业结构的近似性进行地区分组，并测算和比较各组的城乡居民收入及其差距。

（一）按产业结构分组的结果

首先，选取各地区生产总值绝对量和三次产业比重四个指标，其中，地区生产总值及三次产业比重为2000～2016年的平均值。然后，根据地区生产总值和三次产业比重，采用统计聚类分析方法，把全国30个地区按经济规模和产业结构特征划分为五组（分组结果见表 5 -7）。

第一组：包括北京和上海两个直辖市。这组的特点是：第一产业比重很低，且逐年降低，2016 年在 1% 及以下，第三产业比较发达，比重逐年提高。

第二组：包括江苏、浙江、山东、广东四个工业大省。这组的特点是：经济总量很大，第一产业比重较低，平均仅为 6.6%；第二产业比重较高，平均为 49.9%，工业比较发达；第三产业比重平均为 43.5%。

第三组：包括天津、山西、内蒙古、重庆、陕西、青海、宁夏等七个经济规模较小的省份。这组的特点是：经济总量较小，第一产业比重略高于第二组（平均为 7.7%），第三产业比重略低于第二组（平均为 41.1%）。

第四组：包括河北、河南、湖北、湖南、四川、辽宁、吉林、黑龙江、安徽、福建、江西、广西、贵州、云南、甘肃、新疆等 16 个省份。这组的特点是：经济总量较大，第二产业和第三产业都欠发达。

第五组：只包括海南。海南的经济规模很小，产业结构特殊，因此把海南单独作为一组，在全国 30 个地区中，海南第一产业比重最高，2000 ~ 2016 年平均值达到 26.7%，第二产业比重仅为 25.7%，第三产业为 47.5%。

表 5 -7　2016 年各地区按经济规模和产业结构分组的结果

分组	地区	地区生产总值(亿元)			比重(%)		
		第一产业	第二产业	第三产业	第一产业	第二产业	第三产业
一	北　京	118.2	2811.0	8868.3	1.0	23.8	75.2
	上　海	105.0	5699.9	8539.7	0.7	39.7	59.5
二	江　苏	2302.7	17836.5	15326.0	6.5	50.3	43.2
	浙　江	1213.5	11615.4	10463.5	5.2	49.9	44.9
	山　东	3024.2	17205.5	13143.9	9.1	51.6	39.4
	广　东	2064.8	18610.9	17904.2	5.4	48.2	46.4
三	天　津	136.3	4035.8	3815.7	1.7	50.5	47.8
	山　西	448.8	3812.4	3011.4	6.2	52.4	41.4
	内蒙古	951.3	4694.8	3429.3	10.5	51.7	37.8
	重　庆	659.8	3451.7	3080.1	9.2	48.0	42.8
	陕　西	859.3	4584.7	3240.3	9.9	52.8	37.3
	青　海	116.6	625.7	438.8	9.9	53.0	37.2
	宁　夏	131.0	688.1	587.0	9.3	48.9	41.7

续表

分组	地区	地区生产总值(亿元)			比重(%)		
		第一产业	第二产业	第三产业	第一产业	第二产业	第三产业
四	河　北	2166.6	8831.1	6200.9	12.6	51.3	36.1
	河　南	2671.4	10372.1	6535.4	13.6	53.0	33.4
	湖　北	1874.4	6789.3	5756.1	13.0	47.1	39.9
	湖　南	1997.9	6258.6	5827.3	14.2	44.4	41.4
	四　川	2266.4	7130.1	5802.1	14.9	46.9	38.2
	辽　宁	1388.2	7593.9	6135.7	9.2	50.2	40.6
	吉　林	950.8	3666.6	2745.2	12.9	49.8	37.3
	黑龙江	1319.4	4015.8	3626.9	14.7	44.8	40.5
	安　徽	1512.7	5526.3	4000.0	13.7	50.1	36.2
	福　建	1275.4	6570.7	5262.1	9.7	50.1	40.1
	江　西	1087.8	4200.2	2981.0	13.2	50.8	36.1
	广　西	1486.6	3738.7	3127.4	17.8	44.8	37.4
	贵　州	694.3	1823.3	2018.9	15.3	40.2	44.5
	云　南	1124.7	2824.9	2823.4	16.6	41.7	41.7
	甘　肃	523.3	1569.7	1520.9	14.5	43.4	42.1
	新　疆	859.7	2130.7	2027.3	17.1	42.5	40.4
五	海　南	490.9	472.8	873.4	26.7	25.7	47.5

资料来源：《中国统计年鉴2017》，中国统计出版社，2017。

（二）不同产业结构地区的居民收入差距

分组测算的城乡居民收入如图5－9和图5－10所示。测算结果显示：2016年，第三产业比重最高的第一组，其城镇居民人均可支配收入为57496.3元，比2015年增加4582.7元；农村居民人均纯收入为23915.0元，比2015年增加2012.5元，该组的城乡居民收入均是五组中最高的。经济规模很大，工业较发达的第二组，其城乡居民收入仅次于第一组，该组的城镇居民人均可支配收入为38902.3元，比第一组少18594.0元；农村居民人均纯收入为16288.8元，比第一组少7626.2元。经济规模较小，三次产业较均衡的第三组，其城镇居民收入排在第三位，为30624.2元，比第二组少8278.1元，比第一组少26872.1元；农村居民收入为五组中最低，仅为 10749.3 元。经济规模较大，但第三产业欠发达的第四组，城镇居民收入低于第三组，该组的城镇居民人均可支配收入 28584.9 元，仅为第一组的 49.7%；农村居民收入为 11249.2 元，仅略高于第三组，为第一组的 47.0%。由于海南产业结构的特殊性，由海南构成的第五组的城乡居民收入也较低，2016 年，海南的城镇居民收入为 28453.5 元，比第四组少 131.4 元；农村居民人均纯收入为 11842.9 元，比第四组多 593.7 元。

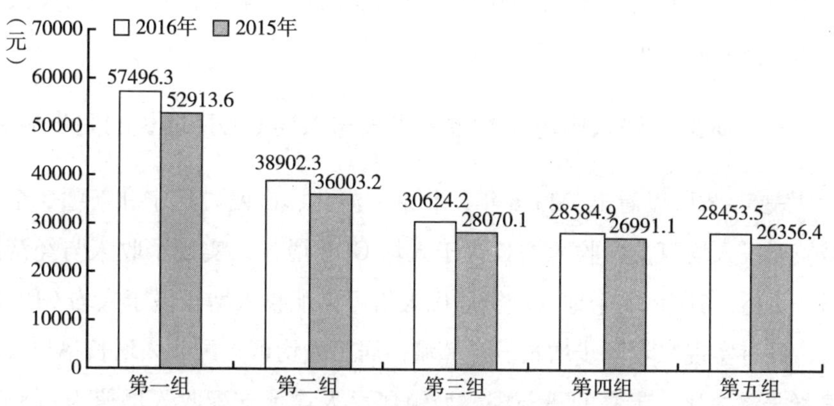

图 5-9　按产业结构分组的城镇居民人均可支配收入变化

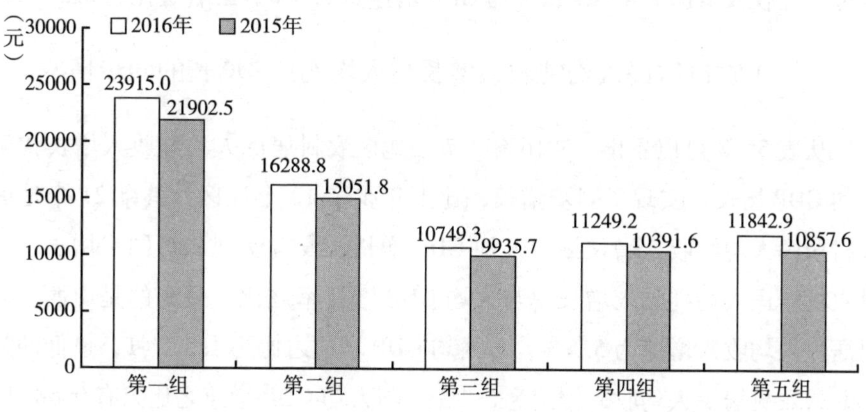

图 5-10　按产业结构分组的农村居民人均纯收入变化

上述结果表明，各组的居民收入与经济规模和产业结构密切相关。第三产业越发达的地区，其经济发展水平越高，城镇居民收入也就越高；经济规模越大的地区，农村居民收入越高，但海南由于经济规模和结构的特殊性，不符合上述规律。

四　各地区城乡居民收入与经济增长同步情况

2016 年，国民经济进入新常态、改革发展任务艰巨，各地区居民收入增长和经济发展同步的形势较严峻。

（一）城镇居民人均可支配收入增长与人均 GDP 增长的同步情况

从表 5 - 8 可以看出，2016 年，北京、河北、山西、辽宁和新疆 5 个地区城镇居民人均可支配收入增长快于人均 GDP 增长，实现了收入与经济同步增长目标，其余 25 个地区城镇居民人均可支配收入增长慢于人均 GDP 的增长，没有实现二者同步增长。计算城镇居民人均可支配收入增长率与人均 GDP 增长率之比，最高的是新疆，城镇居民人均可支配收入增速为 6.8%，人均 GDP 增速为 5.3%，二者之比为 1.28∶1；最低的是河南，城镇居民人均可支配收入增速为 4.5%，人均 GDP 增速为 7.6%，二者之比为 0.59∶1。

（二）农村居民人均纯收入增长与人均 GDP 增长的同步情况

从表 5 - 8 可以看出，2016 年，7 个地区农村居民人均纯收入增长快于人均 GDP 增长，实现了同步增长，比上年少了 13 个地区，其余 21 个地区农村居民人均纯收入增长慢于人均 GDP 增长，没有实现二者同步增长。计算农村居民人均纯收入增长率与人均 GDP 增长率之比，最高的是山西，农村居民人均收入增速为 5.5%，与人均 GDP 增速之比为 1.375∶1；最低的是湖北，农村居民人均收入增速为 5.1%，与人均 GDP 增速之比只有 0.68∶1。

综合考察各地区城乡居民收入增长与 GDP 增长同步情况，无论是城镇，还是农村，都实现居民收入与 GDP 同步增长的地区有北京、河北、山西、青海和新疆5个省份；都没有实现居民收入与GDP同步增长的地区有天津、内蒙古、吉林、黑龙江、上海、江苏、浙江、安徽、福建、江西、山东、河南、湖北、湖南、海南、重庆、贵州、云南、陕西、甘肃和宁夏，共21个省份，比上年多了11个。

表5－8　2016年居民收入与经济增长同步情况

单位：%

地区	人均GDP增长率	全体居民人均收入增速	城镇居民人均可支配收入增速	农村居民纯收入增速	全体居民同步率	城镇同步率	农村同步率
北　京	6.3	6.9	6.9	7.0	1.10	1.09	1.11
天　津	7.5	6.7	6.6	6.4	0.89	0.88	0.85
河　北	6.1	7.3	6.4	6.3	1.19	1.05	1.03
山　西	4.0	5.5	4.8	5.5	1.38	1.19	1.37
内蒙古	6.8	6.9	6.5	6.5	1.01	0.96	0.95
辽　宁	-2.3	4.3	4.0	5.2	—	—	—
吉　林	7.3	5.2	4.9	5.3	0.71	0.67	0.73
黑龙江	6.5	5.1	4.8	5.1	0.79	0.73	0.78
上　海	7.0	5.5	5.6	6.6	0.79	0.79	0.94
江　苏	7.5	6.1	5.6	5.9	0.82	0.74	0.78
浙　江	6.8	6.4	6.0	6.2	0.94	0.89	0.92
安　徽	7.7	7.0	6.3	6.4	0.91	0.82	0.83
福　建	7.5	6.9	6.4	6.9	0.91	0.86	0.92
江　西	8.4	6.9	6.1	6.8	0.83	0.72	0.81
山　东	6.7	6.5	5.6	5.7	0.97	0.84	0.85
河　南	7.6	5.7	4.5	5.8	0.75	0.59	0.76
湖　北	7.5	6.5	6.3	5.1	0.86	0.84	0.68
湖　南	7.3	7.3	6.5	6.5	1.00	0.88	0.89
广　东	6.2	6.3	6.0	6.2	1.02	0.97	1.00
广　西	6.3	6.8	5.5	7.7	1.08	0.88	1.22
海　南	6.7	5.9	5.0	6.1	0.87	0.75	0.91
重　庆	9.6	7.6	6.8	8.0	0.79	0.71	0.83
四　川	7.0	7.2	6.1	7.3	1.03	0.87	1.04

续表

地区	人均 GDP 增长率	全体居民人均收入增速	城镇居民人均可支配收入增速	农村居民纯收入增速	全体居民同步率	城镇同步率	农村同步率
贵　州	9.8	8.9	7.3	8.0	0.91	0.74	0.82
云　南	8.0	8.2	6.9	7.8	1.03	0.86	0.98
陕　西	7.1	7.1	6.3	6.8	1.00	0.88	0.95
甘　肃	7.2	7.5	6.7	6.1	1.05	0.93	0.85
青　海	7.1	7.5	7.1	7.3	1.05	1.00	1.03
宁　夏	7.0	7.1	6.2	6.4	1.01	0.89	0.92
新　疆	5.3	7.4	6.8	6.6	1.39	1.29	1.24

注：辽宁由于人均不变价增长率为负，因此无法计算同步率。

资料来源：《中国统计年鉴 2017》，中国统计出版社，2017。

五　政策建议

着力提高中西部地区居民收入水平是缩小地区间居民收入差距的根本。围绕全面建成小康社会和实现收入倍增目标任务，要切实把解决民生问题作为新常态下经济发展的增长点和着力点，进一步理顺收入分配关系，发挥社保托底作用，保障低收入群体基本利益。政府在支持中西部经济发展过程中，应着重做好以下五个方面的工作。

（一）大力支持就业和创业工程，培育增收新动能，拓宽居民收入渠道

扩大就业是缩小地区间城乡居民收入差距的根本性措施，积极促进充分就业，才能从源头上解决社会贫困问题。中西部地区政府应为大众创业万众创新营造良好环境，把创业带动就业作为促进居民增收的关键举措，在发展高新技术产业的同时，重视扶持有发展前途的劳动密集型产业，着重培育一批科技含量高、带动能力强的自主创业项目，使之成为带动产业结构调整的领头羊，逐步形成各具特色、优势互补、协调发展的产业新格局。

（二）建立健全扶贫机制，坚持精准扶贫、精准脱贫的基本方略

当前，全面深化改革正在深入进行，精准扶贫、精准脱贫相关机制也亟待改革，向改革要“红利”已成为精准扶贫、精准脱贫的迫切需要。一要改革扶贫资金统筹机制，把各类扶贫资金项目统发到地方，建立精准脱贫资金项目由区统筹、乡实施、村对接、相关部门督促、贫困户反馈的精准扶贫工作机制。二要改革金融机构贷款担保机制。金融机构要从精准扶贫、精准脱贫工作大局出发，改革和创新贷款担保方式。特别是对有“不诚信”记录的贫困户、贫困户中的特困户、60周岁以上的贫困户，在“三户联保”的基础上，探索实行农业专业合作社担保、土地和宅基地确权担保等方式，满足这部分贫困户贷款愿望，促进脱贫产业落地。三要建立健全不返贫长效机制。在抓好当前脱贫销号任务的同时，对已经脱贫销号的贫困户开展“回头望”工作，做好销号村、销号户的巩固提升工作，防止脱贫再返贫的现象发生。

（三）加快推进城乡发展一体化进程，有效缩小城乡差距

城乡发展一体化是缩小城乡收入差距问题的有效途径，要坚持工业反哺农业、城市支持农村，加大强农、惠农、富农力度，把基础设施建设和社会事业发展重点向农村倾斜，在城乡规划、公共服务等方面推进一体化，促进城乡要素平等交换和公共资源均衡配置，形成工农互惠、城乡一体的新型工农、城乡关系。

（四）多措并举，大力扶持小微企业发展

小微企业不仅是地区经济和社会发展的重要基础，也是吸纳和解决就业的主力军，小微企业的健康发展对于提升整体经济活力有着重要作用。各相关部门应形成合力，共同帮扶小微企业发展，解决小微企业的经营、成本和转型升级等各方面的问题。一是建立完善专门针对小微企业的信息服务平台，使小微企业能及时了解国家和本省市相关政策法规以及市场动向。二是

主动对接企业需求，增强服务效果。如提高转型升级扶持政策制定的针对性和扶持对象精准度，明确扶持的标准和流程。三是帮扶小微企业进一步拓宽融资渠道，鼓励各类金融机构向小微企业倾斜，缓解小微企业在转型升级中的资金困难问题。

（五）完善社会保障和公共服务体系

当前，各地区社会保障和公共服务体系等方面建设还不均衡，要把筑牢民生底线持续作为经济社会发展的出发点和落脚点，不断拓宽社会政策的覆盖范围、提升社会政策的水平、优化社会政策的结构和机制。要进一步完善城乡居民基本养老、医疗体系，扩大医保范围，提高保障标准，充分保障养老保险流动性。完善城乡居民最低生活保障、教育救助、城乡医疗救助等多层次、广覆盖的社会救助体系，让更多低收入群体享受到经济发展带来的红利。

（国家统计局国民经济核算司　马佳）

第六章
2016年就业人员工资及增长状况分析

在经济运行缓中趋稳、稳中向好的背景下，2016 年全国城镇单位就业人员平均工资继续稳步增长。由于政策性增资力度减弱，平均工资增幅有所回落。本报告将对 2016 年我国城镇单位就业人员工资水平变化状况、结构性差异及主要影响因素做进一步分析，并提出政策建议。

一 就业人员工资水平基本状况

2016 年，全国城镇非私营单位全部就业人员平均工资为 67569 元，与 2015 年的 62029 元相比，增加 5540 元，同比名义增长 8.9%，增速比上年减少了 1.2 个百分点。扣除物价因素，城镇非私营单位平均工资实际增长了 6.7%，与 2015 年的 8.5% 相比，降低了 1.8 个百分点。

2016 年全国城镇私营单位就业人员平均工资为 42833 元，与 2015 年的 39589 元相比，增加 3244 元，同比名义增长 8.2%，增速比上年降低 0.6 个百分点。扣除物价因素，城镇私营单位平均工资实际增长 6%，较上年的 7.2% 下降了 1.2 个百分点。

图 6 -1 显示了城镇非私营单位就业人员工资水平变化与经济发展的关系，可以看出，过去十年间，非私营单位就业人员实际工资水平变化与 GDP 增长轨迹大体重合，表明经济增长是平均工资增长的重要基础。最近几年，受经济增长速度逐渐放慢的影响，工资增长速度有所下降，2013 年、2014 年非私营单位就业人员实际工资增长速度低于经济增长率，2015 年受政策调资的影响，实际工资增长率要高于 GDP 增长率，2016 年政策性增资力度减弱，实际工资增长率与经济增长率持平。

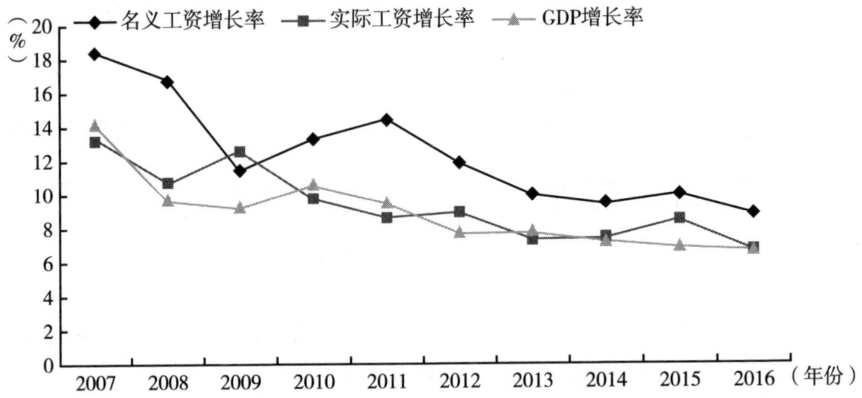

图6－1　2007～2016年城镇非私营单位就业人员平均工资与经济增长变化情况

二　就业人员工资结构变化

（一）信息传输、软件和信息技术服务业平均工资首次排名行业门类首位，行业间工资差距依然显著

随着供给侧结构性改革的持续推进，我国经济结构不断优化，新旧动能转换加快，对相关工资增长产生了明显影响。以城镇非私营单位为例，2016年，工资增长呈现三大变化。一是去产能工作取得进展，部分行业市场价格回升，企业效益改善，工资增长情况有所好转。黑色金属冶炼和压延加工业由上年微增0.8%转为增长7.4%，增幅扩大了6.6个百分点。二是随着创新驱动发展战略深入实施，一些新材料产业和装备制造业行业平均工资增长不仅高于全部行业的平均增幅，也超出本行业上年同期增幅。其中，化学纤维制造业、汽车制造业、仪器仪表制造业平均工资分别比上年增长12.3%、9.2%和9.7%，增幅分别扩大7.4个、1.0个和1.1个百分点。通用设备制造业和专用设备制造业增幅虽然相对较低，分别比上年增长7.9%和6.1%，但增幅分别扩大1.8个和0.5个百分点。三是随着现代服务业的蓬勃发展，相关行业工资增幅大多高于平均增幅。其中，信息传输、软件和信息技术服

务业增长 9.3%，水利、环境和公共设施管理业增长 9.7%，教育业增长 19.5%，卫生和社会工作业增长 16.3%，文化、体育和娱乐业增长 10.2%，均超过 8.9% 的平均增幅。

随着信息技术产业持续快速发展，信息传输、软件和信息技术服务业平均工资得以快速增长，2016 年平均工资为 122478 元，首次超过金融业排名居各行业门类首位。金融业工资水平退居次席，主要受银行业高管限薪以及股市低迷等因素影响，2016 年平均工资为 117418 元，比上年仅增长 2.3%，增幅排各行业门类第二低位。

按行业门类分组的城镇非私营单位就业人员平均工资状况如表 6－1 所示。总体而言，行业间工资水平差距依然比较显著，平均工资最高的信息传输、软件和信息技术服务业（122478 元）是平均工资最低的农、林、牧、渔业（33612 元）的 3.64 倍，二者相减极差达到 88866 元。相比 2015 年，行业间的相对差距略有扩大，高低收入倍数比 2015 年的 3.59 倍有所增加，按行业门类计算的工资水平变异系数（即单位平均数对应的标准差）为 0.24，和 2015 年相同。

与 2015 年相比，2016 年所有行业门类排名情况有所变动，信息传输、软件和信息技术服务业取代金融业成为第一位，农、林、牧、渔业仍处于最后一位，信息传输、软件和信息技术服务业等 6 个行业排名提高，金融业等 6 个行业排名降低，其他行业处于与上年相同的位次。

表 6－1　分行业城镇非私营单位就业人员平均工资

行业名称	2016 年			2015 年			2016 年增长率（%）	2015 年增长率（%）
	平均工资（元）	与全行业平均工资的比率（%）	排名	平均工资（元）	与全行业平均工资的比率（%）	排名		
信息传输、软件和信息技术服务业	122478	1.81	1	112042	1.81	2	9.3	11.1
金融业	117418	1.74	2	114777	1.85	1	2.3	6.0
科学研究和技术服务业	96638	1.43	3	89410	1.44	3	8.1	8.7
电力、热力、燃气及水生产和供应业	83863	1.24	4	78886	1.27	4	6.3	7.6
卫生和社会工作	80026	1.18	5	68822	1.11	8	16.3	8.8

续表

行业名称	2016 年			2015 年			2016 年增长率（%）	2015 年增长率（%）
	平均工资（元）	与全行业平均工资的比率（%）	排名	平均工资（元）	与全行业平均工资的比率（%）	排名		
文化、体育和娱乐业	79875	1.18	6	72489	1.17	6	10.2	12.6
租赁和商务服务业	76782	1.14	7	72764	1.17	5	5.5	8.4
教育	74498	1.10	8	62323	1.00	10	19.5	10.2
交通运输、仓储和邮政业	73650	1.09	9	71624	1.15	7	2.8	12.9
公共管理、社会保障和社会组织	70959	1.05	10	59404	0.96	13	19.5	11.9
房地产业	65497	0.97	11	60244	0.97	12	8.7	8.4
批发和零售业	65061	0.96	12	60328	0.97	11	7.8	8.0
采矿业	60544	0.90	13	66592	1.07	9	-9.1	8.0
制造业	59470	0.88	14	55324	0.89	14	7.5	7.7
建筑业	52082	0.77	15	48886	0.79	15	6.5	6.7
水利、环境和公共设施管理业	47750	0.71	16	43528	0.70	17	9.7	11.0
居民服务、修理和其他服务业	47577	0.70	17	44802	0.72	16	6.2	7.0
住宿和餐饮业	43382	0.64	18	40806	0.66	18	6.3	9.5
农、林、牧、渔业	33612	0.50	19	31947	0.52	19	5.2	12.7
全行业平均工资	67569	—	—	62029	—	—	8.9	10.1

行业大类间工资差距有所缩小。2016 年资本市场服务业平均工资达到 264524 元（见表 6－2），仍高居第一位，与处于最后一位的农业（29796 元）（见表 6－3）相比，极差达到 234728 元，高低倍数达到 8.88 倍。与 2015 年（极差 254409 元、高低倍数 9.66 倍）相比，相对差距和绝对差距均有缩小。

表 6－2　城镇单位平均工资最高的十个行业

排名	2016 年			2015 年		
	行业	平均工资（元）	与全行业平均工资比率	行业	平均工资（元）	与全行业平均工资比率
1	资本市场服务	264524	3.91	资本市场服务	283780	4.57
2	其他金融业	192432	2.85	其他金融业	191678	3.09
3	互联网和相关服务	157982	2.34	互联网和相关服务	146093	2.36

续表

排名	2016 年			2015 年		
	行业	平均工资(元)	与全行业平均工资比率	行业	平均工资(元)	与全行业平均工资比率
4	软件和信息技术服务业	149001	2.21	软件和信息技术服务业	140406	2.26
5	烟草制品业	142109	2.10	烟草制品业	134426	2.17
6	货币金融服务	140901	2.09	货币金融服务	132344	2.13
7	航空运输业	137108	2.03	航空运输业	131279	2.12
8	研究和试验发展	112602	1.67	研究和试验发展	100624	1.62
9	管道运输业	100996	1.49	管道运输业	95553	1.54
10	新闻和出版业	96996	1.44	新闻和出版业	90192	1.45

表6－2显示了平均工资行业大类排名的前十位。与2015年相比，2016年行业排名没有变化。资本市场服务仍处于第一位，紧随其后的分别是其他金融业、互联网和相关服务、软件和信息技术服务业、烟草制品业、货币金融服务、航空运输业、研究和试验发展、管道运输业与新闻和出版业。对这十个行业进行整体观察，其中属于垄断性行业的有资本市场服务业、其他金融业、烟草制品业、货币金融服务、航空运输业、管道运输业，其余行业即互联网和相关服务、软件和信息技术服务业、研究和试验发展、新闻和出版业，都对就业人员的受教育水平和专业水平有较高要求。由此可以看出，行业垄断和人力资本是影响行业平均工资水平的重要因素。

表6－3中列示了平均工资排名在最后十位的行业大类。与2015年相比，排名后十位的行业仅在位次上有小幅改变，类别上并无任何变化。

工资最低的是农业、畜牧业、林业、餐饮业，排位与上年相同；公共设施管理业和渔业排名工资水平均有所提高，其他服务业，木材加工和木、竹、藤、棕、草制品业，公共设施管理业与皮革、毛皮、羽毛及其制品和制鞋业的平均工资水平比较接近。整体上看，排名后十位的行业都属于劳动密集型行业，市场竞争非常充分且在产业结构变迁中处于不利位置，对从业人员专业水平要求也比较低，这就进一步反映了行业特点和人力资本对就业人员工资水平的影响。

表 6-3　城镇单位平均工资最低的十个行业

排名	2016年 行业	2016年 平均工资(元)	2016年 与全行业平均工资比率	2015年 行业	2015年 平均工资(元)	2015年 与全行业平均工资比率
1	农业	29796	0.44	农业	29371	0.47
2	畜牧业	32250	0.48	畜牧业	30423	0.49
3	林业	35234	0.52	林业	31887	0.51
4	餐饮业	40509	0.60	餐饮业	38517	0.62
5	其他服务业	42145	0.62	公共设施管理业	40156	0.65
6	木材加工和木、竹、藤、棕、草制品业	43576	0.64	渔业	40318	0.65
7	公共设施管理业	43763	0.65	其他服务业	40426	0.65
8	皮革、毛皮、羽毛及其制品和制鞋业	44525	0.66	木材加工和木、竹、藤、棕、草制品业	40731	0.66
9	渔业	45016	0.67	皮革、毛皮、羽毛及其制品和制鞋业	41663	0.67
10	住宿业	46002	0.68	住宿业	42836	0.69

（二）地区间工资相对差距总体呈下降趋势，东西部地区工资增速较快

相比2015年，2016年地区间工资水平差距略有扩大，差异仍然比较显著。2016年，上海市平均工资超过北京市，排名跃居第一位。平均工资最高的上海市（119935元）与最低的河南省（49505元）相比，极差达到70430元，高低倍数达到2.42倍，各地区的总体变异系数为0.258。与2015年（极差66347元，高低倍数2.47倍，各地区总体变异系数0.256）相比，相对差距和绝对差距都在继续扩大。图6-2显示的是2005～2016年地区平均工资的变异系数，总体呈下降趋势，说明地区之间的平均工资的相对差异在逐渐减小；近几年，变异系数波动较小，说明近几年平均工资的相对差异渐趋稳定。

分四大区域看，2016年城镇非私营单位就业人员年平均工资由高到低

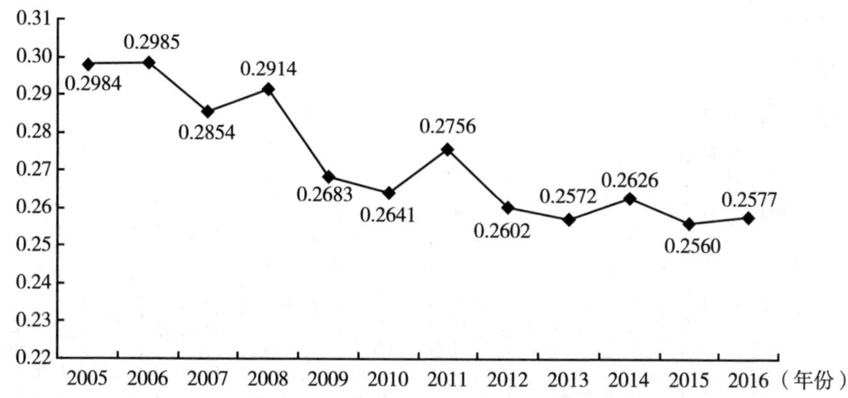

图6－2　2005～2016年分地区平均工资变异系数

依次是东部、西部、中部和东北地区，分别为77013元、62453元、55299元和54872元，东部地区明显高于其他地区，同比名义增长率由高到低依次为东部9.1%、西部9.0%、中部8.8%和东北地区7.5%。东部和西部地区增幅高于全国；而东北地区平均工资及增长率最低，增速低于全国平均水平1.47个百分点（见表6－4）。

表6－4　分区域城镇非私营单位平均工资

单位：元，%

地区	2015年	2016年	增长率
合计	62029	67569	8.93
东部地区	70611	77013	9.07
中部地区	50842	55299	8.76
西部地区	57319	62453	8.96
东北地区	51064	54872	7.46
地区间比率			
东部/中部	1.39	1.39	
东部/西部	1.23	1.23	
东部/东北	1.38	1.40	

按工资水平对各省（自治区、直辖市）排序（见图6－3）可以看到，工资水平处于45000～50000元的有1个，处于50000～55000元的有2个，

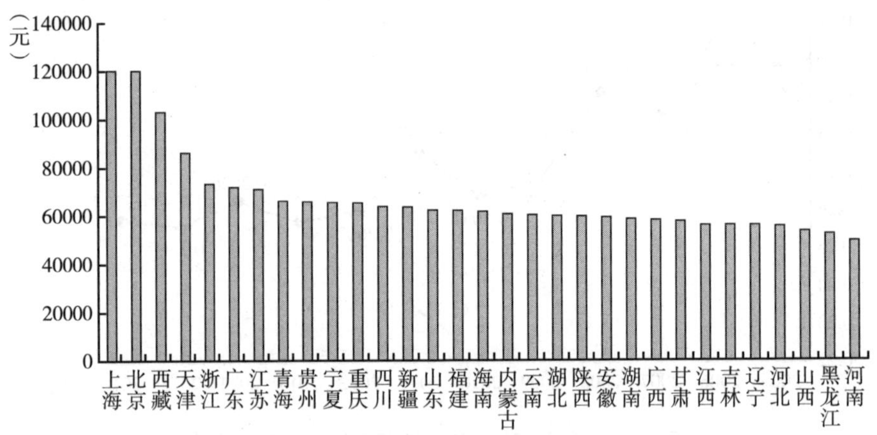

图 6－3　2016 年各地区平均工资排列情况

处于 55000～60000 元的有 10 个，处于 60000～70000 元的有 11 个。特别值得关注的是，西藏因为 2015 年的工资改革政策力度大，机关事业单位人员的工资大幅度上涨，平均工资水平保持在第三位，北京、上海这两个直辖市已经偏离相邻的组（见图 6－4），以高于 100000 元的水平远离其他地区，这种分布状态正是当前工资水平地区差异的突出反映。

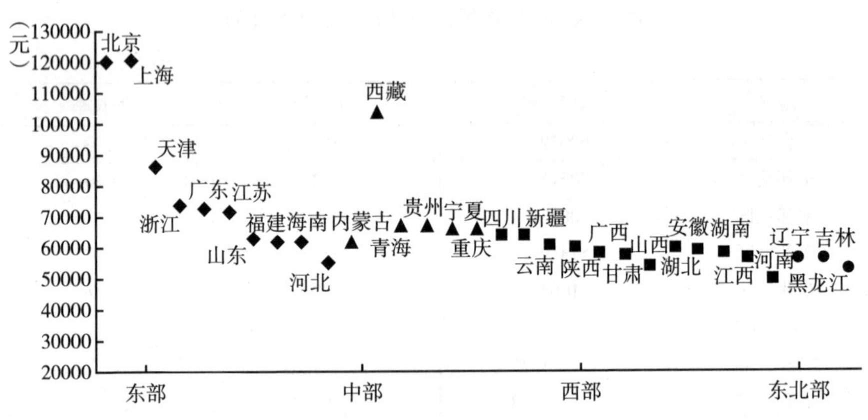

图 6－4　2016 年各地区工资水平排列位次

2016 年多数地区工资水平增长速度与上年相比有所减缓。从表 6－5 数据可知，平均工资增长速度最高的是云南，为 15.00%，最低的是山西，只增长3.67%。高于全国平均增长速度的有16个省份，增长速度均在8.6%以上；低于全国平均增长速度的有15个地区，增长速度均在8.6%以下。

2016年各省份排列位次较2015年显示出以下特点：一方面，上海、北京、西藏、天津、浙江仍列前五位，上海从第二位跃升至第一位，北京降至第二位；河南、黑龙江、山西位列最后三位。另一方面，各省区的相对位置变化较小。云南排位上升速度最快，上升了5位，贵州、江西均上升3位；其他地区位次也有变化，山西、安徽均下降3位。

表6－5　城镇非私营单位平均工资地区排序

地区	2016年平均工资(元)	2015年平均工资(元)	2016年较2015年增加额(元)	2016年较2015年增长速度(%)	2015年位次	2016年位次	位次变化
上　海	119935	109174	10761	9.86	2	1	升1
北　京	119928	111390	8538	7.66	1	2	降1
西　藏	103232	97849	5383	5.50	3	3	不变
天　津	86305	80090	6215	7.76	4	4	不变
浙　江	73326	66668	6658	9.99	5	5	不变
广　东	72326	65788	6538	9.94	7	6	升1
江　苏	71574	66196	5378	8.12	6	7	降1
青　海	66589	61090	5499	9.00	8	8	不变
贵　州	66279	59701	6578	11.02	12	9	升3
宁　夏	65570	60380	5190	8.60	10	10	不变
重　庆	65545	60543	5002	8.26	9	11	降2
四　川	63926	58915	5011	8.51	13	12	升1
新　疆	63739	60117	3622	6.02	11	13	降2
山　东	62539	57270	5269	9.20	16	14	升2
福　建	61973	57628	4345	7.54	14	15	降1
海　南	61663	57600	4063	7.05	15	16	降1
内蒙古	61067	57135	3932	6.88	17	17	不变
云　南	60450	52564	7886	15.00	23	18	升5
湖　北	59831	54367	5464	10.05	20	19	升1
陕　西	59637	54994	4643	8.44	19	20	降1

续表

地区	2016 年平均工资(元)	2015 年平均工资(元)	2016 年较 2015 年增加额(元)	2016 年较 2015 年增长速度(%)	2015 年位次	2016 年位次	位次变化
安　徽	59102	55139	3963	7.19	18	21	降 3
湖　南	58241	52357	5884	11.24	24	22	升 2
广　西	57878	52982	4896	9.24	21	23	降 2
甘　肃	57575	52942	4633	8.75	22	24	降 2
江　西	56136	50932	5204	10.22	28	25	升 3
吉　林	56098	51558	4540	8.81	27	26	升 1
辽　宁	56015	52332	3683	7.04	25	27	降 2
河　北	55334	50921	4413	8.67	29	28	升 1
山　西	53705	51803	1902	3.67	26	29	降 3
黑龙江	52435	48881	3554	7.27	30	30	不变
河　南	49505	45403	4102	9.03	31	31	不变

（三）国有单位平均工资增速较快，各经济类型单位间工资差异不显著

分登记注册类型看，年平均工资最高的三个单位类型分别是外商投资企业 82902 元、股份有限公司 78285 元、国有单位 72538 元，分别为全国平均水平的 1.23 倍、1.16 倍和 1.07 倍。年平均工资最低的是其他内资单位 49759 元，为全国平均水平的 74%。

按经济类型划分的各单位平均工资情况如表 6－6 所示。可以看到，2016 年各经济类型单位平均工资较 2015 年都有增长，但增长速度有较大差别。只有国有单位、股份合作公司的增长速度超过全国平均水平，其他类型单位都低于全国平均水平。其中，国有单位增长速度最高，达 11.09%，主要是因为进行工资改革的机关事业单位大多是国有单位。联营公司平均工资增速最低，为 5.37%。外商投资企业仍是工资水平最高的类型（82902 元），城镇集体单位虽然增长速度较快，但受原来基数影响，仍是工资水平

最低的类型（50527 元），但它与其他类型单位之间的差距略有缩小。两者相比，前者是后者的 1.64 倍。

表 6－6　分经济类型城镇单位平均工资

单位：元，%

经济类型	单位从业人员平均工资		名义增长率	水平比较（以国有单位为基准）		从业人数占比
	2015 年	2016 年		2015 年	2016 年	
合　计	62029	67569	8.93	—	—	100
国有单位	65296	72538	11.09	100.00	100.00	34.25
城镇集体单位	46607	50527	8.41	71.38	69.66	2.66
股份合作公司	60369	65962	9.26	92.45	90.93	0.51
联营公司	50733	53455	5.37	77.70	73.69	0.11
有限责任公司	54481	58490	7.36	83.44	80.63	35.33
股份有限公司	72644	78285	7.77	111.25	107.92	11.46
港澳台商投资企业	62017	67506	8.85	94.98	93.06	7.54
外商投资企业	76302	82902	8.65	116.86	114.29	8.14

各种经济类型单位之间的工资水平差异低于行业间和地区间。数据显示，不同经济类型高低工资倍数只有 1.64 倍，远低于行业、地区间的倍数。如果考虑不同经济类型单位就业分布状况，剔除就业人数占比很小的城镇集体单位、股份合作公司、联营公司，余下经济类型之间的工资水平差异会进一步缩小。

从近十年数据变化（见图 6－5）可以看到，外商投资企业工资水平呈现一段时间下降后，最近几年又有明显回升，与股份有限公司平均工资水平交替领先，与国有单位间的差距有所拉大。随着城镇集体单位和股份合作公司工资水平的持续提高，各种经济类型单位的平均工资差异明显缩小。

（四）不同性质单位的平均工资相对差距在缩小，工资差距不明显

按照经济活动性质可以将单位划分为企业、事业、机关、民间非营利组

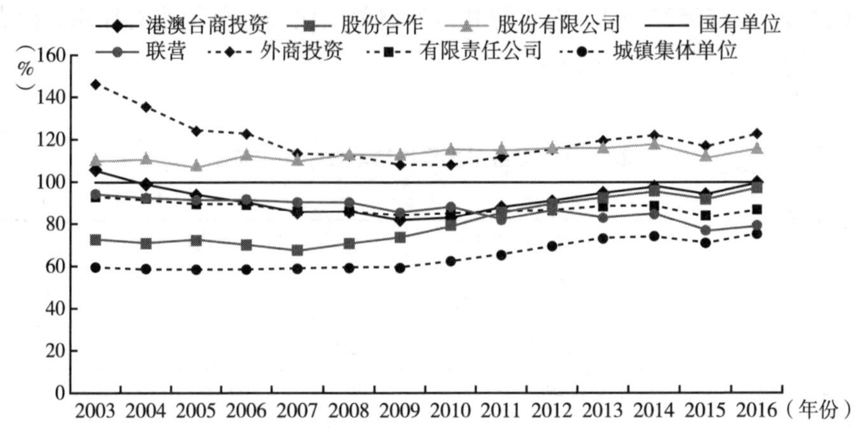

图 6－5　各种经济类型城镇单位平均工资相对变化趋势（国有单位＝100）

织和其他五类。由于民间非营利组织和其他单位的从业人员人数较少，本文将重点分析企业、事业和机关单位的工资状况。

从表 6－7 中可以看出，企业、事业、机关单位的平均工资水平一直处于上升阶段，总体相差不大，基本在全行业平均工资边缘徘徊。从单位间比例来看，机关和事业单位的平均工资要高于企业的平均工资，自 2012 年以来，事业单位的平均工资高于机关的平均工资。2016 年，机关、事业单位对企业平均工资的比率有所上升，这主要是因为工资政策的改革，将机关事业单位纳入养老保险制度，同时进行的工资结构改革，使得机关、事业单位的平均工资水平有所提高。

表 6－7　2006～2016 年全国企业、事业、机关单位平均工资及单位间平均工资比率

年份	平均工资			机关、企业、事业单位间比率		
	企业	事业	机关	机关/企业	机关/事业	事业/企业
2006	20495	20988	23039	1.12	1.1	1.02
2007	23943	25461	28340	1.18	1.11	1.06
2008	28165	29251	33209	1.18	1.14	1.04
2009	31302	33352	36468	1.17	1.09	1.07
2010	35837	37521	39440	1.1	1.05	1.05

续表

年份	平均工资			机关、企业、事业单位间比率		
	企业	事业	机关	机关/企业	机关/事业	事业/企业
2011	41545	42265	43137	1.04	1.02	1.02
2012	46637	47238	47146	1.01	0.99	1.01
2013	51533	51916	50409	0.98	0.97	1.01
2014	56557	56546	54291	0.96	0.96	1.00
2015	60993	65814	63691	1.04	0.97	1.08
2016	65515	73881	72716	1.11	0.98	1.13

（五）私营单位与非私营单位平均工资绝对差距仍在扩大

表6－8显示了私营单位与非私营单位2009～2016年平均工资及其名义增速。可以看到，2016年私营单位就业人员工资水平与非私营单位仍有较大差距，二者绝对差距达到24736元，较上年的22440元扩大了2296元。2016年城镇私营单位平均工资相当于城镇非私营单位平均工资的63.4%。与此同时，虽然2010～2014年私营单位平均工资的增长速度高于非私营单位，二者间的相对差距呈缩小趋势，但受到工资政策的影响，2016年非私营单位平均工资与私营单位平均工资之比由上一年的1.57倍扩大到1.58倍。

表6－8　城镇私营单位与非私营单位平均工资对比

年份	非私营单位		私营单位		非私营单位/私营单位
	平均工资(元)	名义增速(%)	平均工资(元)	名义增速(%)	
2009	32244	11.6	18199	6.6	1.77
2010	36539	13.3	20759	14.1	1.76
2011	41799	14.4	24556	18.3	1.70
2012	46769	11.9	28752	17.1	1.63
2013	51483	10.1	32706	13.8	1.57
2014	56360	9.5	36390	11.3	1.55
2015	62029	10.1	39589	8.8	1.57
2016	67569	8.9	42833	8.2	1.58

进一步分析这两类单位在不同行业间的平均工资差异情况（见图 6－6），在 19 个行业门类中，私营单位就业人员平均工资普遍低于非私营单位。相对差距较小的是农、林、牧、渔业，建筑业，住宿餐饮业，水利、环境和公共设施管理业等传统劳动密集型行业；相对差距较大的则是金融业，电力、热力、燃气及水生产和供应业，信息软件和信息技术服务业等具有较高垄断性或技术密集型行业。值得特别注意的是，私营单位工资水平在行业间的差距远远小于非私营单位。由此可以看出，当前城镇就业人员行业间工资水平差异主要来自非私营单位，仅仅以非私营单位为对象进行行业分析，可能夸大了行业间的工资差距。

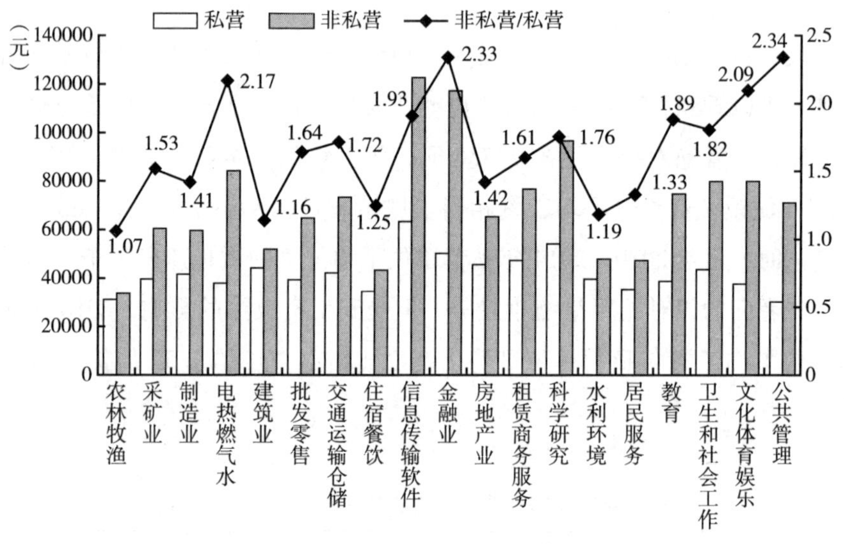

图 6－6　分行业城镇私营单位和非私营单位平均工资对比（行业名称从简）

分地区考察这两类单位的平均工资，也可以得到相似的结论。一方面，无论在哪个区域，私营单位与非私营单位之间的工资水平差距都比较显著；另一方面，如果从近年动态观察，由于私营单位工资水平增长速度高于非私营单位，二者之间的差距在不断缩小，但由于工资政策的变化，2016 年的相对差距要高于 2015 年。

表 6-9　分地区城镇私营单位和非私营单位平均工资对比

单位：元，%

地区	私营单位平均工资			非私营单位平均工资			非私营单位/私营单位	
	2015 年	2016 年	名义增长率	2015 年	2016 年	名义增长率	2015 年	2016 年
合计	39589	42833	8.2	62029	67569	8.9	1.57	1.58
东部	43439	47347	9.0	70611	77013	9.1	1.63	1.63
中部	32773	35000	6.8	50842	55299	8.8	1.55	1.58
西部	36478	39047	7.0	57319	62453	9.0	1.57	1.60
东北	32176	33184	3.1	51064	54872	7.5	1.59	1.65

（六）不同岗位之间工资差异显著，行业和地区分布特征尤为明显

以上分析主要着眼于就业人员所在单位的特征，下面主要就各单位就业人员岗位分组的工资水平及其差异状况进行考察，分析范围仅限于目前统计中的“四上单位”，即规模以上工业、有资质的建筑业、限额以上批发零售业、限额以上住宿餐饮业、全部房地产开发经营业、规模以上服务业法人单位，主要考察 2016 年各类岗位人员平均工资的基本情况。

表 6-10 列示了 2016 年“四上单位”不同岗位平均工资水平及其对应的就业人员分布情况。第一，岗位平均工资水平从高到低依次为：中层及以上管理人员（12.4 万元），专业技术人员（7.6 万元），办事人员和有关人员（5.4 万元），生产、运输设备操作人员及其相关人员（4.8 万元），商业、服务业人员（4.7 万元）。第二，此排序与各个岗位就业人员人数的分布正好相反：工资水平最高的中层及以上管理人员占比只有 6.17%，而工资水平最低两组的就业者占比则接近 2/3。第三，中层及以上管理人员工资水平比其他各类岗位明显高出一个“台阶”，一般生产人员的工资水平仅占其工资水平的 1/3 多，专业技术人员的工资水平也只有其工资水平的 62%。

表 6－10　2016 年各类岗位平均工资及人员分布情况

岗位	平均工资(元)	岗位平均工资比	就业人员数占比(%)
中层及以上管理人员	123926	1.00	6.17
专业技术人员	76325	0.62	13.90
办事人员和有关人员	54258	0.44	14.41
商业、服务业人员	46742	0.38	10.23
生产、运输设备操作人员及其相关人员	48005	0.39	55.29
合计/平均	69851	—	100

为了更详细分析岗位人员工资水平差异及其分布情况，以下分别从行业和地区两个维度做进一步分析。

先从行业维度看岗位工资差异状况。表 6－11 列示了分行业门类分岗位平均工资数据。通过这些数据，不仅可以分析每一行业内部不同岗位人员之间的工资水平差异，还可以分析每个岗位工资水平在各个行业之间的差异。分析表明，不同岗位在各行业间的平均工资具有如下特征。

表 6－11　2016 年“四上单位”分行业各类岗位平均工资情况

单位：元

行　业	就业人员	中层及以上管理人员	专业技术人员	办事人员和有关人员	商业、服务业人员	生产、运输设备操作人员及有关人员
平均	57394	123926	76325	54258	46742	48005
采矿业	57444	112451	69330	59677	41419	53300
制造业	54338	115924	74549	53650	58823	46713
电力、热力、燃气及水生产和供应业	84073	155850	97973	67590	59463	76780
建筑业	49573	93288	56139	43841	42964	45958
批发和零售业	59044	124728	74589	58608	43687	46371
交通运输、仓储和邮政业	68058	132143	104306	59879	57940	61380
住宿和餐饮业	40573	81000	46044	39692	35337	36600
信息传输、软件和信息技术服务业	120864	236476	138736	86434	83547	62913
房地产业	62428	131164	75053	54014	42099	39756
租赁和商务服务业	72855	225793	110697	66109	47742	48839
科学研究和技术服务业	99599	198308	108416	70181	52540	55377
水利、环境和公共设施管理业	49397	107405	69276	48702	35887	44087

续表

行　业	就业人员	中层及以上管理人员	专业技术人员	办事人员和有关人员	商业、服务业人员	生产、运输设备操作人员及有关人员
居民服务、修理和其他服务业	41815	89634	52645	44456	34784	39093
教育	58516	108070	59073	50275	51220	46976
卫生和社会工作	62798	104263	62953	46153	43295	46013
文化、体育和娱乐业	80207	157556	116237	63041	41867	46348

注：统计中不包括农、林、牧、渔业，金融业和公共管理、社会保障和社会组织。

第一，不同岗位平均工资的行业差异具有工资越高、差距越大的特点。比如中层及以上管理人员在行业间的平均工资最低为81000元，最高为236476元，工资倍数为2.92倍；而生产、运输设备操作人员及有关人员平均工资最低为36600元，最高为76780元，工资倍数只有2.1倍。基于行业数据计算的差异程度及离散程度指标（见表6－12）表明，无论利用极差还是变异系数来衡量，都显示出统一的结果：中层及以上管理人员平均工资行业差距最大，专业技术人员次之，生产、运输设备操作人员及有关人员的行业差距最小。据此可以判断，岗位工资的行业差异一定程度上可能与人力资本积累、岗位竞争程度、可替代性大小有关。

表6－12　行业门类间各岗位平均工资统计特征描述

	中层及以上管理人员	专业技术人员	办事人员和有关人员	商业、服务业人员	生产、运输设备操作人员及有关人员
平均值(元)	135878.31	82251.00	57018.88	48288.38	49781.50
标准差(元)	45843.47	26049.31	11650.39	12000.60	9908.71
变异系数	0.34	0.32	0.20	0.25	0.20
按就业人员数加权的变异系数	0.27	0.29	0.17	0.22	0.11
极差(元)	155476	92692	46742	48763	40180
高低倍数	2.92	3.01	2.18	2.40	2.10

注：统计中不包括农、林、牧、渔业，金融业和公共管理、社会保障和社会组织。

第二，每一行业内部基本呈现出行业平均工资水平越高各类岗位之间的工资差异越大的特点。信息传输、软件和信息技术服务业，租赁和商务服务业，科学研究和技术服务业属于平均工资较高的行业，这三个行业中层及以上管理人员平均工资分别为236476元、225793元和198308元，三个行业内部岗位工资的差距分别达到3.76倍、4.73倍和3.77倍，在所有行业中排在前三位。

分四大区域看，如表6－13所示，东部地区岗位间平均工资差距最大，岗位平均工资最高与最低之比为2.87，比上年上升0.06；中部地区岗位工资差距最小，最高与最低之比为2.36，比上年上升0.02。

各地区不同岗位间工资差距情况与行业特点相类似。表6－14是分地区的各类岗位平均工资数据，表6－15反映了各类岗位地区间的差异。与行业分析的结果相类似，各类岗位的地区差异程度有所不同，各项指标都显示，中层及以上管理人员工资的地区差异远大于其他岗位，专业技术人员次之，其排列顺序与岗位工资水平排列顺序完全一致。可以看出：岗位工资的地区差异水平与岗位工资的高低高度有关。不同地区岗位间工资差异程度有所不同，北京、上海两地不同岗位间平均工资差距远远超过其他地区，天津、江苏、广东等省份次之。总体来说，各个省份的岗位间工资差异程度与地区总体工资水平具有一定关联，但更与中层及以上管理人员岗位工资的巨大差异有关。

表6－13　2016年分地区分岗位就业人员年平均工资

单位：元

地区	就业人员	中层及以上管理人员	专业技术人员	办事人员和有关人员	商业、服务业人员	生产、运输设备操作人员及有关人员
合计	57394	123926	76325	54258	46742	48005
东部	62875	144045	87708	60379	52750	50119
中部	47538	88500	57790	43599	37480	43385
西部	52976	104414	65274	49119	39372	47770
东北	49868	98886	59448	47403	37964	44140

表6－14　2016年“四上单位”分地区各类岗位平均工资情况

单位：元

地区	从业人员平均工资	按职业类型分				
		中层及以上管理人员	专业技术人员	办事人员和有关人员	商业、服务业人员	生产、运输设备操作人员及有关人员
平　均	57394	123926	76325	54258	46742	48005
北　京	105945	269760	144758	94658	62770	68385
天　津	72896	166560	91570	66540	47915	60971
河　北	46633	89025	56793	42442	37876	42493

续表

地区	从业人员平均工资	按职业类型分				
		中层及以上管理人员	专业技术人员	办事人员和有关人员	商业、服务业人员	生产、运输设备操作人员及有关人员
山　西	47528	86783	49449	39320	33128	47534
内蒙古	52426	103710	60337	49319	37619	48424
辽　宁	50965	105332	60479	47724	39425	44017
吉　林	49739	92635	61598	44061	36075	45143
黑龙江	47529	89005	53632	50843	36333	43194
上　海	103071	281463	139321	102186	70756	64412
江　苏	60069	122332	76105	54491	51245	52831
浙　江	53938	119207	69454	52378	45512	46236
安　徽	49502	88543	62538	45385	37705	44114
福　建	53891	108441	65555	49771	43089	49038
江　西	48634	91055	55028	44877	40364	45139
山　东	50242	93196	59814	47129	41423	46170
河　南	43091	78310	50646	40046	36348	40132
湖　北	51917	99116	68090	47928	39219	45767
湖　南	48213	92700	58564	43717	38305	43104
广　东	63720	139010	97118	61262	51199	50280
广　西	47627	97223	61502	43729	36823	43023
海　南	59438	129768	77491	54839	43605	47028
重　庆	54899	116777	68458	50367	40558	49304
四　川	52040	105426	67263	49546	40660	44991
贵　州	54176	102779	62887	49095	38532	50107
云　南	48535	95376	57808	46201	36345	41927
西　藏	65438	132502	73848	54537	50958	58149
陕　西	55724	103984	72154	51105	38632	50248
甘　肃	48015	86074	54577	43320	35249	45229
青　海	57293	99991	63442	49621	45044	55141
宁　夏	56017	102878	60971	47246	40259	54609
新　疆	62266	113061	69664	58403	45887	59428

表6－15　地区间各岗位平均工资统计特征描述

	中层及以上管理人员	专业技术人员	办事人员和有关人员	商业、服务业人员	生产、运输设备操作人员及有关人员
平均值(元)	116194. 26	70029. 48	52325. 35	42543. 81	49244. 13
标准差(元)	45607. 6	21540. 2	13453. 5	7978. 0	6844. 0
变异系数	0. 39	0. 31	0. 26	0. 19	0. 14
按就业人员数加权的变异系数	0. 44	0. 38	0. 28	0. 26	0. 11
极差(元)	203153	95309	62866	37628	28253
高低倍数	3. 59	2. 93	2. 60	2. 14	1. 70

分登记注册类型看，外商投资企业岗位工资差距最大，岗位平均工资最高与最低之比为4.32；其次是港澳台商投资企业，最高与最低之比为3.45；再次是国有单位，最高与最低之比是2.91。私营单位和其他内资单位岗位工资差距最小，最高与最低之比分别为2.27和2.29（见表6－16）。

表6－16 2016年分登记注册类型分岗位就业人员年平均工资

单位：元

登记注册类型	就业人员	中层及以上管理人员	专业技术人员	办事人员和有关人员	商业、服务业人员	生产、运输设备操作人员及有关人员
平均	57394	123926	76325	54258	46742	48005
国有	71707	146344	88777	65991	50235	64620
集体	43009	81824	49678	42005	34490	39934
股份合作	48444	85904	55441	44345	36220	44620
联营	48987	108459	64376	39984	41867	42607
有限责任公司	57784	123035	77296	52765	44719	48836
股份有限公司	66399	154651	88985	60823	56088	54022
私营	47477	88740	56998	44640	39036	42683
其他内资	50853	93769	59195	44572	40957	42370
港澳台商投资	66621	172327	108892	69695	59420	49994
外商投资	80964	242992	124970	87074	71089	56244

三 影响因素分析

影响平均工资水平的差距因素有多个，既有政策因素，也有经济和文化因素。由以上分析可以看到，工资水平以行业间差异最为显著，远大于地区和经济类型间的差异（以高低工资倍数衡量，各行业门类为3.64倍，各省份为2.42倍，各经济类型为1.64倍）。因此，以下除了对政策因素进行分析之外，主要是以行业为对象，对产生工资差距的原因进行分解分析，并利用泰尔指数分解方法对各个因素的影响程度进行量化。

（一）政策因素：非私营单位平均工资增长的主要因素

2016年，为进一步理顺工资结构，各地相继出台了一系列政策：一是各地普遍对职务工资、级别工资及津贴补贴进行了调整；二是部分地区增发了年终目标绩效考核奖；还有一些地区落实并补发了上年未兑现的政策性调资，多重因素促进机关、事业单位平均工资保持了较快增长。但2016年政策性调资力度低于上年，机关、事业单位平均工资增速有所回落。2016年，全国有9个省（区、市）上调最低工资标准，平均增幅为10.7%。尽管调整的地区和幅度都少于上年，但对企业工资增长仍有一定促进作用。

（二）劳动生产率：对行业工资差异的影响力持续下降

从各个行业劳动生产率分布状况（见图6－7）可以看到，劳动生产率呈现较明显的阶梯状分布，大体可以分为四组。第一组是处于阶梯最高层的金融业和房地产业，尤其是金融业，劳动生产率显著高于其他行业；第二组从住宿和餐饮业、电力热力燃气与水生产供应业到交通运输业，其中多为生产性服务业；信息传输、软件和信息技术服务业，采矿业，文化体育和娱乐业，科学研究和技术服务业、批发和零售业、制造业几个行业又下降一个“台阶”，归入第三组；最后一组中公共服务业行业较为集中，包括租赁和商务服务业，公共管理、社会保障和社会组织，卫生和社会工作，教育，水利、环境和公共设施管理业，建筑业等。

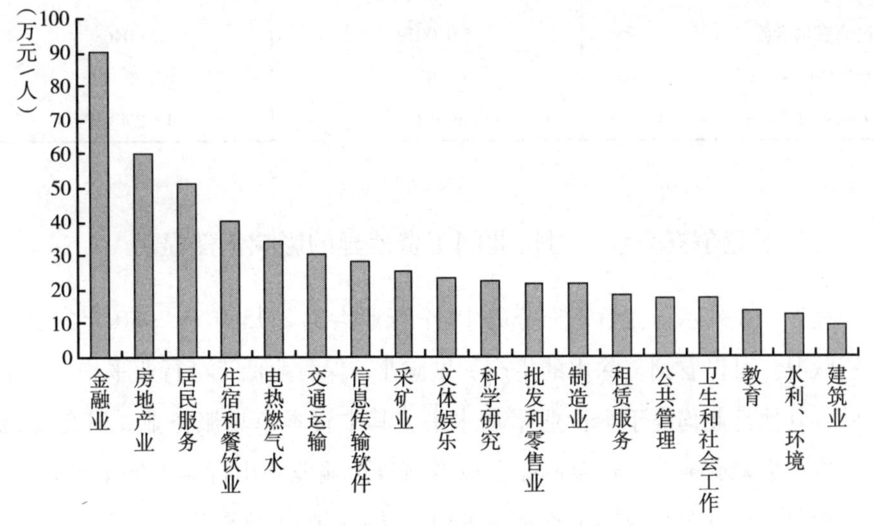

图6－7　各行业劳动生产率情况（行业名称从简）

按劳动生产率分组后可以进一步计算行业工资组内与组间的泰尔指数，以解释劳动生产率差异对工资水平差异的影响，即根据劳动生产率高低对行业进行分组，就平均工资分别计算组内差异和组间差异，以组间差异测度劳动生产率因素对行业间平均工资差距的影响。

表 6－17 列示了 2015 年和 2016 年的泰尔指数计算结果。可以看到，第一，组间贡献率在 17% 以上，说明劳动生产率对于工资差距的影响还是较大；第二，组间泰尔指数和组间贡献率都呈下降趋势，特别是组间贡献率从 2015 年的 30. 18% 下降至 2016 年的 17. 27% ，说明劳动生产率对于行业之间工资差距的解释力在不断减小。

表 6－17　不同劳动生产率的行业门类泰尔指数分解

	2015 年泰尔指数	2016 年泰尔指数
全部行业	0. 0263	0. 0267
高劳动生产率行业	0. 0542	0. 0454
中上劳动生产率行业	0. 0232	0. 0202
中下劳动生产率行业	0. 0127	0. 0243
低劳动生产率行业	0. 0128	0. 0155
组内泰尔指数	0. 0183	0. 0221
组间泰尔指数	0. 0079	0. 0046
组内贡献率（%）	69. 82	82. 73
组间贡献率（%）	30. 18	17. 27

（三）竞争充分性：对行业间工资差异的影响仍然显著

表 6－18 列示了竞争不充分的 18 个行业大类 2015 年和 2016 年的平均工资状况。可以看到，除水的生产和供应业、保险业低于全行业平均工资水平外，其他行业均高于全行业平均水平。其中资本市场服务业、其他金融业、货币金融服务业、烟草制品业以及航空运输业高出行业平均水平较多，表明竞争不充分对行业间工资水平平均差异的影响十分显著。

表 6－18　竞争不充分行业大类平均工资

行业门类	2015 年		2016 年		2016 年增长速度（%）
	平均工资（元）	与行业平均工资之比	平均工资（元）	与行业平均工资之比	
石油和天然气开采业	83702	1.35	87400	1.29	4.42
烟草制品业	134426	2.17	142109	2.10	5.72
石油加工炼焦和核燃料加工业	67867	1.09	71710	1.06	5.66
电力热力生产和供应业	84435	1.36	89576	1.33	6.09
燃气生产和供应业	66549	1.07	72095	1.07	8.33
水的生产和供应业	54256	0.87	59595	0.88	9.84
铁路运输业	84678	1.37	89532	1.33	5.73
水上运输业	88649	1.43	90229	1.34	1.78
航空运输业	131279	2.12	137108	2.03	4.44
管道运输业	95553	1.54	100996	1.49	5.70
邮政业	65661	1.06	71943	1.06	9.57
电信广播电视和卫星传输服务	84749	1.37	91724	1.36	8.23
货币金融服务业	132344	2.13	140901	2.09	6.47
资本市场服务业	283780	4.57	264524	3.91	-6.79
保险业	63189	1.02	65957	0.98	4.38
其他金融业	191678	3.09	192432	2.85	0.39
新闻和出版业	90192	1.45	96996	1.44	7.54
广播电视电影和影视录音制作业	77752	1.25	84605	1.25	8.81

对竞争不充分行业和竞争充分行业平均工资进行比较（见表 6－19），可以看出，2005～2016 年，竞争不充分行业的平均工资水平始终高于竞争充分行业，但二者间的相对差距在近几年呈缩小趋势。

表 6－19　2005～2016 年竞争不充分行业与竞争充分行业平均工资对比

年份	竞争不充分行业（元）	竞争充分行业（元）	两者之比
2005	27812	16969	1.64
2006	32357	19402	1.67
2007	40058	23011	1.74
2008	44695	26862	1.66
2009	49585	30009	1.65

续表

年份	竞争不充分行业(元)	竞争充分行业(元)	两者之比
2010	56998	33978	1.68
2011	65349	38960	1.68
2012	76986	43674	1.76
2013	80058	48424	1.65
2014	87096	53046	1.64
2015	93483	58533	1.60
2016	98913	63970	1.55

利用泰尔指数分解方法分析竞争因素对行业间平均工资差距的影响，从表6－20可以看到：第一，竞争不充分因素对行业间工资差异的贡献率为23.64%，虽然有所下降，但对于行业工资差异的影响依然比较显著；第二，2016年的充分竞争行业泰尔指数高于2015年的泰尔指数，竞争不充分行业泰尔指数则有所下降，说明充分竞争行业内部工资水平的差距扩大，而竞争不充分行业内部工资水平的差距有所减小；第三，2016年的组间贡献率比2015年略有下降，说明破除竞争不充分性以降低工资差异有一定成效。

表6－20　竞争不充分行业和竞争充分行业泰尔指数分解

	2015年泰尔指数	2016年泰尔指数
全部行业泰尔指数	0.0457	0.0467
竞争不充分行业泰尔指数	0.0534	0.0514
充分竞争行业泰尔指数	0.0293	0.0329
组内泰尔指数	0.0330	0.0357
组间泰尔指数	0.0127	0.0110
组内贡献率(%)	72.26	76.36
组间贡献率(%)	27.74	23.64

（四）人力资本：对工资差异的解释力有所增强

如前所述，各行业不同的人力资本水平对工资水平具有重要影响。

以下采用各行业大专及以上学历的就业人员比重作为表征指标，分析人力资本对于行业工资水平差异的影响。图 6－8 是按照 2016 年《中国劳动统计年鉴》中给出的城镇就业人员中大学专科以上学历者所占比例进行排序的结果。由此将所有行业分为以下三组：高于 60% 的行业有 6 个，可视为高人力资本行业，以教育业为最高（79.13%），其中科学研究行业跃升至第二位，说明科研行业对于学历水平的要求提高；低于 20% 的行业有 4 个，可视为低人力资本行业，以农、林、牧、渔业为最低（2.54%），居民服务业、住宿和餐饮业、建筑业等吸纳就业较多的传统产业均包含在这一组；处于 20% ～60% 的行业有 9 个，可视为中等人力资本行业。

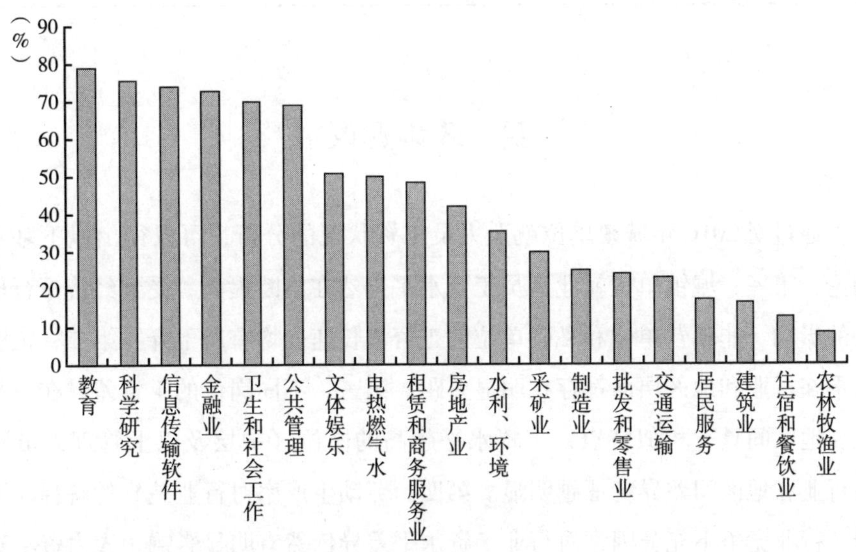

图 6－8　2016 年各行业门类大专及以上学历就业人员所占比重（行业名称从简）

基于上述分组计算泰尔指数，结果如表 6－21 所示。第一，组间贡献率从 2015 年的 42.7% 上升至 2016 年的 57.17%，上升幅度较大，贡献率达到 50% 以上，说明人力资本对于行业间工资差距的解释力大大增加；第二，不同人力资本行业的组内泰尔指数和组内贡献率都有所下降，说明同一人力资本行业内部的工资差距在缩小，但是差距仍然存在，例如教育业的平均工资水平依旧是远远低于金融业。

表 6－21　不同人力资本行业门类泰尔指数分解

	2015 年泰尔指数	2016 年泰尔指数
全部单位	0. 0282	0. 0288
高人力资本行业	0. 0271	0. 0206
中人力资本行业	0. 0173	0. 0071
低人力资本行业	0. 0082	0. 0063
组内泰尔指数	0. 0162	0. 0123
组间泰尔指数	0. 012	0. 0165
组内贡献率(%)	57. 30	42. 83
组间贡献率(%)	42. 70	57. 17

四　政策建议

通过对 2016 年城镇单位就业人员工资状况的分析，可以得出以下基本结论：第一，城镇单位就业人员工资水平仍然在不断提高，受到经济下行压力的影响，非私营单位和私营单位的工资增长速度均有所下降。第二，工资水平在行业和地区层面都存在明显差距。第三，不同岗位的工资差异在各行业、地区间具有相似特点，工资水平越高的岗位（中层及以上管理人员），在行业和地区间差异特征越明显。第四，劳动生产率对行业差异的解释在下降，行业竞争不充分因素对行业工资水平差异依然有明显影响，人力资本对工资差异的解释性持续增强。

（一）继续深化改革，促进劳动报酬增长与劳动生产率提高同步

近几年来，重要领域和关键环节改革取得突破性进展。但从上述分析看，尽管平均工资增长与 GDP 增长基本保持同步，但劳动生产率对行业差异的解释力在下降，说明工资增长与劳动生产率有一定偏离。因此，要继续

深化改革，完善工资的初次分配和再分配机制，深化企事业单位的工资制度改革，继续完善劳动、资本、技术、管理等要素按贡献参与分配的初次分配机制，健全以税收、社会保障、转移支付为主要手段的再分配调节机制，以促进经济结构转型升级，通过提高全社会的劳动生产率为工资增长提供保障，实现劳动报酬增长和劳动生产率提高同步。

（二）通过体制改革和政策扶持缩小行业和地区之间的工资差距

从行业间和地区间差异系数来看，近几年一直处于相对稳定的状态，表明收入分配政策对缩小行业间、地区间工资差距起到了积极作用。但在这方面仍要加强调控力度，主要是打破行业和部门对资源的垄断，加快混合所有制改革的步伐，消除不合理的行业差距，降低垄断行业的门槛，提高竞争水平，让企业进行公平有序的市场竞争，从而减小行业间的工资水平差距。加快国企改革步伐，完善国有企业人员工资的调控机制，促进国有及国有控股企业劳动生产率提高，减少企业工资分配制度不健全、秩序不规范的问题。应通过政策扶持解决地区间工资差异问题，促进中西部地区的产业结构调整，加快产业转型和升级，实现驱动发展创新，形成合理的经济布局。

（三）在工资结构调整中继续提高人力资本的影响力

近年来，国家在完善劳动、资本、技术、管理等要素按贡献参与分配的初次分配机制方面出台了一系列政策措施，收到了实效，人力资本对工资水平差异的解释力度有所增强。要继续加大对于教育领域的财政投入和教育观念的宣传力度，推动教育的市场化进程，引导民间资本进入教育领域，为不同层次的劳动者提供学习和培训机会，提高各行各业、各个岗位就业人员的人力资本水平和劳动生产率水平。继续将人力资本落实到工资水平上，设计合理的工资结构，从而调动高人力资本人群的工作积极性，促进产业转型和升级，加快经济发展。

（国家统计局人口和就业统计司　孟灿文　丁成栋）

第七章 2016年个人所得税的征收与管理

2016年，按照党中央、国务院的决策部署，各级税务机关主动适应经济发展新常态，在不折不扣地贯彻落实惠民生、鼓励创新和促进投资等个人所得税优惠政策的同时，进一步完善个人所得税政策，不断夯实征管基础，强化税源税负分析，狠抓风险管理，逐步构建以高收入者为重点的自然人税收管理体系，实现了个人所得税收入较快增长，首次突破万亿元大关，个人所得税调节收入分配的职能得到进一步增强。

一 个人所得税收入总体情况

2016年，全国共征收个人所得税10090亿元，增收1473亿元，比2015年增长17%，首次突破万亿大关。从1980年9月10日我国首部《个人所得税法》公布实施以来，个人所得税实现了大幅增长，收入已经从1980年的16万元左右，增长至2016年的超过1万亿元，36年间收入增长约630倍，占税收总收入的比重增至7.18%，比2015年提高了0.84个百分点，占国内GDP的比重为1.36%。

表7-1 近十年个人所得税收入情况

单位：亿元，%

年份	税额（亿元）	增长额（亿元）	增幅（%）	税收总收入（亿元）	占税收总收入比重（%）	占GDP比重（%）
2007	3185	732	30	49449	6.44	1.29
2008	3722	540	17	57862	6.44	1.24
2009	3944	219	6	63104	6.25	1.18

续表

年份	税额（亿元）	增长额（亿元）	增幅（%）	税收总收入（亿元）	占税收总收入比重(%)	占 GDP 比重（%）
2010	4837	893	23	77390	6.25	1.21
2011	6054	1216	25	95729	6.32	1.28
2012	5820	-234	-4	110740	5.26	1.12
2013	6532	711	12	119960	5.44	1.15
2014	7377	845	13	129541	5.69	1.16
2015	8617	1240	17	136022	6.34	1.27
2016	10090	1473	17	140499	7.18	1.36

资料来源：2016 年税收数据为初步统计数据，最终数据以《中国税务年鉴》数据为准；GDP 数据引自《中华人民共和国 2016 年国民经济和社会发展统计公报》，国家统计局网站。

二　个人所得税收入主要特点

（一）收入增速呈稳中趋缓态势

从各主体税种增速看，2016 年个人所得税收入增速低于国内增值税（30.8%），高于企业所得税（5.1%）、国内消费税（-2.6%）、营业税（-40.4%），剔除营改增影响，则个人所得税在各税种中增速排名首位。从增长趋势来看，2016 年各月累计增速分别为 20.1%、22%、18.1%、19.7%、21.4%、19.9%、18.3%、17.3%、17%、17.3%、17.7% 和 17.1%。整体来看，个人所得税收入延续了 2015 年下半年以来较快增长的态势，增速稳中趋缓，但全年累计增速仍达到近五年最高值（见图 7-1）。

（二）九成以上收入由地税系统征收

分征收系统来看，个人所得税仍以地税系统征收为主。2016 年全国地税系统共征收个人所得税 10019 亿元，较上年增收 1456.7 亿元，增长 17%，占全国个人所得税总收入的 99.3%。个人所得税占地税部门总收入的比重达到 19.6%，是排在营业税（11418 亿元）后的第二大税种，随着“营改

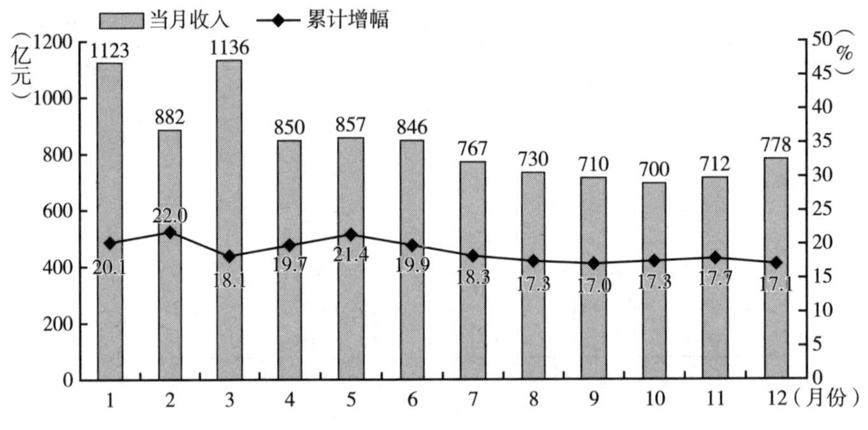

图 7－1　2016 年个人所得税收入变化情况

增”的全面试点，个人所得税预计将成为地税系统的第一大税种。

2016 年，全国国税系统共征收个人所得税 71. 4 亿元，较上年增收 17. 1 亿元，增长 31. 5%。国税系统个人所得税收入主要来自国税代征个人所得税的地区（如西藏）。随着中西部地区经济快速发展，居民收入迅速提升，西藏等地区的个人所得税收入也快速增长。2016 年，西藏国税收入比上年增长 11. 3 亿元，推动了全国国税个人所得税收入快速增长（见图 7－2）。

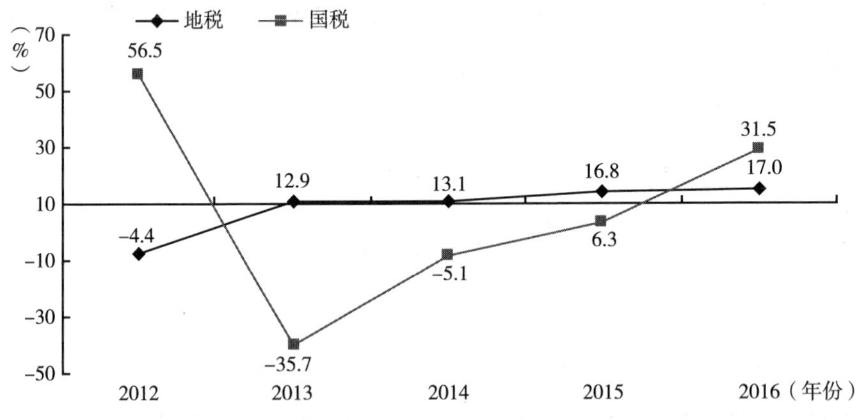

图 7－2　近 5 年国税、地税系统个人所得税收入变动情况

（三）主要所得项目收入“四升一降”

分所得项目来看，2016 年工资薪金所得、个体工商户的生产经营所得、劳务报酬所得、利息股息红利所得和财产转让所得 5 个项目的个人所得税分别为 6707. 4 亿元、475. 8 亿元、355. 6 亿元、895. 3 亿元和 1274. 4 亿元，占个人所得税总收入的 96. 2%。其中，工资薪金所得、劳务报酬所得、利息股息红利所得和财产转让所得收入同比增速分别为 19. 9%、35%、0. 1% 和 30. 7%；个体工商户的生产经营所得出现负增长，降幅为 2. 5%。从结构上看，工资薪金所得项目收入占个人所得税总收入的 66. 5%，是个人所得税主要收入来源。财产转让所得项目收入占比达到 12. 6%，比上年提高 1. 3 个百分点，个人所得税收入结构持续优化。

表 7 - 2　2016 年个人所得税主要所得项目收入情况

项　目	收入额(亿元)	增幅(%)
工资薪金所得	6707. 4	19. 9
个体工商户的生产经营所得	475. 8	-2. 5
劳务报酬所得	355. 6	35
利息股息红利所得	895. 3	0. 1
财产转让所得	1274. 4	30. 7
其中:房屋转让所得	410. 1	51. 2
限售股转让所得	300. 8	10. 1

注：2016 年税收数据为初步统计数据，最终数据以《中国税务年鉴》数据为准。

三　个人所得税收入增长因素分析

（一）国民经济平稳健康发展为个人所得税收入奠定增长基础

国家统计局数据显示，2016 年国内生产总值 744127 亿元，同比增长 6. 7%。城镇居民人均可支配收入 33616 元，同比名义增长 7. 8%，城镇居民人均可支配收入中位数为31554元，同比增长8.3%。城镇新增就业1314万人。国民经济健康稳定发展，质量和效益的提高，为个人所得税收入增长奠定了稳定基础。

（二）中高收入者带动工资薪金所得收入快速增长

《个人所得税法》2011年新修订后，个人所得税持续发挥“调高”的作用，中高收入者已成为带动工资薪金所得收入增长的主要动力。2016年，全国工资薪金所得项目收入继续快速增长，同比增收1111.1亿元，增长19.9%，拉动个人所得税收入增长12.9%。从结构上看，适用20%以上税率的纳税人对工资薪金所得项目收入增长贡献率达97.5%，是工资薪金所得项目收入快速增长的核心动力。中高收入者占工资薪金所得项目收入的比重已由2009年的不足半数提高到近八成，是工资薪金所得收入快速增长的主要动力。

（三）财产转让所得成为个人所得税收入重要增长点

2016年，伴随着资本市场的活跃和房地产市场的升温，税务机关继续将加强非劳动所得管理作为工作重点，不断加强对房屋转让、限售股转让、其他股权转让等财产性所得的税收征管。2016年，财产转让所得项目收入同比增收299.1亿元，增长30.7%，拉动个人所得税增长3.5%。总体来看，自2011年以来，财产转让所得项目收入快速增长，年均增速为23%，占个人所得税收入的比重已由2011年的7.5%增至2016年的12.6%，成为个人所得税第二大收入来源。

（四）年所得12万元以上纳税人自行纳税申报成效显著

年所得12万元以上纳税人自行纳税申报（以下简称12万自行申报），是指年所得12万元以上的纳税人，无论其各项所得是否已足额缴纳了个人所得税，均应当于纳税年度终了后3个月内向主管税务机关办理纳税申报。2016年，全国受理自行纳税申报人数首次超过1000万人，申报人数是2006

年首次申报时的近7倍。申报已缴税额超过5000亿元，已超过当年个人所得税收入的一半，自行申报补税37.6亿元。通过自行申报，广大纳税人纳税遵从度不断提高，纳税申报习惯逐渐形成，为综合与分类相结合的个人所得税制改革打下了良好基础。

四　各地区个人所得税收入情况

（一）各地区个人所得税收入差距情况

2016年，各省、自治区、直辖市和计划单列市地税局中，个人所得税收入超过百亿元的有25个地区，超过500亿元的有6个地区，分别为上海（1482.7亿元）、北京（1429.8亿元）、江苏（955.9亿元）、广东（833.4亿元）、深圳（761.9亿元）、浙江（636.5亿元）。有4个地区个人所得税收入不足50亿元，分别为甘肃（49.5亿元）、西藏（32.5亿元）、宁夏（24.6亿元）、青海（16亿元）。2016年，收入最高地区是最低地区的92.7倍，地区间个人所得税收入绝对差距明显。

表7-3　2016年全国个人所得税收入情况

单位：亿元，%

地　区	2016年个税收入额	2015年个税收入额	收入增加额	增长速度	2016年收入排名	比2015年排名变化
全国合计	10090.4	8616.6	1473.8	17.1	—	—
北　京	1429.8	1195.7	234.1	19.6	2	
天　津	242.0	204.6	37.4	18.3	9	
河　北	178.8	157.1	21.7	13.8	14	↓1
山　西	88.0	90.6	-2.7	-2.9	29	↓4
内蒙古	131.7	111.6	20.2	18.1	20	↑1
辽　宁	114.5	109.2	5.3	4.9	23	
大　连	77.2	71.9	5.3	7.4	31	↓1
吉　林	104.3	85.3	19.0	22.3	25	↑3
黑龙江	93.2	88.9	4.3	4.8	27	↓1

续表

地区	2016年个税收入额	2015年个税收入额	收入增加额	增长速度	2016年收入排名	比2015年排名变化
上海	1482.7	1219.0	263.7	21.6	1	
江苏	955.9	902.2	53.7	6.0	3	
浙江	636.5	531.3	105.1	19.8	6	
宁波	156.3	133.0	23.3	17.5	15	↑2
安徽	148.2	132.8	15.4	11.6	17	↑1
福建	206.5	167.3	39.2	23.4	11	
厦门	107.3	69.8	37.5	53.7	24	↑7
江西	124.5	106.0	18.4	17.4	22	↑2
山东	266.9	239.8	27.1	11.3	8	
青岛	91.0	118.0	-27.0	-22.9	28	↓8
河南	179.4	155.1	24.3	15.7	13	↑1
湖北	232.5	196.3	36.1	18.4	10	
湖南	186.6	157.3	29.3	18.6	12	
广东	833.4	714.6	118.8	16.6	4	
深圳	761.9	560.0	201.9	36.1	5	
广西	98.6	86.5	12.1	14.0	26	↑1
海南	53.7	42.5	11.2	26.3	32	↑1
重庆	146.3	125.9	20.4	16.2	19	
四川	321.0	272.9	48.1	17.6	7	
贵州	87.7	83.2	4.5	5.4	30	↓1
云南	131.3	110.4	21.0	19.0	21	↑1
西藏	32.5	21.2	11.3	53.3	34	↑1
陕西	147.1	133.4	13.8	10.3	18	↑2
甘肃	49.5	47.6	1.9	3.9	33	↓1
青海	16.0	14.3	1.8	11.9	36	
宁夏	24.6	22.4	2.2	9.8	35	↓1
新疆	153.1	138.9	14.2	10.2	16	↓1

注：2016年税收数据为初步统计数据，最终数据以《中国税务年鉴》数据为准。

（二）各地区个人所得税收入增长情况

2016年，各省、自治区、直辖市和计划单列市中，个人所得税增收额超过十亿元的有27个地区，其中增收额超过100亿元的有5个地区，分别为上海（263.7亿元）、北京（234.1亿元）、深圳（201.9亿元）、广东（118.8亿元）、浙江（105.1亿元），全部分布在东部地区。从增速来看，有17个地区超过全国平均增速，其中增速超过20%的有7个地区，分别为厦门（53.7%）、西藏（53.3%）、深圳（36.1%）、海南（26.3%）、福建（23.4%）、吉林（22.3%）、上海（21.6%）。从地区间相对差距变动情况上看，2016年地区间离散系数为1.31，比2015年提高了0.03，地区间相对差距略有增大。

（三）东、中、西部及东北部四大区域个人所得税收入情况

2016年，东部地区个人所得税收入额为7402.6亿元，占全国个人所得税总收入的73.4%；中部、西部、东北部个人所得税收入额分别为959.1亿元、1339.5亿元和389.2亿元，占比分别为9.5%、13.3%和3.9%。从增速来看，2016年东部地区个人所得税收入平均增长18.3%，中部地区平均增长14.4%，西部地区平均增长14.7%，东北地区平均增长9.6%。总体来看，2016年东部与中部、西部、东北地区之间个人所得税收入的绝对差距有扩大趋势。

表7-4　2016年各地区个人所得税收入情况

单位：亿元，%

地　区	2016年个税收入额	2015年个税收入额	收入增加额	增长速度
全　国	10090.4	8616.6	1473.8	17.1
东　部	7402.6	6255.0	1147.6	18.3
中　部	959.1	838.1	121.0	14.4
西　部	1339.5	1168.2	171.3	14.7
东　北	389.2	355.3	33.9	9.6

注：2016年税收数据为初步统计数据，最终数据以《中国税务年鉴》数据为准。

五　2016年度个人所得税相关主要文件

（一）完善相关政策规定

2016 年主要完善和明确了股权激励和技术入股有关个人所得税的优惠政策。

为支持国家大众创业、万众创新战略的实施，促进我国经济结构转型升级，经国务院批准，财政部和国家税务总局共同制定下发了《关于完善股权激励和技术入股有关所得税政策的通知》（财税〔2016〕101 号），明确从 2016 年 9 月 1 日起，非上市公司授予本公司员工的股票期权、股权期权、限制性股票和股权奖励，符合规定条件的，可实行递延纳税政策，即员工在取得股权激励时可暂不纳税，可递延至转让该股权时再纳税。上市公司授予个人的股票期权、限制性股票和股权奖励，个人可自股票期权行权、限制性股票解禁或取得股权奖励之日起，在不超过 12 个月的期限内缴纳个人所得税。企业或个人以技术成果投资入股境内居民企业，被投资企业支付的对价全部为股票（权）的，企业或个人可选择继续按现行有关税收政策执行，也可选择适用递延纳税优惠政策，即投资入股当期可暂不纳税，允许递延至转让股权时，按股权转让收入减去技术成果原值和合理税费后的差额计算缴纳所得税。

（二）进一步加强征收管理

（1）为全面贯彻落实国务院关于取消中央指定地方实施的行政审批事项的精神，深入推进简政放权，简化流程，优化服务，同时明确取消审批事项后续管理要求，做到放管结合，国家税务总局于 2016 年 1 月 28 日制定发布了《国家税务总局关于 3 项个人所得税事项取消审批实施后续管理的公告》（国家税务总局公告 2016 年第 5 号），明确了“取消促进科技成果转化暂不征收个人所得税审核”、“取消个人取得股票期权或认购股票等取得折扣或补贴收入个人所得税纳税有困难的审核”和“取消对律师事务所征收方式的核准”后，对上述三项事项一律实行事后备案管理，并从办理备案手续的主体、办理时间、备案表格和相关材料等方面规范了备案的操作要点。

（2）为贯彻落实《财政部国家税务总局关于完善股权激励和技术入股有关所得税政策的通知》（财税〔2016〕101 号），确保纳税人清晰知晓税收优惠办理流程和相关要求，使新旧政策顺畅衔接、便于新政落实，国家税务总局于 2016 年 9 月 28 日制定发布了《国家税务总局关于股权激励和技术入股所得税征管问题的公告》（国家税务总局公告 2016 年第 62 号），明确了最近 6 个月在职职工平均人数确定方法、员工取得符合递延纳税条件和不符合递延纳税条件的股权激励的税收处理、公平市场价格的确定方法等征管规定。

六　下一阶段重点任务

（一）全面夯实个人所得税征管基础

结合税制改革和自然人税收征管需要，全力推进个人所得税全员全额扣缴明细申报工作，基本实现扣缴明细申报全覆盖。进一步强化个人所得税自行纳税申报工作，优化自行申报方式，依托网上申报系统，完善年所得 12 万元以上个人所得税自行纳税申报、个人完税记录查询等便捷办税功能。全面提升全员全额扣缴明细申报和自行纳税申报数据质量，为积极推进税制改革和提供自然人税收管理服务奠定坚实基础。

（二）持续推进个人所得税制改革

党的十八届三中、五中全会提出，要建立综合与分类相结合的个人所得税制。个人所得税制改革必须立足现阶段我国居民收入的特点、立足国情和税收征收管理的实际，在充分研究和借鉴其他国家个人所得税制度的基础上，合理划分综合和分类项目、科学设计专项扣除项目、合理确定减除费用标准、优化税率结构，逐步建立起综合与分类相结合的个人所得税制。现阶段，相关税制改革研究工作正在按照时间安排持续推进。

（三）稳步实施纳税人分级分类管理

对纳税人实施分级分类管理，全面推进以高收入者为重点的个人所得税风险分析工作，不断完善指标体系，运用第三方涉税信息对纳税申报情况进行比对分析，区分不同风险等级开展差别化应对，有效防范和查处逃避税款行为。

（四）逐步建立自然人税收管理体系

顺应直接税比重逐步提高，自然人纳税人数量多、管理难的趋势，从法律框架、制度设计、征管方式、技术支撑、资源配置等方面构建以高收入者为重点的自然人税收管理体系。同时，要完善包括备案管理、申报管理等在内的事中事后管理体系。深入开展国税地税征管合作，不断加强对财产转让所得等非劳动所得以及境外所得的管理。加快第三方信息交换范围和力度，拓展信息来源，统筹涉税各部门的力量和资源，努力构建税收共治格局。

（国家税务总局所得税司　叶霖儿　尤笑宇）

第八章
2016年度社会保险基金收入与支出状况

2016 年，面对错综复杂的国际形势和艰巨繁重的改革发展任务，党中央、国务院坚持稳中求进工作总基调，不断创新调控思路和方式，深入推进供给侧结构性改革，加快转型升级步伐，确保社会保险事业持续进步，社保基金运行稳中向好，覆盖面进一步扩大，社保待遇水平大幅提高，经办管理水平和服务质量不断增强，为促进经济发展和维护社会稳定发挥了重要作用。

社保基金收支保持高位增长，基金收支规模持续扩大。2016 年度五项基金收支规模突破 10 万亿元，其中总收入 53563 亿元，总支出 46888 亿元。截至 2016 年底，各项社保基金总资产 71746 亿元，总负债 5396 亿元，累计结余 66350 亿元。

社保基金总收入大于总支出，基金收入增幅有所回升，2016 年基金总收入和征缴收入同比分别增长 16.4% 和 14.1%，环比增长率增加。宏观经济环境对基金征缴影响较大，基金征缴收入与商保保费收入逆向发展，各级财政补助逐年增加，1998 ~2016 年，各级财政对基金补助累计达到 4.86 万亿元。

自 2009 年起基金总支出增幅高于总收入增幅，2016 年基金支出增长率（20.3%）高于基金收入增长率 3.9 个百分点。社保待遇水平继续提高，2016 年企业退休人员月人均养老金达到 2362 元，比上年增长 122 元，企业城镇职工养老金占城镇居民人均可支配收入的 86% 以上。

基金结余稳定增长，养老、医疗保险占全部结余的 88.9%。各项基金可支付月数除企业养老、失业和生育保险减少外，其他险种均有所上升，工伤保险和失业保险仍偏高。企业养老保险剔除财政补助后，当期有缺口省份达 23 个，负结余总量为 4281 亿元，比上年增加负结余 983 亿元。

基金收益率有所增长，2016 年企业养老保险基金收入收益率为 2.9%，高于一年期银行存款年利率，基金减值形势有所好转。企业基本养老保险做实个人账户基金累计结余 3767 亿元，同比增加 15.1%。

一　社会保险基金运行的总体情况

（一）基金收入继续增长，收支保持总体平衡

2016 年，基本养老保险（含城乡居民养老保险）、基本医疗保险（不含新型农村合作医疗）、工伤保险、失业保险、生育保险（以下简称五项保险）基金总收入 53563 亿元，比上年增加 7550 亿元，增长 16.4%，基金征缴收入 40343 亿元，增长 14.1%，基金总支出 46888 亿元，比上年增加 7899 亿元，增长 20.3%，累计结余 66350 亿元，增加 6818 亿元，增长 11.5%（见图 8－1）。

从基金增幅情况看，2016 年基金总收入同比增长 16.4%，增幅上升了 0.9 个百分点；基金总支出同比增长 20.3%，增幅上升了 2.2 个百分点，环比增幅有所上升。基金总支出增幅高于总收入增幅 3.9 个百分点，较上年增加 1.3 个百分点。基金结余同比增长 11.5%，较上年降低 2 个百分点，创历年新低（见图 8－2）。

从近五年平均增幅情况看，基金收入平均增长 16.3%，基金结余平均增长 17.0%，均低于“十五”、“十一五”、“十二五”时期的平均水平；基金支出平均增长 20.2%，高于“十五”时期 2.4 个百分点，分别低于“十一五”、“十二五”时期 2.5 个、0.8 个百分点（见表 8－1）。

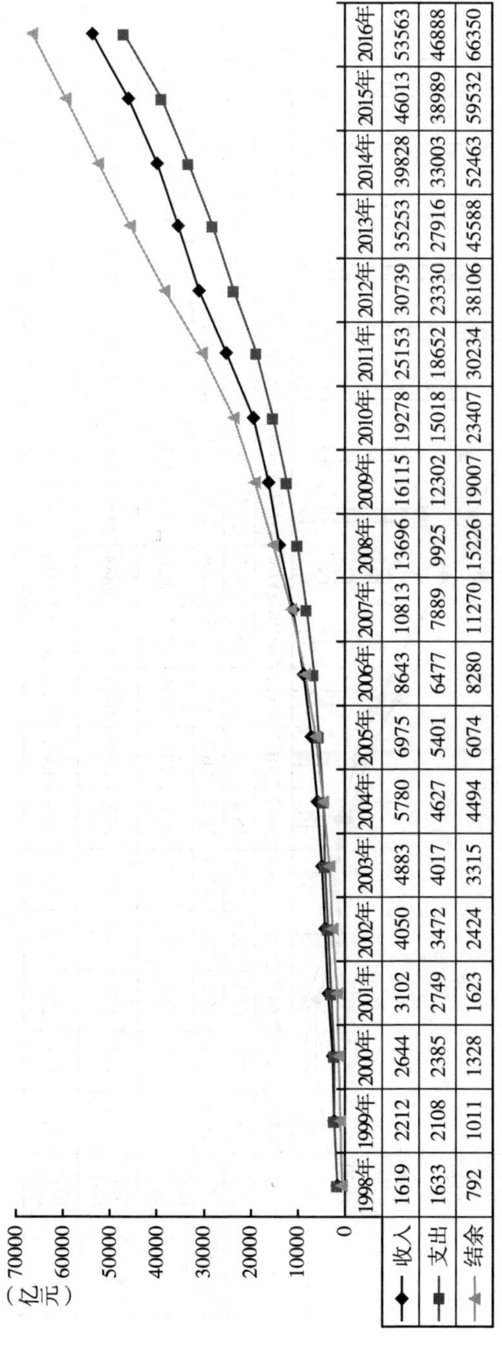

	1998年	1999年	2000年	2001年	2002年	2003年	2004年	2005年	2006年	2007年
收入	1619	2212	2644	3102	4050	4883	5780	6975	8643	10813
支出	1633	2108	2385	2749	3472	4017	4627	5401	6477	7889
结余	792	1011	1328	1623	2424	3315	4494	6074	8280	11270

	2008年	2009年	2010年	2011年	2012年	2013年	2014年	2015年	2016年
收入	13696	16115	19278	25153	30739	35253	39828	46013	53563
支出	9925	12302	15018	18652	23330	27916	33003	38989	46888
结余	15226	19007	23407	30234	38106	45588	52463	59532	66350

图 8－1　历年社会保险基金收入、支出和结余情况

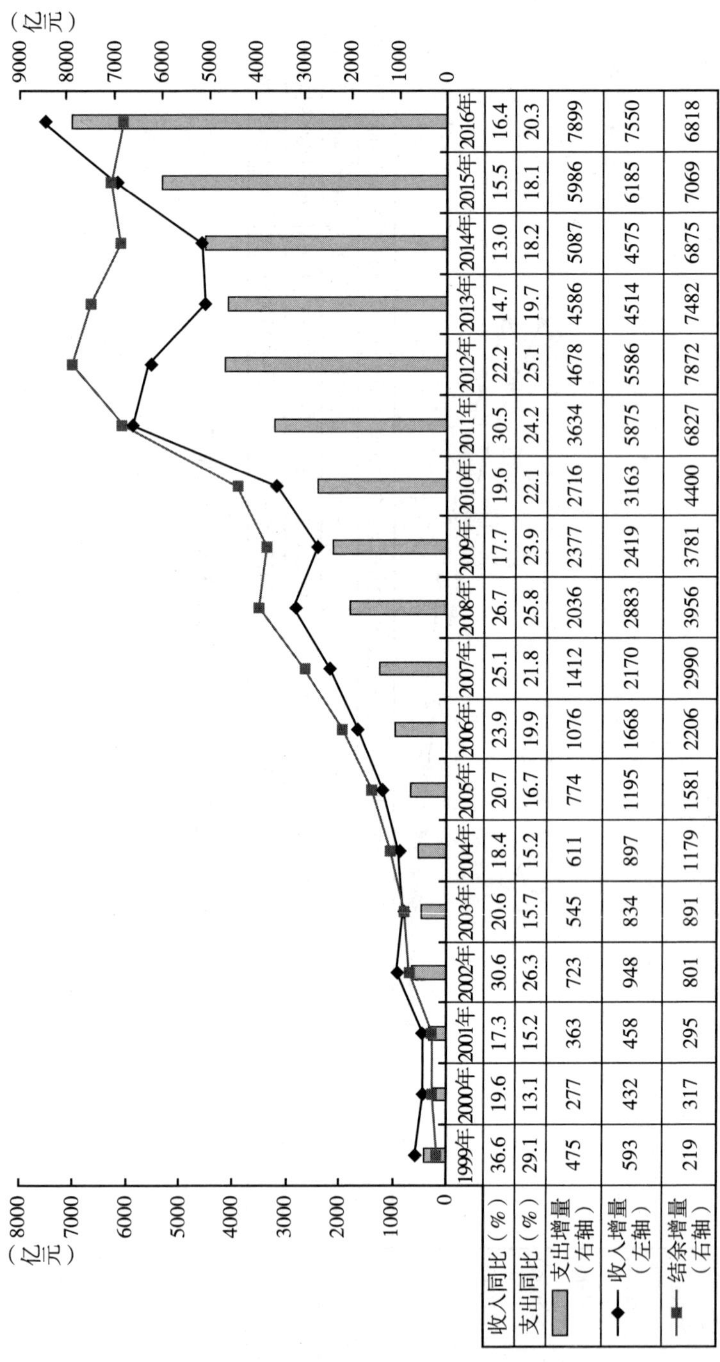

	1999年	2000年	2001年	2002年	2003年	2004年	2005年	2006年	2007年	2008年	2009年	2010年	2011年	2012年	2013年	2014年	2015年	2016年
收入同比（%）	36.6	19.6	17.3	30.6	20.6	18.4	20.7	23.9	25.1	26.7	17.7	19.6	30.5	22.2	14.7	13.0	15.5	16.4
支出同比（%）	29.1	13.1	15.2	26.3	15.7	15.2	16.7	19.9	21.8	25.8	23.9	22.1	24.2	25.1	19.7	18.2	18.1	20.3
支出增量（右轴）	475	277	363	723	545	611	774	1076	1412	2036	2377	2716	3634	4678	4586	5087	5986	7899
收入增量（左轴）	593	432	458	948	834	897	1195	1668	2170	2883	2419	3163	5875	5586	4514	4575	6185	7550
结余增量（右轴）	219	317	295	801	891	1179	1581	2206	2990	3956	3781	4400	6827	7872	7482	6875	7069	6818

图 8-2 历年基金同比增速及增量情况

表8-1　“十五”、“十一五”、“十二五”及2016年五项社会保险基金收入、支出、结余情况

单位：亿元，%

年份	基金收入			基金支出			基金累计结余		
	合计	增加额	增长率	合计	增加额	增长率	合计	增加额	增长率
2001	3102	458	17.3	2749	363	15.2	1623	295	22.2
2002	4050	948	30.6	3472	723	26.3	2424	801	49.4
2003	4883	834	20.6	4017	545	15.7	3315	891	36.8
2004	5780	897	18.4	4627	611	15.2	4494	1179	35.6
2005	6975	1195	20.7	5401	774	16.7	6074	1581	35.2
“十五”平均增长率及增长总量	21.4	4331	—	17.8	3016	—	35.5	4747	—
2006	8643	1668	23.9	6477	1076	19.9	8280	2206	36.3
2007	10813	2170	25.1	7889	1412	21.8	11270	2990	36.1
2008	13696	2883	26.7	9925	2036	25.8	15226	3956	35.1
2009	16115	2419	17.7	12302	2377	23.9	19007	3781	24.8
2010	19278	3163	19.6	15018	2716	22.1	23407	4400	23.1
“十一五”平均增长率及增长总量	22.5	12303	—	22.7	9617	—	31.0	17333	—
2011	25153	5875	30.5	18652	3634	24.2	30234	6828	29.2
2012	30739	5586	22.2	23330	4678	25.1	38106	7872	26.0
2013	35253	4514	14.7	27916	4586	19.7	45588	7482	19.6
2014	39828	4575	13.0	33003	5087	18.2	52463	6875	15.1
2015	46013	6185	15.5	38989	5986	18.1	59532	7069	13.5
“十二五”平均增长率及增长总量	19.0	26735	—	21.0	23971	—	20.5	3616	—
2016	53563	7550	16.4	46888	7899	20.3	66350	6818	11.5

注：部分数据由于四舍五入原因，分项合计与合计项可能存在尾差，余表同。

（二）基金收支规模快速增长，创历年新高

2016年五项基金收支规模达100451亿元，占同期财政收支规模的28.9%，比上年增加3个百分点，首次突破10万亿（其中财政收支中不包括社保基金，为便于比对，暂忽略基金收入中各级财政对基金补助，不影响总体比率）（见图8-3）。

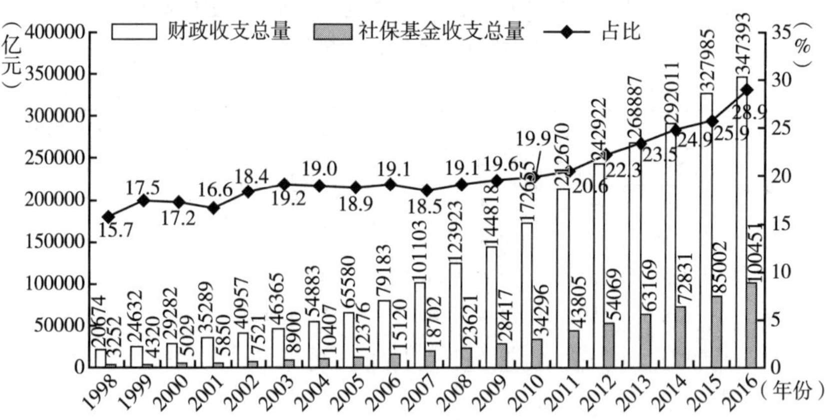

图 8－3　社保基金收支与财政收支同期占比情况

二　社会保险基金资产负债情况

（一）社保基金资产平稳较快增长

截至 2016 年底，各项社会保险基金资产总额 71746 亿元，其中财政专户存款 61387 亿元，各级社保经办机构支出户存款 3239 亿元；总负债 5396 亿元；累计结余 66350 亿元，其中职工养老保险基金资产、负债、结余额分别占资产总额的 59. 7% 、78. 7% 和 58. 1% 。

（二）基金流动性资产占比仍然偏高

2016 年末，基金流动性资产（包括现金、收入户存款、支出户存款和财政专户存款）为 64626 亿元，占资产总额的 90. 08% ，其中财政专户存款为 61387 亿元，占基金资产总额的 85. 6% ；基金投资运营资产（包括债券投资、委托运营、应收委托投资收益、部分暂付款）占比为 9. 92% （见图 8－4）。

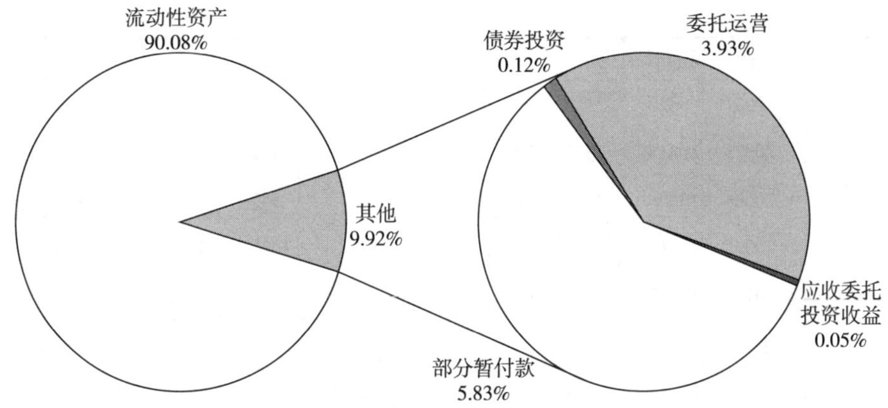

图 8－4　2016 年末五项基金资产中非流动资产占比情况

三　社会保险基金收入发展情况

（一）基金收入增幅有所回升

2016 年，基金总收入和征缴收入分别同比增长 16.4% 和 14.1%，增量分别为 7550 亿元和 4990 亿元。基金总收入增量同比增加 22.1%，基金征缴收入增量增加 1124 亿元（2011～2015 年增量分别为 4436 亿元、4256 亿元、3511 亿元、3061 亿元和 3866 亿元）（见表 8－2）。

表 8－2　历年五项社会保险基金收入情况

单位：亿元

项目	年份	合计	同比	增量	养老	居民养老	失业	医疗	工伤	生育
	1998	1619	—	—	1459		68	61	21	10
	1999	2212	36.6	593	1965		125	90	21	11
	2000	2644	19.6	432	2278		160	170	25	11
“十五”时期	2001	3102	17.3	458	2489		187	384	28	14
	2002	4050	30.6	948	3172		216	608	32	22
	2003	4883	20.6	834	3680		250	890	38	26
	2004	5780	18.4	897	4258		291	1141	58	32
	2005	6968	20.5	1188	5093		333	1405	93	44
	5 年平均	21.4	—	22.4	17.5		15.8	52.6	30.3	31.5

续表

项目	年份	合计	同比	增量	养老	居民养老	失业	医疗	工伤	生育
"十一五"时期	2006	8626	23.8	1658	6310		385	1747	122	62
	2007	10813	25.4	2187	7834		472	2257	166	84
	2008	13696	26.7	2883	9740		585	3040	217	114
	2009	16115	17.7	2419	11491		580	3672	240	132
	2010	19278	19.6	3163	13420	453	650	4310	285	160
	5年平均	22.6	—	21.6	21.4		14.3	25.1	25.1	29.5
"十二五"时期	2011	25153	30.5	5875	16895	1110	923	5539	466	220
	2012	30739	22.2	5586	20001	1829	1139	6939	527	304
	2013	35253	14.7	4514	22680	2052	1289	8249	615	368
	2014	39828	13.0	4575	25310	2310	1380	9687	695	446
	2015	46013	15.5	6185	29341	2855	1368	11193	754	502
	5年平均	19.0	—	14.4	16.9	44.5	16.0	21.0	21.5	25.7
"十三五"时	2016	53563	16.4	7550	35058	2933	1229	13084	737	522

（1）从各险种发展趋势看，除基本养老保险（大口径）和职工医疗保险同比分别增加3.7个、0.1个百分点外，其他险种增长率均有所下降。企业养老保险、生育保险基金征缴收入增长率分别为5.9%和5.2%，较上年增幅分别下降6.8个和8.1个百分点。失业、工伤保险征缴收入同比增速为负，分别是-12.4%和-2.4%，跌幅为近五年最高（见图8-5）。

（2）从各省基金征缴收入情况看，全国13个省份出现增幅下降，比上年减少1个省份，降幅在5%以上的省份有贵州（-16%）、山东（-14.7%）、安徽（-10.9%）、湖北（-9.2%）、重庆（-7.2%）、广东（-6.4%），此外，上海、江苏、浙江、江西降幅也在4%以上。同比增长幅度超过10%的有9个省份，超过20%的有4个省份，分别是西藏（101.1%）、新疆（54.7%）、广西（37.2%）和青海（24.8%）。企业职

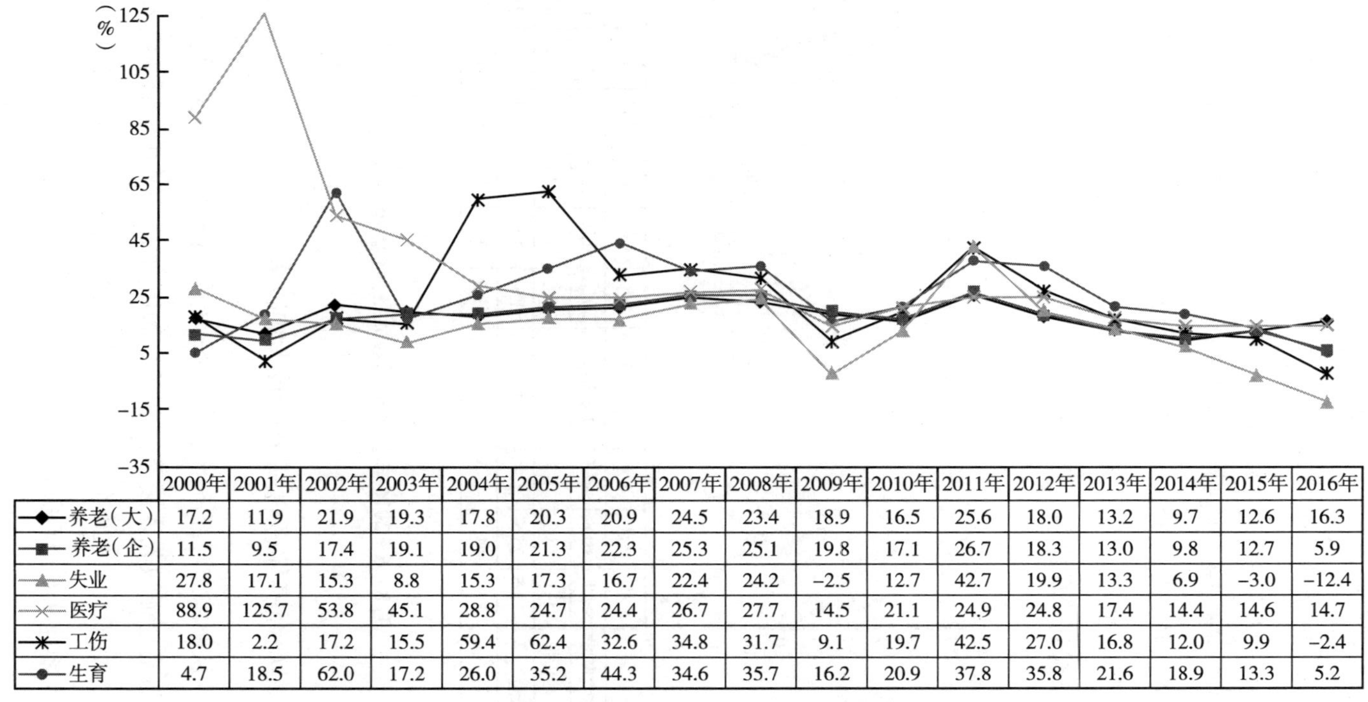

	2000年	2001年	2002年	2003年	2004年	2005年	2006年	2007年	2008年	2009年	2010年	2011年	2012年	2013年	2014年	2015年	2016年
养老(大)	17.2	11.9	21.9	19.3	17.8	20.3	20.9	24.5	23.4	18.9	16.5	25.6	18.0	13.2	9.7	12.6	16.3
养老(企)	11.5	9.5	17.4	19.1	19.0	21.3	22.3	25.3	25.1	19.8	17.1	26.7	18.3	13.0	9.8	12.7	5.9
失业	27.8	17.1	15.3	8.8	15.3	17.3	16.7	22.4	24.2	–2.5	12.7	42.7	19.9	13.3	6.9	–3.0	–12.4
医疗	88.9	125.7	53.8	45.1	28.8	24.7	24.4	26.7	27.7	14.5	21.1	24.9	24.8	17.4	14.4	14.6	14.7
工伤	18.0	2.2	17.2	15.5	59.4	62.4	32.6	34.8	31.7	9.1	19.7	42.5	27.0	16.8	12.0	9.9	–2.4
生育	4.7	18.5	62.0	17.2	26.0	35.2	44.3	34.6	35.7	16.2	20.9	37.8	35.8	21.6	18.9	13.3	5.2

图 8－5　历年基金征缴收入同比变化趋势情况

工基本养老保险征缴收入出现增幅下降的省份有 24 个，降幅在 10% 以上的有山东（ – 29.8%）、贵州（ – 27%）、浙江（ – 19.6%）、江西（ –19.5%）、安徽（ –16.7%）、新疆兵团（ –14.7%），同比增长幅度超过 5% 的有两个省份，分别是陕西（14.3%）和甘肃（5.7%）。

（3）从各月环比情况看，出现降幅较大的月份分别是 2 月、4 月、5 月和 10 月，多数险种呈负增长，11 月、12 月增长幅度较大，对拉动全年基金征缴收入增长起到积极作用（见图 8 –6）。

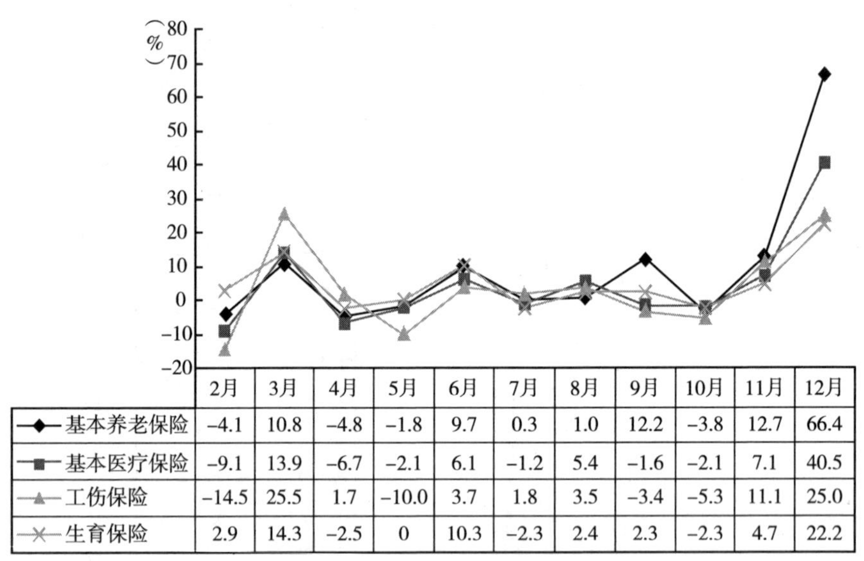

	2月	3月	4月	5月	6月	7月	8月	9月	10月	11月	12月
基本养老保险	−4.1	10.8	−4.8	−1.8	9.7	0.3	1.0	12.2	−3.8	12.7	66.4
基本医疗保险	−9.1	13.9	−6.7	−2.1	6.1	−1.2	5.4	−1.6	−2.1	7.1	40.5
工伤保险	−14.5	25.5	1.7	−10.0	3.7	1.8	3.5	−3.4	−5.3	11.1	25.0
生育保险	2.9	14.3	−2.5	0	10.3	−2.3	2.4	2.3	−2.3	4.7	22.2

图 8 –6　2016 年基金征缴收入各月份环比情况

（二）宏观经济环境对基金征缴影响较大

近年来，从跟踪宏观经济形势与基金运行的情况看，宏观经济主要指标的发展情况与基金征缴收入多呈正相关。2016 年，五项基金征缴收入增长率为 14.1%，高于上年 1.8 个百分点，高于 GDP 增速 7.4 个百分点，高于同期财政收入增速 9.6 个百分点（见图 8 –7）。

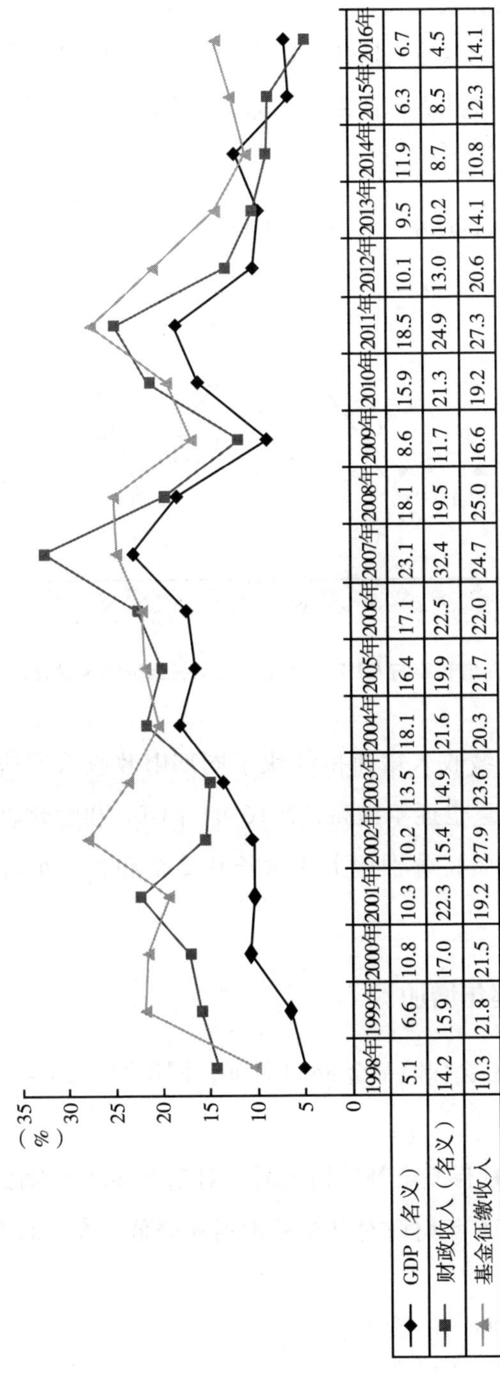

	1998年	1999年	2000年	2001年	2002年	2003年	2004年	2005年	2006年	2007年	2008年	2009年	2010年	2011年	2012年	2013年	2014年	2015年	2016年
GDP（名义）	5.1	6.6	10.8	10.3	10.2	13.5	18.1	16.4	17.1	23.1	18.1	8.6	15.9	18.5	10.1	9.5	11.9	6.3	6.7
财政收入（名义）	14.2	15.9	17.0	22.3	15.4	14.9	21.6	19.9	22.5	32.4	19.5	11.7	21.3	24.9	13.0	10.2	8.7	8.5	4.5
基金征缴收入	10.3	21.8	21.5	19.2	27.9	23.6	20.3	21.7	22.0	24.7	25.0	16.6	19.2	27.3	20.6	14.1	10.8	12.3	14.1

图8－7　历年财政收入、GDP、基金征缴收入名义同比增长情况

2016 年，五项基金征缴收入增长率与 GDP 增长率的名义弹性系数[①]为 2. 1，基金征缴收入增长率与财政收入增长率弹性系数[②]为 3. 1，其主要成因是基金征缴收入增速放缓，我国经济增速及财政增速较 2015 年有所下降或保持稳定（见图 8 –8）。

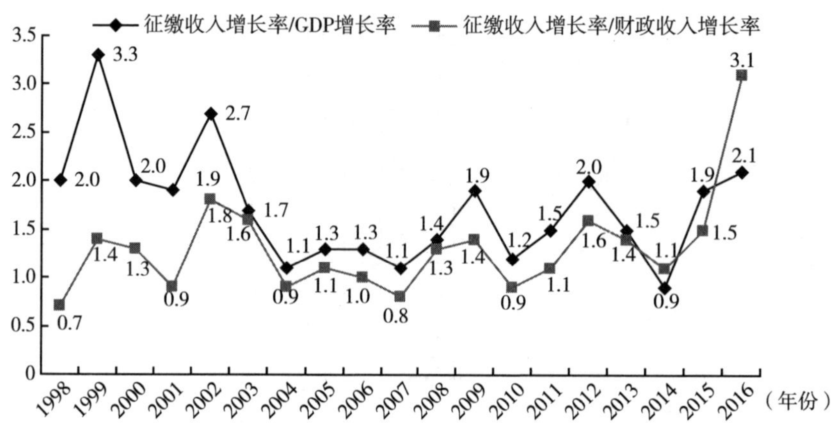

图 8 –8　历年基金征缴收入增长率与 GDP、财政收入增长率弹性系数情况

与此同时，由于基金征缴收入增速持续快于同期财政收入增速，基金征缴收入占财政收入的比重也逐年提高，2016 年占 GDP 和财政收入的比重分别达到 5. 4% 和 25. 3% ，分别比上年增长 0. 2 个和 2. 1 个百分点（见图 8 –9）。

（三）各级财政补助逐年增加

2016 年，各级财政补助社会保险基金 8869 亿元，同比增长 16. 4% ，占基金总收入的 16. 6% 。

（1）从历年各级财政对社保基金补助情况看，对基金补助占财政收支比重呈逐年上升趋势，但 2016 年财政对基金补助增速降低 3. 6 个百分点。

---

① 基金征缴收入增长率与名义 GDP 增长率之比。

② 基金征缴收入增长率与财政收入增长率之比。

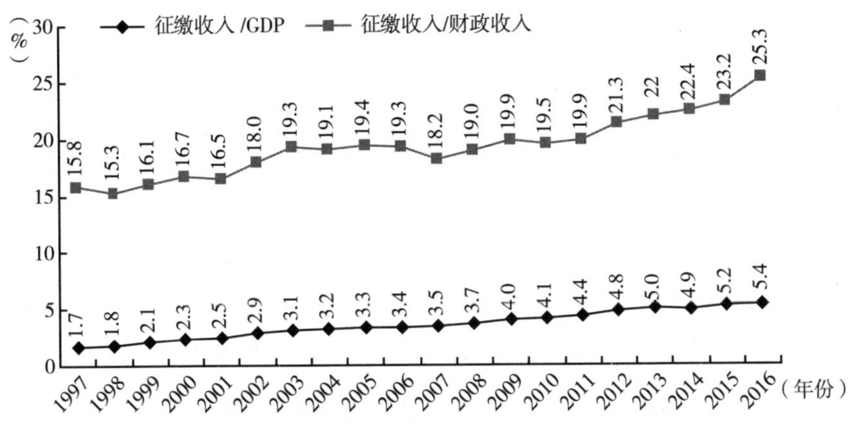

图 8－9　历年基金征缴收入占 GDP、财政收入比重情况

2016 年，各级财政对社保基金补助占当期财政收入的 5.56%，占当年财政支出的 4.72%，分别增长 1 个和 0.4 个百分点。

（2）从历年中央和地方财政对社保基金补助比例的情况看，中央财政要高于地方财政。2016 年中央财政对社保基金补助占中央财政收入的 7.89%，而地方财政对社保基金补助仅占地方财政收入的 3.63%，中央和地方财政对社保基金补助比上年均有所增长。

四　社会保险基金支出发展情况

（一）基金支出增幅高于收入增幅

2016 年，基金总支出 46888 亿元，比上年增加 7899 亿元，同比增长 20.3%，近五年平均增长 20.2%，高于“十五”时期平均增长率（17.8%）2.4 个百分点，低于“十一五”时期平均增长率（22.7%）2.5 个百分点（见表 8－3、图 8－10），并自 2009 年起基金总支出增幅一直高于总收入增幅，2009～2016 年分别高出 6.3 个、2.4 个、－6.3 个（政策因素例外）、2.9 个、5 个、5.2 个、2.6 个、3.9 个百分点。

表 8－3　历年五项社会保险基金支出情况

单位：亿元，%

时间	年份	合计	同比	增量	养老保险	失业保险	医疗保险	工伤保险	生育保险
	1998	1633	—	—	1512	52	53	9	7
	1999	2108	29.1	475	1925	92	69	15	7
	2000	2385	13.1	277	2115	123	125	14	8
“十五”时期	2001	2749	15.2	363	2321	157	244	17	10
	2002	3472	26.3	723	2843	187	409	20	13
	2003	4017	15.7	545	3122	200	654	27	14
	2004	4627	15.2	611	3502	211	862	33	19
	2005	5401	16.7	774	4040	207	1079	48	27
	5 年平均	17.8	—	—	13.8	10.9	54.0	28.3	26.6
“十一五”时期	2006	6472	19.8	1071	4897	193	1277	68	37
	2007	7889	21.9	1417	5965	218	1562	88	56
	2008	9924	25.8	2035	7390	253	2083	127	71
	2009	12302	24.0	2378	8894	367	2797	156	88
	2010	15018	22.1	2716	10755	423	3538	192	110
	5 年平均	22.7	—	—	21.2	15.4	26.8	32.0	32.4
“十二五”时期	2011	18639	24.1	3621	13363	432.8	4431	284	139
	2012	23330	25.2	4691	16711	451	5543	406	219
	2013	27916	19.7	4586	19818	532	6801	482	283
	2014	33003	18.2	5087	23326	615	8134	560	368
	2015	38989	18.1	5986	27930	736	9313	599	411
	5 年平均	21.0	—	—	21.0	11.7	21.4	25.6	30.2
“十三五”时期	2016	46888	20.3	7899	34004	976	10767	610	531

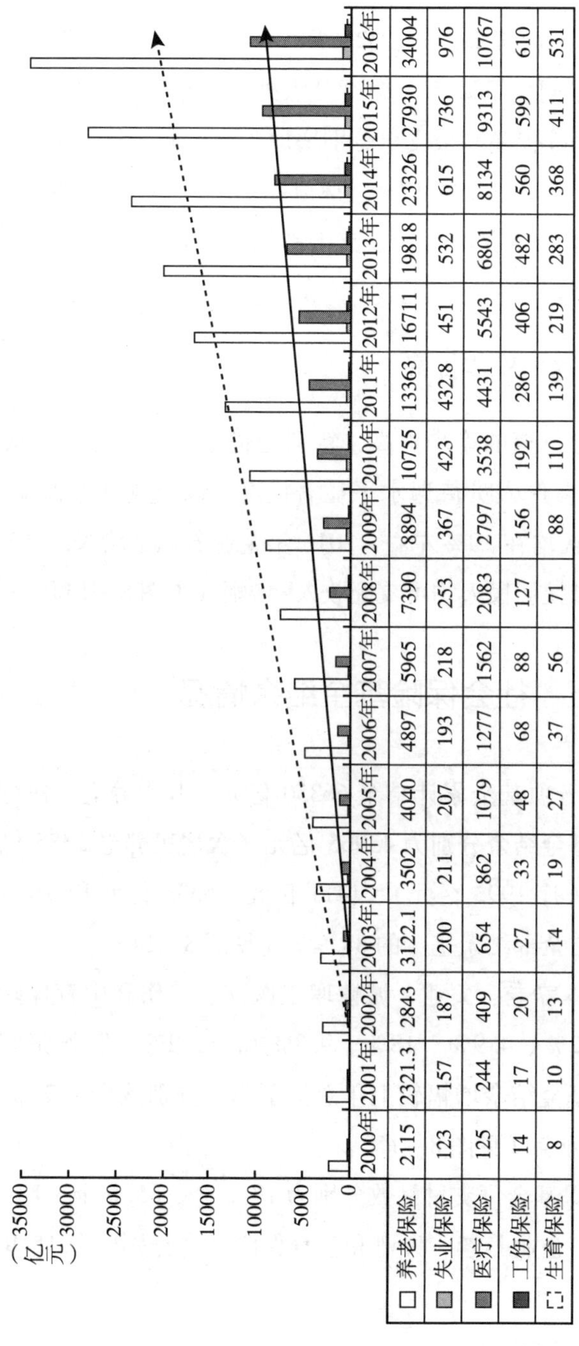

	2000年	2001年	2002年	2003年	2004年	2005年	2006年	2007年	2008年
□ 养老保险	2115	2321.3	2843	3122.1	3502	4040	4897	5965	7390
■ 失业保险	123	157	187	200	211	207	193	218	253
■ 医疗保险	125	244	409	654	862	1079	1277	1562	2083
■ 工伤保险	14	17	20	27	33	48	68	88	127
⬚ 生育保险	8	10	13	14	19	27	37	56	71

	2009年	2010年	2011年	2012年	2013年	2014年	2015年	2016年
□ 养老保险	8894	10755	13363	16711	19818	23326	27930	34004
■ 失业保险	367	423	432.8	451	532	615	736	976
■ 医疗保险	2797	3538	4431	5543	6801	8134	9313	10767
■ 工伤保险	156	192	286	406	482	560	599	610
⬚ 生育保险	88	110	139	219	283	368	411	531

图8-10　历年五项基金支出情况

（1）从各险种情况看，养老（含城乡）、失业、医疗（含居民）、工伤和生育保险基金支出分别增长21.7%、32.6%、15.6%、1.8%和29.2%，除工伤保险基金支出增幅同比下降5.2个百分点外，其他险种增幅均有所上升，其中养老保险和医疗保险基金支出分别增加2个和1.1个百分点，生育保险和失业保险基金支出分别增加17.5个和12.9个百分点（见图8－11）。

（2）从各月环比增长情况看，基金支出高峰基本在3月、9月、11月和12月（见图8－12）。

（二）社保待遇水平稳步提高

随着各项社会保险待遇的稳步提高，特别是企业养老保险待遇从2005年起连续12年调整，参保人员待遇水平显著提高。以企业养老保险为例，2006～2015年同比增幅均在10%左右，2016年企业养老金增长5.4%。各年度增幅接近或超过城镇居民人均可支配收入[①]增幅（见图8－13）。

五 社会保险基金结余情况

截至2016年底，五项基金累计结余66350亿元，其中养老、医疗、工伤、失业和生育保险基金结余分别为43965亿元（含居民养老5385亿元）、14965亿元（含居民医疗1993亿元）、1411亿元、5333亿元和676亿元。其中养老、医疗保险占全部结余基金的88.9%（见图8－14）。

2016年，职工基本养老、失业、城镇职工医疗、工伤和生育保险基金累计结余分别增长9.2%、4.9%、18%、9.8%和－1.2%，除城镇职工医疗保险外，其余险种基金结余增幅较上年总体下降，分别减少1.9个、9.3个、4个和16.5个百分点（见图8－15）。

2016年，五项社保基金可支付月数分别为17.2个、65.6个、18.8个、27.7个和15.3个月，企业养老、失业和生育保险基金分别较2015年下降

① 数据来源于国家统计局统计公报。

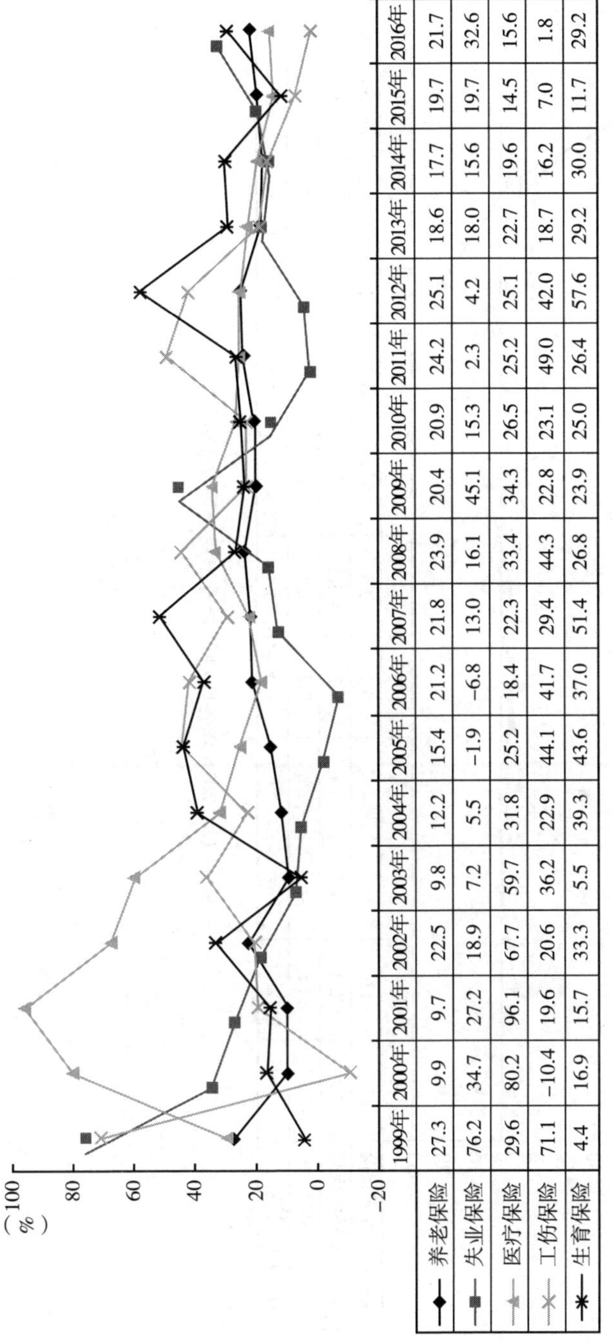

	1999年	2000年	2001年	2002年	2003年	2004年	2005年	2006年	2007年	2008年	2009年	2010年	2011年	2012年	2013年	2014年	2015年	2016年
养老保险	27.3	9.9	9.7	22.5	9.8	12.2	15.4	21.2	21.8	23.9	20.4	20.9	24.2	25.1	18.6	17.7	19.7	21.7
失业保险	76.2	34.7	27.2	18.9	7.2	5.5	-1.9	-6.8	13.0	16.1	45.1	15.3	2.3	4.2	18.0	15.6	19.7	32.6
医疗保险	29.6	80.2	96.1	67.7	59.7	31.8	25.2	18.4	22.3	33.4	34.3	26.5	25.2	25.1	22.7	19.6	14.5	15.6
工伤保险	71.1	-10.4	19.6	20.6	36.2	22.9	44.1	41.7	29.4	44.3	22.8	23.1	49.0	42.0	18.7	16.2	7.0	1.8
生育保险	4.4	16.9	15.7	33.3	5.5	39.3	43.6	37.0	51.4	26.8	23.9	25.0	26.4	57.6	29.2	30.0	11.7	29.2

图 8－11　历年各险种基金支出同比增长情况

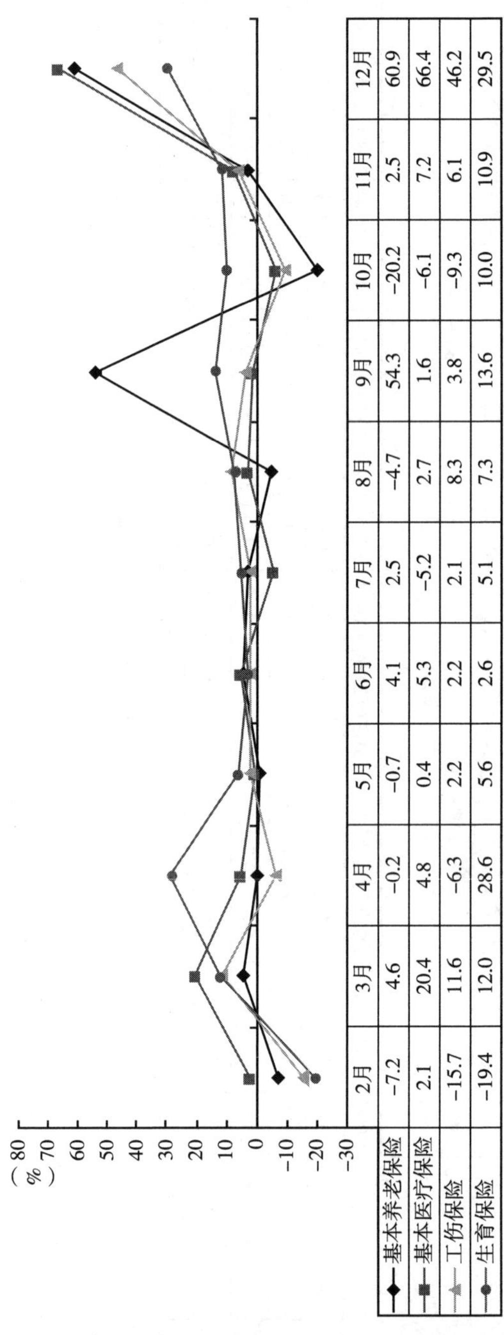

	2月	3月	4月	5月	6月	7月	8月	9月	10月	11月	12月
基本养老保险	-7.2	4.6	-0.2	-0.7	4.1	2.5	-4.7	54.3	-20.2	2.5	60.9
基本医疗保险	2.1	20.4	4.8	0.4	5.3	-5.2	2.7	1.6	-6.1	7.2	66.4
工伤保险	-15.7	11.6	-6.3	2.2	2.2	2.1	8.3	3.8	-9.3	6.1	46.2
生育保险	-19.4	12.0	28.6	5.6	2.6	5.1	7.3	13.6	10.0	10.9	29.5

图8－12　2016年各险种基金支出月份环比情况

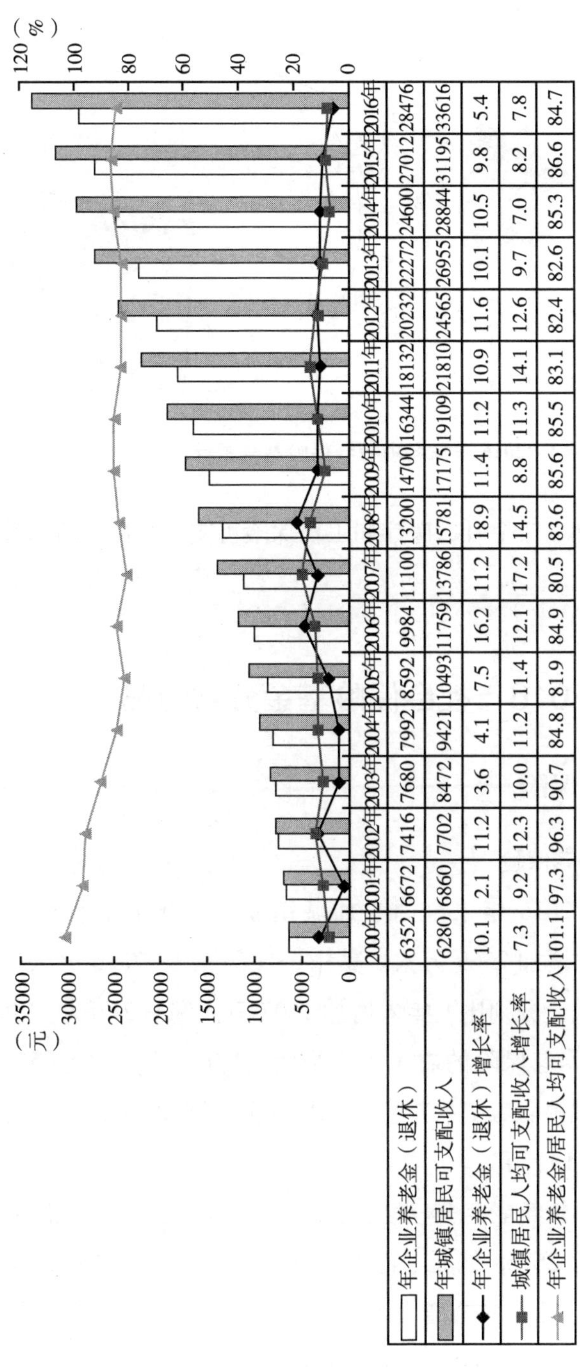

	2000年	2001年	2002年	2003年	2004年	2005年	2006年	2007年	2008年	2009年	2010年	2011年	2012年	2013年	2014年	2015年	2016年
年企业养老金（退休）	6352	6672	7416	7680	7992	8592	9984	11100	13200	14700	16344	18132	20232	22272	24600	27012	28476
年城镇居民可支配收入	6280	6860	7702	8472	9421	10493	11759	13786	15781	17175	19109	21810	24565	26955	28844	31195	33616
年企业养老金（退休）增长率	10.1	2.1	11.2	3.6	4.1	7.5	16.2	11.2	18.9	11.4	11.2	10.9	11.6	10.1	10.5	9.8	5.4
城镇居民人均可支配收入增长率	7.3	9.2	12.3	10.0	11.2	11.4	12.1	17.2	14.5	8.8	11.3	14.1	12.6	9.7	7.0	8.2	7.8
年企业养老金/居民人均可支配收入	101.1	97.3	96.3	90.7	84.8	81.9	84.9	80.5	83.6	85.6	85.5	83.1	82.4	82.6	85.3	86.6	84.7

图 8－13　历年企业养老金支出与城镇居民可支配收入发展情况

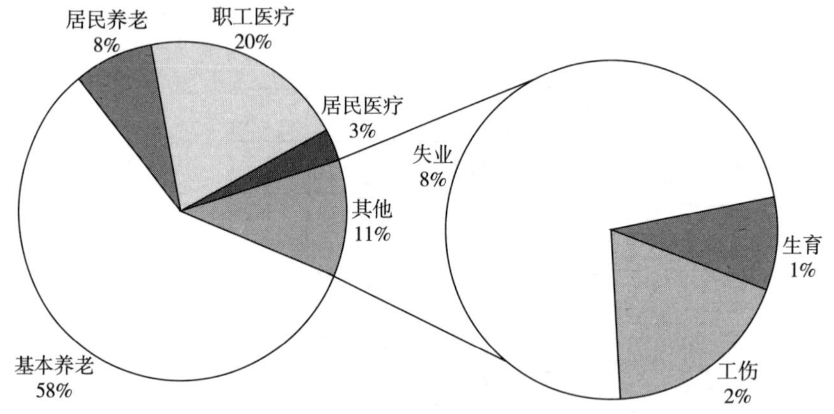

图 8－14　2016 年末各项社会保险基金累计结余

0.5 个月、17.3 个月和4.7 个月，医疗和工伤保险可支付月数有所回升（见图8－16）。

六　2016年社会保险基金分省情况

（一）基本养老保险

1. 城镇职工基本养老保险

如表8－4 所示，2016 年末全国参加城镇职工基本养老保险人数为37930 万人，比上年末增加 2569 万人。其中，参保职工 27826 万人，参保离退休人员 10103 万人，分别比上年末增加 1607 万人和 962 万人。2016 年末参加城镇职工基本养老保险的农民工人数为 5940 万人，比上年末增加355 万人。2016 年末城镇职工基本养老保险执行企业制度参保人数为 34264 万人，比上年末增加 1141 万人。

全年城镇职工基本养老保险基金总收入 35058 亿元，比上年增长19.5%，其中征缴收入 26768 亿元，比上年增长 16.3%。各级财政补贴基本养老保险基金 6511 亿元。全年基金总支出 31854 亿元，比上年增长23.4%。年末城镇职工基本养老保险基金累计结存 38580 亿元。

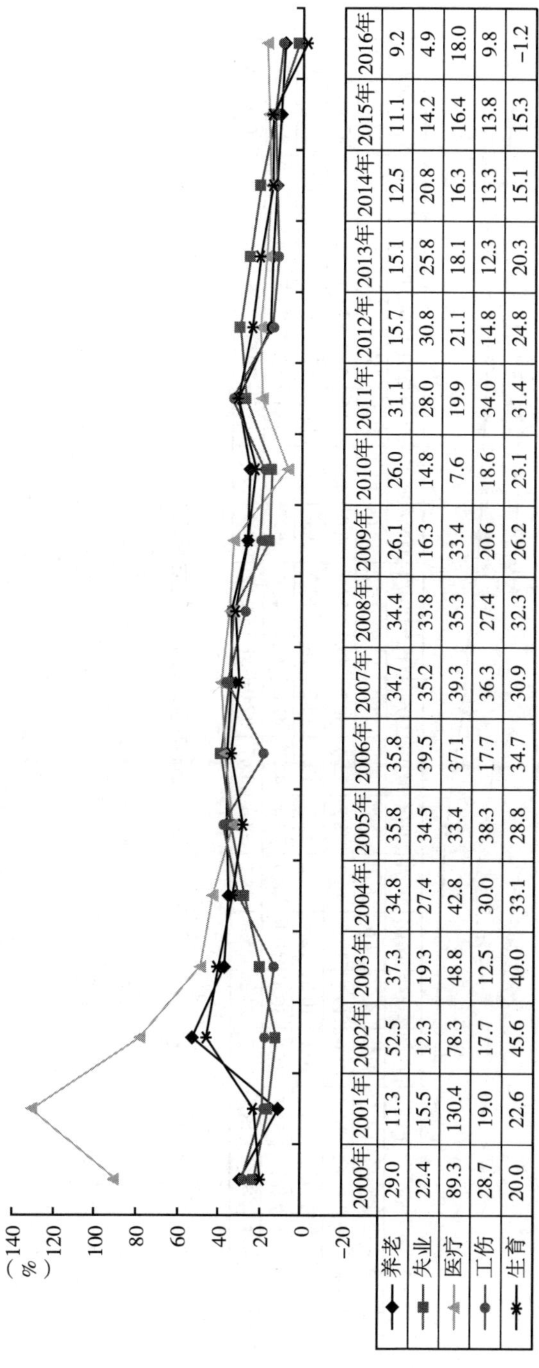

	2000年	2001年	2002年	2003年	2004年	2005年	2006年	2007年	2008年	2009年	2010年	2011年	2012年	2013年	2014年	2015年	2016年
养老	29.0	11.3	52.5	37.3	34.8	35.8	35.8	34.7	34.4	26.1	26.0	31.1	15.7	15.1	12.5	11.1	9.2
失业	22.4	15.5	12.3	19.3	27.4	34.5	39.5	35.2	33.8	16.3	14.8	28.0	30.8	25.8	20.8	14.2	4.9
医疗	89.3	130.4	78.3	48.8	42.8	33.4	37.1	39.3	35.3	33.4	7.6	19.9	21.1	18.1	16.3	16.4	18.0
工伤	28.7	19.0	17.7	12.5	30.0	38.3	17.7	36.3	27.4	20.6	18.6	34.0	14.8	12.3	13.3	13.8	9.8
生育	20.0	22.6	45.6	40.0	33.1	28.8	34.7	30.9	32.3	26.2	23.1	31.4	24.8	20.3	15.1	15.3	-1.2

图 8－15　历年基金结余同比增长情况

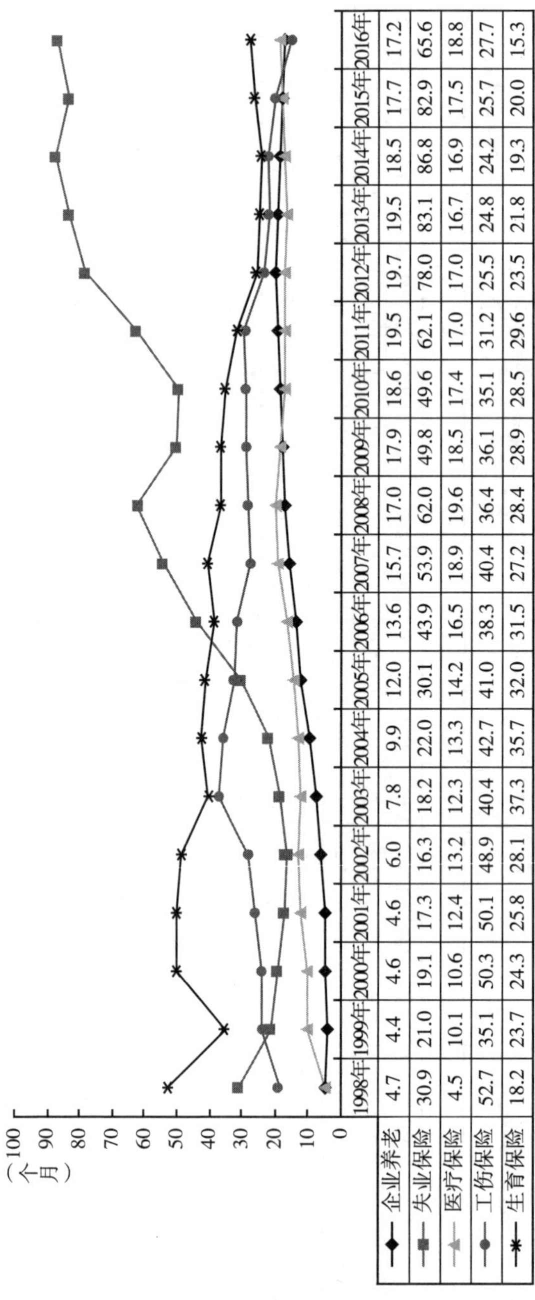

	1998年	1999年	2000年	2001年	2002年	2003年	2004年	2005年	2006年	2007年	2008年	2009年	2010年	2011年	2012年	2013年	2014年	2015年	2016年
企业养老	4.7	4.4	4.6	4.6	6.0	7.8	9.9	12.0	13.6	15.7	17.0	17.9	18.6	19.5	19.7	19.5	18.5	17.7	17.2
失业保险	30.9	21.0	19.1	17.3	16.3	18.2	22.0	30.1	43.9	53.9	62.0	49.8	49.6	62.1	78.0	83.1	86.8	82.9	65.6
医疗保险	4.5	10.1	10.6	12.4	13.2	12.3	13.3	14.2	16.5	18.9	19.6	18.5	17.4	17.0	17.0	16.7	16.9	17.5	18.8
工伤保险	52.7	35.1	50.3	50.1	48.9	40.4	42.7	41.0	38.3	40.4	36.4	36.1	35.1	31.2	25.5	24.8	24.2	25.7	27.7
生育保险	18.2	23.7	24.3	25.8	28.1	37.3	35.7	32.0	31.5	27.2	28.4	28.9	28.5	29.6	23.5	21.8	19.3	20.0	15.3

图8-16　历年各项基金结余可支付月数情况

表 8-4　2016 年职工基本养老保险参保人数和基金收支情况

单位：万人，亿元

地区		参保人数	基金收入	基金支出	累计结余	地区		参保人数	基金收入	基金支出	累计结余
1	北　京	1547	2249	1479	3566	18	湖　南	1187	1087	1019	1007
2	天　津	639	751	750	398	19	广　东	5392	2819	1679	7653
3	河　北	1403	1221	1269	708	20	广　西	752	853	849	460
4	山　西	760	788	747	1306	21	海　南	225	198	178	134
5	内蒙古	655	613	628	459	22	重　庆	952	820	740	835
6	辽　宁	1800	1676	1930	917	23	四　川	2158	2740	2680	2226
7	吉　林	707	636	676	343	24	贵　州	424	331	284	528
8	黑龙江	1144	1006	1333	-196	25	云　南	582	664	501	814
9	上　海	1527	2580	2158	1872	26	西　藏	21	80	52	78
10	江　苏	2862	2325	2086	3403	27	陕　西	791	691	678	474
11	浙　江	2507	2358	2157	3293	28	甘　肃	315	342	332	376
12	安　徽	892	816	673	1185	29	青　海	132	174	188	63
13	福　建	980	690	586	701	30	宁　夏	189	206	182	196
14	江　西	957	696	668	527	31	新　疆	463	772	667	915
15	山　东	2576	2243	2090	2386	32	兵　团	162	280	268	65
16	河　南	1848	1145	1092	1050	33	全　国	37930	35058	31854	38580
17	湖　北	1355	1197	1225	822						

资料来源：摘自《中国统计年鉴 2017》，中国统计出版社，2017。

2016 年末，纳入社区管理的企业退休人员共 7086 万人，比上年末增加 489 万人，占企业退休人员总数的 82%，提高 0.9 个百分点。

2016 年全国共办理城镇职工养老保险关系跨省转续 200 万人次，较 2015 年（207.8 万人次）减少 7.8 万人次，减少 3.9%。全国城镇职工养老保险关系跨省转移资金总计 488.8 亿元。其中，转入资金 292 亿元，转出资金 196.8 亿元。

2. 城乡居民基本养老保险

如表 8-5 所示，2016 年末城乡居民基本养老保险参保人数 50847 万人，比上年末增加 375 万人。其中实际领取待遇人数 15270 万人。全年城乡居民基本养老保险基金收入2933亿元，比上年增长2.8%，其中个人缴费732亿元。基金支出2150亿元，比上年增长1.6%。基金累计结存5385亿元。

表8－5　2016年城乡居民养老保险参保人数和基金收支情况

单位：万人，亿元

	地区	参保人数	基金收入	基金支出	累计结余		地区	参保人数	基金收入	基金支出	累计结余
1	北　京	216	42	30	139	18	湖　南	3320	135	97	222
2	天　津	134	72	31	202	19	广　东	2543	185	157	385
3	河　北	3446	142	104	249	20	广　西	1771	85	63	111
4	山　西	1550	67	43	146	21	海　南	284	29	13	51
5	内蒙古	736	46	38	75	22	重　庆	1116	57	50	101
6	辽　宁	1040	59	54	63	23	四　川	3052	190	142	352
7	吉　林	667	30	26	43	24	贵　州	1702	59	43	91
8	黑龙江	838	24	26	52	25	云　南	2258	84	49	192
9	上　海	80	58	54	77	26	西　藏	158	8	5	15
10	江　苏	2335	288	225	504	27	陕　西	1720	88	65	171
11	浙　江	1233	150	143	151	28	甘　肃	1254	55	37	114
12	安　徽	3432	141	93	268	29	青　海	235	14	9	27
13	福　建	1489	79	58	124	30	宁　夏	186	11	7	23
14	江　西	1844	74	46	137	31	新　疆	539	27	17	60
15	山　东	4539	324	205	684	32	兵　团	16	0.7	0.2	2.8
16	河　南	4894	200	145	351	33	全　国	50847	2933	2150	5385
17	湖　北	2220	112	76	202						

资料来源：摘自《中国统计年鉴2017》，中国统计出版社，2017。

（二）基本医疗保险

2016年末全国参加城镇基本医疗保险人数为74392万人，比上年末增加7810万人。其中，参加城镇职工基本医疗保险人数29532万人（见表8－6），比上年末增加638万人；参加城镇居民基本医疗保险人数为44860万人，比上年末增加7171万人。城镇职工基本医疗保险参保人数中，参保职工21720万人，参保退休人员7812万人，分别比上年末增加358万人和281万人。年末参加城镇基本医疗保险的农民工人数为 4825 万人，比上年末减少 341 万人。

全年城镇基本医疗保险基金总收入 13084 亿元，支出 10767 亿元，分别比上年增长 16.9% 和 15.6%。年末城镇基本医疗保险统筹基金累计结存 9765 亿元（含城镇居民基本医疗保险基金累计结存 1993 亿元），个人账户累计 5200 亿元。

表 8－6 2016 年城镇职工基本医疗保险参保人数和基金收支情况

单位：万人，亿元

地区		参保人数	基金收入	基金支出	累计结余	地区		参保人数	基金收入	基金支出	累计结余
1	北京	1518	912	777	429	18	湖南	830	276	214	318
2	天津	536	263	226	149	19	广东	3814	976	717	1801
3	河北	974	352	272	513	20	广西	531	174	138	232
4	山西	660	187	170	260	21	海南	201	57	43	78
5	内蒙古	489	180	148	201	22	重庆	605	222	203	206
6	辽宁	1636	405	383	380	23	四川	1441	493	387	690
7	吉林	576	164	123	220	24	贵州	390	131	111	108
8	黑龙江	880	258	238	295	25	云南	479	204	168	241
9	上海	1469	850	554	1403	26	西藏	37	27	16	47
10	江苏	2491	868	734	1112	27	陕西	600	191	160	262
11	浙江	2017	755	565	1249	28	甘肃	314	103	88	97
12	安徽	782	218	177	267	29	青海	98	51	42	70
13	福建	792	259	207	464	30	宁夏	117	54	48	56
14	江西	592	149	120	184	31	新疆	387	200	152	273
15	山东	1960	659	569	671	32	兵团	131	41	38	35
16	河南	1227	296	240	398	33	全国	29532	10274	8287	12972
17	湖北	961	299	260	262	注：基金收支结余中均包含个人账户。					

资料来源：摘自《中国统计年鉴 2017》，中国统计出版社，2017。

（三）工伤保险

如表 8－7 所示，2016 年末全国参加工伤保险人数为 21889 万人，比上年末增加457万人。其中，参加工伤保险的农民工人数为7510万人，比上年末增加21万人。全年认定（视同）工伤107.6万人，比上年减少7.1万人。全年评定伤残等级人数为54.2万人，比上年减少1.6万人。全年享受工伤保险待遇人数为196万人，比上年减少6万人。全年工伤保险基金收入737亿元，支出610亿元，分别比上年增长-2.3%和1.9%。年末工伤保险基金累计结存1411亿元（含储备金239亿元）。

表8-7　2016年工伤保险参保人数和基金收支情况

单位：万人，亿元

地区		参保人数	基金收入	基金支出	累计结余	地区		参保人数	基金收入	基金支出	累计结余
1	北京	1060	30	29	43	18	湖南	773	37	28	59
2	天津	388	10	11	15	19	广东	3246	59	48	253
3	河北	840	41	36	28	20	广西	374	10	5	34
4	山西	576	31	28	58	21	海南	137	4	1	13
5	内蒙古	303	13	10	39	22	重庆	455	18	19	3
6	辽宁	887	33	31	34	23	四川	799	29	24	61
7	吉林	441	18	12	33	24	贵州	305	12	12	20
8	黑龙江	522	23	23	32	25	云南	373	13	12	24
9	上海	944	33	30	60	26	西藏	27	1	0	4
10	江苏	1634	78	55	110	27	陕西	442	13	12	31
11	浙江	1881	53	45	86	28	甘肃	188	8	7	13
12	安徽	545	21	16	42	29	青海	60	3	3	7
13	福建	734	18	14	58	30	宁夏	84	4	4	10
14	江西	502	16	12	37	31	新疆	257	11	9	19
15	山东	1511	50	39	84	32	兵团	75	3	2	5
16	河南	877	27	20	57	33	全国	21889	737	610	1411
17	湖北	651	17	13	36	注：累计结余中包含工伤储备金。					

资料来源：摘自《中国统计年鉴2017》，中国统计出版社，2017。

（四）失业保险

如表8-8所示，2016年末全国参加失业保险人数为18089万人，比上年末增加763万人。其中，参加失业保险的农民工人数为4659万人，比上年末增加440万人。2016年末全国领取失业保险金人数为230万人，比上年末增加4万人。全年失业保险基金收入1229亿元，比上年减少10.2%，支出976亿元，比上年增长32.6%。2016年末失业保险基金累计结存5333亿元。

表8－8　2016年失业保险参保人数和基金收支情况

单位：万人，亿元

地区		参保人数	基金收入	基金支出	累计结余	地区		参保人数	基金收入	基金支出	累计结余
1	北　京	1115	81	62	222	18	湖　南	538	28	17	126
2	天　津	302	29	28	104	19	广　东	3020	102	95	641
3	河　北	516	38	50	158	20	广　西	284	22	19	130
4	山　西	415	28	12	166	21	海　南	170	6	4	34
5	内蒙古	241	24	14	119	22	重　庆	447	20	16	112
6	辽　宁	665	47	35	270	23	四　川	702	95	76	342
7	吉　林	262	23	12	116	24	贵　州	218	17	14	78
8	黑龙江	313	25	18	165	25	云　南	251	22	13	128
9	上　海	947	104	93	181	26	西　藏	15	3	0	16
10	江　苏	1538	112	110	440	27	陕　西	352	23	12	154
11	浙　江	1317	90	69	401	28	甘　肃	164	15	8	79
12	安　徽	448	36	27	116	29	青　海	41	4	3	27
13	福　建	576	29	17	164	30	宁　夏	96	7	4	35
14	江　西	283	11	4	71	31	新　疆	234	22	25	77
15	山　东	1223	92	70	298	32	兵　团	65	5	4	15
16	河　南	788	39	23	175	33	全　国	18089	1229	976	5333
17	湖　北	542	31	24	173						

资料来源：摘自《中国统计年鉴2017》，中国统计出版社，2017。

（五）生育保险

如表8－9所示，2016年末全国参加生育保险人数为18451万人，比上年末增加680万人。全年共有914万人次享受了生育保险待遇，比上年增加

272 万人次。全年生育保险基金收入 522 亿元，支出 531 亿元，分别比上年增长 4% 和 29%。年末生育保险基金累计结存 676 亿元。

表 8－9　2016 年生育保险参保人数和基金收支情况

单位：万人，亿元

	地区	参保人数	基金收入	基金支出	累计结余		地区	参保人数	基金收入	基金支出	累计结余
1	北　京	981	57	53	37	18	湖　南	543	13	9	27
2	天　津	285	9	11	18	19	广　东	3162	73	61	118
3	河　北	710	13	14	22	20	广　西	320	9	8	18
4	山　西	458	8	6	22	21	海　南	136	3	2	5
5	内蒙古	305	8	5	17	22	重　庆	366	8	14	2
6	辽　宁	790	20	20	15	23	四　川	713	16	23	19
7	吉　林	368	7	6	14	24	贵　州	286	5	5	9
8	黑龙江	358	6	7	15	25	云　南	296	9	12	9
9	上　海	956	65	51	32	26	西　藏	25	2	1	2
10	江　苏	1510	39	60	46	27	陕　西	283	4	5	15
11	浙　江	1294	38	37	41	28	甘　肃	163	4	4	9
12	安　徽	518	12	13	14	29	青　海	50	2	2	4
13	福　建	626	13	15	23	30	宁　夏	77	2	3	2
14	江　西	259	5	4	11	31	新　疆	248	9	8	20
15	山　东	1139	36	46	34	32	兵　团	67	1	1	2
16	河　南	647	15	15	30	33	全　国	18451	522	531	676
17	湖　北	512	12	11	25						

资料来源：摘自《中国统计年鉴 2017》，中国统计出版社，2017。

七　下一步工作计划

（一）建立中央调剂基金制度，推进养老保险全国统筹

按照十九大报告提出的“完善城镇职工基本养老保险和城乡居民基本养老保险制度，尽快实现养老保险全国统筹”要求，加强养老保险顶层设

计，深化养老保险制度改革，围绕实行中央调剂基金制度，建立完善中央调剂金的筹集、拨付及管理办法，对基本养老保险开展适度全国调剂，均衡地区间基金负担，进一步提高制度公平性和互济性。进一步完善企业职工基本养老保险省级统筹制度，不断强化基金收支管理，完善省级基金预算，建立健全基本养老保险基金管理激励约束机制，积极推进省级基本养老保险基金统收统支，推动实现全国统筹，更好地保障参保人员权益，创造更加公平的市场竞争环境。

（二）健全完善基金管理制度，推进社保制度改革

全面贯彻落实党的十九大精神，紧紧围绕全面建成可持续的多层次社会保障体系要求，认真落实党中央、国务院关于整合城乡居民基本医疗保险制度和巩固完善大病保险决策部署，统一基金管理，推进制度整合，加强预算管理，合理控制基金结余，确保制度运行平稳，促进全民医保体系持续健康发展。针对生育保险和职工基本医疗保险合并实施试点，探索建立健全基金风险预警机制，强化基金共济能力，加强内部控制，确保实现平稳过渡。同时结合职业年金、长期护理保险试点、工伤保险省级统筹制度实施进度，制定完善相应的基金管理办法，全力推进各项社保制度改革。

（三）全面推进“全民参保计划”，努力提高社保覆盖率

全面推进“全民参保计划”，针对灵活就业、新业态就业、中小企业人员参保问题，深入调查研究，摸清底数，查找扩面工作薄弱环节，剖析地区经济社会发展与基金运行的关系，完善基金征缴激励约束机制，加大征缴力度，依法按时足额征收社会保险费。严格执行养老保险参保缴费政策，加强部门协作，规范缴费申报核定程序，强化数据核查比对，严格缴费基数核定，加大执法检查力度，加强稽核工作。落实基金征缴基础工作，积极拓展依法征缴措施，全力以赴控制欠费，提升基金征缴的信息化服务能力。继续加大依法征收宣传力度，充分利用电视、网络等各种传播媒体，发放宣传材料，讲解社会保险政策，努力提高社会保险覆盖率。

（四）系统研究促使基金长期平衡的政策措施，加快发展多层次养老保险体系

按照精算平衡原则强化基金管理，制定基金运行风险管理预案，建立基金运行平衡监控机制，利用大数据开展统计监测。进一步加大财政补助力度，在确保资产安全的基础上，深入推进基本养老保险基金市场化、多元化、专业化投资运营，实现基金保值增值，推动利用划拨国有资产充实社保基金等方式多渠道筹集资金，不断拓宽基金筹资渠道。完善养老金计发办法，建立和完善与工资、物价增长联动的基本养老金调整机制，合理控制待遇增长幅度，促进基金收支的长期平衡。加快发展多层次养老保险体系，逐步形成以基本养老保险为基础、企业年金和职业年金为补充、个人储蓄性养老保险和商业养老保险相衔接的多层次保障体系，满足不同群体的养老保障需求，提高居民退休后的生活保障水平。

（人力资源社会保障部社保中心　单晓红）

第九章
2016年财政政策的收入再分配状况

2016年，财政部门深入贯彻以人民为中心的发展思想，出台和落实税收、社会保障和转移支付等政策措施，继续完善再分配调节机制，着力缩小收入分配差距，一大批惠民举措落地实施，城乡居民收入快速稳定增长，中等收入群体持续扩大，人民获得感显著增强。

一　加大税收政策支持力度

（一）关于促进就业创业的税收政策

自2016年以来，国务院明确了一系列有利于创业就业的税收政策。一是将重点群体、退役士兵就业创业税收优惠政策延续到2019年底；二是将减半征收企业所得税的小型微利企业的年应纳税所得额上限从30万元提高至50万元；三是开展完善创业投资税收优惠政策试点，将创投企业享受按投资额的70%抵扣应纳税所得额优惠政策的投资对象范围由中小高新技术企业扩大到种子期、初创期科技型企业，并将优惠主体由公司制创投企业和合伙制创投企业的法人合伙人扩大到个人投资者；四是将科技型中小企业研发费用税前加计扣除的比例由50%提高至75%。

（二）关于支持创业创新的税收政策

为进一步支持国家大众创业、万众创新战略的实施，自2016年9月1日起，对符合条件的非上市公司股票（权）期权、限制性股票和股权奖励实行递延纳税政策，允许递延至股权转让时，对股权转让收入减除股权取得成本以及合理税费后的差额，按20%的税率一次性征税；对上市公司股票期权、限制性股票和股权奖励维持现行征税政策不变，但将缴税期限由6个月放宽至12个月；对技术成果投资入股由5年分期纳税政策调整为选择性税收优惠政策，在继续保留5年分期纳税政策的同时，允许企业和个人选择递延纳税政策，递延至实际转让股权时纳税。上述优惠政策的出台实施，有效解决了纳税人当期缴税现金流不足、税负偏重问题，对于激发科研人员创业创新的活力和积极性发挥了重要作用。完善研发费用加计扣除政策，自2016年1月1日起，放宽了适用加计扣除政策的研发活动范围，扩大了研发费用口径，并简化审核管理，鼓励企业加大研发投入。修订高新技术企业认定管理办法，自2016年1月1日起，放宽对中小企业认定条件，扩充了高新技术领域范围，加大对科技型企业特别是中小企业享受15%的低企业所得税税率的政策扶持力度；延续并完善对大学科技园和科技企业孵化器的税收优惠政策，取消在孵企业研究开发费用占比、迁入企业上年营业收入等条件，进一步扩大政策适用范围。

（三）关于支持医疗保障体系建设的税收政策

为发展多层次医疗保障体系，自2016年1月1日起，我国在31个中心城市（北京、上海、天津、重庆四个直辖市，各省、自治区分别选择一个试点城市）开展商业健康保险个人所得税政策试点，对个人购买规定范围内的商业健康保险支出，允许其在当年计算个人所得税时按2400元/年（200元/月）予以税前扣除。政策试点一年多来，推进成效较为显著，社会公众对政策的认知度不断提高，市场参与主体逐步增多，商业健康保险保费收入增长较快，成为保险业新的增长点。国务院常务会议决定，从2017年7月1日起，将商业健康保险个人所得税税前扣除试点政策推广至全国实施，让更多的老百姓享受到税收政策的红利。

（四）关于鼓励扶危济困的税收政策

为鼓励企业回馈社会、扶危济困，财税部门不断完善有关企业公益性捐赠的税收优惠政策。一是根据企业所得税法，企业通过公益性社会团体或者县级以上人民政府及其部门，用于公益事业的捐赠支出，在年度利润总额12%以内的部分，准予在当年税前扣除。2017年2月，全国人大常委会审议通过《企业所得税法》修正案，规定企业公益性捐赠支出超过年度利润总额12%的部分准予结转以后三年税前扣除，进一步加大了对企业公益性捐赠的政策支持力度。二是鼓励企业捐赠股权用于公益事业。2016年5月，财政部、税务总局印发《关于公益股权捐赠企业所得税政策问题的通知》，规定企业依法向公益性社会团体捐赠股权的，按取得股权的历史成本确定转让收入，相当于免除了捐赠人在捐赠环节的所得税。

（五）关于支持保障性安居工程的税费政策

一是减免税收。对经济适用住房、公共租赁住房（含廉租住房）建设运营管理以及各类棚户区改造，减免城镇土地使用税、印花税、土地增值税、契税等相关税收。对企业按规定用于工矿、林区、垦区棚户区改造的支出，准予在企业计算所得税前扣除。二是免收各项收费和基金。对建设经济适用住房、公共租赁住房（含廉租住房）以及各类棚户区改造等，免收各项行政事业性收费和政府性基金。三是免收土地出让收入。对棚户区改造中的安置住房、经济适用住房以及面向经济适用住房对象供应的公共租赁住房（含廉租住房）建设用地，实行行政划拨方式供应，除依法支付土地补偿费、拆迁补偿费外，一律免缴土地出让收入。

二 建立学生资助政策体系

目前，我国基本建立了覆盖所有教育阶段、形式多样、功能完善的学生资助政策体系。2016年，财政部在落实现行学生资助政策的同时，进一步健全完善了义务教育阶段、普通高中教育阶段的学生资助政策。

（一）学前教育阶段

按照“地方先行、中央补助”的原则，地方政府对经审批设立的普惠性幼儿园在园家庭经济困难儿童、孤儿和残疾儿童予以资助，中央财政根据地方出台的资助政策、经费投入及实施效果等因素，予以奖补。

（二）义务教育阶段

按照《国务院关于进一步完善城乡义务教育经费保障机制的通知》（国发〔2015〕67 号），从 2016 年春季学期开始，统一城乡义务教育学校生均公用经费基准定额，继续落实好农村学生“两免一补”政策。

（三）中等职业教育阶段

继续落实中等职业教育国家助学金和免学费政策规定。一是对公办中等职业学校全日制正式学籍一、二、三年级在校生中所有农村（含县镇）学生、城市涉农专业学生和家庭经济困难学生免除学费（艺术类相关表演专业学生除外）；二是具有中等职业教育学校全日制学历教育正式学籍的一、二年级在校涉农专业学生和非涉农专业家庭经济困难学生享受国家助学金；三是对在职业教育行政管理部门依法批准、符合国家标准的民办中等职业教育学校就读的一、二年级符合免学费政策条件的学生，按照当地同类型同专业公办中等职业教育学校学生实施免学费政策。

（四）普通高中教育阶段

2016 年 8 月，财政部、教育部印发《关于免除普通高中建档立卡家庭经济困难学生学杂费的意见》（财教〔2016〕292 号），从 2016 年秋季学期起，免除公办普通高中建档立卡等家庭经济困难学生（含非建档立卡的家庭经济困难残疾学生、农村低保家庭学生、农村特困救助供养学生）学杂费。对在政府教育行政管理部门依法批准的民办普通高中就读的符合免学杂费政策条件的学生实施免学杂费政策。

（五）本专科教育阶段

落实了国家奖学金、国家励志奖学金、国家助学金、国家助学贷款、基层就业学费补偿贷款代偿、应征入伍国家资助、师范生免费教育等多元混合的资助政策体系。

（六）研究生教育阶段

落实了研究生国家奖学金、国家助学金、学业奖学金、“三助”岗位津贴、国家助学贷款等相结合的资助政策体系。

（七）其他方面

2016 年，安排中央彩票公益金 4 亿元用于资助普通高中家庭经济困难学生生活费和大学新生入学路费。在实施普惠性学生资助政策的同时，进一步采取有效措施，加大对贫困地区、民族地区和边疆地区的支持，将六盘山区等 11 个连片特困地区和西藏及四省藏区、新疆南疆四地州中等职业学校农村（不含县城）学生全部纳入享受助学金范围。继续支持举办内地新疆、西藏中职班，推进四省藏区实施“9 +3”免费中职教育等。为进一步助力脱贫攻坚，将各教育阶段建档立卡等家庭经济困难学生优先纳入资助范围。

2016 年，国家各项学生资助政策得到有效落实，有效保证了家庭经济困难学生顺利入学。2016 年，国家学生资助政策（不包括义务教育免除学杂费和免费教科书、营养膳食补助）累计资助 9100 多万人次。累计资助金额 1600 多亿元（不包括义务教育免除学杂费和免费教科书、营养膳食补助），其中各级财政资金约 1100 亿元，中央财政投入约 580 亿元。

三　支持社会保障和就业

（一）社会保障和就业支出情况

2016 年，全国一般公共预算社会保障和就业支出共计 21591.45 亿元，同比增长13.5%；其中，中央本级一般公共预算社会保障和就业支出890.58亿元，同比增长23.2%。此外，中央财政还通过地方转移支付积极支持社会保障和就业发展，其中：一般转移支付方面，基本养老金转移支付4974.7亿元，主要用于确保机关事业单位、企业离退休人员基本养老金和城乡居民基础养老金按时足额发放，以及落实机关事业单位和企业退休人员基本养老金调整政策；专项转移支付方面，就业补助资金438.78亿元，主要用于支持各地落实社会保险补贴、公益性岗位补贴、职业培训补贴等就业创业扶持政策，以及加强高技能人才培养基地、公共就业服务人力资源市场信息网络建设等；优抚对象补助经费383.64亿元，退役安置补助经费384.73亿元，主要用于优抚对象等人员抚恤和生活补助等；中央自然灾害生活补助资金77.78亿元，主要用于解决由旱灾、暴雨等自然灾害给人民群众造成的生活困难问题；孤儿基本生活保障支出19.39亿元，主要用于补助孤儿及艾滋病感染儿童基本生活费；困难群众基本生活救助补助支出1370.13亿元，主要用于保障低保对象、特困人员、临时救助对象等困难群众基本生活；残疾人事业发展补助资金12.75亿元，主要用于残疾人康复、扶贫、托养和机动轮椅车等方面的支出；流浪乞讨人员救助资金20亿元，主要用于支持各地做好流浪乞讨人员救助管理工作。

党的十八大以来，全国一般公共预算社会保障和就业支出共计83655.05亿元。其中，2012年12585.52亿元，2013年14490.54亿元，2014年15968.85亿元，2015年19018.69亿元，2016年21591.45亿元。重点科目支出情况如表9－1所示。

表9－1　2012～2016年全国财政社会保障和就业支出情况

单位：亿元

项目	合计	2012年	2013年	2014年	2015年	2016年
社会保障和就业总支出	83655.05	12585.52	14490.54	15968.85	19018.69	21591.45
1. 财政对社会保险基金的补助	27503.99	3828.29	4403.14	5042.83	6596.19	7633.54
2. 行政事业单位离退休经费	19320.87	2848.84	3208.43	3668.01	4360.95	5234.64
3. 就业补助	4085.78	736.53	822.56	870.78	870.93	784.98
4. 自然灾害生活救助	1192.07	272.02	240.91	210.47	195.52	273.15
5. 最低生活保障	7918.73	1365.07	1624.42	1606.47	1665.17	1657.60

（二）医疗卫生支出执行情况

一般性转移支付方面，新型农村合作医疗和城镇居民基本医疗保险补助支出2363.24亿元，各级财政对新农合和城镇居民医保的补助标准从每人每年380元提高到420元，其中中央财政对西部地区补助标准由每人每年216元提高到300元，对中部地区的补助标准由每人每年216元提高到240元，对东部地区的补助标准也有相应提高；专项转移支付方面，公立医院补助资金142.6亿元，主要用于支持公立医院综合改革和住院医师规范化培训等；基本药物制度补助资金90.95亿元，主要用于支持基层医疗卫生机构实施国家基本药物制度，推进基层医疗卫生机构体制机制综合改革；公共卫生服务补助资金544.42亿元，主要用于向城乡居民提供基本公共卫生服务，基本公共卫生服务人均经费标准从40元提高到45元；计划生育转移支付资金91.48亿元，主要用于支持提供各项计划生育服务；基建支出220.51亿元，主要用于加强医疗卫生和计划生育机构基本建设；城乡医疗救助支出141.13亿元，用于资助城乡困难群众参加基本医疗保险，并对其医保报销后仍难以负担的医疗费用给予补助，全面开展重特大疾病医疗救助等工作。同时，进一步健全疾病应急救助制度，对需要紧急救治但身份不明确或无负担能力的个人给予急救费用补助。

十八大以来，全国一般公共预算医疗卫生（含计划生育）支出共计52529.35亿元，其中：2012年8057.96亿元，2013年9187.43亿元，2014年10176.81亿元，2015年11953.18亿元，2016年13153.97亿元（2012～2015年数据为决算数，2016年数据为执行数）。

（三）支持就业创业

2016年，各级财政部门充分发挥政府公共财政职能作用，积极贯彻落实各项就业创业扶持政策。一方面，加大就业补助资金投入力度，2016年，中央财政下达就业补助转移支付资金447.28亿元，比上年增长0.5%，用于支持各地落实职业培训补贴、求职创业补贴、社会保险补贴、高技能人才培养补助等就业创业扶持政策。另一方面，积极研究完善促进就业政策体系。一是印发《关于开展第二批新型学徒制试点工作的通知》，扩大新型学徒制试点范围；二是印发《关于深入推进国家高技能人才振兴计划的通知》，深入推进国家高技能人才振兴计划；三是印发《关于在化解钢铁煤炭行业过剩产能实现脱困发展过程中做好职工安置工作的意见》，对开展跨区就业信息对接和有组织的劳务输出中的就业困难人员按规定给予一次性交通费补助；四是印发《关于切实做好就业扶贫工作的指导意见》，进一步加大对农村贫困劳动力的就业创业支持工作。

四　支持农民增收

2016 年，中央财政加大强农惠农富农政策力度，推进农业供给侧结构性改革，加快转变农业发展方式，着力构建促进农业增收长效机制，确保了农业稳定发展和农民持续增收。

（一）完善农业补贴政策，促进增加农民转移性收入

一是全面推开农业“三项补贴”改革。将农作物良种补贴、农资综合补贴和粮食直补合并为农业支持保护补贴，政策目标调整为耕地地力保护和粮食适度规模经营，进一步提高了补贴政策精准性、指向性和实效性。二是完善农机购置补贴政策。中央财政安排 236.45 亿元继续大力支持农机购置，不断优化补贴机具种类，重点补贴粮棉油糖等主要农作物生产关键环节所需机具，并要求各地根据当地优势主导产业发展需要，选择部分关键环节机具实行敞开补贴，鼓励更多农民购买先进适用农机，有力减轻了农民购机负担，推动了农机产业发展。三是实施新一轮草原生态保护补助奖励政策。安排 187.6 亿元支持启动实施新一轮草原生态保护补助奖励政策，适当提高了补奖标准，保障了牧民收入稳定。四是积极完善相关林业财政政策。按照农民自愿、政府引导的原则，支持实施新一轮退耕还林还草行动并扩大规模，国家按退耕还林每亩 1500 元、还草 1000 元的标准给予补助。支持全面停止天然林商业性采伐，适当提高天保工程森林管护费、社会保险补助费和森林生态效

益补偿标准。继续实施造林、抚育补贴政策，推进国有林场、林区改革。通过实施和完善林业财政政策，确保当地群众收入不受到影响，并进一步提高了承担造林、抚育等任务的农民、农民专业合作社以及林业职工的收入水平。

（二）加快现代农业建设，促进增加农民经营性收入

一是支持构建现代农业产业体系。安排12亿元，支持扩大农村一、二、三产业融合试点范围，着力构建农业与二、三产业交叉融合的现代产业体系，让农民从二、三产业发展的增值收益中分享利润。安排136.5亿元，支持地方优势特色产业发展，进一步促进主导产业提质增效和可持续发展，发挥其对农民增收的辐射带动作用。支持实施“粮改饲”、“粮改豆”、耕地轮作休耕等试点，加强与玉米生产者补贴以及价格政策的衔接，推动种植结构调整。二是支持构建现代农业生产体系。利用农田水利设施建设和水土保持补助资金安排219.62亿元，统筹支持包括高效节水灌溉设施在内的农田水利建设，开展区域规模化高效节水灌溉设施建设，促进改善农业生产条件，巩固了农业生产硬件基础。及时安排拨付农业生产救灾和特大防汛抗旱等资金，支持水利防灾减灾能力建设和农村气象灾害防御体系建设，增强了农业生产的灾害抵御能力。三是支持构建现代农业经营体系。安排14亿元，支持各地因地制宜发展粮食、农机、畜牧、林果等不同类型农民合作社，提升农民合作社发展水平和带动农户增收能力。安排12亿元，支持开展新型农业生产社会化服务体系建设试点，完善农业生产社会化服务体系。安排10亿元，支持开展农产品产地初加工补助试点，减少农产品产后损失，提升农产品有效供给水平，增加农民收入。四是支持高标准农田建设和农业产业发展。中央财政安排农业综合开发资金404亿元，支持建设高标准农田2636.65万亩，建设完成87个重点中型灌区节水配套改造项目，切实改善了农业生产条件，提高了农业综合生产能力和效益。同时，建设完成经济林、蔬菜等种植基地96.54万亩、水产养殖基地16.23万亩，扶持农产品加工和农业生产服务项目1167个，重点围绕区域农业主导产业，打造了一批支撑农业产业发展的优势特色产业集群，推进农村一、二、三产业融合发展。

（三）着力深化机制改革，促进增加农民财产性收入

一是支持开展扶持村级集体经济发展试点。中央财政安排农村综合改革转移支付资金33亿元，支持河北等13个省份开展扶持村级集体经济发展试点工作，以增强村级集体经济实力、实现农民共同富裕为目标，探索资源有效利用、提供服务、物业管理、混合经营等多种集体经济实现形式，发挥村级集体经济优越性，调动村集体成员积极性，增强村集体自我发展、自我服务、自我管理能力和水平。二是积极探索资产收益扶贫工作。指导各地因地制宜推进资产收益扶贫工作，探索将财政专项扶贫资金和其他涉农资金投入设施农业、养殖、乡村旅游等项目形成的资产，具备条件的折股量化给贫困村和贫困户，尤其是丧失劳动能力的贫困户，让贫困人口分享产业发展收益。

（四）支持做好服务保障，促进增加农民工资性收入

中央财政安排13.86亿元，用于支持新型职业农民培育工作。主要以新型农业经营主体带头人为培育对象，支持打造高素质新型农业经营主体，着力培养一大批有文化、懂技术、会经营的新型职业农民。同时，积极配合有关部门做好农民进城务工就业管理和服务等相关工作。

五　支持脱贫攻坚

2016年是全面打响脱贫攻坚战的第一年。中央财政大幅增加财政扶贫投入，积极构建完善财政扶贫政策体系，为“十三五”全面脱贫攻坚提供了有力支撑。

（一）大幅度增加财政扶贫投入

在财政收支矛盾突出的形势下，中央财政安排补助地方财政专项扶贫资金660.95亿元，较上年增长43.4%，资金分配向中西部省份倾斜，更加突出精准扶贫精准脱贫的要求。此外，安排专项彩票公益金15亿元，比上年

增长66.7%，重点支持贫困革命老区开展小型生产性公益设施建设，加快贫困革命老区发展步伐。

（二）开展贫困县涉农资金整合试点

为统筹利用各方面资源，更好地贯彻落实各项脱贫攻坚政策，调动基层在脱贫攻坚中的积极性和主动性，促进权责匹配，按照党中央、国务院部署，2016年我国开展了贫困县涉农资金整合试点，将各级财政安排用于农业生产发展、农村基础设施建设等方面资金的配置权，完全下放给处于脱贫攻坚第一线的贫困县，由其根据当地脱贫攻坚规划统筹使用，确保如期完成脱贫攻坚任务。2016年，全国共有961个贫困县开展了整合试点，其中，片区县和重点县792个（占全国832个片区县和重点县的95%）。

（三）稳步推进易地扶贫搬迁

明确易地扶贫搬迁贷款贴息政策，下发贷款贴息资金29.82亿元。协调落实用于支持易地扶贫搬迁的中央专项建设基金及财政贴息政策，推动各地筹资落实到位。会同相关部门编制“十三五”易地扶贫搬迁规划，明确易地扶贫搬迁所涉贷款管理、城乡建设用地增减挂钩相关政策，建立易地扶贫搬迁工作每月定期报告和重大事项不定期报告制度，加强跟踪督导。

据国家统计局提供的全国农村贫困监测调查结果，2016年全国贫困人口4335万人，比2015年减少1240万人，下降22.2%；贫困发生率为4.5%，较2015年下降1.2个百分点；贫困地区农村居民人均可支配收入为8452元，剔除价格因素影响，实际增长8.4%，实际增速高于全国农村平均水平2.2个百分点。

六　支持保障性安居工程

保障性安居工程是重大的民生工程和发展工程，党中央、国务院对其予以高度重视。2016年，各级财政部门认真贯彻落实党中央、国务院的决策部署，主动发挥财政职能作用，积极筹措资金，落实税费优惠政策，完善支持政策，加强资金管理，切实有力地推进保障性安居工程工作。2016 年，全国保障性安居工程财政支出 5267.91 亿元，同比增长 11.9%，支持全国开工棚户区改造 606 万套，新入住公租房 266 万户，为近 300 万户发放租赁补贴，农村危房改造 314 万户。分资金来源情况看，一般公共财政预算支出 4313.03 亿元，占 81.9%；土地出让收益支出 954.88 亿元，占 18.1%。分资金使用情况看，公共租赁住房（含廉租住房）支出 1121.7 亿元，占 21.3%；各类棚户区改造支出 2200.51 亿元，占 41.8%；农村危房改造支出 439.39 亿元，占 8.3%；保障性住房租金补贴支出 72.29 亿元，占 1.4%；其他支出（主要指用于配套设施建设部分）1434.02 亿元，占 27.2%。同时，中央财政补助力度进一步加大。2016 年，中央财政一般公共预算安排用于保障性安居工程的补助资金达 2341.9 亿元，比年初预算安排增加 25.46 亿元。其中，补助城镇保障性安居工程 2075 亿元，占 88.6%；补助农村危房改造 266.9 亿元，占 11.4%。分项目情况看，中央财政一般公共预算补助资金重点向各类棚户区改造倾斜，补助各类棚户区改造及配套基础设施建设 1909 亿元，占城镇保障性安居工程中央补助资金的 92%，比上年增长 30.4%。各级财政资金投入的增加，有力地保障了保障性安居工程建设资金需要。

截至 2016 年底，全国通过公共租赁住房、棚户区改造安置住房等多种保障方式，累计解决了 4000 多万户城镇家庭的住房困难，城镇低收入住房困难家庭已基本实现应保尽保。通过农村保障性安居工程累计支持了 2311.4 万贫困农户改善住房条件。保障性安居工程的实施，不仅改善了城镇居民住房条件，而且拉动了房地产及相关产业投资，增加了就业，促进了经济增长，增进了社会和谐。

七　完善机关事业单位工资收入分配政策

（一）调整机关事业单位基本工资标准

从 2016 年 7 月 1 日起，调整机关事业单位工作人员的基本工资标准，将部分规范津贴补贴（绩效工资）纳入基本工资，同时相应增加机关事业单位离休人员的离休费，中央财政通过增加均衡性转移支付给予地方适当补助。

（二）实行以增加知识价值为导向的分配政策

为加快实施创新驱动发展战略，激发科研人员创新创业积极性，2016年11月，中央办公厅、国务院办公厅印发了《关于实行以增加知识价值为导向分配政策的若干意见》，明确通过稳定提高基本工资、加大绩效工资分配激励力度、落实科技成果转化奖励等激励措施，使科研人员收入与岗位职责、工作业绩、实际贡献紧密联系。

（三）开展公立医院薪酬制度试点

选择部分地区或公立医院开展薪酬制度改革试点，健全激励约束机制，规范收入分配秩序，着力体现医务人员技术劳务价值，促进公立医院增强公益性。

（四）扩大高校科研创新自主权

结合深化高等教育领域简政放权放管结合优化服务改革，健全符合高校特点的薪酬分配制度，支持高校推进内部薪酬分配改革，绩效工资分配时向关键岗位、高层次人才、业务骨干和取得突出成绩的工作人员倾斜，激发广大教学科研人员教书育人、干事创业的积极性和主动性。

八　加大中央财政对地方转移支付力度

2016年中央财政进一步优化财政支出结构，加大对财政困难地区的转移支付力度，集中更多财力推动区域协调发展。2016年中央财政累计安排西部地区各项转移支付23542元，比2015年增加1137亿元，增长5.1%；其中，安排西部一般性转移支付14315亿元，比2015年增加1369亿元，增长 10.6%，有力支持了西部地区切实提高财政保障能力和基本公共服务水平。2016 年中央财政创新一般性转移支付管理机制，统筹均衡性转移支付、县级基本财力保障机制奖补资金以及阶段性财力补助，支持东北三省弥补县级财力缺口，三项资金对辽宁、吉林、黑龙江的补助金额分别为 379 亿元、492 亿元、635 亿元，分别比上年增加 116 亿元、67 亿元、103 亿元。继续支持中部崛起战略，2016 年安排山西、安徽、江西、河南、湖南、湖北等中部六省一般性转移支付 9425 亿元，比上年增长 11.5%，稳步提高中部地区的基本公共服务水平，推动中部地区经济社会又好又快发展。加大对民族地区、边疆地区、革命老区的支持力度，2016 年中央财政安排民族地区转移支付 640 亿元，边境地区转移支付 151.8 亿元，革命老区转移支付 89.36 亿元。

（财政部综合司　常城　井明　王晓飞）

第十章
2016年特殊群体保障状况

2016 年，我国针对老年人、残疾人、孤儿和困境儿童的福利制度不断健全，优待抚恤标准再次提高，社会救助体系更加完善，慈善事业稳步发展，特殊群体基本生活水平逐步提升。

一 特殊群体保障基本情况

（一）老年人福利

1.《老年人权益保障法》得到有效落实

全国人大常委会颁布的《老年人权益保障法》修正案，将经营性养老机构许可修改为“先照后证”。民政部修改的《养老机构设立许可办法》（民政部令第 48 号），调整了许可条件和工作程序，制定了中央财政投资兴办的发挥实训、示范功能的养老机构的审批受理单、服务指南、工作细则和服务规范。北京、天津、浙江、青岛制定了养老服务业方面的地方性法规。全国 27 个省份建立了 80 周岁以上高龄老年人津贴制度，20 个省份建立了生活困难老年人养老服务补贴制度，17 个省份建立了失能老年人护理补贴制度。截至 2016 年底，全国共有 2355.4 万老年人享受了高龄补贴，282.9 万老年人享受了养老服务补贴，40.5 万老年人享受了护理补贴。全国纳入农村低保的老年人达 1858.9 万，纳入城市低保的老年人达 258.0 万，纳入特困救助供养体系的老年人达 429.3 万，对符合救助保障条件的老年人实现了“应保尽保”。

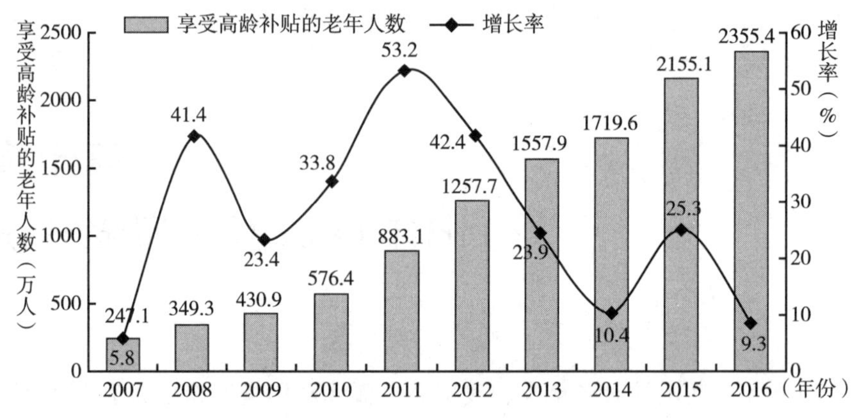

图 10－1　享受高龄补贴的老年人数（2007～2016 年）

2. 养老服务业发展环境不断优化

2016 年，国家连续出台了《关于印发促进消费带动转型升级行动方案的通知》（发改综合〔2016〕832 号）、《关于开展老年人意外伤害保险工作的指导意见》（全国老龄办发〔2016〕32 号）、《关于中央财政支持开展居家和社区养老服务改革试点工作的通知》（民函〔2016〕200 号）、《关于推进老年宜居环境建设的指导意见》（全国老龄办发〔2016〕73 号）、《关于进一步加强老年法律维权工作的意见》（全国老龄办发〔2016〕102 号）5 个文件，为社会力量参与养老服务业发展营造了良好政策环境。

3. 养老服务体系建设加快推进

在社区和居家养老服务方面，“十三五”以来，中央和地方投入大量资金，支持社区日间照料服务设施建设。截至 2016 年底，全国共有社区养老机构和设施 3.5 万个，同比增长 34.6%；社区互助型养老服务设施 7.6 万个，同比增长 22.6%。机构养老服务方面，公办养老机构改革有序推进，养老服务市场全面放开，养老服务质量稳步提升，放管服改革加快推进，土地、金融、税收和人才等政策促进社会力量发展养老服务作用进一步发挥。截至 2016 年底，全国登记注册的养老机构总数达到 2.9 万个，全国养老床位达到 730.2 万张，比上年增长 8.6%；每千名老年人养老床位数达到 31.6 张，比上年增长 4.3%。在医养结合方面，民政部、卫生计生委联合印发了《关于印发医养结合重点任务分工方案的通知》（国卫办家庭函〔2016〕353 号）、《关于做好医养结合服务机构许可工作的通知》（民发〔2016〕52 号），全国 90 个地区开展了医养结合试点。卫生计生委制定了《养老机构医务室基本标准》、《养老机构护理站基本标准》。养老机构与医疗机构的业务协作机制开始建立，全国 23% 的养老机构设有医务室、护理站等医疗机构，健康服务能力明显提高。

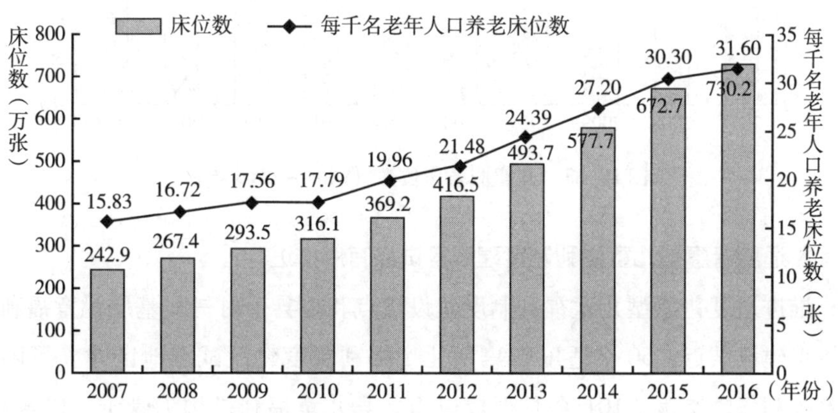

图 10－2　养老服务床位数（2007～2016 年）

（二）儿童福利

1. 孤儿基本生活保障制度全面落实

贯彻落实《国务院办公厅关于加强孤儿保障工作的意见》，为孤儿弃婴及时、足额发放基本生活费。2016 年度，儿童福利机构养育孤儿生活费平均标准达到每人每月 1192 元，社会散居孤儿基本生活费平均标准达到每人每月 837 元，中央财政共安排孤儿基本生活保障补助资金 19. 4 亿元，惠及 50. 2 万孤儿和艾滋病病毒感染儿童。截至 2016 年底，全国共有儿童收养救助服务机构 705 个，床位 10. 0 万张，收留抚养 5. 4 万人。其中儿童福利机构 465 个，床位 9. 0 万张；未成年人救助保护中心 240 个，床位 1. 0 万张，全年共救助流浪乞讨未成年人 5. 2 万人次。

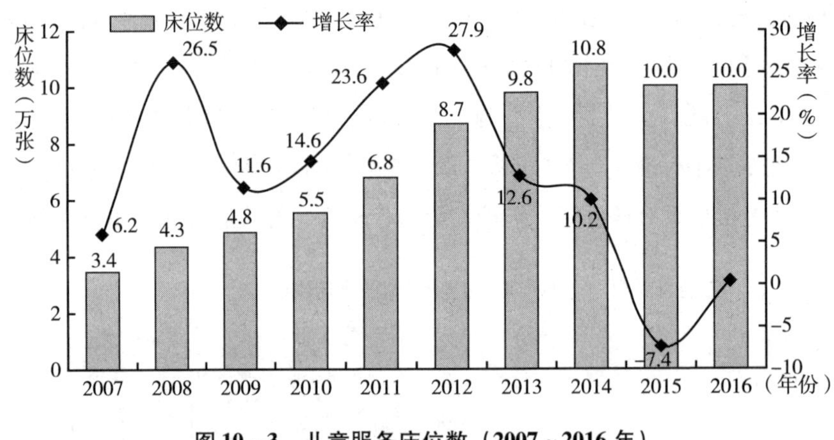

图 10－3　儿童服务床位数（2007～2016 年）

2. 适度普惠型儿童福利制度建设等试点有序推进

推进适度普惠型儿童福利制度建设试点和百县千村——基层儿童福利服务体系建设试点，50 个适度普惠型儿童福利制度建设试点地区建立了困境儿童福利保障制度，101 个县形成以市、县儿童福利机构为骨干，以乡镇、村（居）委会为依托，以所在社区为力量，以家庭监护为基础的儿童福利服务体系。印发《关于进一步推进“明天计划”救治工作的通知》（民明办〔2016〕03 号）、《关于开展贫困家庭病残儿童“明天计划”救治试点工作的方案》（民明办〔2016〕04 号），“明天计划”手术对象范围不断拓展，“明天计划”工作更加规范。

（三）残障人福利

1. 残疾人保障政策措施持续完善

着力推动《国务院关于全面建立困难残疾人生活补贴和重度残疾人护理补贴制度的意见》（国发〔2015〕52 号）的贯彻落实，指导地方出台具体实施意见，完善残疾人两项补贴制度与其他制度的衔接办法，紧抓政策落实督促检查，跟踪掌握补贴发放情况。截至 2016 年底，各省均已建立困难残疾人生活补贴和重度残疾人护理补贴两项制度，残疾人两项补贴已惠及 521.3 万困难残疾人和 500.1 万重度残疾人。制定出台《“十三五”

加快残疾人小康进程规划纲要》及配套实施方案、《国家残疾预防行动计划》、《工伤保险辅助器具配置管理办法》以及《新增部分医疗康复项目纳入基本医疗保障支付范围的通知》等法规政策，残疾人保障制度设计进一步完善。

2. 精神卫生社区康复服务能力不断增强

贯彻落实《关于加快民政精神卫生福利服务发展意见》和《精神卫生社会福利机构基本规范》等文件，大力推动精神卫生福利机构建设，利用民政部本级彩票公益金，并联合财政部投入中央专项彩票公益金资助地方精神病院新建、改扩建项目。2016 年投入中央预算内资金 1.9 亿元，补助 8 个地级市民政精神卫生福利机构设施建设，有力落实了《“十三五”社会服务兜底工程实施方案》提出的建设任务。截至 2016 年底，全国民政部门管理的智障与精神疾病服务机构共 244 个，床位 8.4 万张。其中社会福利医院（精神病院）150 个，床位 5.3 万张，年度收留抚养各类人员 4.4 万人；复退军人精神病院 94 个，床位 3.1 万张，年度收留抚养各类人员 2.5 万人。

3. 康复辅助器具产业加快发展

国务院印发了《关于加快发展康复辅助器具产业的若干意见》（国发〔2016〕60 号），在国家层面对康复辅助器具产业做出总体规划和安排部署。经国务院批准，建立了加快康复辅助器具发展部际联席会议制度，完善了工作机制。截至 2016 年底，共有 25 个民政部门直属的康复辅具机构，初步保障了残疾人群体对康复辅助器具的需求。

（四）社会救助

1. 城乡低保

印发了《关于做好农村最低生活保障制度与扶贫开发政策有效衔接的指导意见》，提出加强农村低保制度与扶贫开发政策在政策、对象、标准和管理等方面的衔接。截至 2016 年底，全国共有城乡低保对象 6066.7 万人，其中城市低保对象 1480.2 万人，农村低保对象 4586.5 万人。城市低保平均标准为 494.6 元/（人·月），较上年增长 9.7%，农村低保平均标准为 3744.0 元/（人·年），较上年增长 17.8%。全年累计支出城乡低保资金 1702.4 亿元。

表 10－1　2016 年各省份城市最低生活保障平均标准

单位：元/（人·月）

地区	平均标准	地区	平均标准	地区	平均标准	地区	平均标准
全　国	494.6	黑龙江	535.9	河　南	425.1	贵　州	507.3
北　京	800.0	上　海	880.0	湖　北	487.9	云　南	442.2
天　津	780.0	江　苏	610.8	湖　南	431.3	西　藏	693.5
河　北	501.2	浙　江	673.7	广　东	576.2	陕　西	479.5
山　西	441.1	安　徽	497.1	广　西	457.6	甘　肃	410.9
内蒙古	540.2	福　建	514.8	海　南	467.0	青　海	400.8
辽　宁	522.8	江　西	480.8	重　庆	459.6	宁　夏	416.4
吉　林	446.9	山　东	494.9	四　川	419.5	新　疆	383.9

表 10－2　2016 年各省份农村最低生活保障平均标准

单位：元/（人·年）

地区	平均标准	地区	平均标准	地区	平均标准	地区	平均标准
全　国	3744.0	黑龙江	3787.1	河　南	3084.4	贵　州	3201.8
北　京	9600.0	上　海	10440.0	湖　北	3828.8	云　南	2710.7
天　津	9060.0	江　苏	6480.9	湖　南	3082.0	西　藏	2621.5
河　北	3359.0	浙　江	7292.4	广　东	5342.7	陕　西	3203.3
山　西	3246.6	安　徽	3840.4	广　西	2985.3	甘　肃	2932.9
内蒙古	4212.0	福　建	3841.4	海　南	4163.5	青　海	2970.0
辽　宁	3914.9	江　西	3314.9	重　庆	3694.9	宁　夏	3388.9
吉　林	3444.9	山　东	3777.8	四　川	3154.6	新　疆	2994.2

2. 特困人员救助供养

国务院印发《关于进一步健全特困人员救助供养制度的意见》，将城市“三无”人员救助和农村“五保”人员供养统一为特困人员救助供养制度，实现了对象范围、供养内容、形式以及标准的城乡统筹。截至 2016 年底，全国共有农村特困救助供养人员 496.9 万人，其中集中供养 139.7 万人，全年累计支出农村特困人员救助供养资金 228.9 亿元。全国共有城市特困救助供养人员 9.1 万人。

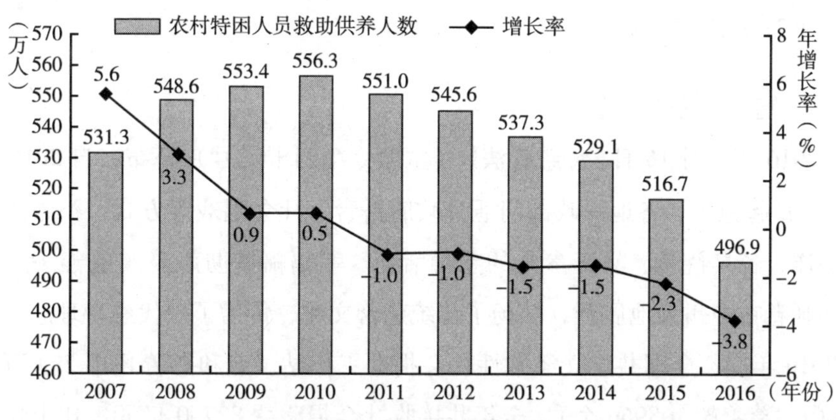

图 10－4 农村特困人员救助供养人数（2007～2016 年）

3. 医疗救助和临时救助

印发了《关于做好 2016 年大病保险工作的通知》（国医改办〔2016〕2 号），明确大病保险对特困人员、低保对象和农村建档立卡贫困人口等实行倾斜性支付政策。2016 年，全国各级民政部门实施住院和门诊救助 2696.1 万人次，支出资金 232.7 亿元；资助困难群众参加基本医疗保险 5560.4 万人次，支出资金 63.4 亿元。推动全国 300 个单位开展“救急难”综合试点，北京、内蒙古、上海、江苏、浙江、广东等地全面部署开展“救急难”工作，黑龙江、福建、山东、贵州、青海、甘肃、新疆等地进一步扩大了试点范围。2016 年，全国共实施临时救助 850.7 万人次，其中救助非本地户籍对象 24.4 万人次，累计支出救助资金 87.7 亿元，平均救助水平 1031.3 元/人次。

4. 社会救助家庭经济状况核对机制建立

制定查询社会救助家庭成员证券财产、工商登记、住房公积金、住房保障和住房买卖等信息的政策措施。2016 年，全国共开展各类受托核对 9074

万次，其中，开展低保核对8106万次、住房保障核对479万次、其他核对489万次，全国累计检出的申报信息不实的各类申请占比为6.66%，有效防止了公共资源浪费。

（五）慈善事业

1. 慈善事业健康发展

2016年3月16日，《慈善法》（主席令第四十三号）公布，自2016年9月1日起施行。各地民政部门通过政府搭台、社会唱戏等方式，举办了形式多样、各具特色、易于参与的慈善活动。一幅幅贯彻落实《慈善法》的生动画卷在神州大地展开，弘扬了传统慈善文化，传播了现代慈善理念。截至2016年底，全国共建立经常性社会捐助工作站、点和慈善超市2.9万个（其中：慈善超市8966个）。全年共接收社会捐赠款827.0亿元，比上年增长26.4%，其中：民政部门直接接收社会各界捐款40.3亿元，各类社会组织接收捐款786.7亿元。全年各地民政部门直接接收捐赠物资价值折合人民币7.4亿元，捐赠衣被6638.3万件。民政部门接收其他部门转入的捐赠物资折款1.4亿元，社会捐款5.9亿元，衣被488.0万件，惠及困难群众1165.8万人次。

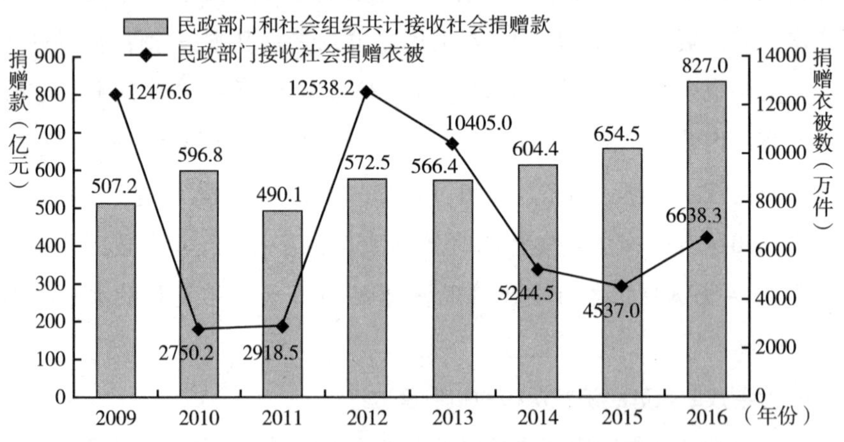

图10－5　接收社会捐款和捐赠衣被数（2009～2016年）

2. 慈善信托落地生根

为贯彻落实《慈善法》，2016 年 8 月 25 日，民政部和银监会印发《关于做好慈善信托备案有关工作的通知》（民发〔2016〕151 号）；2017 年 7 月 7 日，银监会和民政部联合印发《慈善信托管理办法》（银监发〔2017〕37 号），基本建立了慈善信托规制体系，为我国慈善信托落地生根奠定了制度基础。自 2016 年 9 月 1 日至 2017 年 9 月 3 日，我国共成立慈善信托 38 笔，信托合同规模近 8.6 亿元，涉及扶贫、教育、留守儿童等多个慈善领域。

3. 慈善助力脱贫攻坚

《慈善法》将扶贫济困列为首要的慈善活动。2016 年，慈善工作始终紧紧围绕国家的脱贫攻坚战略，着力发挥慈善事业扶贫济困积极作用。2016 年 9 月 1 日，第九届“中华慈善奖”表彰典礼在南通隆重举行，通过树立慈善标杆和典范的方式，激发了社会各界扶贫济困、赈灾恤弱的积极性。2016 年 9 月，以“以法兴善、助力脱贫”为主题的第五届中国公益慈善项目交流展示会，专设扶贫济困专区，对接慈善资金 133.2 亿元，比上届增长 8.7%。

4. 福利彩票销售额平稳增加

2016 年中国福利彩票销售额达 2064.9 亿元，比上年增加 49.8 亿元，增长 2.5%。全年筹集福利彩票公益金 591.5 亿元，比上年增长 4.9%。福利彩票公益金被广泛用于养老、助残、救孤、济困各项社会公益领域。2016 年，民政系统共支出彩票公益金 268.3 亿元，比上年减少 20.6 亿元，下降 7.1%，其中用于抚恤 7.1 亿元，退役安置 0.8 亿元，社会福利 172.9 亿元，社会救助 30.0 亿元，自然灾害救助 2.7 亿元。

（六）优抚保障

1. 优抚对象保障标准继续提高

2016 年，全国享受定期抚恤补助的优抚对象共计 874.8 万人：伤残人员 71.5 万人、“三属”（烈士遗属、因公牺牲军人遗属、病故军人遗属）

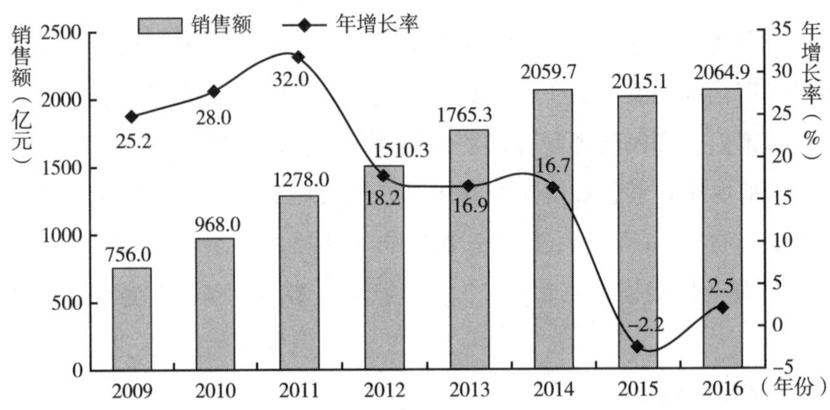

图 10－6　福利彩票销售（2009～2016 年）

22.0 万人、“三红”（在乡退伍红军老战士、在乡西路军红军老战士、红军失散人员）2165 人、在乡老复员军人 63.7 万人、带病回乡退伍军人 112.8 万人、参战参试退役人员 154.3 万人、60 岁以上农村籍退伍军人 405.6 万人、60 周岁以上烈士子女 24.0 万人。

为进一步提高优抚对象生活保障水平，按照自然增长机制要求，民政部、财政部从 2016 年 10 月 1 日起再次大幅提高部分优抚对象抚恤和生活补助标准。伤残人员残疾抚恤金标准、城镇“三属”定期抚恤金标准、“三红”生活补助标准，在原来标准基础上提高 10%；农村“三属”定期抚恤金与城镇“三属”拉平，首次实现了“三属”定期抚恤金标准城乡一体；在乡老复员军人中央财政生活补助标准每人每月增加 100 元；带病回乡退伍军人、参战参试退役人员、烈士老年子女生活补助标准每人每月增加 40 元；农村籍老义务兵老年生活补助标准每服一年义务兵役每人每月增加 5 元。这是自改革开放以来，国家第 23 次提高伤残人员残疾抚恤金标准，第 26 次提高“三属”定期抚恤金标准和“三红”生活补助标准。对于保障优抚对象与广大人民群众一道奔小康，共享经济社会发展成果具有重要意义。优抚对象中央财政抚恤补助标准具体见表 10－3。

表 10-3　中央财政抚恤补助标准（自 2016 年 10 月 1 日起执行）

单位：元/年

类别	等级	性质	抚恤补助标准
残疾人员	一级	因战	66230
		因公	64140
		因病	62040
	二级	因战	59940
		因公	56780
		因病	54660
	三级	因战	52590
		因公	49420
		因病	46290
	四级	因战	43100
		因公	38910
		因病	35750
	五级	因战	33670
		因公	29440
		因病	27340
	六级	因战	26310
		因公	24890
	七级	因病	21030
		因战	19990
	八级	因公	17890
		因战	12620
	九级	因公	11550
		因战	10480
	十级	因战	8420
		因公	7360
		因病	6300
三属	城镇三属	烈士遗属	21030
		因公牺牲军人遗属	18050
		病故军人遗属	16980
	农村三属	烈士遗属	21030
		因公牺牲军人遗属	18050
		病故军人遗属	16980
三红	在乡退伍红军老战士		45930
	在乡西路军红军老战士		45930
	红军失散人员		20720

续表

类别	等级	性质	抚恤补助标准
在乡老复员军人	抗日时期	东部7省份	10132
		中西部25省份	10622
	其他时期	东部7省份	9772
		中西部25省份	10262
带病回乡退伍军人	东部9省份		2160
	中部10省份		3240
	西部12省份		4320
	新疆兵团		5400
参战参试享受补助人员（含铀矿开采退役人员）	东部9省份		2400
	中部10省份		3600
	西部12省份		4800
	新疆兵团		6000
年满60周岁农村籍退役士兵			每服1年义务兵役每月补助25元
烈士老年子女			每人每月补助340元

2. 中央财政优抚对象保障经费投入

2016年，中央财政累计下达优抚经费405.4亿元：优抚对象抚恤补助资金379.8亿元、老党员生活补贴资金1.6亿元、优抚对象医疗补助资金23.8亿元、红军长征胜利80周年为红军老战士发放一次性补助金0.2亿元，确保了优抚对象和老党员生活、医疗待遇的落实。各级地方财政也不断加大优抚经费投入，切实承担起优抚对象生活政府保障的主体责任。

二　特殊群体保障领域存在的困难和问题

在养老服务方面，养老服务城乡和区域发展不均衡，部分政策“含金量”低、落地难，老年人获得感低。社区居家养老服务发展滞后，养老服务供给与需求不匹配，服务质量偏低。护理型、医养结合型服务偏少。养老服务人才队伍建设滞后于养老服务业发展需求。老年人基本养老保险保障层次水平偏低，针对失能老年人的长期护理保障制度仍处于探索阶段，针对经济困难的高龄、失能老年人的补贴制度覆盖面有待扩大。

在儿童福利方面，儿童福利机构内护理员、保育员、营养师、康复师等岗位专业性强，技术要求高，同时面临职称、工资待遇低等实际问题，导致人才流失严重。部分孤儿基数大、经济不发达的省份存在孤儿基本生活保障金地方配套资金不规范问题。

在残障人福利方面，残疾人福利工作的开展总体滞后于经济社会发展进程，资金投入不足，基础设施建设较为滞后，残疾人福利事业发展存在体制机制障碍，一些政策措施有待健全和做好衔接理顺工作，残疾人福利部门和残疾人组织的沟通协调仍需进一步加强。民政部门在完善残疾人权益保障相关法律法规等制度建设方面的职能作用有待进一步发挥。

在社会救助方面，一是社会救助兜底保障压力较大。对比新公布的2016 年国家扶贫标准，全国还有 600 个县的农村低保标准低于国家扶贫标准。城乡之间、区域之间低保标准的差距没有明显缩小；不少地方医疗救助水平偏低，医疗救助资金严重不足，医疗救助与基本医保、大病保险等相关政策的衔接有待进一步加强。困难人群重特大疾病医疗支出负担较重，“因病致贫、因病返贫”问题突出。二是社会救助资源统筹不够。社会救助资源相对分散，制度之间没有形成高效联动、有效协同和无缝衔接。政府救助与慈善救助衔接不够，尚未形成救助合力。三是社会救助规范管理有待进一步加强。家庭收入和财产多元化、隐性化，无法精确核算等，导致救助对象精准认定困难。

在慈善事业方面，社会公众的慈善意识有待进一步提高，慈善信托的税收优惠政策缺失，对扶贫济困的慈善活动的特殊优惠政策以及费用减免、用地保证、金融支持、购买服务等方面的支持措施有待加强。

在优抚保障方面，加快军人抚恤优待政策从“解困型”向“优待型”转变的形势依然严峻。随着国家低收入人群保障、大病救助等社会保障制度的建立，以解困为主的优抚政策已难以适应形势任务要求，迫切需要加大顶层设计改革力度，尽快实现军人抚恤优待政策从“解困型”向“优待型”转变。

三　政策建议

（一）老年人福利方面

1. 全面建立以居家为基础、社区为依托、机构为补充的多层次养老服务体系

研究制定《关于进一步推动社区居家养老服务发展的指导意见》，巩固社区居家养老基础地位，补齐居家养老支持政策短板，充分发挥社区公共服务设施功能；夯实家庭养老支持政策基础，开展“互联网+养老”行动，推广社区养老服务信息网络平台建设，鼓励社区嵌入式、小微养老机构发展，将专业化、定制化服务引入社区、家庭；建立面向以失能老年人为主的医养结合服务体系。支持面向失能老年人的老年养护院、社区日间照料中心等设施建设。加大对护理型床位建设、运营的补助力度，提升养老服务康复护理功能。促进医养融合发展，鼓励社会力量兴办医养结合机构，推动医疗资源进家庭、进社区、进机构。支持养老机构开展医疗服务，享受社会办医优惠政策，纳入基本医疗保险定点范围。

2. 全面放开养老服务市场，推动供给侧结构性改革

研究制定《关于全面提升养老服务质量的若干意见》，激发市场活力，增加养老服务和产品供给，提升养老服务质量，提高老年人满意度。鼓励挖掘闲置社会资源建设养老服务设施，提高老年人就近就便获得养老服务的可及性。加强农村留守老年人关爱服务工作，补足农村养老服务短板。鼓励养老服务机构连锁化、品牌化经营。促进养老服务与医疗、家政、保险、教育、旅游等相关领域融合发展，繁荣养老服务消费市场。

3. 完善与老龄化相适应的福利慈善体系

统筹规划建设公益性养老服务设施，提供方便可及、价格合理的各类养老服务和产品，落实托底保障责任。全面建立针对经济困难高龄、失能老年人的补贴制度。统筹社会保险、社会福利、社会救助、慈善等社会保障内

容，强化政策衔接、实现制度整合，确保困难老年人基本生活。支持开展长期护理社会保障试点，发展商业性长期护理保险。落实《慈善法》要求，使公益慈善组织成为发展养老服务业的重要力量。推动老年宜居环境建设，为老年人提供安全、便捷、舒适的生活环境。

（二）儿童福利方面

稳步提高孤儿基本生活费标准，保障孤儿教育、医疗需求。协调推进落实“十三五”社会服务兜底工程，加强儿童福利服务体系建设。关注留守困境儿童，研究完善相关福利制度。加强孤儿养育专业人才队伍建设，引导公益性、互助性的社会组织关注儿童福利事业。

（三）残障人福利方面

1. 继续贯彻落实残疾人两项补贴等制度

规范残疾人两项补贴制度的建立和落实，指导各地民政部门会同残联加强与当地财政部门的沟通协调，增强资金保障能力，保证残疾人两项补贴按期、足额发放。印发全国残疾人两项补贴发放情况通报，通过公开各地残疾人两项补贴的发放范围、标准、进度等，促进各地提高保障水平。推动出台《国务院关于加快发展康复辅助器具产业的若干意见》的具体实施意见，加快意见的落地实施。选择一批符合条件的地区开展康复辅助器具产业综合创新试点。

2. 推进精神障碍社区康复服务发展

积极协调推动出台《关于加快精神障碍社区康复服务发展的意见》，通过设立精神障碍社区康复机构或购买服务等方式，为精神障碍患者提供康复服务。继续推动精神卫生福利机构建设，利用民政部本级彩票公益金资助地方精神病院建设，提高精神障碍患者集中照料和康复服务水平。加快研究制定《残疾人服务机构管理办法》，加强对残疾人服务机构的监督管理。

（四）社会救助方面

加强社会救助与其他社会保障制度衔接，引导社会力量参与，提高救助水平。完善低保审核审批办法，推进低保制度城乡统筹发展。落实社会救助保障标准与物价上涨挂钩联动机制。加强农村低保制度与扶贫开发政策有效衔接，推进农村低保兜底脱贫。全面落实特困人员救助供养制度，逐步提高生活不能自理特困人员集中供养率。全面推开“救急难”工作，加大临时救助和医疗救助力度。完善核对机制，加快核对信息系统建设，完善“一门受理、协同办理”服务平台。推行政府购买服务，加强基层社会救助能力建设。开展困难群众基本生活救助工作年度绩效评价。

（五）慈善事业方面

民政、教育、税务、宣传等部门积极配合、共同参与，为《慈善法》落地见效提供支持。加快制定《慈善法》配套扶持政策，促进出台税收、金融、土地、产权转让、社会支持、购买服务、费用减免等方面的优惠政策；推动教育部门将慈善文化纳入教育教学内容；推动宣传部门宣传慈善活动、普及慈善知识、传播慈善文化。

（六）优抚保障方面

修订《军人抚恤优待条例》，提高抚恤优待标准，继续提高优抚保障水平。整合完善参战、参试部队范围，进一步规范“两参”人员认定原则和要求。大力化解优抚对象上访问题，研究出台《关于加强优抚对象社会化服务工作的意见》。继续协调提高军休人员和机构相关待遇经费标准。配合军地有关部门提出无军籍职工与国家机关事业单位职工养老保险制度接轨的政策意见。

（民政部规划财务司　马　静）

第十一章

全国贫困地区*农村居民收入分配研究报告

党的十八大以来，党中央把脱贫攻坚作为全面建成小康社会的底线任务和标志性指标，纳入“五位一体”总体布局和“四个全面”战略布局，以前所未有的力度推进。全国及各地区农村贫困人口大幅减少，贫困发生率持续下降，贫困群众生活消费水平大幅提高，贫困地区面貌逐步改善，区域性整体贫困明显缓解，为全球减贫做出了巨大贡献①。数据显示，我国现行标准下的农村贫困人口从2012年底的9899万人减至2016年底的4335万人，年均减少1391万人，累计脱贫5564万人；贫困发生率从2012年底的10.2%下降到2016年底的4.5%，下降5.7个百分点，年均下降1.4个百分点。但是，贫困问题依然是我国经济社会发展中最突出的“短板”，我国脱贫攻坚面临的任务仍然十分艰巨。

当前，我国扶贫工作已进入啃硬骨头、攻坚拔寨的阶段，党中央国务院对脱贫攻坚做出了新的部署，建立精准扶贫、精准脱贫责任体系、政策体系、制度体系、动员体系、监督体系、考核体系，加大投入和动员力度，实现精准识别、精准帮扶。

---

* 贫困地区，包括集中连片特困地区和片区外的国家扶贫开发工作重点县，共832个县，分布在中西部22个省（区、市）。其中，集中连片特困地区覆盖680个县，国家扶贫开发工作重点县共计592个；集中连片特困地区包含440个国家扶贫开发工作重点县；贫困人口如无特别说明，一般指贫困地区的农村贫困人口。本报告中采用的数据摘自国家统计局公开出版的历年《中国农村贫困监测报告》。

① 引自2017年《中国农村贫困监测报告》。

《中共中央国务院关于打赢脱贫攻坚战的决定》对“十三五”脱贫攻坚做出全面部署，主要包括四个方面。一是总体目标。围绕全面建成小康社会和实现党的第一个百年奋斗目标，做到“两不愁三保障”、“一高于一接近”和“两个确保”。具体是：“到2020年，稳定实现农村贫困人口不愁吃、不愁穿，义务教育、基本医疗和住房安全有保障。实现贫困地区农民人均可支配收入增长幅度高于全国平均水平，基本公共服务主要领域指标接近全国平均水平。确保我国现行标准下农村贫困人口实现脱贫，贫困县全部摘帽，解决区域性整体贫困。”二是基本方略。实施精准扶贫精准脱贫，核心是做到“六个精准”（扶持对象精准、项目安排精准、资金使用精准、措施到户精准、因村派人精准、脱贫成效精准），实施“五个一批”（发展产业脱贫一批、易地搬迁脱贫一批、生态补偿脱贫一批、发展教育脱贫一批、社会保障兜底一批），还要实施劳务输出、健康、资产收益扶贫等，解决“四个问题”（扶持谁、谁来扶、怎么扶、如何退）。三是政策举措。国家出台财政、金融、土地、交通、水利、教育、健康、科技等一系列超常规政策举措，打出组合拳。四是组织保障。充分发挥政治优势和制度优势，强化组织领导、监督检查、考核评估等一系列保障措施。

习近平总书记在党的十九大报告中提出：要确保到2020年我国现行标准下农村贫困人口实现脱贫，贫困县全部摘帽，解决区域性整体贫困，做到脱真贫、真脱贫。当前，脱贫攻坚的主要难点是贫困地区，重点是深度贫困地区、深度贫困县、深度贫困村和深度贫困人口。本报告从贫困地区、集中连片特困地区和国家扶贫开发工作重点县区域内农村居民收入的水平和结构以及分配和消费角度，解析影响其收入分配差距的因素，对准确把握该地区农村居民收入分配总体状况，跟踪关注该领域出现的新情况、新问题，深化收入分配制度改革的理论和实证研究，研究出台脱贫攻坚相关政策，具有现实意义。

一　贫困地区农村居民收入解析

（一）贫困地区农村居民收入及构成

1. 贫困地区农村居民人均可支配收入总体情况

（1）贫困地区农村居民收入持续增长

2016 年全国贫困地区农村居民人均可支配收入 8452 元，比 2015 年增长了 799 元，比 2014 年增长了 1600 元。剔除价格因素，2015 年比 2014 年实际增长了 10.3%，2016 年比 2015 年实际增长了 8.4%，呈持续增长的态势。2014 ~2016 年贫困地区农村居民人均可支配收入增长情况详见图 11 -1。

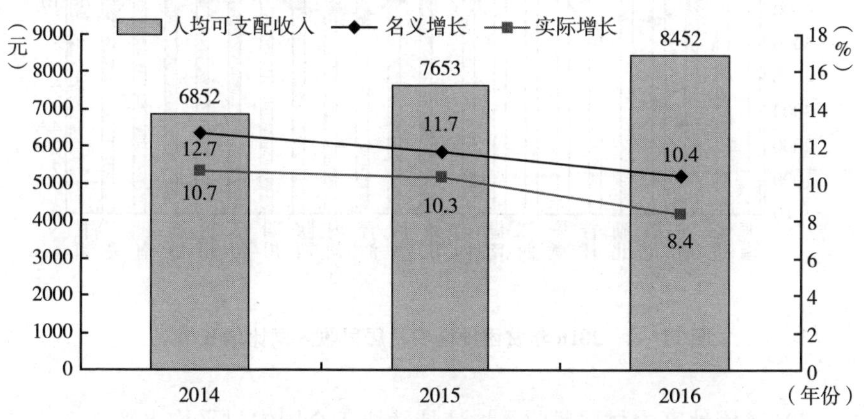

图 11 -1　2014 ~2016 年贫困地区农村居民人均可支配收入增长情况

（2）10 省（区、市）贫困地区农村居民收入高于全国贫困地区的平均水平

2016 年，贫困地区农村居民人均可支配收入高于全国贫困地区平均水平的省（区、市）有 10 个，分别是海南、安徽、河南、湖北、江西、重庆、西藏、内蒙古、四川和广西。重庆、安徽、河南的贫困地区农村居

民人均可支配收入在中西部地区位居前三。其中，重庆市的收入最高，达到了10244元；甘肃省贫困地区农村居民人均可支配收入最低，为6323元。

2016年，各省（区、市）贫困地区农村居民人均可支配收入同比增长幅度在8%～13%。贫困地区农村居民人均可支配收入高于全国人均可支配收入的省（区、市）有9个，分别是海南、河南、湖北、安徽、重庆、西藏、内蒙古、四川、广西。其中，重庆市的名义增速最高，为12.3%（详见图11－2）。

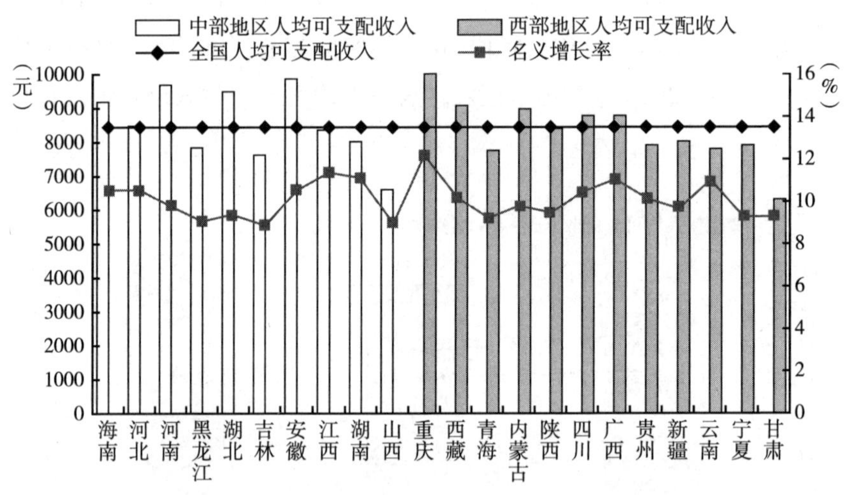

图11－2　2016年贫困地区农村居民收入同比增长情况

（3）贫困地区农村居民收入增速持续快于全国农村平均水平

2014～2016年，贫困地区农村居民人均可支配收入增速持续快于全国农村平均水平，增长率分别为12.7%、11.7%、10.4%，比全国平均水平高1.5个、2.8个、2.2个百分点。贫困地区与全国农村居民人均可支配收入对比情况详见图11－3。此外，2014～2016年全国各省（区、市）贫困人口及收入、消费情况等数据详见附表11－1、11－2、11－3。

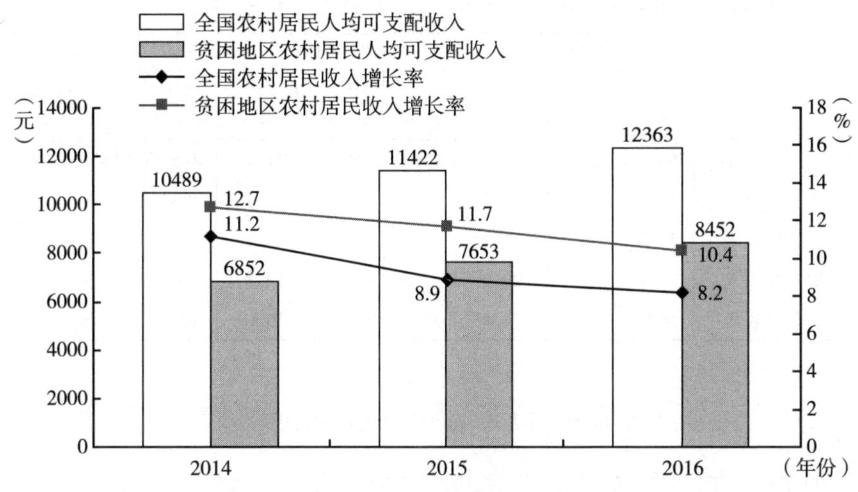

图 11－3　2014～2016 年贫困地区与全国农村居民人均可支配收入对比情况

2. 全国贫困地区农村居民收入结构分析

（1）经营净收入和工资性收入仍占主导地位

从收入构成看，2014～2016 年，贫困地区农村居民收入仍以经营净收入和工资性收入占主导地位。2016 年，贫困地区农村居民经营净收入所占比例为 40.7%；工资性收入所占比例为 34.1%；转移净收入所占比例为 23.9%；财产净收入所占比例较低，为 1.3%。从 2016 年贫困地区农村居民人均可支配收入四项构成的名义增速看，转移净收入的增幅最大，为 17.4%，详见表 11－1。此外，分省份的贫困地区农村居民人均可支配收入构成情况详见附表 11－4。

从收入构成占比看，工资性收入比例略有上升，由 2014 年的 32.7% 上升至 2016 年 34.1%，上升了 1.4 个百分点；经营净收入比例有所下降，由 2014 年的 44.3% 降至 2016 年的 40.7%，下降了 3.6 个百分点；财产净收入所占比例较低且变化不大；转移净收入所占比例略有上升，由 2014 年的 21.8% 升至 2016 年的 23.9%，上升了 2.1 个百分点（详见图 11－4）。

表 11－1　2014～2016 年贫困地区农村居民人均可支配收入及其结构

指　标	2014 年			2015 年			2016 年		
	水平（元）	构成（%）	名义增长（%）	水平（元）	构成（%）	名义增长（%）	水平（元）	构成（%）	名义增长（%）
人均可支配收入	6852	100	12.7	7653	100	11.7	8452	100	10.4
1. 工资性收入	2240	32.7	16.7	2556	33.4	14.1	2880	34.1	12.7
2. 经营净收入	3033	44.3	8.8	3282	42.9	8.2	3443	40.7	4.9
3. 财产净收入	81	1.2	29.9	93	1.2	14.8	107	1.3	15.1
4. 转移净收入	1497	21.8	14.4	1722	22.5	15.0	2021	23.9	17.4

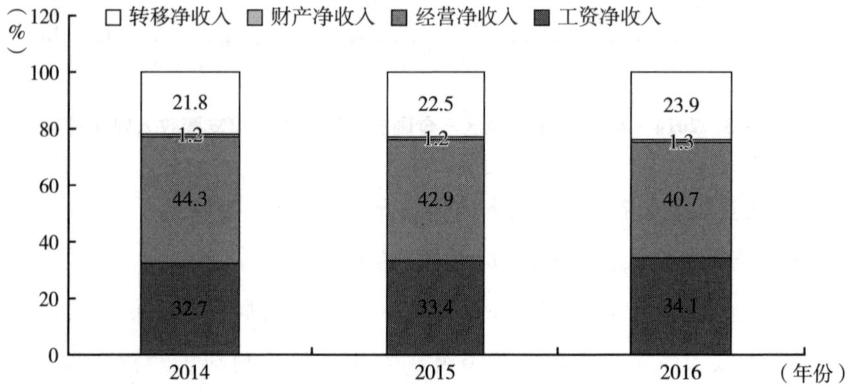

图 11－4　2014～2016 年贫困地区人均可支配收入构成情况

（2）收入的各组成部分均呈现稳定增长的趋势

从收入绝对值看，2014～2016 年，贫困地区农村居民人均可支配收入的各组成部分均呈现稳定增长的趋势，尤其是转移净收入增长较快，详见图 11－5。

（3）不同类型县的收入构成与全国贫困地区收入构成基本一致

将贫困地区农村居民人均可支配收入按不同类型县分组，分为民族地区县、陆地边境县、沙漠化县及较少民族聚集村所在县。从收入构成来看，不同类型县均以经营净收入和工资性收入为主要收入来源，与全国贫困地区农村居民的收入构成基本一致，详见表 11－2。

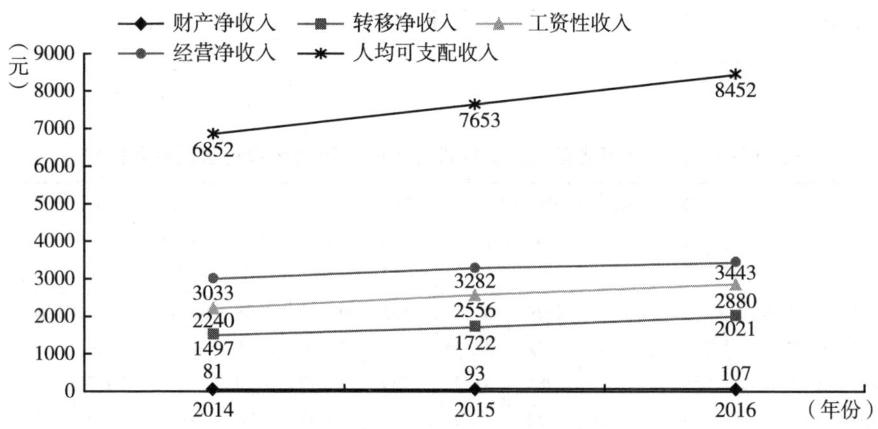

图 11－5　2014～2016 年贫困地区农村居民收入变化情况

表 11－2　按不同类型县分组的贫困地区农村居民收入构成

指标	民族地区县		陆地边境县		沙漠化县		较少民族聚集村所在县	
	金额（元）	占比（%）	金额（元）	占比（%）	金额（元）	占比（%）	金额（元）	占比（%）
人均可支配收入	8065	100	7804	100	8217	100	7617	100
#工资性收入	2438	30.23	1859	23.82	2987	36.35	2022	26.55
#经营净收入	3841	47.63	4461	57.16	3483	42.39	4018	52.75
#财产净收入	108	1.34	116	1.49	133	1.62	112	1.47
#转移净收入	1678	20.80	1368	17.53	1614	19.64	1465	19.23

（4）高收入组以经营净收入为主，低收入组以工资性收入为主

将贫困地区人均可支配收入按收入五等份分组，分为低收入组、中低收入组、中等收入组、中高收入组、高收入组。数据显示，高收入组的经营净收入在五类分组中所占比例最高，低收入组的转移净收入在五类分组中所占比例最高。从收入构成看，低收入组的农村居民的工资性收入和转移净收入共占 77.16%，其中，工资性收入占 42.70%，转移净收入占 34.46%；中等收入组的农村居民工资性收入和经营净收入共占 75.19%，其中，工资性收入占 37.70%，经营净收入占 37.49%；高收入组的农村居民工资性收入和

经营净收入共占 75.41%，其中，工资性收入占 28.94%，经营净收入占 46.47%，详见表 11－3。

表 11－3　按人均可支配收入五等份分组的贫困地区农村居民收入构成

指标	低收入组		中低收入组		中等收入组		中高收入组		高收入组	
	金额（元）	占比（%）	金额（元）	占比（%）	金额（元）	占比（%）	金额（元）	占比（%）	金额（元）	占比（%）
人均可支配收入	2391	100	5329	100	7335	100	9908	100	17295	100
#工资性收入	1021	42.70	1992	37.38	2765	37.70	3615	36.49	5006	28.94
#经营净收入	505	21.12	1985	37.25	2750	37.49	3940	39.77	8037	46.47
#财产净收入	42	1.76	54	1.01	71	0.97	98	0.99	269	1.56
#转移净收入	823	34.42	1298	24.36	1749	23.84	2255	22.75	3983	23.03

（5）家庭规模越小，人均可支配收入越高

将贫困地区人均可支配收入按家庭规模分组，分为 1 人户、2 人户、3 人户、4 人户、5 人户、6 人户及以上。数据显示，家庭规模越小，人均可支配收入越高。从收入构成看，1 人户农村居民的经营净收入和转移净收入共占 73.64%，其中，经营净收入占 31.77%，转移净收入占 41.87%；3 人户农村居民的工资性收入和经营净收入共占 73.48%，其中，工资性收入占 33.82%，经营净收入占 39.66%；6 人户及以上农村居民的工资性收入和经营净收入共占 84.10%，其中，工资性收入占 37.59%，经营净收入占 46.51%，详见表 11－4。

表 11－4　按家庭规模分组的贫困地区农村居民收入构成

指标	1 人户		2 人户		3 人户		4 人户		5 人户		6 人户及以上	
	金额（元）	占比（%）	金额（元）	占比（%）	金额（元）	占比（%）	金额（元）	占比（%）	金额（元）	占比（%）	金额（元）	占比（%）
人均可支配收入	14090	100	10966	100	9290	100	7914	100	6797	100	6156	100
#工资性收入	3485	24.73	2971	27.09	3142	33.82	2994	37.83	2611	38.41	2314	37.59
#经营净收入	4477	31.77	4148	37.83	3684	39.66	3355	42.39	2928	43.08	2863	46.51
#财产净收入	229	1.63	175	1.60	117	1.26	82	1.04	72	1.06	80	1.30
#转移净收入	5899	41.87	3672	33.48	2347	25.26	1483	18.74	1186	17.45	899	14.60

（6）文化程度越高，人均可支配收入越高

将贫困地区人均可支配收入按家庭成员最高文化程度分组，分为未上学、小学、初中、高中、大学专科、本科及以上。数据显示，受教育程度越高的农村居民的人均可支配收入越高。2016 年，本科及以上的农村居民比未上学的农村居民收入高 1760 元。从收入构成看，未上学的农村居民经营净收入和转移净收入共占 79.95%，其中，经营净收入占 44.92%，转移净收入占 35.03%；本科及以上农村居民的工资性收入和经营净收入共占 80.35%，其中，工资性收入占 39.38%，经营净收入占 40.97%，详见表 11－5。

表 11－5　按家庭成员最高文化程度分组的贫困地区农村居民收入构成

指标	未上学		小学		初中		高中		大学专科		本科及以上	
	金额（元）	占比（%）	金额（元）	占比（%）	金额（元）	占比（%）	金额（元）	占比（%）	金额（元）	占比（%）	金额（元）	占比（%）
人均可支配收入	7761	100	7830	100	8196	100	8522	100	9387	100	9521	100
#工资性收入	1456	18.76	2035	25.99	2689	32.81	3014	35.37	3793	40.41	3749	39.38
#经营净收入	3486	44.92	3497	44.66	3343	40.79	3416	40.08	3597	38.32	3901	40.97
#财产净收入	100	1.29	111	1.42	94	1.15	112	1.31	137	1.46	122	1.28
#转移净收入	2719	35.03	2187	27.93	2070	25.25	1980	23.24	1860	19.81	1749	18.37

（二）连片特困地区农村居民收入及构成

1. 连片特困地区农村居民人均可支配收入总体情况

（1）连片特困地区农村居民人均收入持续增长

近三年来，全国连片特困地区农村居民人均可支配收入总额不断增加，由 2014 年的 6724 元增至 2016 年的 8348 元，名义增速保持在 10% 以上。2016 年，全国连片特困地区农村居民人均可支配收入为 8348 元，较上年增加了 823 元，增速为 10.9%，详见图 11－6。

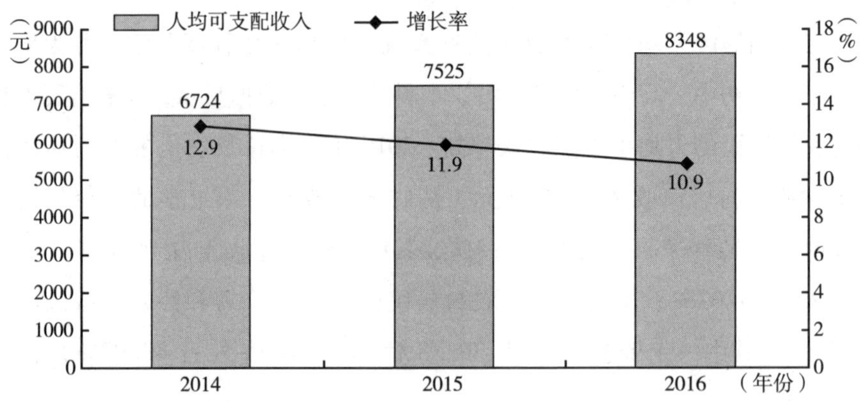

图 11－6　2014～2016 年全国连片特困地区农村居民人均可支配收入变化情况

（2）连片特困地区之间农村居民收入差距不大

分片区看，2016 年，高于全国连片特困地区总体收入水平（8348 元）的连片特困地区有 6 个，分别是西藏自治区、大别山区、秦巴山区、罗霄山区、大兴安岭南麓山区和武陵山区，其中大别山区农村居民收入最高，为 9804 元。吕梁山区农村居民收入相对较低，为 6884 元。最高与最低的连片特困地区农村居民收入相差 2920 元，详见图 11－7。

（3）连片特困地区农村居民收入增速快于全国贫困地区平均水平

2014～2016 年，连片特困地区农村居民人均可支配收入分别为 6724 元、7525 元、8348 元，其收入名义增速分别高于全国贫困地区 0.2 个、0.2 个、0.5 个百分点，详见图 11－8。

2. 连片特困地区农村居民收入结构分析

（1）连片特困地区农村居民收入构成与贫困地区收入构成基本一致

2016 年，全国 14 个连片特困地区农村居民人均可支配收入为 8348 元，比上年增长 823 元，名义增速为 10.9%。其收入构成与贫困地区农村居民收入构成基本一致，经营净收入和工资性收入占主导地位。2016 年，经营净收入所占比例为 41.1%；工资性收入所占比例为 34.1%；转移净收入所占比例为 23.7%；财产净收入所占比例仅为 1.16%。

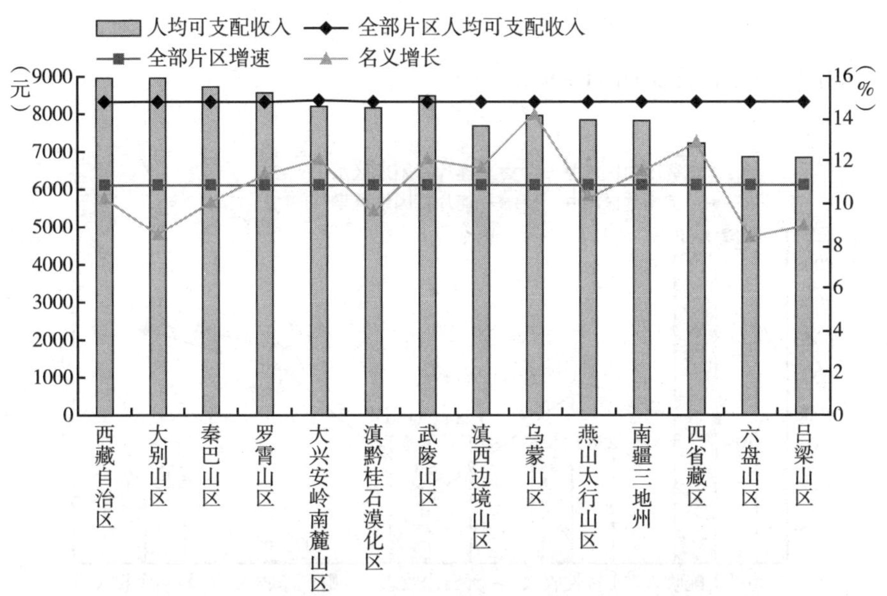

图 11-7　2016 年全国 14 个连片特困地区农村居民人均可支配收入情况

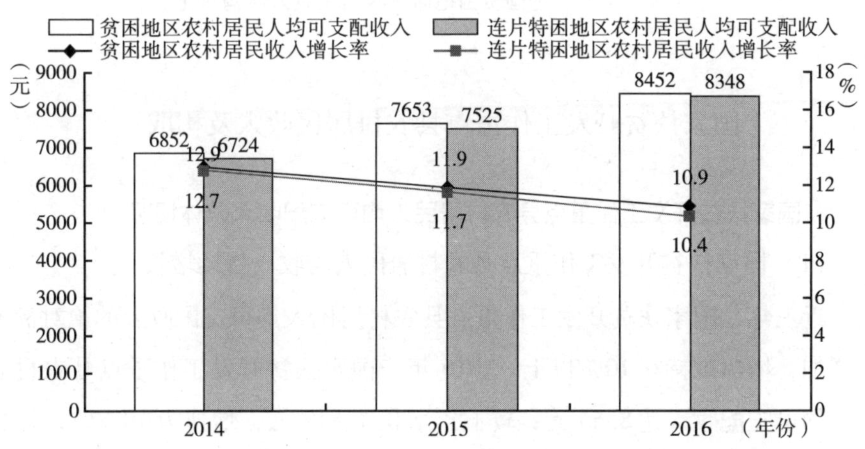

图 11-8　2014～2016 年全国 14 个连片特困地区农村居民人均可支配收入与全国贫困地区农村居民人均可支配收入对比

（2）连片特困地区收入各组成部分的增速均高于贫困地区平均水平

将 14 个连片特困地区收入构成与全国贫困地区对比，收入各组成部分增速均高于全国贫困地区，其中转移净收入增速达到 18.0%，财产净收入增速为 16.2%，详见图 11－9。

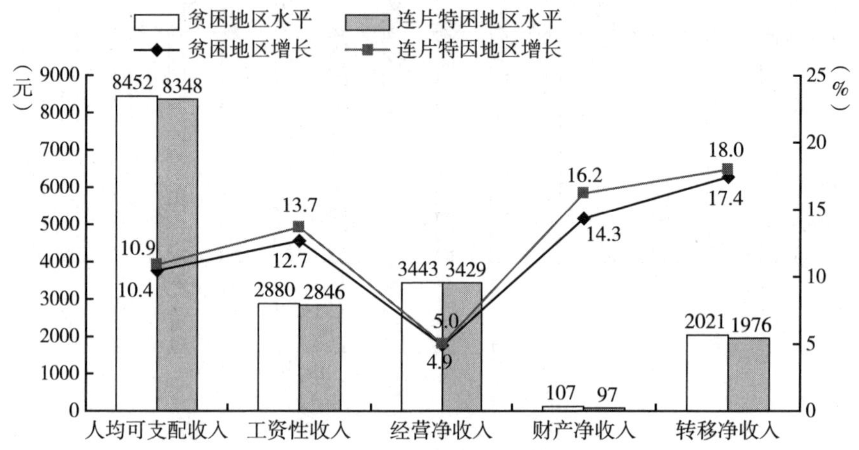

图 11－9　2016 年全国 14 个连片特困地区农村居民与全国贫困地区农村居民收入结构对比

（三）国家扶贫开发工作重点县农村居民收入及构成

1. 国家扶贫开发工作重点县农村居民人均可支配收入总体情况

（1）国家扶贫开发工作重点县农村居民人均收入持续增长

近三年，国家扶贫开发工作重点县农村居民人均可支配收入的绝对额不断增加，增幅维持在 10% 以上。2016 年，国家扶贫开发工作重点县农村居民人均可支配收入达 8355 元，较上年增长了 812 元，增速为 10.8%，详见图 11－10。

2016 年，各省（区、市）扶贫开发工作重点县农村居民收入高于国家扶贫开发工作重点县平均水平的省（区、市）有 10 个，分别是海南、安徽、河南、湖北、江西、重庆、内蒙古、陕西、四川和广西。其中，重庆最高，为 10244 元，详见图 11－11。

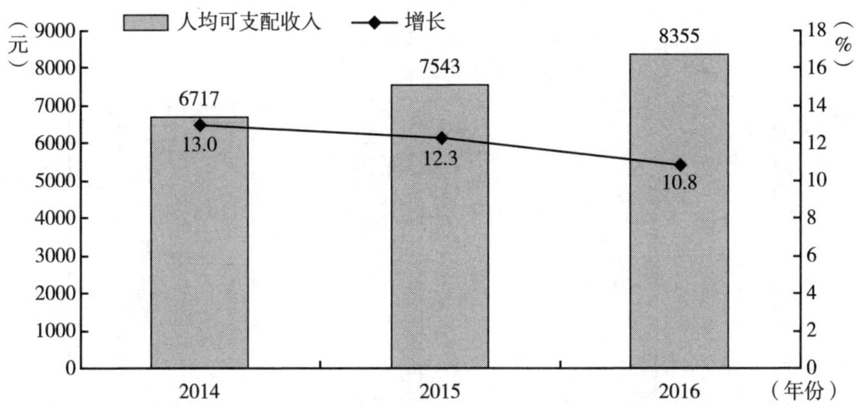

图 11－10　2014～2016 年国家扶贫开发工作重点县农村居民人均可支配收入变化情况

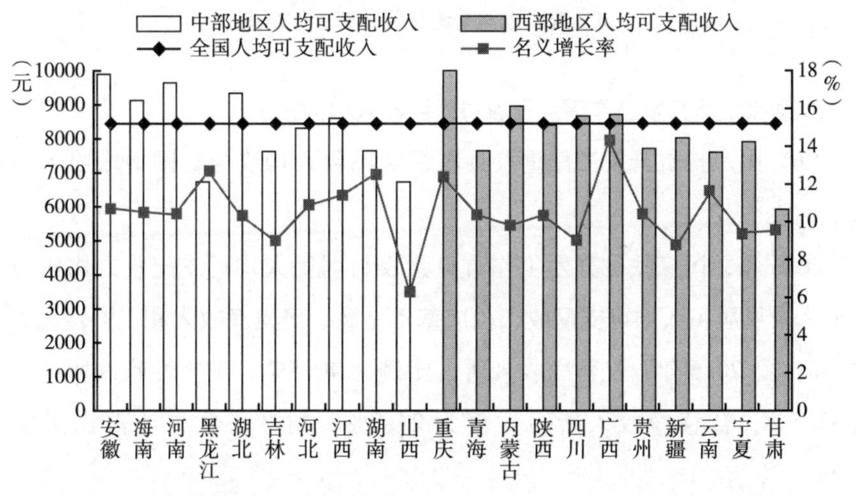

图 11－11　2016 年国家扶贫开发工作重点县农村居民人均可支配收入增长情况

（2）国家扶贫开发工作重点县农村居民收入增速高于全国贫困地区平均水平

2014～2016 年，国家扶贫开发工作重点县农村居民人均可支配收入分别为 6717 元、7543 元、8355 元，其收入名义增速分别高于全国贫困地区平均水平 0.3 个、0.6 个、0.4 个百分点，详见图 11－12。

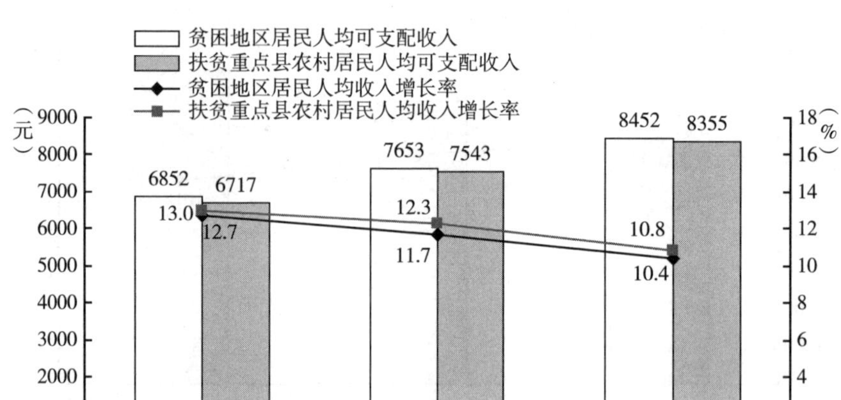

图 11－12　2014～2016 年国家扶贫开发工作重点县农村居民人均可支配收入与全国贫困地区总体对比

2. 国家扶贫开发工作重点县农村居民收入结构分析

（1）国家扶贫开发工作重点县农村居民收入构成与贫困地区收入结构基本一致

2016 年，国家扶贫开发工作重点县农村居民人均可支配收入构成与贫困地区农村居民人均可支配收入构成基本一致，经营净收入和工资性收入占主导地位。2016 年，经营净收入所占比例为 40.5%；工资性收入所占比例为 33.5%；转移净收入所占比例为 24.8%；财产净收入所占比例仅为 1.2%。

（2）国家扶贫开发工作重点县农村居民人均可支配收入与贫困地区收入差距不大

2016 年，国家扶贫开发工作重点县农村居民与全国贫困地区农村居民的人均可支配收入相差不大，仅低 97 元。从构成差距看，其中，工资性收入低 83 元，经营净收入低 58 元，财产净收入低 4 元，转移净收入高 49 元。详见图 11－13。

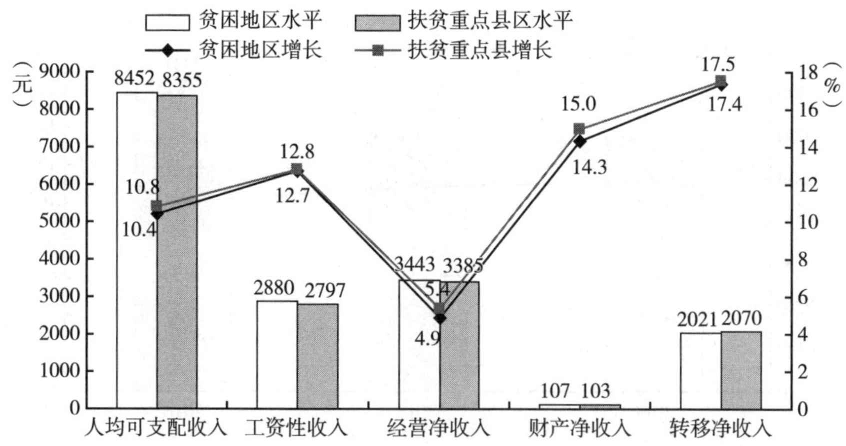

图 11－13　2016 年国家扶贫开发工作重点县农村居民收入结构与全国贫困地区收入结构对比

二　贫困地区农村居民消费解析

（一）贫困地区农村居民人均消费及构成

1. 贫困地区农村居民人均消费持续增长

2016 年，全国贫困地区农村居民人均消费支出 7331 元，较上年增加 675 元，增速为 10. 1%。近三年，全国贫困地区农村居民人均消费支出持续增长，且增速稳定在 10% 以上。2014 ~ 2016 年全国贫困地区农村居民人均消费支出情况，详见图 11－14。

2016 年，贫困地区农村居民人均消费高于全国平均水平的 11 个省（区、市）有内蒙古、安徽、湖北、湖南、广西、海南、重庆、四川、陕西、青海和宁夏。其中，青海最高，为 9222 元；增长速度在 10% 以上的有贵州、四川、重庆、安徽、湖南、广西、云南和吉林。其中，贵州最高，为 12. 8%，详见图 11－15。

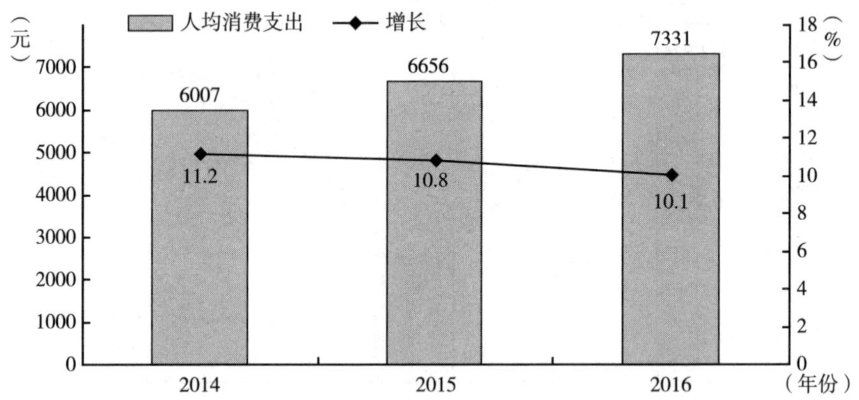

图 11－14　2014～2016 年全国贫困地区农村居民人均消费支出情况

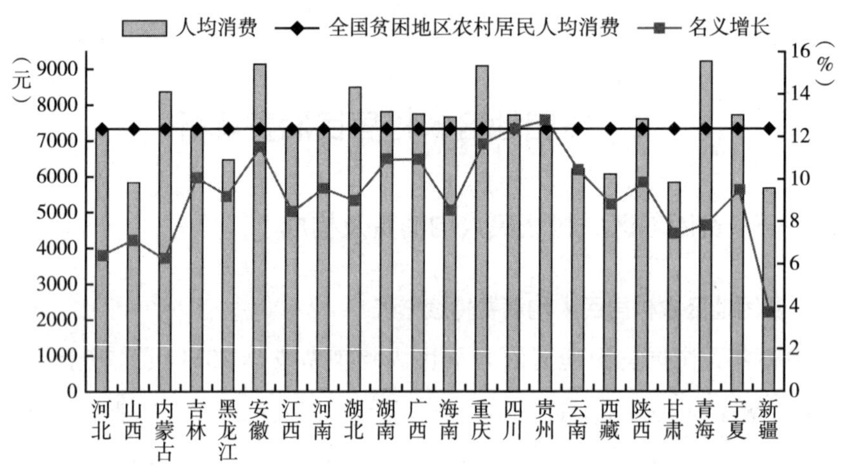

图 11－15　2016 年全国各贫困地区农村居民人均消费情况

2. 贫困地区农村居民消费增速略高于全国农村地区

2016 年，贫困地区农村居民人均消费支出为全国农村居民人均消费支出的 72.4%，较上年提高 0.2 个百分点；人均消费增长速度比全国农村居民增速高 0.3 个百分点，详见图 11－16。

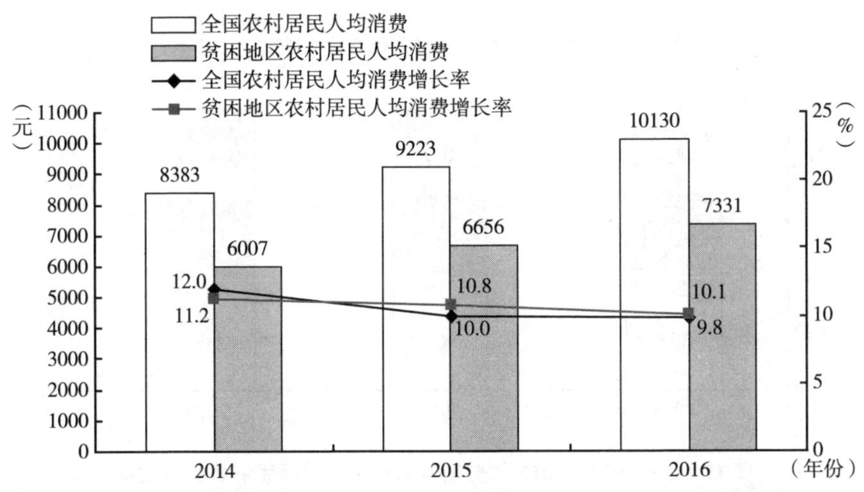

图 11－16　2014～2016 年全国贫困地区农村居民与全国农村居民人均消费对比

3. 贫困地区农村居民消费支出以食品烟酒和居住为主，通信与教育文化娱乐支出增幅大

（1）食品烟酒消费和居住是贫困地区农村居民的主要支出

2016 年，贫困地区农村居民消费以食品烟酒消费和居住支出为主，食品烟酒消费占比最大，为 35.0%；其次是居住支出，占 21.1%。其余交通通信占 11.0%；教育文化娱乐占 10.8%；医疗保健占 8.7%；生活用品及服务占 6.1%；衣着占 5.8%；其他商品和服务占 1.6%。2014～2016 年全国贫困地区农村居民消费支出结构详见图 11－17。此外，分省份的贫困地区农村居民人均消费支出构成情况，详见附表 11－5。

（2）交通通信和教育文化娱乐支出大幅增长

2016 年，贫困地区农村居民人均消费支出比 2015 年增加 675 元。其中，食品烟酒消费支出增加 156 元；居住支出增加 167 元；交通通信支出增加 110 元；教育文化娱乐支出增加 110 元。增长幅度最高的是教育文化娱乐，增长比率为 16.2%；其次是交通通信，增长率为 15.9%。各项消费支出增长情况详见图 11－18。

2016 年，贫困地区农村居民人均消费水平与全国农村居民消费基本保

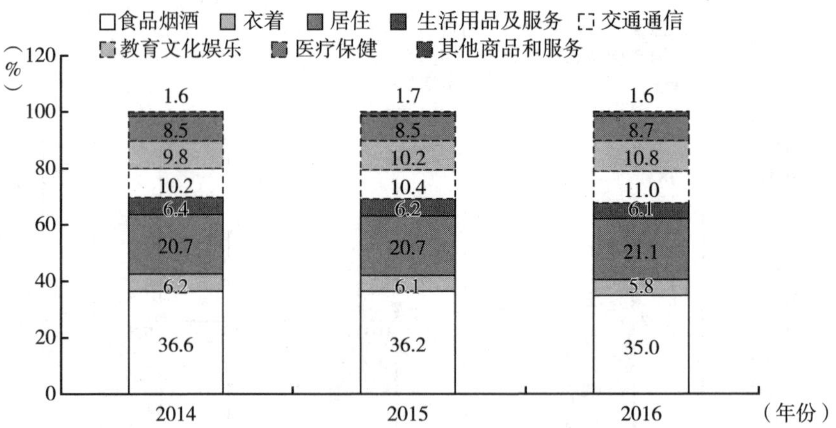

图 11－17　2014～2016 年全国贫困地区农村居民消费支出结构

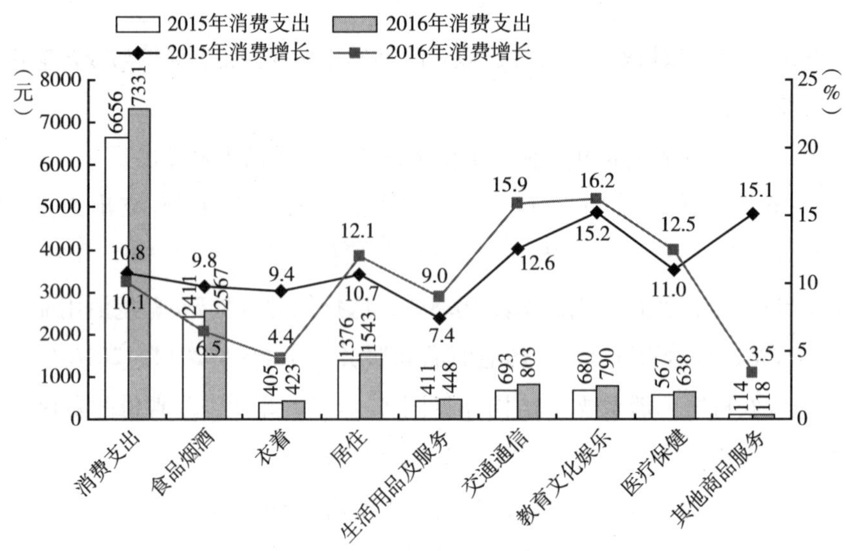

图 11－18　全国贫困地区农村居民消费各项支出变化情况

持同步增长。其中，教育文化娱乐消费增长了 16.2%，比全国农村高 5.8 个百分点；医疗保健消费增长了 12.5%，比全国农村高 3.7 个百分点，增速远超全国农村，详见图 11－19。

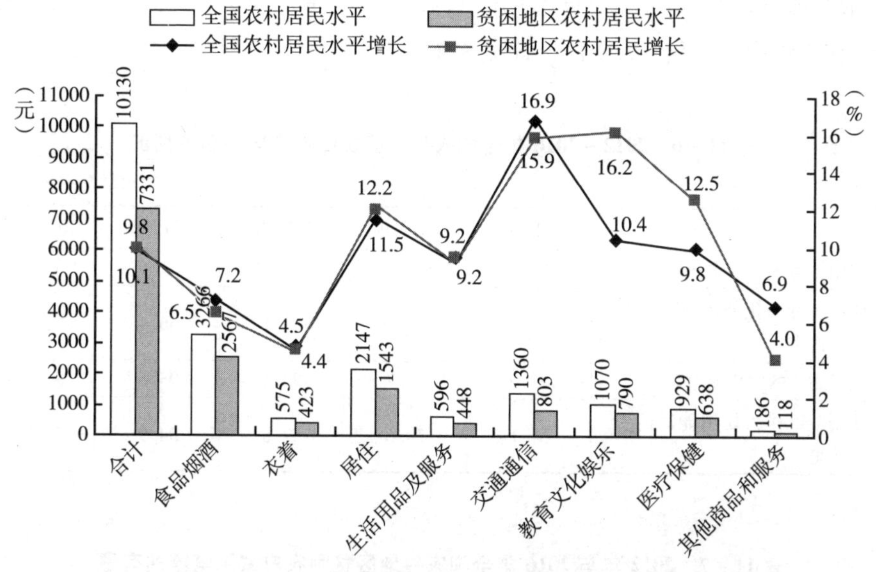

图 11－19　2016 年全国农村居民消费及全国贫困地区农村居民消费情况

（3）住房面积增加，居住条件不断改善

住房面积增加、房屋质量有所改善。2016 年贫困地区农村居民户均住房面积较 2012 年增加了 19. 1 平方米，其中居住钢筋混凝土房屋或砖混材料房屋的农户占比较 2012 年上升了 17. 9 个百分点。

饮水困难农户比重下降。2016 年贫困地区农村饮水有困难的农户比重较 2013 年下降了 6. 9 个百分点，表明贫困地区农村居民的饮水条件逐渐得到保障。

居住设施不断改善。2016 年贫困地区农村居民独用厕所的比重较 2012 年提高 3. 2 个百分点，使用柴草作为炊用能源的比重降低 9. 8 个百分点。贫困地区农村居民居住配套设施方面的情况详见表 11－6。

（4）耐用品消费升级换代，汽车走进贫困农户家庭

近几年，贫困地区农户拥有电器、汽车、计算机等耐用消费品数量持续增加。在传统耐用消费品方面，2016 年，贫困地区农村每百户拥有电冰箱、洗衣机、彩电数量分别较 2012 年增加 27. 8 台、28. 4 台、9. 7 台。在现代耐

用消费品方面，2016 年，贫困地区农村每百户拥有汽车、计算机数量分别是2012 年的4.1 倍、2.8 倍，详见表11 –7。

表11 –6　2012～2016 年全国农村地区贫困农户居住有关情况

单位：%

指标	2012 年	2013 年	2014 年	2015 年	2016 年
使用管道供水的农户比重	—	53.6	55.9	61.5	67.4
使用经过净化处理自来水的农户比重	—	30.6	33.1	36.4	40.8
独用厕所的农户比重	91.0	92.7	93.1	93.6	94.2
使用柴草作为炊用能源的农户比重	61.1	58.6	57.8	54.9	51.3

表11 –7　2012 年与2016 年全国农村地区贫困农户家用电器拥有量

指标	2012 年	2016 年	2016 年较2012 年增加量
百户电冰箱拥有量(台)	47.5	75.3	27.8
百户洗衣机拥有量(台)	52.3	80.7	28.4
百户彩电拥有量(台)	98.3	108.0	9.7
百户汽车拥有量(台)	2.7	11.1	8.4
百户计算机拥有量(台)	5.4	15.1	9.7

（二）贫困地区不同群体的农村居民消费及构成

1. 按不同类型县分组的消费及构成

按民族地区县、陆地边境县、沙漠化县、较少民族聚集村所在县进行分组，2016 年，各组贫困地区农村居民人均消费支出均低于全国贫困地区平均消费水平。其中，民族地区县消费水平相对较高，为6869 元，比全国贫困地区消费低462 元；沙漠化县、较少民族聚集村所在县及陆地边境县较全国贫困地区农村居民人均消费支出分别低631 元、784 元和1095 元。从消费支出构成看，按不同类型县分组的贫困地区居民的主要消费支出用于食品烟酒、居住和交通通信等满足日常基本需求，详见表11 –8。

表 11－8　按不同类型县分组的贫困地区农村居民消费构成

指标	民族地区县		陆地边境县		沙漠化县		较少民族聚集村所在县	
	金额（元）	占比（%）	金额（元）	占比（%）	金额（元）	占比（%）	金额（元）	占比（%）
人均消费支出	6869	100	6236	100	6700	100	6547	100
#食品烟酒	2498	36.37	2429	38.95	2363	35.27	2314	35.34
#衣着	390	5.68	354	5.68	479	7.15	373	5.70
#居住	1333	19.41	1186	19.02	1316	19.64	1215	18.56
#生活用品及服务	381	5.55	318	5.10	339	5.06	361	5.51
#交通通信	860	12.52	821	13.17	831	12.40	914	13.96
#教育文化娱乐	763	11.11	560	8.98	676	10.09	709	10.83
#医疗保健	550	8.01	486	7.79	601	8.97	572	8.74
#其他用品和服务	94	1.37	82	1.31	95	1.42	89	1.36

2. 按收入五等份分组的消费及构成

按人均可支配收入分组看贫困地区农村居民消费情况，低收入组、中等收入组、高收入组的贫困地区农村居民人均消费支出分别是5486元、6674元、10680元。中高收入组和高收入组的贫困地区农村居民人均消费支出较全国贫困地区平均支出分别高583元和3349元。从消费支出构成来看，不同收入组的贫困地区居民在食品烟酒、居住等方面消费支出所占比例均较高。中、低收入组居民在教育文化娱乐等方面消费支出比例相对较高，高收入组在医疗保健等方面的消费支出比例相对较高，详见表11－9。

表 11－9　按收入五等份分组的贫困地区农村居民消费构成

指标	低收入组		中低收入组		中等收入组		中高收入组		高收入组	
	金额（元）	占比（%）	金额（元）	占比（%）	金额（元）	占比（%）	金额（元）	占比（%）	金额（元）	占比（%）
人均消费支出	5486	100	5899	100	6674	100	7914	100	10680	100
#食品烟酒	1976	36.02	2150	36.45	2396	35.90	2768	34.98	3547	33.21
#衣着	319	5.81	344	5.83	386	5.78	456	5.76	608	5.69
#居住	1183	21.56	1249	21.17	1407	21.08	1643	20.76	2236	20.94

续表

指标	低收入组		中低收入组		中等收入组		中高收入组		高收入组	
	金额（元）	占比（%）	金额（元）	占比（%）	金额（元）	占比（%）	金额（元）	占比（%）	金额（元）	占比（%）
#生活用品及服务	313	5.71	349	5.92	409	6.13	483	6.10	688	6.44
#交通通信	570	10.39	558	9.46	652	9.77	892	11.27	1343	12.57
#教育文化娱乐	593	10.81	702	11.90	775	11.61	893	11.28	988	9.25
#医疗保健	450	8.20	455	7.71	550	8.24	653	8.25	1081	10.12
#其他用品和服务	82	1.50	92	1.56	99	1.49	126	1.60	189	1.78

3. 按家庭规模分组的消费及构成

数据显示，按家庭规模分组的贫困地区农村居民家庭规模越大，消费支出越低。其中，1 人户家庭的人均消费支出较全国贫困地区农村居民人均消费支出高 6240 元，6 人户及以上家庭人均消费支出较全国贫困地区农村居民人均消费支出低 2241 元。两组之间的消费支出金额相差 8481 元，详见表 11－10。

表 11－10　按家庭规模分组的贫困地区农村居民消费构成

指标	1 人户		2 人户		3 人户		4 人户		5 人户		6 人户及以上	
	金额（元）	占比（%）	金额（元）	占比（%）	金额（元）	占比（%）	金额（元）	占比（%）	金额（元）	占比（%）	金额（元）	占比（%）
人均消费支出	13571	100	9324	100	8065	100	6936	100	5972	100	5090	100
#食品烟酒	5386	39.69	3588	38.48	2758	34.20	2285	32.94	2003	33.54	1811	35.58
#衣着	743	5.47	467	5.01	464	5.75	422	6.08	359	6.01	326	6.40
#居住	3452	25.44	2119	22.73	1710	21.20	1417	20.43	1183	19.81	946	18.59
#生活用品及服务	892	6.57	600	6.44	503	6.24	420	6.06	347	5.81	278	5.46
#交通通信	1178	8.68	925	9.92	880	10.91	772	11.13	698	11.69	652	12.81
#教育文化娱乐	503	3.71	453	4.86	954	11.83	984	14.19	783	13.11	573	11.26
#医疗保健	1171	8.63	1010	10.83	664	8.23	528	7.61	509	8.52	428	8.41
#其他用品和服务	246	1.81	162	1.73	132	1.64	108	1.56	90	1.51	76	1.49

4. 按家庭成员最高文化水平分组的消费及构成

数据显示，家庭成员最高文化者学历越高，人均可支配收入越高，同时，人均消费支出也越高。具体来看，家庭成员最高文化程度为本科及以上的贫困地区农村居民人均消费支出为9153元，比全国贫困地区农村居民人均消费支出高1822元。未上学的贫困地区人均消费支出为6272元，比全国贫困地区农村居民人均消费支出低1059元。最高与最低的消费支出金额相差2881元。从消费支出构成看，按受教育程度较低的贫困地区农村居民消费主要用于食品烟酒和居住两部分，而文化程度较高的贫困地区农村居民在教育文化娱乐方面的消费相对较高，详见图11－20。

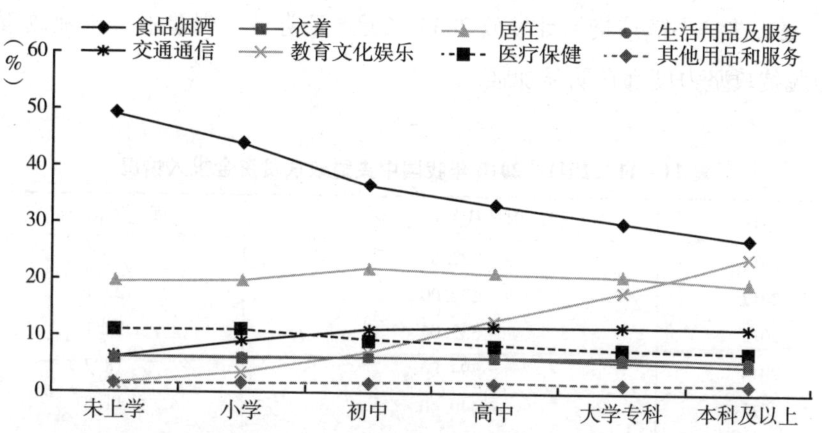

图11－20　按家庭成员最高文化程度分组的贫困地区农村居民消费情况

由上述分析可见，陆地边境县、较少民族聚集村所在县的农村居民消费支出比民族县、沙漠化县的支出相对更低；中高及高收入组的贫困地区农村居民人均消费支出高于全国贫困地区平均支出；家庭规模越大，消费支出越低；家庭成员最高文化者学历越高，人均消费支出越高。

三　贫困地区农村居民收入分配特征

（一）脱贫攻坚投入力度不断加大，贫困人口大幅减少

2016年是脱贫攻坚首战之年，也是我国扶贫开发历史上具有里程碑意

义的一年，我国对扶贫工作重视程度之高、政策举措之实、工作力度之大前所未有，在广度、深度和精准度上都达到新的水平。2016 年，不仅确保年度减贫目标任务顺利完成，也为今后的扶贫工作奠定了良好的基础。

一是扶贫资金投入大幅增加。近年来，国家不断向贫困地区加大转移支付力度和增加投入，用于改善贫困地区生产生活条件。积极推进财政涉农资金统筹整合使用试点，并逐步扩大到所有贫困县。中央财政扶贫资金投入由 2011 年的 222.68 亿元增至 2016 年的 627.60 亿元，每年保持较大的增幅，年均增幅为 23%，尤其是 2016 年的扶贫资金投入同比增幅高达 42.5%（见表 11－11）。同时加大金融扶贫力度，出台扶贫再贷款政策，截至 2016 年 12 月底，扶贫小额信贷累计发放 2833 亿元。证券业、保险业、土地政策等助力脱贫攻坚力度都在明显加强。

表 11－11　2011～2016 年我国中央财政扶贫资金投入情况

年份	中央财政扶贫资金(亿元)	同比增幅(%)
2011	222.68	—
2012	272.00	22.1
2013	332.05	22.1
2014	394.00	18.7
2015	440.40	11.8
2016	627.60	42.5

二是贫困人口大幅减少。我国农村贫困人口从 2012 年的 9899 万人减至 2016 年的 4335 万人，脱贫人口达 5564 万人。从贫困发生率来看，我国农村地区贫困发生率从 2012 年的 10.2% 降到 2016 年的 4.5%，降低了 5.7 个百分点，详见表 11－12。

表 11－12　2012～2016 年全国农村地区贫困人口数量及贫困发生率

指标	2012 年	2013 年	2014 年	2015 年	2016 年
农村贫困人口数量(万人)	9899	8249	7017	5575	4335
农村地区贫困发生率(%)	10.2	8.5	7.2	5.7	4.5

（二）贫困地区农村居民收入持续增加，消费同步增长

从收入情况来看，全国贫困地区农村居民人均可支配收入连续三年保持了较大幅度上涨，从2014年的6852元增至2015年的7653元，又增至2016年的8452元。剔除物价因素的影响，2014～2016年增速分别为10.7%、10.3%和8.4%。连片特困地区、国家扶贫开发工作重点县人均可支配收入均呈现相同的增长趋势。

从消费情况来看，全国贫困地区农村居民人均消费支出连续三年增速保持在10%以上，与收入保持同步增长，略超全国农村居民人均消费水平，部分地区的人均消费已接近全国农村居民人均消费，极大地促进了贫困地区的经济发展，改善了贫困地区居民的生活水平。

（三）收入结构由经营净收入为主向工资性收入为主过渡

经营净收入、工资性收入和转移净收入是贫困地区农村居民收入的主要来源。与全国农村居民的收入结构相比，贫困地区农村居民收入主要以经营净收入为主，占比高出全国平均水平2.4个百分点，但工资性收入所占比例较全国平均水平低6.5个百分点。数据说明，贫困地区农民收入更多来源于农林渔牧产业的家庭经营收入，但自身教育程度低以及地理位置、信息交流处于劣势等，制约着农民劳动技能、职业素质及劳动生产率的提高。近年来，这一劣势逐渐得到改善，随着贫困地区交通、通信和水电等基础设施建设的逐步改善，农村居民获得农牧渔副业以外的就业机会正在增加，工资性收入所占比例正在逐渐提高。

从贫困地区农村居民收入构成来看，经营净收入在整体收入中的所占比重连续三年持续下降，工资性收入和转移净收入占比三年来均呈上扬趋势。具体来看，经营净收入2014年占44.3%，2015年占42.9%，2016年下降至40.7%。2014～2016年的工资性收入所占比例分别为32.7%、33.4%和34.1%，转移净收入所占比例分别为21.8%、22.5%和23.9%。探究收入结构变化的主要原因有：一是种植业净收入增速回落，主要是受玉米、棉

表 11－13　2016 年贫困地区农村居民与全国农村居民收入结构对比

指　标	全国农村居民人均可支配收入水平(元)	全国农村居民人均可支配收入构成(%)	贫困地区农村居民人均可支配收入水平(元)	贫困地区农村居民人均可支配收入构成(%)
合　计	12363	100.0	8452	100.0
1. 工资性收入	5022	40.6	2880	34.1
2. 经营净收入	4741	38.3	3443	40.7
3. 财产净收入	272	2.2	107	1.3
4. 转移净收入	2328	18.8	2021	23.9

花、小麦等价格同比下跌，尤其是第四季度玉米价格大幅下跌的影响。二是农民工人数继续增加，尤其是本地务工人员增多，使农民工工资保持增长。三是农村最低基础养老金标准提高，人均离退休金与养老金增加，国家加大对低收入群体的精准扶贫、精准帮扶力度，各地陆续提高低保、合作医疗、大病保险和大病救助标准，推进农村低保和扶贫开发在政策、对象、标准、管理等方面的衔接，推动低收入群体收入较快增长。

（四）基础设施显著改善，促进交通通信消费大幅增长

党的十八大以来，国家以集中连片特困地区、革命老区、民族地区、边疆地区和深度贫困地区为脱贫攻坚重点区域，从政策制定、规划编制、资金安排和项目布局等方面予以倾斜支持，打破瓶颈制约，强化基础设施和基本公共服务建设。积极开展交通、水利、电力等扶贫行动，调整农村危房改造政策，提高中央补助标准，集中解决建档立卡贫困户等四类重点对象的基本住房安全问题。这些举措极大地改善了贫困地区农村居民生产生活条件，直接保障或间接影响了农村居民的稳定增收。

2016 年，全国贫困地区电力、通信、道路基础设施均有明显改善，这些区域自然村通公路农户比重、通电话农户比重、可接受有线电视信号农户比重、进村主干道路硬化的农户比重及能便利地乘坐公共汽车的农户比重均显著提升。农民获得更加便利的生产生活条件，拥有更多与外界沟通的机会与方式，极大地促进了当地农村居民交通通信消费增长。2013～2016 年全国贫困地区农村基础设施改善情况，详见表 11－14。

表 11－14　2013～2016 年全国贫困地区农村基础设施改善情况

年份	1. 所在自然村通公路的农户比重(%)	2. 所在自然村通电话的农户比重(%)	3. 所在自然村能接收有线电视信号的农户比重(%)	4. 所在自然村进村主干道路硬化的农户比重(%)	5. 所在自然村能便利地乘坐公共汽车的农户比重(%)
2013	97.8	98.3	79.6	88.9	56.1
2014	99.1	99.2	88.7	90.8	58.5
2015	99.7	99.7	92.2	94.1	60.9
2016	99.8	99.9	94.2	96.0	63.9

由表 11－14 可见，近四年来，全国贫困地区农村基础设施获得极大改善，所在自然村通公路、通电话、能接收有线电视信号、进村主干道路硬化的农户比重均在 95% 左右，通公路、电话的农户比重近 100%。其中，接收有线电视信号农户所占比重提升幅度最大，由 2011 年的 79.6% 升至 2016 年的 94.2%。

表 11－15　2013～2016 年连片特困地区农村基础设施改善情况

年份	1. 所在自然村通公路的农户比重(%)	2. 所在自然村通电话的农户比重(%)	3. 所在自然村能接收有线电视信号的农户比重(%)	4. 所在自然村进村主干道路硬化的农户比重(%)	5. 所在自然村能便利地乘坐公共汽车的农户比重(%)
2013	98.0	98.1	76.8	88.4	53.5
2014	98.9	99.2	86.5	90.1	55.4
2015	99.7	99.7	90.4	93.7	58.3
2016	99.8	99.9	93.4	95.6	61.2

由表 11－16 可见，近四年来，国家扶贫开发工作重点县的基础设施获得极大改善，所在自然村通公路、通电话、接收有线电视信号、进村主干道路硬化的农户比重均在 95% 左右，通公路、电话的比重近 100%。其中，接收有线电视信号农户所占比重提升幅度最大，由 2011 年的 80.0% 升至 2016 年的 94.6%。

表 11-16　2013～2016 年国家扶贫开发工作重点县基础设施改善情况

年份	1. 所在自然村通公路的农户比重(%)	2. 所在自然村通电话的农户比重(%)	3. 所在自然村能接收有线电视信号的农户比重(%)	4. 所在自然村进村主干道路硬化的农户比重(%)	5. 所在自然村能便利乘坐公共汽车的农户比重(%)
2013	97.8	98.5	80.0	88.6	56.1
2014	99.1	99.2	89.1	90.5	58.3
2015	99.7	99.7	92.4	93.4	61.2
2016	99.9	99.8	94.6	95.7	64.5

基础设施建设极大地改善了农村基础发展条件，促使贫困地区居民交通通信消费同比增长了 15.2%，在贫困地区居民各项消费增长速度中排第二位，仅次于教育文化娱乐消费。

四　存在的问题及影响因素分析

（一）我国贫困程度不均衡，东中西部地区的收入与贫困发生率呈反向交叉态势

1. 东中西部地区居民收入差异比较明显

从全国范围来看，东、中、西部地区①居民收入水平总体呈现东高西低的台阶式趋势，各区域的贫困发生率则呈现西高东低的台阶式趋势，收入与贫困发生率总体呈反向交叉态势。

从农村居民收入情况看，2016 年全国农村居民人均可支配收入为 12363 元，东部地区有 3 个省农村居民人均可支配收入均高于全国水平；中部地区的 10 省除湖北省之外均低于全国水平；西部地区的 12 省（区、市）均低于全国水平。

① 东部地区包括：辽宁、福建、山东、广东、江苏、浙江 6 省。中部地区包括：河北、山西、吉林、黑龙江、安徽、江西、河南、湖北、湖南和海南 10 省。西部地区包括：内蒙古、广西、重庆、四川、贵州、云南、西藏、陕西、甘肃、青海、宁夏和新疆 12 省（区、市）。

从农村地区贫困程度看，2016 年全国贫困发生率为 4.5%，东部地区 3 省的贫困发生率均低于全国水平；中部地区 10 省有 6 省的贫困发生率低于全国水平；西部地区 12 个省份仅有 3 个省份的贫困发生率低于全国水平。详见表 11－17。

表 11－17　2016 年各省（区、市）农村居民收入及贫困发生率情况

区域	省份	人均可支配收入（元）	贫困发生率（%）	区域	省份	人均可支配收入（元）	贫困发生率（%）
东部	辽　宁	12881	2.6	西部	重　庆	11549	2.0
	福　建	14999	0.8		西　藏	9094	13.2
	山　东	13954	1.9		青　海	8664	8.1
中部	海　南	11843	5.5		内蒙古	11609	3.9
	河　北	11919	3.3		陕　西	9396	8.4
	安　徽	11720	4.4		四　川	11203	4.4
	河　南	11697	4.6		广　西	10359	7.9
	黑龙江	11832	3.7		贵　州	8090	11.6
	湖　北	12725	4.3		新　疆	10183	12.8
	吉　林	12123	3.8		云　南	9020	10.1
	江　西	12138	4.3		宁　夏	9852	7.1
	湖　南	11930	6.0		甘　肃	7457	12.6
	山　西	10082	7.7	全　国		12363	4.5

从农村贫困人口占比来看，2014～2016 年，东、中、西部地区占比呈现东低西高态势。东部地区占比由 8.35% 降至 6.25%、中部地区占比由 40.34% 升至 41.85%、西部地区占比由 51.30% 升至 51.90%，中西部地区的占比由 91.64% 升至 93.75%。数据说明，我国扶贫开发的重点区域在中西部地区农村，尤其是贫困人口数量较多的省份：河南、湖南、四川、贵州、云南、广西（这 6 个省份贫困人口在 300 万人以上）以及安徽、陕西、甘肃（这 3 个省份贫困人口在 200 万人以上）。从农村贫困发生率来看，2014～2016 年东部由 2.1% 降至 1.4%，中部由 7.3% 降至 4.9%、西部由 12.4 降至 7.8%，东、中、西部三年的降幅分别为 0.7 个、2.4 个、4.6 个百

分点。西部地区的降幅比全国平均降幅高2.7个百分点。近三年我国扶贫成效显著，东、中、西部地区贫困发生率差距逐步缩小，由2014年的1∶3.5∶5.9，2015年的1∶3.3∶5.6，降至2016年的1∶3.5∶5.6。详见表11－18。

表11－18　2014～2016年我国东、中、西部地区贫困人口数及贫困发生率

区域	2016年			2015年			2014年		
	贫困人口数（万人）	所占比例（%）	贫困发生率（%）	贫困人口数（万人）	所占比例（%）	贫困发生率（%）	贫困人口数（万人）	所占比例（%）	贫困发生率（%）
全国	4335	100	4.5	5575	100	5.7	7017	100	7.2
东部	271	6.25	1.4	371	6.66	1.8	586	8.35	2.1
中部	1814	41.85	4.9	2290	41.08	5.9	2831	40.34	7.3
西部	2250	51.90	7.8	2914	52.27	10	3600	51.30	12.4

2. 分地区贫困地区农村居民收入组成部分的差异较大

分地区的贫困地区农村居民收入有一定的差距，表明各省（区、市）的贫困程度不一，面临的减贫压力程度不同；人均可支配收入的四个组成部分也体现出了地区差异。数据显示，在贫困地区农村居民收入中，工资性收入的极差为3417元，经营净收入的极差为3121元，财产净收入的极差为378元，转移净收入的极差为1860元。可见，影响农村居民收入高低的主要因素是工资性收入、经营净收入，贫困程度较高的地区应在促进增加工资性收入、经营净收入方面狠下功夫。此外，转移性收入的高低主要受省（区、市）之间经济发展水平差异的影响。再者，城乡之间收入再分配制度在一定程度上影响着城乡之间的转移性收入分配。

表11－19　2016年全国贫困地区分地区农村居民收入结构

地区	人均可支配收入	工资性收入	经营净收入	财产净收入	转移净收入
全　国	8452	2880	3443	107	2021
河　北	8382	4190	2503	110	1578
山　西	6623	2812	2117	80	1614
内蒙古	9005	1679	4859	224	2243
吉　林	7669	1412	4734	357	1166

续表

地区	人均可支配收入	工资性收入	经营净收入	财产净收入	转移净收入
黑龙江	7828	773	4810	407	1839
安　徽	9890	3148	3662	102	2978
江　西	8643	3636	3342	100	1565
河　南	9735	2703	4080	77	2875
湖　北	9502	3158	3284	76	2984
湖　南	8029	3550	2216	65	2198
广　西	8800	2430	3857	125	2389
海　南	9163	3882	3824	29	1428
重　庆	10244	2916	4120	183	3026
四　川	8799	3079	3556	187	1976
贵　州	7894	3275	3046	46	1527
云　南	7847	2236	4311	66	1233
西　藏	9094	2205	5238	149	1502
陕　西	8424	3466	2924	121	1913
甘　肃	6323	1971	2556	85	1710
青　海	7772	2373	2702	302	2395
宁　夏	7937	2938	2862	90	2046
新　疆	8055	2463	3788	84	1721

3. 各省份国家扶贫开发工作重点县农村居民收入差异比较明显

各省份国家扶贫重点县农村居民收入及贫困程度存在明显差异。2016年国家扶贫开发工作重点县农村居民人均可支配收入为8355元。从各省份看，最高省份（重庆：10244元）较最低省份（甘肃：5936）高4308元，是最低省份的近两倍，差距很大。2016年国家扶贫开发工作重点县贫困发生率为10.5%。从各省份看，最高省份（甘肃：16.4%）较最低省份（重庆：4%）的贫困发生率高12.4个百分点。数据表明，黑龙江、湖南、山西、贵州、云南和甘肃的农村居民人均可支配收入低且贫困发生率高，脱贫攻坚的任务更重，责任更大。详见表11－20。

表 11－20　2016 年各省份国家扶贫开发工作重点县农村居民收入及贫困发生率情况

区域	省份	人均可支配收入（元）	贫困发生率（%）	区域	省份	人均可支配收入（元）	贫困发生率（%）
全　国		8355	10.5	西部	重　庆	10244	4.0
中部	海　南	9163	11.2		青　海	7676	10.3
	河　北	8344	10.5		内蒙古	9005	6.6
	安　徽	9892	8.1		陕　西	8406	10.5
	河　南	9653	7.9		四　川	8664	8.5
	黑龙江	6767	12.4		广　西	8741	9.4
	湖　北	9357	9.6		贵　州	7693	12.6
	吉　林	7669	9.0		新　疆	8039	13.0
	江　西	8593	8.6		云　南	7635	15.5
	湖　南	7671	12.3		宁　夏	7937	8.7
	山　西	6748	11.0		甘　肃	5936	16.4

从不同区域贫困地区农村居民收入和消费情况看，贫困地区中的民族地区县、陆地边境县、沙漠化县及较少民族聚集村所在县的农村居民人均可支配收入和消费支出均远低于贫困地区农村居民平均水平。可以说，这四种类型的县域尤其是较少民族聚集村所在县和陆地边境县是我国扶贫攻坚的一类难点区域。

4. 不同贫困群体之间的收入差异也比较明显

不同贫困群体之间的贫困差异比较明显。从贫困地区农村居民不同群体的收入和消费情况看，家庭规模和家庭成员受教育程度与促进贫困地区农村居民增加收入、消费密切相关。家庭规模大、受教育程度低的农村居民家庭是扶贫攻坚的难点群体。而且老人、儿童、低学历、无（或丧失）劳动力的农村居民是贫困的高发人群，他们的贫困发生率均高于全国农村地区平均水平（4.5%）。从年龄看，17 岁及以下青少年儿童的贫困发生率为 5.6%，60 岁以上老人为 5.8%；从学历看，未受教育的农村居民贫困发生率高达 9.9%，小学学历的农村居民贫困发生率为 6.7%；从身体状况看，无（或丧失）劳动力的农村居民贫困发生率为 8.3%，基本健康的农村居民贫困发生率为6.3%。

有近93.75%的农村贫困人口分布在中西部贫困地区，并且主要集中分布在革命老区、民族地区、边疆地区和深度贫困地区。中央各项扶贫政策措施、社会各方面对贫困地区给予大力支持，必将进一步向深度贫困地区集中的区域倾斜。近年来，国家不断加大对中西部地区的精准扶贫力度，采取有效措施，做好东中西部扶贫协作和对口支援工作，促进贫困人口、贫困村、贫困县到2020年有序退出，确保如期实现脱贫攻坚目标。

（二）贫困地区农村居民收入增长速度有减缓趋势

近三年来，贫困地区农村居民人均可支配收入增长率分别为12.7%、11.7%、10.4%，呈现逐步放缓的趋势。贫困地区农村居民人均可支配收入与全国农村居民相比，2014~2016年贫困地区农村居民人均可支配收入较全国农村居民的平均收入水平分别低3637元、3769元、3911元，可以看出两者之间的差距逐渐加大。随着全国经济发展形势进入低速平稳增长阶段，贫困地区经济发展和贫困居民收入增速也随之放缓，我国扶贫攻坚的工作任务更加艰巨，贫困地区农村居民收入分配问题尤其值得关注。

从地形特征看，我国贫困地区大多地理位置偏僻，尤其是连片特困地区基本分布在山区，贫困地区的灾害发生率比非贫困地区高出5倍以上。如果贫困地区与灾害地区相重合，贫困与灾害相叠加，那么这些地区的居民扶贫脱贫的难度就更大，要克服的困难更多。原本山区、林地、草场等自然资源相对丰富的贫困地区，受国家水土保护、退耕还林、退牧还草等政策影响，当地就业门路变窄，虽然当地农民可获得一定资金补偿，但也极大地限制了当地农户的创收机会。加之，这些地区还面临着交通不便、信息闭塞、商品流通受阻（生产生活资源难以运入、本地原料及产品难以外运）、产品转化经济收入成本高等问题，因而增收成本更高，要改变贫困面貌需要付出的代价更大。

（三）贫困地区农村居民收入结余较少，抗风险能力较差

将居民人均可支配收入减去人均消费支出的部分作为居民人均收支结余①，用于反映居民的资金储备。数据显示，2014～2016 年贫困地区农村居民收支结余分别为 854 元、997 元、1121 元，较全国农村居民平均水平分别低 1261 元、1202 元、1112 元。贫困地区农村居民收支结余低，意味着他们缺少资金储备，后续的扩大生产经营能力较弱，用于抵抗失业、疾病、自然灾害等突发风险能力不足，贫困地区农村居民的抗风险能力较差，脱贫后重新返贫的概率很高，有可能为扶贫带来新的压力。根据国务院扶贫办建档立卡的数据，因病致贫、因病返贫的贫困户占建档立卡贫困户总数的 42%，也说明贫困户抗风险能力较差的这个问题。详见表 11－21。

表 11－21　贫困地区农村居民与全国农村居民收入与消费情况

单位：元

年份	全国农村居民人均可支配收入	贫困地区农村居民人均可支配收入	全国农村居民人均消费支出	贫困地区农村居民人均消费支出	全国农村居民收入结余	贫困地区农村居民收入结余
2014	10489	6852	8383	6007	2106	845
2015	11422	7653	9223	6656	2199	997
2016	12363	8452	10130	7331	2233	1121

五　对策建议

贫穷是一种系统性弊病，深入实施精准扶贫、精准脱贫，找到“贫根”，对症下药，靶向治疗，扶到点上、根上，才能让贫困群众真正得到实惠。

习近平总书记在党的十九大报告中指出：“让贫困人口和贫困地区同全

① 居民收支结余额＝居民人均可支配收入－居民人均消费支出。

国一道进入全面小康社会是我们党的庄严承诺。”“确保到2020年我国现行标准下农村贫困人口实现脱贫，贫困县全部摘帽，解决区域性整体贫困，做到脱真贫、真脱贫。”为改善贫困居民收入状况，促进贫困地区农村居民尽快脱贫，在前文分析研究的基础上，结合有关政策和我国国情提出以下几点建议。

（一）全力推进居民收入分配机制改革，确保贫困地区农村居民增收

《关于深化收入分配制度改革的若干意见》（国发〔2013〕6号文件）提出：收入分配制度是经济社会发展中一项带有根本性、基础性的制度安排，是社会主义市场经济体制的重要基石。改革开放以来，我国收入分配制度改革不断推进，与基本国情、发展阶段相适应的收入分配制度基本建立。要继续深化收入分配制度改革，优化收入分配结构，调动各方面积极性，促进经济发展方式转变，维护社会公平正义与和谐稳定，实现发展成果由人民共享，为全面建成小康社会奠定扎实基础。坚持按劳分配为主体、多种分配方式并存，坚持初次分配和再分配调节并重，继续完善劳动、资本、技术、管理等要素按贡献参与分配的初次分配机制，加快健全以税收、社会保障、转移支付为主要手段的再分配调节机制，以增加城乡居民收入、缩小收入分配差距、规范收入分配秩序为重点，努力实现居民收入增长和经济发展同步，劳动报酬增长和劳动生产率提高同步，逐步形成合理有序的收入分配格局。要健全公共财政体系，完善转移支付制度，调整财政支出结构，大力推进基本公共服务均等化。要建立健全促进农民收入较快增长的长效机制。推动形成公开透明、公正合理的收入分配秩序。各级政府应继续深入贯彻实施收入分配制度改革意见，深化收入分配改革，把握好对贫困地区的实施方略。

（二）加大扶贫资金投入力度，强化扶贫资金的使用与管理

各类投入是打赢脱贫攻坚战的基本保障，其中财政投入发挥着主体和主

导作用。要整合中央、地方政府、民间扶贫资金资源，建立“大扶贫”格局，确保扶贫开发工作投入逐年稳定增长。

一是中央和地方政府要继续加大财政投入力度。财政投入要充分考虑财力缺口因素，对贫困地区，特别是高海拔高寒地区、中西部革命老区、民族地区、边疆地区等深度贫困地区，要加大支持力度。

二是引导社会投入。充分发挥财政扶贫资金“四两拨千斤”的杠杆作用，引导社会和信贷资金投入扶贫开发，推广运用政府和社会资本合作模式，大力支持贫困村开展旅游产业、示范观光农牧业等试点，积极引导社会力量参与扶贫开发。

三是加强涉及扶贫资金部门间的协作，规范资金运行流程。首先要科学构建“政府主抓，部门牵头，多方协作”的扶贫资金工作格局，整合各相关执法部门的信息资源，构建涵盖相关情况的动态信息数据库并及时更新。其次要高度重视扶贫资金使用与管理中出现的新情况、新问题。各级相关部门和工作人员要及时建立、健全扶贫资金专账，实行独立核算。最后要从严查处虚报冒领、挪用侵吞、贪污滞留扶贫资金的行为，让扶贫资金成为真正的“高压线”，谁也不能碰、谁也不敢碰。

四是建立健全扶贫资金的监管机制。各级各部门要结合实际，建立健全扶贫资金使用与管理的监管机制，确保扶贫资金能专款专用和及时准确地核发到位。首先要建立事前、事中、事后监管体系，以前期核查、实地考察和抽样检查相结合的方式，对扶贫资金的核发、使用和管理情况进行全时段、全过程的监管。其次要积极推进监督前移，加强对重点部门、行业、资金的监督检查。确保将扶贫资金切实用到最迫切需要的困难群众手中。最后要对安排到位的扶贫资金的使用情况进行跟踪监督检查。财政、审计、监察等部门要结合年度财政监督和脱贫攻坚工作，对扶贫资金在使用过程中产生的效益进行绩效考核，促使扶贫资金效能最大化。

（三）发挥产业助推功能，全力推进乡村振兴战略

城市与农村要同步发展、协同发展。中国城镇化水平快速提升的同

时，乡村发展相对落后的情况已不容忽视。习近平总书记在十九大报告中提出实施乡村振兴战略，并指出“要坚持农业农村优先发展，按照产业兴旺、生态宜居、乡风文明、治理有效、生活富裕的总要求，建立健全城乡融合发展体制机制和政策体系，加快推进农业农村现代化”。实施乡村振兴战略，对打赢脱贫攻坚战有强大的助推作用。产业发展是农村振兴的基础，也是脱贫之基、强县之本、致富之源。我国多年的扶贫经验证明，产业扶贫是脱贫的必由之路。没有产业带动，则缺乏脱贫机会；没有产业支撑，则脱贫缺乏持续性。给钱给物只能是救急解渴，兴办产业才能开流活源。因此，要着力抓好乡村产业扶贫工程。深入研究贫困地区资源优势、人文优势、生态优势，做到宜农则农、宜牧则牧、宜工则工、宜旅游则旅游，不搞“一刀切”。

一是唤醒贫困地区农村居民的进取意识、市场意识和主体意识。坚持以市场为导向，综合主客观条件和市场信息等多重因素科学研判，遵循市场和产业发展规律，确保产业发展方向、项目引进、品种选择等方面精准无误。坚持依托市场主体，构建市场主体与贫困户的利益共同体、利益联结机制，鼓励种养大户、农民合作社、龙头企业等新型经营主体与贫困户建立长期稳定的带动关系。贫困户是产业扶贫的主体。脱贫致富终究要靠贫困群众用自己的辛勤劳动来实现。因此，要完善有关奖励激励机制，坚持“以奖代补、先干后补”、“大干大支持、小干小支持、不干不支持”等原则，充分调动贫困群众的积极性、主动性，激发其脱贫致富的内生动力。

二是着力创新市场经营机制。要继续建立和完善“龙头企业＋基地＋合作社＋农户”、“龙头企业＋基地＋农户”、“龙头企业＋合作社＋农户”和“龙头企业＋农户＋电商”等发展模式，加快发展“光伏扶贫”、“互联网＋扶贫”和“旅游扶贫”等高附加值的新兴业态，实现三次产业有机融合，加强贫困地区的信息化建设，服务于地方经济发展，促进农民增收致富。

三是创新“租金＋股金＋薪金”的利益联结机制。通过土地流转，让农民获得固定的土地流转费。积极推行农村资源变股权、资金变股金、农民变股民的改革试点，开展农村承包土地经营权、村民住房财产权、集体建设用地使用权、林权抵押试点，运用“资本运营”理念，整合部分涉农资金作为股金，入股各类市场主体，明晰各方权利和义务，增加贫困户的资产收益。鼓励基地和龙头企业吸纳贫困群众就近就地就业，实现“一人长期就业、全家稳定脱贫”。

四是创新“政府 + 金融 + 保险”的产业支撑保障机制。各级政府要为产业扶贫搭建融资平台。如统筹财政资金建立产业发展基金、金融风险补偿基金、贫困村互助金，提供小额扶贫贴息、信用评级授信等，为扶贫产业发展搭建有效的载体和平台。金融部门要为产业扶贫提供信贷服务。金融部门要创新涉农金融服务产品，在有效防范金融风险的前提下，降低贷款门槛，加大对贫困户的信贷支持。

五是保险机构要为产业扶贫构建风险抗御保障。积极发展涉农保险，因地制宜开展特色优势农产品保险试点，积极发展农房保险、农机保险、农业基础设施保险、森林保险，支持贫困地区特色产业和优势产业发展。

（四）精准定位，进一步细化扶贫救助体系

近几年，我国贫困地区农村居民人均可支配收入增幅高于全国农村居民的平均水平。全面建成小康社会目标及精准扶贫战略要求，是我国当前和今后一个时期关于贫困治理的指导性思想。2020 年是我国全面建成小康社会决胜期，时间紧迫，时不我待。精准扶贫要准确把握农村地区致贫原因和贫困家庭具体需求，细化精准扶贫救助体系并予以落实。一是精准识别致贫和返贫原因。深入研究我国贫困区域特征，分析各区域致贫原因。据了解，由居住环境恶劣、自然资源匮乏、交通闭塞等客观原因导致的贫困，贫困程度深、贫困人口基数大，主要分布在云南、贵州、甘肃、新疆等地；家庭劳动力少、自我发展动力不足、市场适应力弱、资金技术缺乏等导致的贫困，主要分布在山东、安徽、黑龙江、河南等地；此外，还有由孤寡老人、劳动力丧失人群等构成的特殊贫困群体。二是精准掌握贫困

家庭的具体需求，有针对性地开展脱贫扶助工作。由国家统一部署、各省统一安排、各地区具体落实，开展到村到户的贫困需求调查，了解各贫困家庭中的人口数量、居住条件、人员身体状况、社会保障、收入来源等情况，准确掌握贫困户的具体需求。三是完善精准帮扶体系，实施精准帮扶。精准扶贫战略提出要构建政府、社会、市场协同推进的大扶贫格局，形成跨地区、跨部门、跨单位、全社会共同参与的多元主体的扶贫体系。为此，各省（区、市）要坚持贯彻落实习近平总书记强调的“实事求是，因地制宜，分类指导，精准扶贫”的工作方针。根据各地地理区位、资源禀赋、产业状况、市场需求和各贫困户的致贫原因、生活现状、实际需求等，从发展乡村产业脱贫、转移就业脱贫、易地搬迁脱贫、发展教育脱贫、医疗保险和医疗救助脱贫、加强基础设施建设脱贫、扶贫项目推动脱贫等方面细化扶贫措施，制定精细化的精准扶贫措施。同时，下放权力到各基层扶贫单位，允许和鼓励各地因地制宜、因人定策，灵活开展个性化、富有特色的扶贫工作。

（五）强化帮扶责任，加大东部对中西部地区的帮扶力度

党的十九大报告提出坚持大扶贫格局，这是以习近平同志为核心的党中央在提出精准扶贫理念后的又一重大理论创新。其中，“大扶贫”体现的一个重要方面就是精准扶贫的“大”区域协作。区域经济发展水平、地理区位、历史积累导致当前全国东、中、西部贫困地区居民收入和贫困程度差异明显。目前中西部贫困地区仍是以农业为主的经济结构，在经济转型时期，收入分配与东部相比缺乏经济支撑。扶贫攻坚目标的实现绝不只是贫困地区的工作，更需要富裕地区的帮扶协助。应从政策上进行引导，加大东部地区各级党委政府和各单位对深度贫困地区的帮扶支持，强化帮扶责任，增加帮扶力度。一要加强东部对中西部贫困地区的对接。推动县与县精准对接，开拓乡镇、村级帮扶对接，加快实施东部经济发达县结对帮扶贫困县“携手奔小康行动”。二要继续加大帮扶力度。根据当地自然资源、地理条件等资源优势，设置产业发展基金促使贫困地区在产业结构

调整、技术革新和市场开拓方面进行提升，提高贫困户经营性收入和工资性收入。尤其对于连片特困地区、贫困县等贫困程度深、贫困人口基数大的区域，更应加大帮扶力度。三要深化东中西部的产业合作，把握全面深化供给侧结构性改革的机遇，推进东部在产业合作、劳务协作、人才支援等方面向中西部地区转移。

（六）加强宣传引导，鼓励贫困户自力更生脱贫致富

习近平总书记说过，扶贫要同扶智、扶志结合起来。没有内在动力，仅靠外部帮扶无法从根本上解决问题。在扶贫工作中，还应彻底转变贫困对象的思想，促使其积极参与政府扶贫活动，在活动中改变小农意识，获得与市场经济发展水平相一致的能力。一要建立多渠道的宣传机制。要广泛开展宣传活动，传播“脱贫光荣、致富光荣”的积极理念，着重宣传勤劳致富典型，营造“带头致富”、“摘穷帽、拔穷根”的社会氛围。二要开展针对性培训。要根据各贫困区域、贫困人群特点制订培训计划，开展针对性培训，注重培育贫困对象在务工、生产、经商方面的基本技能，提高贫困地区和贫困群众自我发展的能力。三要改进扶贫工作方式方法。由给钱、给物资的做法转变为生产奖励、劳务引荐，有效发挥以工代赈扶贫工程的作用。此外，要积极鼓励地理位置偏僻、当地就业岗位匮乏的地区搭建外出就业平台，通过组织就业扶贫招聘会、与大型企业签订劳务合作协议等方式进行劳动力输出，同时建立外出务工贫困劳动力信息档案，动态掌握外出务工人员情况，做好技能培训、劳动维权、政策咨询等后续服务。

（七）重点帮扶农村特殊贫困人群，如期实现“两不愁、三保障”目标

坚持精准扶贫、精准脱贫基本方略，确保到2020年，实现现行标准下建档立卡的贫困人口脱贫，不愁吃、不愁穿，义务教育、基本医疗和住房安全有保障的“两不愁、三保障”，让全面建成小康社会的目标更具含

金量。针对农村地区特殊贫困人群，制定特殊政策，拿出超常举措，防范和治理返贫问题。为此，一是要促进农村地区特殊贫困人群增收，尤其是那些失去劳动能力者，要确保其不愁吃、不愁穿。要针对特殊贫困县域，开展适合地域特点的、具有针对性的贫困扶助，确保民族地区县、陆地边境县、沙漠化县及较少民族聚集村所在县可以共同发展，共同富裕。要抓好开发式扶贫，鼓励和支持各地政府机关、民营企业、社会组织帮扶到户，实施“资产收益扶贫”等项目，拓宽脱贫增收渠道，实现持续发展增收。加强就业扶贫帮扶，对具有一定劳动能力的特殊贫困人群针对性开展技能培训及就业促进工作，提升特殊贫困人群就业能力。二是要完善“三保障”机制，精准落实到户到人。加强教育扶贫帮扶，摸清特殊贫困家庭孩子就学情况，建立义务教育、职业教育等学生档案，对适合义务教育年龄段的，在思想上、物资上进行援助；对不适合回补义务教育的，纳入免费职业技能培训体系，并推荐就业。加强健康扶贫，对特殊贫困人群参加医疗保险的给予补贴并实行报销政策倾斜；对重大疾病致贫人群逐步提高政策范围内住院自付救助比例，开通就医“绿色通道”。探索借助医疗保障制度与社会救助多重手段，防范和抑制特殊贫困人群陷入致贫返贫的困境。保障贫困居民的居住安全，加强对特殊贫困人群的住房改造帮扶力度，以易地扶贫搬迁、危房改造、农村廉租房等项目为载体，排除危房，确保住房安全。三是要针对老年人、重大疾病人群以及残疾人贫困户等完全丧失劳动能力的特殊贫困人群，以政策保障、资产收益扶贫等方式稳定其基本生活来源，并根据各地实际生活水平的变化，科学测算并及时调整低保标准，切实解决特殊贫困群体的基本生活问题。加强各类保障政策的衔接，形成合力，结合当地实际，探索解决特殊贫困群体问题的最佳办法，综合性地、多措并举地促进解决特殊群体的贫困问题。比如居住方面可实施集中安置养老与社会服务相结合等办法同时解决住和养的问题。

附表 11－1　2016 年全国各省（区、市）贫困人口及收入、消费情况

省份		农村贫困人口数量（万人）	农村地区贫困发生率（%）	贫困地区农民人均可支配收入（元）	全国农民人均可支配收入（元）	贫困地区农民人均可支配收入占全国农民人均可支配收入比例（%）	贫困地区农民人均消费支出（元）	全国农村人均消费支出（元）	贫困地区农民人均可消费支出占全国农民可消费支出比例（%）
合计		4335	4.5	8452	12363	68.4	7331	10130	72.4
东部	辽宁	59	2.6	/	12881	/	/	9953	/
	福建	23	0.8	/	14999	/	/	12911	/
	山东	140	1.9	/	13954	/	/	9519	/
	广东	/	/	/	14512	/	/	12415	/
中部	海南	32	5.5	9163	11843	77.4	7697	8921	86.3
	河北	188	3.3	8382	11919	70.3	7171	9798	73.2
	安徽	237	4.4	9890	11720	84.4	9178	10287	89.2
	河南	371	4.6	9735	11697	83.2	7157	8587	83.3
	黑龙江	69	3.7	7828	11832	66.2	6471	9424	68.7
	湖北	176	4.3	9502	12725	74.7	8499	10938	77.7
	吉林	57	3.8	7669	12123	63.3	7272	9521	76.4
	江西	155	4.3	8643	12138	71.2	7330	9128	80.3
	湖南	343	6.0	8029	11930	67.3	7825	10630	73.6
	山西	186	7.7	6623	10082	65.7	5841	8029	72.7
西部	重庆	45	2.0	10244	11549	88.7	9119	9954	91.6
	西藏	34	13.2	9094	9094	100.0	6070	6070	100.0
	青海	31	8.1	7772	8664	100.0	9222	9222	100.0
	内蒙古	53	3.9	9005	11609	77.6	8377	11463	73.1
	陕西	226	8.4	8434	9396	89.8	7615	8568	88.9
	四川	306	4.4	8799	11203	78.5	7757	10192	76.1
	广西	341	7.9	8800	10359	85.0	7755	8351	92.9
	贵州	402	11.6	7894	8090	97.6	7327	7533	97.3
	新疆	147	12.8	8055	10183	79.1	5633	8277	68.1
	云南	373	10.1	7847	9020	87.0	6275	7331	85.6
	宁夏	30	7.1	7937	9852	80.6	7728	9138	84.6
	甘肃	262	12.6	6323	7457	84.8	5857	7487	78.2

附表 11－2　2015 年全国各省（区、市）贫困人口及收入、消费情况

省　份		农村贫困人口数量（万人）	农村地区贫困发生率（%）	贫困地区农民人均可支配收入（元）	全国农民人均可支配收入（元）	贫困地区农民人均可支配收入占全国农民人均可支配收入比例（%）	贫困地区农民人均消费支出（元）	全国农村人均消费支出（元）	贫困地区农民人均可消费支出占全国农民可消费支出比例（%）
合　计		5575	5.7	7653	11422	67.0	6656	9223	72.2
东部	辽　宁	86	3.8	/	12057	/	/	8873	/
	福　建	36	1.3	/	13793	/	/	11961	/
	山　东	172	2.4	/	12930	/	/	8748	/
	广　东	47	0.7	/	13360	/	/	11103	/
中部	海　南	41	6.9	8284	10858	76.3	7091	8210	86.4
	河　北	241	4.3	7575	11051	68.5	6738	9023	74.7
	安　徽	309	5.8	8952	10821	82.7	8227	8975	91.7
	河　南	463	5.8	8865	10853	81.7	6529	7887	82.8
	黑龙江	86	4.6	7174	11095	64.7	5930	8391	70.7
	湖　北	216	5.3	8682	11844	73.3	7798	9803	79.5
	吉　林	69	4.6	7045	11326	62.2	6607	8783	75.2
	江　西	208	5.8	7759	11139	69.7	6763	8486	79.7
	湖　南	434	7.6	7222	10993	65.7	7054	9691	72.8
	山　西	223	9.2	6078	9454	64.3	5455	7421	73.5
西部	重　庆	88	3.9	9120	10505	86.8	8170	8938	91.4
	西　藏	48	18.6	8244	8244	100.0	5580	5580	100.0
	青　海	42	10.9	7933	7933	100.0	8566	8566	100.0
	内蒙古	76	5.6	8201	10776	76.1	7886	10637	74.1
	陕　西	288	10.7	7692	8689	88.5	6934	7901	87.8
	四　川	400	5.7	7966	10247	77.7	6903	9251	74.6
	广　西	452	10.5	7927	9467	83.7	6991	7582	92.2
	贵　州	507	14.7	7171	7387	97.1	6498	6645	97.8
	新　疆	180	15.8	7341	9425	77.9	5434	7698	70.6
	云　南	471	12.7	7070	8242	85.8	5686	6830	83.3
	宁　夏	37	8.9	7255	9119	79.6	7060	8415	83.9
	甘　肃	325	15.7	5782	6936	83.4	5452	6830	79.8

附表 11－3　2014 年全国各省（区、市）贫困人口及收入、消费情况

省份		农村贫困人口数量（万人）	农村地区贫困发生率（%）	贫困地区农民人均可支配收入（元）	全国农民人均可支配收入（元）	贫困地区农民人均可支配收入占全国农民人均可支配收入比例（%）	贫困地区农民人均消费支出（元）	全国农村人均消费支出（元）	贫困地区农民人均可消费支出占全国农民可消费支出比例（%）
合计		7017	7.2	6852	10489	65.3	6007	8383	71.7
东部	辽宁	117	5.1	/	11191	/	/	7801	/
	福建	50	1.8	/	12650	/	/	11056	/
	山东	231	3.2	/	11882	/	/	7962	/
	广东	82	1.2	/	12246	/	/	10043	/
中部	海南	50	8.5	7449	9913	75.1	6626	7029	94.3
	河北	320	5.6	6886	10186	67.6	6210	8248	75.3
	安徽	371	6.9	8062	9916	81.3	7159	7981	89.7
	河南	565	7	7983	9966	80.1	5845	7277	80.3
	黑龙江	96	5.1	6450	10453	61.7	5612	7830	71.7
	湖北	271	6.6	7831	10849	72.2	7249	8681	83.5
	吉林	81	5.4	6414	10780	59.5	5948	8140	73.1
	江西	276	7.7	6830	10117	67.5	6035	7548	80.0
	湖南	532	9.3	6461	10060	64.2	6355	9025	70.4
	山西	269	11.1	5430	8809	61.6	5080	6992	72.7
西部	重庆	119	5.3	8044	9490	84.8	7345	7983	92.0
	西藏	61	23.7	7359	7359	100.0	4822	4822	100.0
	青海	52	13.4	6209	7283	85.3	6747	8235	81.9
	内蒙古	98	7.3	7375	9976	73.9	7232	9972	72.5
	陕西	350	13	6963	7932	87.8	6406	7252	88.3
	四川	509	7.3	7091	9348	75.9	6100	8301	73.5
	广西	540	12.6	7044	8683	81.1	6517	6675	97.6
	贵州	623	18	6381	6671	95.7	5897	5970	98.8
	新疆	212	18.6	6635	8724	76.1	5203	7365	70.6
	云南	574	15.5	6314	7456	84.7	4958	6030	82.2
	宁夏	45	10.8	6555	8410	77.9	6132	7676	79.9
	甘肃	417	20.1	5106	6277	81.3	4912	6148	79.9

附表 11－4　2016 年贫困地区分地区收入结构

单位：元

地区	人均可支配收入	工资性收入	经营净收入	财产净收入	转移净收入
合　计	8452	2880	3443	107	2021
河　北	8382	4190	2503	110	1578
山　西	6623	2812	2117	80	1614
内蒙古	9005	1679	4859	224	2243
吉　林	7669	1412	4734	357	1166
黑龙江	7828	773	4810	407	1839
安　徽	9890	3148	3662	102	2978
江　西	8643	3636	3342	100	1565
河　南	9735	2703	4080	77	2875
湖　北	9502	3158	3284	76	2984
湖　南	8029	3550	2216	65	2198
广　西	8800	2430	3857	125	2389
海　南	9163	3882	3824	29	1428
重　庆	10244	2916	4120	183	3026
四　川	8799	3079	3556	187	1976
贵　州	7894	3275	3046	46	1527
云　南	7847	2236	4311	66	1233
西　藏	9094	2205	5238	149	1502
陕　西	8424	3466	2924	121	1913
甘　肃	6323	1971	2556	85	1710
青　海	7772	2373	2702	302	2395
宁　夏	7937	2938	2862	90	2046
新　疆	8055	2463	3788	84	1721

附表 11－5　2016 年贫困地区分地区消费结构

单位：元/人

地　区	消费支出	食品烟酒	衣着	居住	生活用品及服务	交通通信	教育文化娱乐	医疗保健	其他用品和服务
合　计	7 331	2567	423	1543	448	803	790	638	118
河　北	7171	2453	487	1518	382	880	688	651	112
山　西	5841	2105	364	1240	239	566	646	617	64
内蒙古	8377	2611	503	1498	340	1264	1132	912	118
吉　林	7272	2628	520	1360	300	638	744	929	153
黑龙江	6471	1992	478	1390	319	792	676	729	95
安　徽	9178	3177	464	2107	603	869	864	928	166
江　西	7330	2714	354	1929	473	613	637	468	143
河　南	7157	2334	544	1559	546	833	660	525	156
湖　北	8499	2607	432	2174	548	965	799	767	208
湖　南	7825	2635	365	1655	490	687	1085	778	129
广　西	7755	2828	264	1642	426	892	942	669	92
海　南	7697	3269	282	1384	394	810	862	603	92
重　庆	9119	3457	570	1781	679	906	971	638	118
四　川	7757	3428	452	1402	527	659	581	563	143
贵　州	7327	2399	382	1639	445	891	1001	466	104
云　南	6275	2477	286	1119	339	760	756	474	65
西　藏	6070	3183	643	851	346	602	193	153	99
陕　西	7615	2213	452	1788	471	767	880	924	120
甘　肃	5857	1943	385	1127	385	647	651	631	87
青　海	8379	2531	557	1453	418	1375	813	1103	131
宁　夏	7728	2217	535	1341	481	994	982	1008	171
新　疆	5633	2236	537	1088	211	708	321	453	79

第十二章
2016年技能人才培养和激励情况

2016 年是“十三五”时期的开局之年。人力资源社会保障部认真贯彻落实党中央、国务院决策部署，明确“十三五”时期建设培养培训、评价使用、竞赛选拔、表彰激励、法律政策和宣传引导六大工作体系的发展目标，锐意改革，狠抓落实，技能人才培养和激励各项工作取得新的进展，实现良好开局。

一　深入推进高技能人才工作，培养一大批高技能人才

高技能人才是我国人才队伍的重要组成部分。2016 年全国新增高技能人才 290 万人，高技能人才总量达到 4791 万人。国务院确定将技能人才激励计划列入七大群体激励计划之一，为提高技能人才收入水平起到了重要的推动指导作用。

为选树大国工匠，我国隆重召开第十三届高技能人才表彰大会，表彰 30 名“中华技能大奖”获得者和 299 名全国技术能手，马凯副总理与受表彰代表进行了座谈。奖励标准提高，其中，对“中华技能大奖”获得者的奖励标准由一次性奖励 50 克纯金金牌提高到 100 克纯金金牌（另奖励 1 万元现金标准不变），对全国技术能手获得者的一次性奖励金由 1000 元现金提高到 3000 元现金。新增 478 名高技能人才享受国务院政府特殊津贴。截至 2016 年底，全国共表彰“中华技能大奖”获得者 230 人，共表彰全国技术

能手（含各类竞赛优秀选手被授予全国技术能手称号的）6419 人，享受国务院政府特殊津贴的高技能人才 2350 人。

继续实施高技能人才振兴计划，全年新建 69 个国家级高技能人才培训基地，94 个国家级技能大师工作室，从中央补助地方就业资金中列支经费近 4 亿元；截至 2016 年底，全国共建设 476 个国家级高技能人才培训基地，594 个国家级技能大师工作室。组织开展了钳工、电工专业技能大师工作室带头人交流活动，为同行业高技能人才交流搭建平台。人力资源社会保障部会同国家发展改革委支持 20 个省份建设 29 个公共实训基地，18 个省市的 39 所技工院校被纳入产教融合项目，中央预算内投资近 13 亿元，高技能人才培养能力得到较大提升。组织关于产业工人队伍建设、提高技术工人待遇等重大问题的调研，并提出政策建议。一些省份出台了含金量较高的技能人才队伍建设政策。

二　全力抓好技工院校招生工作，大力发展技工教育

技工院校是技能人才培养的主阵地，作用十分重要。2016 年人力资源社会保障部制定出台了《技工教育“十三五”规划》，这是我国第一个技工教育五年规划，社会反响热烈，对大力发展技工教育意义重大。人力资源社会保障部还会同有关部门制定或完善学生实习、教师企业实践、招生、资助以及民办学校发展等方面的政策措施。中央印发的鼓励高校毕业生到基层就业的文件、中组部和人社部印发的艰苦边远地区县乡事业单位公开招聘等政策文件都包含技工院校有关内容，体现了国家对技工教育的政策支持。招生是 2016 年技工教育重点工作，人社部组织开展技工教育和职业培训工作督导检查，逐项督促政策落实，研究解决困难和问题；各级人社部门多措并举，强化落实，全国技工院校招生达到 127.2 万人，比上年增长 4.8%，实现 5 年来首次回升。着力提升校企合作和内涵发展质量，召开技工院校校企合作工作推进会，总结交流工作进展情况和经验做法，启动电气自动化设备

安装与维修等10个专业“国家技能人才培养标准”和“一体化课程规范”开发工作，开展工业机器人应用与维护等17个专业第三批一体化课程教学改革试点工作。培育和弘扬工匠精神，组织编制了《技工院校工匠精神教育课教学大纲（试行）》，编写了配套教材《工匠精神读本》和教辅材料《古今中外工匠精神故事汇》，在全国技工院校组织开展以工匠精神为主题的开学第一课活动。在全国10个省份启动建设职业训练院试点工作，为技工院校转型发展探索道路。重点依托技工院校建设世赛集训基地，对接世界先进标准，提高人才培养质量。教材编写、教研、资助、统计、信息化等基础工作不断加强，京津冀技工教育协作和建设高技能人才培养联盟等区域或校际活动富有成效。开展技能脱贫工作，人力资源社会保障部和国务院扶贫办联合下发《关于开展技能脱贫千校行动的通知》（人社部发〔2016〕68号），在全国组织千所左右省级重点以上的技工院校开展技能脱贫千校行动。开展定点帮扶金寨技师学院和宁都技工学校有关工作。

三　广泛开展职业培训，发挥培训促就业助脱贫作用

职业培训是缓解就业结构性矛盾和减贫脱贫的重要措施。根据各类群体就业需求，在全国实施化解过剩产能企业职工特别职业培训计划、农民工等人员返乡创业培训五年行动计划、残疾人职业技能提升计划，深入推进农民工职业技能提升计划——“春潮行动”。企业新型学徒制试点扩大到22个省份。启动技能脱贫千校行动，组织全国近千所技工院校面向贫困家庭学生大力开展教育培训。全年共开展政府补贴职业培训1775万人次，岗位技能提升培训和创业培训人数大幅增长，培训结构发生积极变化。职业培训结业考试或鉴定合格总量为1370万人次，通过就业技能培训和创业培训实现就业766万人，培训后就业率达到65%，人均职业培训补贴资金476元，比上年提高24%。全国16个省份的职业培训规模、22个省份的补贴资金总量在上年基础上实现新增长。

四 做好职业资格改革攻坚，进一步释放创新创业活力

减少职业资格许可和认定事项是国务院转变政府职能、推进放管服改革的重要内容。一是减少。在前五批基础上，2016 年又分两批取消 145 项技能人员职业资格许可认定事项，总计减少 280 项，完成国务院确定取消 70% 的目标任务。在全国开展清理行业准入证、上岗证工作。二是规范。推动建立国家职业资格目录清单管理制度，提出 93 项技能人员职业资格并向社会公示。三是发展。贯彻中央深化人才发展体制改革的总体要求，经国务院同意后，制订出台《进一步减少和规范职业资格许可和认定事项改革方案》，推动行业组织有序承接技能人员水平评价类职业资格具体认定有关工作，促进技能人才评价机制改革。全国全年开展职业技能鉴定 1755 万人次，有 1446 万人次取得职业资格证书。

五 大规模开展职业技能竞赛活动，形成全国性岗位练兵技术比武热潮

技能竞赛已成为技能人才工作的新亮点，形成了新高潮。全国各地和行业企业推动组织开展 2016 年中国技能大赛系列活动，完成国家级一类大赛 6 项，国家级二类竞赛 42 项，推动各类竞赛蓬勃开展，使得全国上千万人员参与其中，290 名竞赛优秀选手被授予全国技术能手称号。积极备战第 44 届世界技能大赛，参赛项目增加到 47 个。采取“分散 + 集中”的组织形式，在全国 13 个赛区组织开展了世赛选拔赛，共有 43 个代表队 1100 多名选手参加比赛，共选拔出 403 名集训选手，竞赛规模、参赛人数和竞技水平都是历届之最。在此基础上，加快中国技能走向世界的步伐，经中央批准，人力资源社会保障部代表中国政府宣布申办第 46 届世界技能大赛意向并推出将上海市作为承办城市，围绕申办开展了一系列准备工作。

六　多媒体全方位做好宣传，技能人才工作社会认可度日渐提高

技能人才工作迫切需要全社会的关心和支持，为此，全国人社系统积极发声、主动宣传。把握五一劳动节、职业教育活动周、世界青年技能日、教师节、扶贫日等时间节点，推动宣传工作高潮迭起。特别是李克强总理对世界青年技能日做出重要批示，人力资源社会保障部在全国部署开展“技能成就梦想”主题宣传活动，尹蔚民部长亲自出席主会场活动，产生很好的社会影响。2016 年，共组织 4 次“技能中国行”技能展示交流活动，与中央电视台合作制播《中国大能手》（第二季），与《中国劳动保障报》合作办好技能中国微信公众号、职业能力建设专版，各地也统筹利用新媒体和地方媒体加大宣传力度，向全社会持续不断地发出尊重劳动、崇尚技能的主流声音。

在肯定 2016 年取得的成绩的同时，各项工作中还存在一些突出问题。例如：尊重技能人才的政策环境和社会氛围还有待进一步改善；职业培训的覆盖范围、政策制度、培训质量等问题还要加以解决；制约技工院校改革发展的体制、机制障碍还有待进一步破除；职业资格制度改革进入关键阶段，如何处理好简政放权与加强技能人才评价工作的关系仍须探索；如何发挥职业技能竞赛作用，确保公平公正，还需进一步研究落实；等等。下一阶段将重点做好以下六方面工作。

（一）以世界技能大赛参赛和申办工作为重点，实现工作新突破

参加和申办世界技能大赛是实施人才强国战略的需要，对推动全社会加强技能人才工作具有重要引领作用。一是要举全系统之力，做好第 44 届世界技能大赛申办工作。这是党中央、国务院立足战略全局做出的重大决策，是我国技能人才领域的一件大事，责任重大、任务艰巨，使命光荣。二是全力备战，力争在第 44 届世界技能大赛再创佳绩。三是打响中国技能大赛品

牌，持续扩大影响力，组织好国家级一类、二类大赛，形成品牌凝聚效应，积极引导企业职工、职业院校师生参加竞赛活动，在全国形成学技能、比贡献的时代新风尚。

（二）以表彰激励工作为重点，加强技能人才政策创新

当前技能人才规模、素质、结构不能适应新形势要求，必须在政策创新上有更大的进展。一是创新技能人才待遇政策。“提高技术工人待遇”是党的十八届五中全会提出的改革任务，十分艰巨，需要攻坚克难，研究制定政策文件，提出切实有效的措施，破解体制机制障碍，全面提升技能人才的待遇水平和社会地位。二是创新落实新时期产业工人队伍建设政策，从人才培养、作用发挥、支持保障等多个方面研究制定配套政策，形成改革举措，并抓好贯彻落实工作。三是创新实施高技能人才振兴计划，打造出一批高水平的国家级高技能人才培训基地和技能大师工作室，带动形成技能人才培养国家级“新雁阵”。不断提高技师培训补贴标准，培养更多“中国工匠”。

（三）以贯彻落实《技工教育“十三五”规划》为重点，打牢技能人才培养基础

一是出台支持政策。制订出台技工院校教师职称制度改革的指导意见，制定《职工教育校企合作促进办法》，为技工院校发展创造良好政策环境。二是抓住工作重点。将校企合作作为技工院校基本办学制度，创新合作方式，深化合作程度，坚持全程合作，完善政策措施，全面深入推进校企合作工作有序开展。强化招生工作，贯彻落实《高中阶段教育普及攻坚计划（2017～2020年）》，确保招生规模稳定。大力开展职业培训，提高技工院校开展职业培训的有效性和针对性，发挥主力军作用。落实中央决策部署，全力以赴实施好技能脱贫千校行动。三是夯实工作基础。强化技工院校校长和师资队伍建设，重视教材、教研教改、学生资助管理、统计等基础工作。

（四）以建立终身职业技能培训制度为重点，加强培训工作顶层设计

在新形势下，需要把职业培训工作摆在更加突出的位置，加强政策顶层设计，推动培训转型升级，努力扩大规模，提高质量。一是建立终身职业技能培训制度，从顶层设计方面构建终身职业技能培训制度的政策措施、基本原则和工作目标，建立覆盖城乡全体劳动者、贯穿学习工作终身、适应就业创业和人才成长需要的终身职业技能培训制度，广泛发动社会力量，大规模开展职业培训工作，切实提升培训质量。总结企业新型学徒制试点经验，尽快在全国推广实施。二是突出重点群体，组织有针对性的职业培训，力争实现职业培训规模扩大、质量提升。以高校毕业生和新生代农民工为重点，制订并实施职业技能提升计划，推进新生代农民工职业培训全覆盖。广泛组织开展贫困家庭子女、未升学初高中毕业生、失业人员和转岗职工、退役军人免费职业培训行动，大力加强对各类人员的创业培训。重点关注化解过剩产能企业职工，特别是东北等困难地区职工，深入实施特别职业培训计划。三是加大资金投入。规范用好用足就业补助资金和失业保险基金，提高补贴标准，扩展支出项目。深入落实失业保险基金用于参保职工技能提升补贴政策，促进劳动者稳定就业和高质量就业。探索整建制购买培训项目直补培训机构等方式。优化培训职业工种结构，使培训资金向急需、紧缺职业工种倾斜。加强与财政部门协调力度，在确保资金安全前提下，简化劳动者报销程序，进一步调动劳动者参训积极性。四是加强规范管理。加快开发职业培训包，在政府补贴培训中开展职业培训包模式试点工作，提高培训的针对性和有效性。加强信息化，推动职业培训实名制信息管理，大力推广“慕课”等“互联网＋职业培训”模式。

（五）以完善技能人才评价体系为重点，推进评价制度改革

一是加快建立国家职业资格目录清单制度，公布实施目录清单。清单之外一律不得开展职业资格许可和认定工作，清单内除准入类职业资格外一律

不得与就业创业挂钩。二是落实好清理规范要求，确保清理到位，防止反弹或变相恢复。要求各地结合国务院专项督察和人社部有关减少职业资格许可认定工作“回头看”活动，认真组织开展自查。三是按照中央分类推进人才评价工作的要求，研究完善技能人才职业技能等级认定政策，做好与职业资格制度的衔接。

（六）以大力弘扬工匠精神为重点，全面加强技能人才宣传工作

工匠精神推崇爱岗敬业、精益求精，要将其贯穿技能人才队伍建设始终，贯穿宣传工作始终。一是把弘扬工匠精神、推动产业工人队伍建设作为宣传的主题，做好重大政策出台前后的舆论引导和政策解读，使工匠精神深入人心，工匠培养工作融入社会。二是组织好职业教育活动周、世界青年技能日、世界技能大赛参赛申办等宣传工作，树立中国大能手、技能中国行两大品牌，形成以技能中国、世赛中国两大微信公众号为引领，各地、各技工院校公众号为基础的新媒体宣传矩阵，做好集中宣传，讲好技能故事，传递匠人心声，为转变陈旧观念、优化社会环境进行不懈努力。

（人力资源社会保障部职业能力建设司　张达）

第十三章

各地区贯彻落实《国务院关于激发重点群体活力带动城乡居民增收的实施意见》（国发〔2016〕56号）情况

提高城乡居民收入是全面建成小康社会的重要内容。党的十九大对提高人民收入水平做出了部署，提出要坚持在经济增长的同时实现居民收入同步增长、在劳动生产率提高的同时实现劳动报酬同步提高。

为促进中低收入者增收，国家发展改革委牵头，会同有关部门，研究制定了《国务院关于激发重点群体活力带动城乡居民增收的实施意见》（国发〔2016〕56号）（以下简称《意见》），并于2016年10月由国务院印发。《意见》提出了七类重点群体，包括技能人才、新型职业农民、科研人员、小微创业者、企业经营管理人员、基层干部队伍、有劳动能力的困难群体等。针对这些重点群体出台激励计划，同时实施就业促进、职业技能提升、托底保障、财产性收入开源清障、收入分配秩序规范、收入监测能力提升等六大支撑行动。《意见》强调，各地区各部门要把落实收入分配政策、增加城乡居民收入作为重要任务，研究制定促进居民增收的具体办法，建立健全统筹协调工作机制，对重点群体实施精准激励，确保各项政策措施落到实处。

各地区为贯彻落实好《意见》精神，纷纷开展调查研究，结合本地实际，探索创新政策举措，扎实推动《意见》落实落地，特别是党的十九大胜利召开，为进一步落实《意见》指明了方向，明确了重点。各地区深入学习贯彻党的十九大精神，以习近平新时代中国特色社会主义思想为指引，聚焦社会主要矛盾新变化，围绕收入分配领域主要矛盾和矛盾主要方面，着力激发重点群体创业就业兴业新活力，加力推进创收增收共富新举措。经初步汇总，到2017年11月，全国有16个省、自治区、直辖市及计划单列市[①]结合本地重点群体特点和收入状况，制定出台了具体实施方案或工作安排，通过“量身定做”七大群体激励措施和六大支撑行动，有效突破重点群体的增收瓶颈，积极促进营商发展环境更加公平。

一　七大重点群体激励计划实施情况

（一）技能人才

对技能人才关键是要实现技高者多得、拓宽职业发展通道和提高其社会地位。安徽按照技师参照工程师、高级技师参照高级工程师确定相关福利待遇。对获得中华技能大奖、全国技术能手的在皖高技能人才，在国家奖励基础上分别给予10万元、2万元追加奖励。每两年评选一批“江淮杰出工匠”、“安徽省技能大奖”和“安徽省技术能手”并给予奖励。云南完善技术工人薪酬激励机制，在技工院校取得高级工、预备技师职业资格证书的毕业生分别享受大专、大学本科毕业生同等待遇。企业聘用的高级工、技师、高级技师等高技能人才，可比照助理工程师、工程师、高级工程师等技术职称享受相应待遇。广东推进企业技能人才自主评价扩面提质，支持企业采用“一企一案”模式自主评价技能人才。甘肃探索实行高技能人才、大师工作室（包括名中医工作室）等年度工作补贴制度。青岛探索将实施技能人才薪酬改革纳入国有集体企业领导人责任考核体系，与其绩效工资挂钩。

① 天津、河北、内蒙古、辽宁、江苏、浙江、安徽、福建、湖南、广东、广西、四川、云南、甘肃、宁夏、青岛。

（二）新型职业农民

对新型职业农民关键是加大培育和支持力度，加快职业化进程。安徽健全定向培养新型职业农民制度，建立农技人员联系新型职业农民跟踪服务制度，引导职业农民参与粮食绿色增产模式攻关示范行动。甘肃实行教育培训、认定管理、政策扶持“三位一体”培育制度，加强县级培训基地和农业田间学校建设，探索将新型职业农民纳入城镇职工社会保障体系。广东积极引导农村青年、返乡农民工、农技推广人员、农村大中专毕业生和退役军人等加入新型职业农民队伍。因地制宜发展特色优势农产品保险、养殖保险、渔业保险、设施农业保险，实施农村“政银保”项目，建立政府支持的“三农”融资风险缓释和补偿机制。云南加快构建和完善以农业广播电视学校、中高等农林职业院校（含技工院校）等专门教育培训机构为主体，农林科技推广服务机构、农林科研院所、农林龙头企业和农民合作社等共同参与的新型职业农民教育培训体系。广西进一步实施新型职业农民培育整村推进工程，打造百个新型职业农民示范村。加强职业农民学院标准化、规范化建设，支持涉农职业院校建设现代农业、特色农业等示范特色专业和实训基地。河北开展农村电子商务示范县建设，实现全省行政村电子商务服务网点全覆盖。引导农产品生产企业、农民合作社、家庭农场等新型农业经营主体积极开展农产品网上销售，依托农产品交易市场和生产基地开展网络分销业务。青岛鼓励金融机构将服务向农村布局延伸，发挥保险业在农业防灾防疫、分散生产风险、防范市场风险中的作用，提高防御自然灾害和生产自救能力。开展特色农产品保险和农产品价格指数保险，发展农村小额人身保险，增强农业发展抵御风险能力和农民意外保障能力。

（三）科研人员

对科研人员关键是形成工资性收入、项目激励、成果转化奖励等多重激励。广东对由市场配置资源的、主要承担与科技成果转化或科技服务相关的公益二类事业单位，允许其从市场化收益中提取一定比例用于人员激励并适当核增绩效工资总量。福建逐步提高体现科研人员履行岗位职责、承担政府和社会委托任务等情况的绩效工资水平。支持高校、科研院所和国有企业等依托重大科技创新项目，探索建立合同管理、协议薪酬、异地工作等用人模式。安徽合并会议费、差旅费、国际合作与交流费科目，由科研人员结合科研活动实际需要编制预算并按规定统筹安排使用。取消绩效支出比例限制，项目承担单位结合一线科研人员实际贡献，公开公正安排绩效支出，加大绩效激励力度。甘肃探索设立科技创新中心，实行首席科研人员制度。落实领军人才考核制度，将优秀等次比例提高到领军人才总数的 6%。云南实施企业股权奖励、股权出售、股票期权、股权分红等激励试点，对创办科技型企业的科技人员，离岗期限满后可再增加 3 年。

（四）小微创业者

对小微创业者关键是要降低创业成本，完善创业成果利益分配机制，打通创业创新到创收创富的通道。广东充分发挥国家商标审查协作广州中心的作用，为小微创业者提供便利服务。加快建设众创、众包、众扶、众筹等重大支撑平台，推进各类创新资源、创新平台与科技股权众筹平台、众创空间对接。江苏加大对创业创新的用地支持力度，经市、县两级人民政府批准，利用现有房屋和土地兴办文化创意、科技研发、健康养老、工业旅游、众创空间、生产性服务业、“互联网 +”等新业态，实行继续按原用途和土地权利类型使用土地的过渡期政策，过渡期为 5 年。过渡期满后需按新用途办理用地手续的，符合划拨用地目录的，可以划拨方式供地。天津进一步完善政府采购支持中小企业发展的配套措施，各级采购人在满足机构自身运转和提供公共服务基本需求的前提下，预留本系统、本单位年度政府采购项目预算总额的 30% 以上，专门面向中小企业采购，其中，预留给小型和微型企业的比例不低于 60%。河北引导各金融机构单列全年小微企业信贷计划，确保对小微企业信贷投放持续增长。严格限制对小微企业收取财务顾问费、咨询费等，对发展前景好但暂时困难的小微企业，合理确定贷款利率水平。鼓励和引导金融机构开发适合小微企业的金融产品，积极开展知识产权、排污权等抵质押贷款业务。云南实施新一轮“两个10万元”微型企业培育工程，综合利用直接补助、贷款贴息、风险补偿和贷款担保等多种形式扶持小微企业。安徽扩大创投债、小微企业增信集合债规模，探索发行创新创业债券。福建对在新三板和海峡股权交易中心挂牌交易的小微企业，在挂牌当年给予不超过30万元的补助。广西加快推进知识产权维权援助中心建设，加大小微企业知识产权维权援助工作力度，完善知识产权质押融资等金融服务机制。

（五）企业经营管理人员

对企业经营管理人员关键是完善产权保护制度，稳定预期、优化环境，激发创业热情。云南认真履行政府在招商引资、与社会资本合作等活动中与投资主体依法签订的各类合同，不得以政府换届、领导人员更替等理由违约、毁约。安徽严格落实入企监督检查“双随机一公开”制度，对变相行使审批权和乱检查、乱收费、乱作为等给民营企业造成损失或不良影响的进行严肃追责。四川通过在国有上市公司试点股权激励、在科技型国有企业试点股权激励或分红激励、在非上市国有企业试点增量现金激励、在混合所有制企业试点员工持股等多种方式，探索完善中长期激励机制。广东在国有企业建立职业经理人制度，对市场化选聘的职业经理人实行市场化薪酬分配机制，畅通现有经营管理人员向职业经理人转变的渠道。健全二、三级及以下企业负责人中长期激励机制，开展增量奖励试点，推进管理层和员工以现金或技术持股试点工作。天津稳妥推进市管企业及下属企业职业经理人试点，率先在混合所有制改革企业中试点职业经理人制度，对职业经理人的考核和薪酬管理与市场接轨，薪酬结构更加灵活，促使企业通过市场吸引高级管理人员。2017年选择在5～10家集团及二级企业开展职业经理人制度试点，到2020年集团及二级企业经理层人员全部完成制式转换，实行职业经理人制度。

（六）基层干部队伍

对基层干部队伍关键是完善工资制度，健全不同地区、不同岗位差别化激励办法，建立阳光化福利保障制度。广东改革完善基层医疗卫生机构人事薪酬制度，提高村卫生站医生补贴标准，新增基层医疗卫生机构全科医生特设岗位补助。改善基层教师待遇，逐步提高山区和农村边远地区学校教师生活补助标准。开展法官和检察官的工资制度改革试点，建立与单独职务序列相衔接、有别于其他公务员的法官、检察官工资制度。河北对到基层边远地区或国家扶贫开发工作重点县机关事业单位工作的高校毕业生，试用期（见习期）工资直接按期满工资确定，期满考核合格后的级别工资（薪级工资）高定两档。落实就业费、安家费、助学贷款代偿、艰苦边远地区津贴政策。对长期在基层边远地区或国家扶贫开发工作重点县工作并做出重要贡献的专业技术人才，可破格或越级晋升职称等级。四川实行事业单位绩效工资分类管理，健全以公益性为导向的考核评价机制，将考核结果和收入分配挂钩。根据当地保障性住房房源情况及申请准入条件，采用配租公租房或发放租赁住房补贴的方式，将符合条件的国家工作人员和专业技术人员按规定纳入当地住房保障范围。安徽制定全省规范公务员奖励性补贴办法，重点向基层一线和业绩突出人员倾斜。

（七）有劳动能力的困难群体

对困难群体中具备劳动能力和劳动条件者关键是提升其人力资本和激励其就业。安徽建立低保家庭成员信息共享查询协作机制，为有就业意愿和就业能力的低保家庭成员提供便捷优质的公共就业服务。健全特困人员救助供养制度，按照不低于上年度城乡居民人均消费性支出的60%确定特困人员基本生活标准，按照不低于基本生活标准的10%确定照料护理标准。广西将原廉租住房的保障对象统一纳入公共租赁住房保障范围，优先解决城市低保家庭、低收入家庭、孤寡老病残等特殊困难家庭和城镇住房救助人群。云南将建档立卡贫困劳动力转移就业列入当地脱贫攻坚资金统筹范围，对初次跨省、跨境务工的建档立卡贫困人口给予300～500元的一次性交通补助；乡、村组织本地劳动力到县外就业的，每成功输出1人可按照就业资金管理有关规定申请不低于100元的工作经费补助；县级对一次性成功输出30人以上规模到省外、境外转移就业的，可每批次给予3000元的补助。江苏对吸纳化解过剩产能分流职工的企业，可由就业专项资金按规定给予最长不超过3年的企业缴费部分社会保险补贴。鼓励依托大众创业孵化平台或现有“残疾人之家”等服务机构开展残疾人辅助性就业、创办残疾人创业孵化园（基地），鼓励电子商务产业基地增设残疾人创业孵化区，可给予场地（所）租赁、无障碍设施改造、设施设备购置补助。各地新开发的公益性岗位按不低于10%的比例优先安排适合岗位要求的残疾人就业。浙江对低保家庭残疾人初次就业、再就业的，3年内所获得的就业收入以及精神、智力和重度肢体残疾人辅助性就业取得的收入不超过最低工资部分，不计入家庭收入。福建对实现就业的低保对象，在核算其家庭收入时，可按其就业收入或当地最低工资标准的20%～30%扣减必要的就业成本。

二　六大支撑行动实施情况

（一）就业促进行动

通过促进就业从根本上解决收入来源问题。广东促进健康服务、社区服务、家庭服务、养老服务、残疾人托养服务、教育文化体育服务加快发展，努力创造更多就业岗位。推动信息技术、网络技术与各行各业深度融合，积极发展电子商务、网络约车、分享经济等新业态，培育在线医疗、在线教育等服务模式，促进灵活就业。甘肃积极承接东中部劳动密集型产业转移，带动一批劳动力就业。加强省市对口协作，争取沿海省市吸纳更多本地劳务人员。加大智慧就业信息系统建设，及时发布劳动力市场供求信息。河北推进京津冀人力资源市场协同发展，加快建立劳务对接、就业协作机制，畅通人力资源合理配置信息交流渠道，构建准确、高效、全方位的京津冀公共就业服务信息网络，逐步实现就业服务、失业保险、职业培训信息共享。江苏专门推出一系列完善高校毕业生就业创业扶持政策，包括落实和完善见习补贴政策，将高校毕业生求职补贴调整为求职创业补贴。安徽大力发展现代农业，促进多种形式的新型农业经营主体发展，拓展农业就业空间。福建实施现代产业工人培养等促进就业重大工程，推动更高质量就业。

（二）职业技能提升行动

通过强化技能培训提升劳动者人力资本。广东支持职业院校（含技工院校）与民营企业开展校企合作，建立实训基地，共建重点专业，实行技能人才定向培养、联合培养。河北加快技能大师工作室建设，重点建设20个左右国家级、50个左右省级高技能人才培训基地和20个左右国家级、50个左右省级技能大师工作室。安徽按照“人才培训基地对接产业集聚发展基地”思路，建设一批公共实训基地，结合脱贫攻坚对技能脱贫的需要，每年组织对2万名建档立卡农村贫困劳动者实施免费技能培训和创业培训。推动职业院校向社会有序免费开放服务设施和数字化教学资源。浙江支持更多的本科高校开展应用型转型改革，支持高等职业院校开展校企合作、产教融合项目建设，支持一批中等职业学校加强技能实训设施建设，重点扶持建设100个示范性校企合作共同体和一批示范性（骨干）职业教育集团。

（三）托底保障行动

通过建立社会保障安全网保障困难群体基本生活。安徽落实特困供养人员和重度残疾人护理补贴制度，推进城镇职工长期护理保险试点，鼓励各地提高高档次缴费补贴、特殊群体代缴标准、基础养老金补贴及对长期缴费人员增加养老金等，鼓励具备条件的商业保险机构参与基本医保的经办服务。江苏将符合条件的残疾人家庭及时纳入最低生活保障范围，对家庭生活困难、靠家庭供养且无法单独立户的成年无业重度残疾人，经个人申请，参照单人户纳入最低生活保障范围。支持无力购买住房的居民特别是非户籍人口租房居住，对符合条件的困难家庭给予货币化租金补助。将符合条件的城镇就业稳定的外来务工人员、新就业高校毕业生等，纳入公租房保障范围。引入社会组织及家政、餐饮企业等社会力量，大力发展智能养老，兴办或运营托老所、老年助餐点、社区日间照料中心、老年活动中心、虚拟养老院等。

四川规范县级卫生扶贫救助基金的设置和管理使用，避免因经济原因导致贫困户家庭成员患病得不到及时合理治疗。

（四）财产性收入开源清障行动

拓宽居民财产性收入渠道，合理平衡劳动和资本的分配关系。福建依法依规引导符合投资者资格的城乡居民投资购买在区域性股权市场挂牌交易的企业股权、可转换债券等。鼓励金融机构与城乡居民依法依规合作，以城乡居民的自有股权、债权、知识产权等作为标的，研发理财产品。推进集体土地房地一体不动产登记发证工作，推进农民住房财产权抵押贷款试点和农村集体经营性建设用地入市试点，着力增加农村居民财产性收入。广东鼓励保险公司设计多种符合居民需求的风险保障型和长期储蓄型保险产品。妥善发挥商业保险公司作为机构投资者的作用，强化金融监管，促进保险资金保值增值。研究制定 P2P 网络借贷等行业监管实施细则。江苏加强农村产权流转交易市场建设，2017 年实现农村产权交易服务平台县域全覆盖。开展农民以土地承包经营权、水域滩涂经营权等入股农业产业化龙头企业试点。浙江支持和鼓励更多的企业到浙江股权交易中心挂牌和进行股权、债券融资，实现民间小资本与大企业、大项目的对接。探索发展民间融资服务中心、民间资金管理企业，严堵非法集资渠道。

（五）收入分配秩序规范行动

通过规范收入分配秩序营造公平的竞争环境。福建加强社会信用体系建设，将按时足额支付工资作为用人单位信用等级评价的重要考量因素，并纳入省公共信用信息平台、省征信业务综合平台、国家企业信用信息公示系统（福建）等。广东完善机关和国有企事业单位发票管理和财务报销制度，全面推行公务卡支付结算制度。推动阳光分配，建立覆盖全省国有企业的国有资本经营预算和收益分享制度。加强对财政资金、行政许可、行政审批的管理和审计监督，规范行政事业单位非税收入收缴及管理。广西丰富银行卡加载的社会管理功能，拓宽银行卡在社保、医保、公积金、交通、教育等公共服务行业的应用范围，积极推广新型电子支付应用。

（六）收入监测能力提升行动

通过完善收入统计监测系统为收入分配政策制定提供依据。广东健全就业监测和失业防控机制，建立城镇调查失业率制度和宏观经济政策对就业影响的评价机制。加大政府购买服务力度，支持各类人才市场在掌握人力资源市场动态和薪资水平方面更好发挥作用，为政府提供决策参考。建立省市两级企业薪酬调查和信息发布制度。广西在现有自治区本级工资管理系统的基础上，推进和完善全区市、县（市、区）工资管理信息化建设。四川利用税收数据处理系统，建立更加完善的个人税收收集处理平台，开展高收入、高净值纳税人风险分析。

三　城乡居民增收试点实施情况

为贯彻党的十九大提出的“坚持在发展中保障和改善民生”的基本方略，落实国发〔2016〕56号文件关于“选择部分省（区、市）开展城乡居民增收综合配套政策试点”、“选择部分地区和科研单位开展专项激励计划和收入监测试点”的任务要求，国家发展改革委会同教育部、科技部、民政部、财政部、人力资源社会保障部、农业部、国资委、扶贫办等深化收入分配制度改革部际联席会议成员单位联合印发了《关于开展城乡居民增收综合配套政策试点以及专项激励计划和收入监测试点的通知》（发改就业〔2017〕1714号）（简称《通知》），推动实施城乡居民增收试点工作。《通知》确定在河北省、贵州省、山东省青岛市等3个地方开展城乡居民增收综合配套政策试点，在上海市黄浦区、上海市嘉定区、重庆市渝北区、上海市金山区、福建省永安市、四川省眉山市彭山区、山东省青岛市平度市、贵州省黔东南州凯里市、四川省绵阳市、中国科学院近代物理研究所、江苏省徐州市睢宁县、贵州省贵阳市清镇市、陕西省安康市平利县、山东省泰安市新泰市、河北省廊坊市固安县、江西省抚州市临川区、江苏省宿迁市等17个地方和单位开展专项激励计划和收入监测试点。《通知》要求试点地区和单位大胆探索，率先试验，结合当地实际情况和已有工作基础灵活施策，努力形成激发重点群体活力的新体制新机制。

目前，试点工作已全面启动，试点地方和单位在前期探索和实践的基础上，提出了一系列较有针对性和创新性的思路设想。总体看，主要采取了以下四个方面措施激发重点群体活力带动城乡居民增收。一是着力搭建信息、培训、金融、技术、评价鉴定等各类平台，积极为重点群体提供创新、优质服务，强化重点群体增收基础。二是创新财政、金融、土地等支持方式，加大对重点群体就业创业的资金资源支持力度，激发重点群体增收积极性。三是积极推进收入分配制度配套改革，完善重点群体相关的各项政策体系，改善重点群体增收环境。四是加强组织领导，着力提升重点群体服务的精准化、流程化、专业化程度，为重点群体增收创造有利条件。国家发展改革委会同部际联席会议相关成员单位积极做好组织协调工作，加强工作指导，督促实施进度和质量，主动协调解决试点推进中的矛盾和问题，通过召开现场会、座谈会等形式，及时总结梳理试点地区落实中央决策部署、推动重点群体增收的好做法好经验，发挥好试点试验田作用，不断完善促进城乡居民增收的长效机制。

四　进一步落实《意见》的工作考虑

收入分配是民心所系，党中央高度重视城乡居民增收问题。党的十九大做出了中国特色社会主义进入新时代、社会主要矛盾发生变化等重大政治论断，对收入分配领域工作提出了“促进收入分配更合理、更有序，扩大中等收入群体，拓宽居民劳动收入和财产性收入渠道，履行好政府再分配调节职能，缩小收入分配差距”等要求。要深入学习贯彻党的十九大精神，以习近平新时代中国特色社会主义思想为指引，将促进城乡居民增收放在决胜全面建成小康社会、开启全面建设社会主义现代化国家新征程的大局中去考虑和谋划，坚持按劳分配原则，完善按要素分配的体制机制。以营造公平的发展环境、激发创收创富的动力为方向，继续稳步推进《意见》提出的各项举措落实落地，营造公平的发展环境，使全体人民在共建共享发展中有更多获得感，朝着共同富裕方向稳步前进。

（一）坚持以点带面，整体推动城乡居民增收试点工作落实

充分发挥好深化收入分配制度改革部际协调机制作用，疏通《意见》实施过程中的“痛点”和“堵点”，通过优化政策环境、强化服务保障、实现软硬件配套等措施，实现收入分配制度改革整体推进。继续指导地方开展城乡居民增收试点工作，分群体施策带动城乡居民收入稳定增长，定期总结试点经验，提出可复制、可推广的经验做法和政策措施。通过对增收潜力大、带动能力强的重点群体进行精准化激励，实现以点带面，激发全社会创业、创新、创富的动力和活力，促进城乡居民普遍增收，引导更多人群通过诚实劳动、合法经营成为中等收入群体，不断提高中等收入群体比重。

（二）实施就业优先战略和积极就业政策，增加居民劳动收入

推动经济向中高端水平迈进、生产制造向生产服务延伸，创造更多高质量的就业机会。密切对接产业转型升级和市场发展需求，大规模开展职业技能培训，支持地方开展公共实训基地建设，努力建立覆盖全体、服务终身的职业技能培训体系，注重解决结构性就业矛盾。鼓励创业带动就业，组织开展返乡创业试点工作，在以返乡创业培育产业集群、发展农村电商、促进转型脱困、化解过剩产能等方面积极探索新路径。提供全方位公共就业服务，推进户籍、住房、教育、社会保障等制度改革，消除制约劳动力流动和就业的体制机制障碍，不断提升劳动力市场供求匹配能力。创造平等就业环境，营造鼓励勤劳守法致富的良好氛围。

（三）完善要素按贡献参与分配的体制机制，扩宽居民增收渠道

推动各种所有制经济依法平等使用生产要素，形成主要由市场决定生产要素价格的机制，实现要素自由流动。贯彻落实《关于实行以增加知识价值为导向分配政策的若干意见》，建立健全以实际贡献为评价标准的科技创

新人才薪酬制度。完善产权保护制度、依法保护产权，激发和弘扬企业家精神。完善有利于科技成果转移转化的分配政策，探索建立科技成果入股、岗位分红权激励等多种分配办法。推动多层次资本市场平稳健康发展，优化新股发行制度，推进股权融资常态化，规范发展新三板市场，引导区域性股权市场健康发展，推动债券市场持续健康发展。创新金融市场产品，在依法合规、风险可控、商业可持续的前提下，创造既能支持实体经济，又能使老百姓分享增值收益的金融产品，提高居民理财水平。推进混合所有制企业员工持股，组织国有控股混合所有制企业开展员工持股试点。赋予农民物权性质的土地产权，实现农地产权的商品化和货币化，促进土地流转，增加农村居民财产性收入。

（四）履行好政府再分配调节职能，着力缩小收入差距

全面梳理当前以税收、社会保障、转移支付为主要手段的再分配调节机制运行情况，评估再分配调节政策效果，特别是对不同群体和居民收入分配结构的影响情况，研究提出新时代再分配调节政策的优化方向和具体实施路径。建立覆盖全民、城乡统筹、权责清晰、保障适度、可持续的多层次社会保障体系，完善城镇职工基本养老保险和城乡居民基本养老保险制度，尽快实现养老保险全国统筹。落实划转部分国有资本充实社保基金相关工作。强化兜底保障能力，做好低保与医疗救助、教育救助、住房救助、就业救助等相关救助制度的政策衔接。坚持精准扶贫、精准脱贫，重点攻克深度贫困地区脱贫难题。推动所得税制改革，加快建立综合和分类相结合的个人所得税制度，减少中低收入群体税收负担，加强对高收入人群的税收管理，进一步平衡劳动所得与资本所得税负。

（五）提高收入分配监测能力，强化对改革实施情况的跟踪和评估

充分发挥深化收入分配制度改革部际联席会议的统筹协调作用，搭建部门沟通协调的工作平台，组织各部门按照职责评估各项收入分配政策的出台和落实情况，不断提升政策制定和实施的科学性与精准度。围绕收入分配领

域主要矛盾发生新的变化，从实现国家治理体系和治理能力现代化的角度出发，借鉴国际经验，探索引入收入分配微观模拟模型，逐步建立对宏观经济、相关政策和微观数据的综合评估机制，对重大收入分配政策预判其潜在效应、监控其实施进程、评估其推行效果，为政策制定部门提供深层次、定量化、高效率的决策参考，通过精准的政策调节促进收入分配更合理、更有序。

（国家发展和改革委就业和收入分配司　陈俊　李小亮　韩非池）

第十四章 对当前我国劳动力成本的基本判断

近年来，关于劳动力成本是否过高这一话题，已引起广大劳动者、企业经营者和政府的高度关注，以至于有关劳动力成本过高并拖累中国经济增长的说法，成为近期舆论争议的焦点。劳动力是经济增长的基本要素，对于劳动力成本是否过高的判断，不仅关系到劳动者的切身利益和企业的健康发展，更关系到整个国民经济的可持续发展。因此，对于劳动力成本问题的研究，必须放到一个更宏大的背景中。

在过去，中国经济总体上走了一条高投入、高消耗、低附加值和低效率的发展道路，为了实现工业化，长期实行低工资和低福利政策，通过人为压低劳动报酬、人为压低消费来保证高投资率，由此获得资本的原始积累并保持经济持续增长。在这个过程中，我国劳动报酬比例长期过低，利润侵蚀工资的现象长期存在。从现实来看，当前劳动报酬增加和企业经营困难并存，甚至在局部行业存在着劳动力成本过快上涨的现象。当前的问题是，劳动力成本的持续增长是不是企业发展困难的根本原因？对这个问题的判断关系到我国经济增长方式的选择，也关系到对我国发展阶段的认识。在我国经济进入新常态，经济增速下滑、结构调整和增长动力转换的背景下，关于当前我国劳动力成本问题，我们有如下几个判断。

一　劳动力成本在一定程度上有所提高

（一）劳动报酬占国民收入比重有所提高

劳动者报酬是指劳动者从事生产活动获得的全部报酬，具体包括两大类：一是劳动者在单位就业中获得的劳动报酬，包括工资、奖金、津贴和补贴，还有单位为员工缴纳的社会保险费和住房公积金及其他各种形式的福利等；二是个体经济活动中自雇者的劳动报酬，通常在个体经营收入中按比例分出劳动者报酬和营业盈余。根据国家统计局数据，2009～2013 年我国劳动力报酬年均增长 11.7%，超过同期 GDP 增长率约 3 个百分点。劳动者报酬占 GNI 比重从 2011 年的 49% 提升到 2013 年的 51.1%，这说明近年来我国劳动力成本确实有较快提高。另外，从城镇单位就业人员平均工资与人均 GDP 的比值来看，21 世纪十多年间大体处于稳定状态，近两年略有提高，从 2011 年的 1.19 倍提升到 2014 年的 1.21 倍。所以，从近几年的发展态势看，劳动报酬确实存在一定的上升现象。

（二）农民工工资收入在稳步增加

根据国家统计局农民工监测数据，2010 年和 2011 年农民工人均月收入均保持约 20% 的年增长速度，2012 年以后虽然增速有所放缓，但在 2014 年也保持了约 10% 的年增长速度。在经济进入新常态后，虽然农民工收入增速还在下滑，但 2015 年农民工人均月收入比上年仍然增长了 7.2%，超过同期 GDP 6.9% 约 0.3 个百分点。对比来看，在宏观经济和企业经营绩效下行的背景下，农民工工资收入的增长趋势较为明显。正是由于农民工及其他群体收入的稳定增加，居民消费支出占国内生产总值的比重也有一定的回暖趋势，从 2010 年的 35.92% 持续提高到 2014 年的 37.69%。

（三）劳动力成本增速开始高于企业利润增速

从对南京、重庆和洛阳的企业调研来看[①]，三地典型制造业企业劳动力成本在 2005～2010 年均实际增长 15.7%，小于同期工业企业年均利润率增

---

① 由北京师范大学中国收入分配研究院和中国企业联合会组成的调研组，选取了全国东中西部有代表性的十家典型企业（南京、洛阳、重庆分别为东、中、西部代表城市），于 2016 年 3 月 4 日至 4 月 15 日进行了调研，其中还专门设计了问卷调查和访谈表，这里的数据都是根据调研数据汇总而来。

长 26.2% 的水平；而在 2010～2015 年，调研企业的劳动力成本实际年均增长幅度达到了 6.9%，而同期企业年均利润增长率为 -6.7%，呈现出劳动力成本增速显著高于企业利润增速的现象。由此说明，自我国经济进入新常态以来，一些企业发展确实面临经济下行的压力，在去产能、去库存中，收入增长放缓甚至出现下滑，成本上升，效率下降甚至发生较大规模的亏损。

二　劳动报酬的持续提升是合理的

（一）劳动报酬占国民收入比重离21世纪高点还有很大差距

虽然近期劳动报酬的增长速度略超过了经济增长速度，但是从较长时期来看，劳动报酬的增长仍然还不足以弥补居民过去应该获得的劳动报酬部分。根据国家统计局数据，在 1978～2015 年的 37 年间，人均 GDP 增长了约 20 倍，而城市和农村居民收入只增加了约 13 倍和 14 倍，城市和农村居民收入增长分别有 30 年和 26 年低于 GDP 增速。另外，2000 年后我国劳动报酬占国民总收入的比重总体呈下降趋势，由 2000 年的 53.0% 下降至 2010 年的 48.5%；近两年这一比例虽然有所增长，但远未达到 2000 年的水平，而且距离 21 世纪高点还有较大差距。所以说，近几年来劳动报酬的较快增长是相对的、短期的和补偿性的，而且还远未达到足以改变劳动报酬长期偏低的程度。

（二）劳动力供求关系变化决定了劳动报酬的合理上涨

利用丰富而廉价的劳动力资源供给，以及劳动力在部门之间转移所获得的资源重新配置效应，中国经济取得三十多年的高速增长。然而，近年来中国的人口结构发生重要变化，劳动力市场迎来刘易斯拐点，人口红利逐渐消失。根据国家统计局数据，在 2010 年前后我国农业剩余劳动力结束无限供给，劳动力供求关系开始发生逆转，甚至在 2012 年我国劳动年龄人口出现了长时期以来的首次下降，2012 年 15～59 岁劳动年龄人口绝对数量减少 345 万人，

2013年则进一步缩水244万人。在劳动力市场上，劳动供求关系的变化导致了企业求人倍率的快速增加，而劳动年龄人口的绝对减少，也导致了劳动力价格的迅速提升，由此2010～2014年农民工月工资年均增长14.1%以上。

（三）人力资本提升是劳动报酬增加的主要原因

通过分解劳动者报酬的贡献度，发现人均受教育程度的回报率与前些年基本持平。另据国家统计局数据，劳动者平均受教育年限从2005年的8.1年迅速上升到2010年的9.28年，并进一步提升到2015年的9.76年；同时，高中阶段升学率也从2009年的77.6%显著提高至2014年的90.2%。因此说，日益提高的人力资本水平和受教育质量，才使得劳动者平均劳动生产率有了很大程度的提高，并导致市场化的劳动报酬日益提升。所以说，劳动者报酬的增加，主要是其边际劳动生产率提高而导致的，是由市场化力量所决定的，因此工资增加和劳动报酬提升都存在很大的合理性。

三　当前企业负担过重是政府收益过高挤压所造成的

在国民收入核算中，由于政府所得（如各种税收、行政性收费和社会保险缴费）过高，挤压了企业所得，由此企业有一种劳动力成本过高的错觉。

（一）企业税费偏高是导致企业负担过大的重要原因

利用国家统计局大规模代表性工业企业数据，发现在扣除原材料成本后，2015年各种税收和行政性收费占企业总成本的比例高达15.1%以上；而根据对南京、重庆和洛阳制造业企业的调查，发现企业税收和各种收费占企业总成本的比例甚至超过15.8%以上。从变化趋势上看，各种税费占总成本比例从2014年的14.0%显著提高至2015年的15.8%，是当前企业所有成本中的第二大成本，因此未来仍然存在很大的降税和降费空间。所以说，为企业减税才是帮助企业渡过难关的一剂良药，针对制造业内部不同的行业特点，政府应该启动更大规模的结构性减税方案，从而为制造业企业降低税费负担。

（二）政府社会保险缴费过高是劳动力成本持续增长的主要来源

通过对企业的访谈调研，发现劳动力成本上升的主要原因不是工资上涨过快，而是社会保险缴费过高。社会保险缴费占企业劳动力成本的比例从2010年的14.8%上升到2014年和2015年的18.2%和19.4%。在企业销售收入下降时，社会保险缴费占比过高、增长过快的问题就显得尤为突出。因此，企业劳动力成本持续扩大的主要原因之一是社保缴费负担过重，而不是职工工资水平过高。所以，在中央供给侧结构性改革提出的“三去一降一补”方案中，降低社会保险缴费是非常重要的。

（三）住房公积金在劳动力成本中增长较快

在企业所有劳动力成本中，增长较快的是住房公积金和企业为职工代缴的住房租金，2014年和2015年增速分别达到19.0%和10.1%。而根据企业调研数据，企业缴纳的住房公积金主要被少数中高层管理人员所获得，这进一步加剧了企业内部分配的不均等程度。可以说，住房公积金制度，使企业不得不支付高额的住房公积金费用，从而给企业带来较大的负担。综合来看，虽然在筹集住房建设资金和解决城镇职工住房等方面，住房公积金制度确实起到了重大的历史性作用，但是目前确实面临着增加企业负担和扩大收入分配差距等现实问题，所以大家普遍认为公积金制度到了必须要改革的时候。

四　近年劳动力成本占比上升与产能调整和企业营业收入下降相关

（一）企业营业收入减少带来劳动力成本占比显著上升

根据国家统计局工业企业数据，在2013年营业收入下降的企业中，劳动力成本占总成本、营业收入的比重均比2007年有明显上升，劳动力成本占营业收入比重涨幅高达约3个百分点。由于劳动力成本存在刚性，企业在产能削减和营业收入下降时，劳动力成本占营业收入的比重就会相应提高，所以这类企业的劳动力成本压力就格外突出。

（二）营业收入增加企业的劳动力成本占比在下降

比较来看，在2013年营业收入上升的企业中，劳动力成本占总成本、劳动力成本占营业收入的比重甚至都有所下降，下降幅度超过了1个百分点；同时，企业的营业利润和净利润占营业收入的比重也比2007年有所提升，而且企业的利息支出有所降低，盈利情况也有所改善。因此，对这类企业来说，就根本不存在劳动力成本上升的问题。

（三）劳动力成本上涨集中在产能过剩行业和营业收入下降企业

在当前经济增速下滑和去产能的背景下，一些企业营业收入在快速下降，而劳动力成本存在一定刚性，由此导致企业劳动力成本占总营业收入的比重快速上涨。这在钢铁、有色能源、玻璃等产能过剩行业尤其严重，因此企业营业收入下降引起劳动力成本占比上升的问题也更加突出。根据国家统计局工业企业数据，在产能过剩问题较为严重的国有企业和东北地区，企业营业收入显著下降，劳动力成本占比的上涨幅度也相应更高。因此说，近两年劳动力成本占比提升与产能调整和企业营业收入下降相关，而不能把它简单地归因于劳动力成本的增加。

五　通过国际比较发现我国劳动力成本优势仍然存在

（一）从绝对劳动力成本看，中国劳动力成本绝对优势在下降

从国际比较看，2000～2012年，中国制造业小时劳动力成本增长了5倍，年均增速为16.5%，同期美国、日本和德国制造业小时劳动力成本年

均增速分别为3%、2.9%和5%，巴西、墨西哥和菲律宾年均增速分别为8.2%、2.5%和6.4%。可以说，与印度、墨西哥、巴西和俄罗斯等新兴国家相比，中国劳动力成本绝对优势在缩小，与东南亚国家相比，印度尼西亚、泰国等国的制造业劳动力成本甚至已低于中国。

（二）从相对优势看，中国劳动力成本仍有较大的比较优势

相对来看，2013年中国制造业小时劳动生产率分别是泰国的1.71倍、菲律宾的2.44倍，年均创造增加值是印度尼西亚的2.7倍、巴基斯坦的6.5倍、泰国的1.47倍、越南的5.13倍，劳动力成本创利水平仍显著高于上述东南亚国家。因此，尽管近年来与东南亚国家相比，中国制造业劳动力成本绝对优势有所下降，但在劳动生产率方面仍保持比较明显的优势。

（三）综合投入产出看，我国平均工资水平仍有一定上涨空间

虽然中国制造业单位劳动力成本经历了先下降后上升的过程，但是目前仍然处于世界较低水平，从增长速度来看目前已经超过了印度尼西亚。总体来看，虽然中国制造业劳动力成本与发达国家的差距在缩小，但仍具有相对成本优势；尽管绝对劳动力成本水平已超过部分东南亚国家，但凭借劳动生产率优势，对部分东南亚国家仍具有明显的相对比较优势，因此工资水平仍存有一定的上涨空间。

六　宏观政策要调结构、去产能和保就业

从以上宏观分配与消费的指标分析可以看出，无论是收入指标、工资指标还是消费指标，都未表现出高于生产发展的状态。从宏观分配角度看，认为我国劳动成本大幅升高的论点是难以成立的。实际上，在我国现行体制下，劳动要素在经济生活中的权益分配并未得到有效提升，反而在资本强势和招商引资中，保障劳动者权益与收入的机制弱化，劳动者地位出现不同程度的下降，甚至出现了侵害广大劳动群众权利的问题。正是长期的生产、分

配、消费关系失衡，才造成了一些产业畸形发展和大量产能过剩，才导致经济发展模式的不可持续。在这种情况下，只有下决心调整经济结构，优化国民收入分配关系才是正确的选择。

（一）要始终注意就业指标的变化情况

只要充分就业这个底线能够守住，日益提高的劳动者报酬不但不会阻碍经济增长，反而会通过消费促进来拉动企业产品需求，并带来企业经营状况改善、政府税收增加和劳动报酬提升，由此实现经济的可持续增长过程。

（二）合理引导并化解过剩产能

2009 年为应对金融危机，我国超量货币发放导致企业过度投资，由此带来企业生产能力严重过剩，使得企业普遍存在产品积压、库存成本较高的现象，由此带来流动资本缺乏和再融资成本的迅速增加，企业经营效率也显著下降。在这一背景下，劳动力成本的轻微增加就会使得企业不堪重负，并错误地认为是劳动报酬提升导致了企业利润下滑。

（三）让市场淘汰一批僵尸企业

根据调研发现，很多资源型行业的国有企业，存在人员冗余、效率低下、经营亏损而政府不断用财政救济的情况。建议下一阶段要集中筛选和清理一批这样的僵尸企业，尊重市场规律，使用市场手段，实行重组、关停并转等措施，压缩产能并让职工稳步分流到其他行业。对于其中出现的失业问题，政府要做好兜底，保证不由个人来完全承担这个代价。

七　中观政策要降低税费以减轻企业负担

从过去十几年的企业数据来看，中国工业企业的劳动力成本占比在降低，但是企业的运营效率没有改善，融资成本在显著提高，税费负担没有明显变化且一直处于较高水平，占比最大的原材料成本大幅上涨，由此使得企业的利润率在降低。我们认为应该从以下几个方面帮助企业降低成本，即要积极落实企业减负政策，提升企业盈利空间。通过“减税费、调社保缴费、除住房公积金”，让企业负担降下来，只有这样，企业才有能力提高劳动报酬，才有可能稳定就业，并“保证职工工资的可持续增长”。归纳起来，就是要实行“减、调、降、保”的“四字方针”。

（一）减税费

统计局数据显示，2015 年政府性税收、行政性收费等增速达到 20% 以上，占企业总成本比例也超过 15.8%，这成为企业负担加重的非常重要的原因之一。在当前供给侧改革的背景下，建议政府要进一步压缩支出，还利于居民，还利于企业，减少税收，减少各种行政性收费和费用摊派。

（二）调社会保险缴费

随着社会保障缴费基数的日益提高，企业的社会保障负担日益加重。2010 年，社会保障“五险”缴费仅占总劳动力成本的 14.8%，到 2014 年其占劳动力成本的 18.2%，到 2015 年则进一步提高到历史性的 19.4%。因此，要显著调整社会保险缴费基数，降低各种形式的社会保障缴费。

（三）降住房公积金

在劳动力成本中，增长最快的是住房公积金，这使得企业要支付大量的住房公积金费用；而且住房公积金主要使得垄断行业和高收入者受益，低收入行业和普通职工却没有平等受益，由此带来进一步的分配不公。所以，建议要进一步逐步减少住房公积金缴费比例，以减轻企业负担。

（四）保工资增长

当前政策的核心是“降成本”而不是“降工资”。从企业长远发展与和谐劳动关系建设来看，工资正常稳定增长是“提高收入、促进消费、保证企业生产”循环链条中的基本一环，在当前工资水平仍有一定上涨空间的背景下，在提高劳动生产率的同时，应该保持企业职工工资的合理、稳定增长。

八　企业政策要提高经营效率而不是降低工资

在经济增速下降的背景下，我们不能简单地就收入而谈居民增收，而是要强调在稳定就业的前提下，实现居民收入的稳步增长。在短期内，只要能保证劳动者的就业不出问题，就可以允许工资或收入指标的合理浮动。但在较长一段时间内，则必须要保证居民收入和经济增长的同步，尤其是要增强居民收入对经济增长成果的合理分享，保证居民或职工工资的稳定增长。所以，企业的长期策略仍然是要放在技术创新和企业效率上，如激励企业提高内部运营效率降低管理成本等，以此来保证职工工资的稳定增长。

（一）提高企业效率而不是降低工资水平

由于具有丰富而廉价的劳动力资源供给，因此企业提质增效并调整要素配置结构的积极性并不太高，这使得中国经济从高速增长转向中高速增长后，企业人口红利消失、劳动力成本持续增加，企业生产经营困难的局面持续扩大。由于中国经济的核心问题在于资源配置效率低下，企业劳动生产率还有待提升，而且劳动附加值不高，因此企业未来政策的核心要放在改善企业效率和提高劳动生产率上，而不是降低工资水平。未来要尊重企业在劳动法律框架下的市场行为，释放企业在应对劳动力成本上升中的微观活力，进一步提高企业效率，并保持职工工资的合理稳定增长。

（二）加大企业研发投入，提高产品附加值

近年来劳动力成本快速上升的趋势也使我们注意到，要保持企业在贸易中的优势，通过各种手段促进技术的转型、升级，提升劳动生产率水平，已经到了不容回避的阶段。因此企业要加大研发投入，提升企业核心竞争力，同时要加强技术工人培训，以保证产业升级，提高产品质量，增加产品附加

值。当然，企业要适应要素市场带来的变化，还需要深化市场化改革，使不同类型的企业面临平等、充分竞争的环境。只有使企业具有灵活、积极的顺应价格信号的调整机制，主动适应劳动力成本等价格信号的变化，才能诱致企业加大研发投入，并推动产业结构的升级和促进生产率的进一步提升。

（三）加大企业知识产权保护力度

党的十六大报告首次提出“要完善中国知识产权保护制度”，党的十七大报告写入“实施知识产权战略”，党的十八大报告中再次强调“实施知识产权战略，加强知识产权保护”，十九大报告进一步提出要“倡导创新文化，强化知识产权创造、保护、运用”。所以，未来政府仍然要继续加大企业知识产权保护力度，加强企业创新在提高生产效率和提升劳动者报酬中的根本作用，防止少数企业过度侵权后的恶性低价竞争。要摒弃非此即彼的零和博弈理念，挖掘创新在提高劳动生产率和提升企业产品附加值中的作用，由此实现企业竞争和产业升级的良性互动，并真正实现企业经营和劳动者报酬的同步提高。

（北京师范大学中国收入分配研究院　万海远　刘浩）

第十五章
收入分配政策评估理论与实践

我国目前的收入差距仍然处于较高的水平，探讨各种公共政策的收入分配效应问题非常重要。从总体看，我国收入分配政策评估的过程，大体经历了从纯理论分析到经验分析，从描述性分析到定量模型分析，并从单一因果关系到综合结构评估的演变过程。由于收入分配政策的复杂性，一个指标、一套指标或单一的因果分析很难说清其中的错综关系，这就要求我国的收入分配政策评估需要发展为“综合评估”模式，这进一步要求政策评估方法更加科学、收入分配数据更加翔实、政策分析工具更加多元。本章首先综述了收入分配政策评估的传统方法，然后详细介绍在中国收入分配政策“综合评估”中的可计算一般均衡模型和微观模拟模型。

一　收入分配政策评估的传统方法

总体来看，收入分配政策评估工具包含如下几个大类别：纯理论分析、基于简单统计指标的描述性统计、基于综合统计指标的结构性分析、基于计量模型的因果关系分析、基于宏观数据的结构化模型、基于微观数据的结构化模型等（见图 15－1）。这些评估方法的主要差别在于对数据信息的使用程度上，从前到后也是中国收入分配政策评估实践的发展过程，即从无数据到基于少数数据的简单分析，再到以综合统计指标为核心的结构性分析，再到以“计量经济模型”为主要工具的因果关系推断，最后到以数理模型为核心的结构化模型分析。虽然从出现的次序看，各种评估方法存在先后顺序，但各种方法之间并没有严格的好坏之分，它们适用于不同的背景、不同的假设条件、不同的问题。它们在出现时间上存在阶段性特征，最主要的原因是不同方法对数据精细程度的要求不一样，然而现实中能够使用的基础数据在早期并不如后期那么丰富。随着互联网和大数据的发展，以及对应数据信息和理论方法的发展，几乎所有方法都在不断发展。

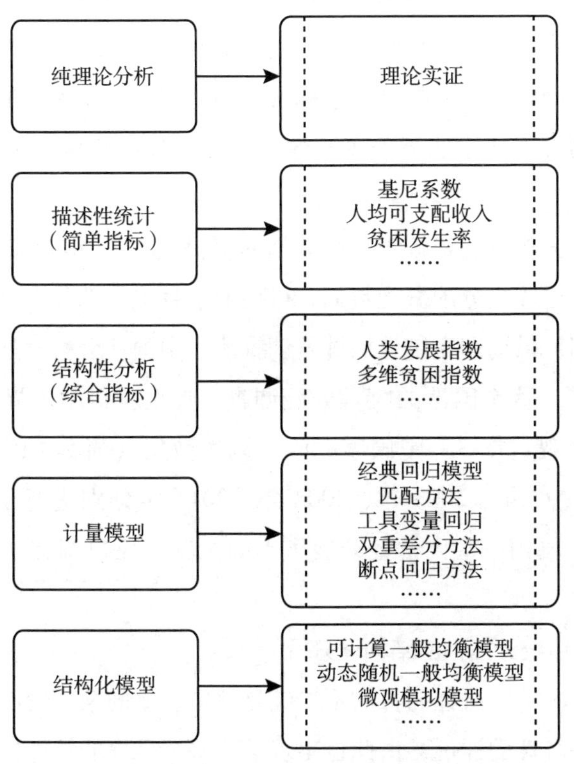

图 15－1　常用的收入分配政策评估工具

1. 纯理论分析

改革开放初期，中国收入分配相关数据极为缺乏。这大大限制了收入分配政策的有效评估。20 世纪 80 年代初期，国内研究人员从东欧改革的文献中借鉴了一些对传统体制进行实证分析的经验，并将其应用于中国收入分配领域的研究中；对传统体制下工资和价格基本双冻结给不同年代的人所产生的不同效应进行了实证分析，特别是对青年一代人的不利影响进行了实证分析。由于没有足够的统计数据作为支撑，这里的实证分析只能被称为“理论实证分析”。

2. 基于简单统计指标的描述性统计

收入分配领域存在许多统计指标，包括反映不平等程度的基尼系数、泰尔指数，反映整体收入水平的人均可支配收入、人均总收入，反映生活水平改善速度的收入增加率，反映物价变动的消费物价指数，反映贫困程度的贫困发生率、贫困距等。根据这些指标可以描述和研究收入分配问题背后的数量状况，从而客观地评估相关政策效果。这在各类政策评估中是最为常用的。

统计指标分析方法依赖于统计数据的可得性。20 世纪 80 年代，收入分配研究人员缺乏收入分配微观数据，可用的信息绝大部分来自国家统计局公布的宏观数据。借助国家统计局城乡调查队，中国社会科学院经济研究所在 1989 年开展了一次全国性的收入分配调查，首次获得学术界能够充分使用的收入分配微观数据——中国家庭收入调查数据（简称 CHIP1988）。该项目在随后的 1996 年、2003 年、2008 年、2014 年分别进行了同样的调查。21 世纪以来，国内一些大学也开展了不同主题的住户调查，其中也涉及收入分配问题。

3. 基于综合统计指标的结构性分析

在某些情况下，研究的目的不单纯是评估现象的某个侧面，而是希望对政策有更为综合性的评价，由此也出现了一些综合性的统计指标。其中比较经典的是联合国开发计划署（UNDP）《人类发展报告》中出现的人类发展指数（HDI）和在贫困研究中被提及较多的多维贫困指数（MPI）。多维贫困指数以阿玛蒂亚森“可行能力理论”为支撑，从多个维度反映居民的被剥夺状况，如饥饿、疾病、营养、教育等。牛津大学贫困与人类发展研究中心（OPHI）构建的全球 MPI 包含三个主要维度：教育、健康和生活条件。国内一些研究分别根据中国家庭健康与营养调查数据（CHNS）和中国家庭收入调查数据（CHIP）构建了中国多维贫困指标体系，对中国不同时期的多维贫困状况和趋势进行了分析。

4. 通过计量经济模型推断因果关系

在经济数据基础上，应用计量经济学工具对社会经济政策进行量化分析，也被称为“政策评估计量经济学”。它的主要目的是测度某个政策实施后对某个群体、某个行业或某个地区的影响。进行政策评估的直观做法是比较“实施政策”和“没有实施政策”两个状态下某些特征的差异。然而，特定对象往往只有某一状态下的特征信息，需要通过一定方法推算在其他状态下的特征值。考虑到不同假设条件，常用的评估工具包括经典线性回归模型、匹配模型、双重差分模型、工具变量回归模型和断点回归模型等。表15-1综述了这些方法的原理和注意事项。

表 15-1　几类经典的计量经济模型

模型	原理概述	部分注意事项
经典回归模型	通过回归方法平衡“获得政策”和“没有获得政策”两个群体的样本特征，从而得到“在其他解释变量取值相同的条件下，政策解释变量对被解释变量的边际影响”。	第一，该模型系数解释的是在控制其他变量取值的条件下，核心解释变量对被解释变量的影响。其中，控制变量的选择极为重要，需要避免遗漏变量问题。第二，经典线性回归分析多数情况下是对被解释变量“条件均值”的分析。如果关心的问题并不是“条件均值”，而是在一定条件下的某一特定群体，则应该替换估计方法。
匹配模型	为每个干预组个体寻找特征相似的控制组个体进行匹配，或者为每个控制组个体寻找特征相似的干预组个体进行匹配。	匹配方法主要根据已有信息（政策变量之外的其他控制变量）寻找每层内可以进行对比的控制组个体，使得每层内的样本个体除是否获得政策以外的特征都完全相同，从而平衡“获得政策群体”和“未获得政策群体”的特征差异。若根据已有信息不能够很好地平衡两类群体的结构差异，则结论可能仍然不准确。
工具变量回归模型	针对内生性问题（被解释变量对解释变量的影响，或对遗漏变量的影响），寻找一个或多个工具变量，剥离核心解释变量中与被解释变量相关的部分，剩余部分将不再存在内生性问题。	工具变量需要满足几个重要条件：工具变量需要与引起内生性的原因高度相关；工具变量必须外生于模型所在的经济系统，或者说与计量模型的扰动项不存在相关性。在政策评估实践中，寻找能够完美满足这两个条件的工具变量非常困难。

续表

模型	原理概述	部分注意事项
双重差分模型	适用于面板数据，问题背景是：所有个体在第 t 期都没有受到政策干预，在第 $t+1$ 期部分群体受到政策干预，另一组群体仍然没有受到政策干预。通过比较第 $t+1$ 期和第 t 期的结果可以判断政策的实施效果。	这里仍然不能直接观测到在第 $t+1$ 期获得政策群体“若没有政策时的状态”；主要是根据控制组的变化趋势，作为政策干预组若没有政策时的变化趋势，从而得到获得政策群体“若没有政策时的反事实状态”。需要假定“获得政策群体”若没有政策时主要特征的变化趋势，与“没有获得政策群体”相应特征的变化趋势相同。因而，双重差分方法仍然可能受到内生性问题的威胁——获得政策个体和没有获得政策个体在“没有政策时”的变化趋势不能存在内生性影响。
断点回归模型	若某指标超过某一临界值时，一些群体能够获得政策支持，其他群体不能获得支持。群体的某些特征在临界水平附近很可能出现由于“获得政策”和“没有获得政策”的差异而导致的跳跃现象。断点回归模型主要用于识别这个断点位置的政策冲击。	该方法要求在断点附近的其他特征都相同，否则不能充分判断断点差异来自特定政策的冲击。

经典线性回归模型在理论和实践上都较为简单，因而被广泛使用。不过除表 15－1 总结的注意事项之外，还需要留心一些可能犯的错误。第一，过于相信数据结果，忽视背后的经济联系。所有经验研究都一定是在充分的理论研究基础上进行的，经验研究的主要目的是验证理论的准确与否。这一关系并不能倒转。第二，数据质量可能带来有偏的估计结果。数据质量问题可能来自多个方面，例如样本抽样过程不科学可能导致样本有偏，没有足够代表性；问卷设计不准确、调查员素质过低、调查过程管理不善等问题可能导致数据信息不准确，不能反映被调查对象的真实情况；数据使用过程中没有准确筛选样本，导致估计结果对问题的反映不准确等。第三，模型设定错误可能导致错误结论。模型设定上的错误主要包括模型形式设定错误、遗漏变量，关键变量的处置方式错误，等等。

匹配方法是直接寻找获得政策个体“若没有政策时的反事实状态”。一般步骤包括：确定“相似性”的定义，从而给出“相似”的测度方法；按照近邻匹配或分层匹配方法找出与干预组相似的控制组个体；然后进行因果效应评估，估算每层内干预组和控制组的差异，进而计算加权平均因果效应。它在最近几年开始被应用于中国收入分配研究。例如邢春冰和李实（2011）根据2000年和2005年普查数据和匹配方法研究了大学生扩招对不同人群的受高等教育机会和大学毕业生就业的影响。通过比较扩招之前和之后参加高考的两个年龄组的特征发现，扩招使东部地区、城镇家庭受益更多，而少数民族的女性、农村地区、西部地区受益较少。

工具变量模型。回归方法和匹配方法需要假定是否获得政策不受被解释变量的影响，即不存在内生性问题。然而内生性问题在收入分配相关问题中较为普遍。匹配方法能够根据“匹配”的方式解决解释变量能够识别的内生性问题，但解释变量不能识别的部分仍然可能威胁模型结果。理论上能够更好解决内生性问题的另一种方法是工具变量方法。考虑到在许多收入分配问题中很可能存在内生性问题，工具变量方法的应用同样较为广泛。例如，高梦滔和姚洋（2005）借助该方法评估了大病保险政策对于农户长期收入的影响，发现大病冲击在随后的12年里对于农户人均纯收入都有显著的负面影响，而大病保险政策则有效地缓冲了这种影响。

双重差分方法适用于面板数据，最大的优点是根据面板数据能够很好地控制个体固定效应；由于不同时期个体相同，也能够避免“是否获得政策”的内生性问题。若存在可靠的面板数据，并且政策实施的节点恰好在该数据的不同时期，那么双重差分方法能够发挥较好的政策评估效果。而且该方法在具体操作上较为简便，因而应用较多。例如，周黎安和陈烨（2005）对农村税费改革的政策效果进行了评估，发现农村税费改革对农民收入的增长率有相当大的正面影响，税费改革对样本期间农民纯收入增长的贡献高达40%以上，而且该影响有一定的持续性。

断点回归模型主要用于识别“断点”附近的政策效果，对于贫困、低保问题尤为适用。在收入分配政策中，低保政策和一些扶贫政策往往以某一临界值作为识别标准，判断哪些人可以获得项目支持，这些标准包括各地区的低保线和贫困标准。在实践应用中，张川川和陈斌开（2014）研究了以“新农保”为基础的农村“社会养老”对“家庭养老”的替代性。研究结果显示，获得新农保养老金收入的农村老年人，其获得私人转移支付的概率下降了 32～56 个百分点，然而对于已经获得转移支付的老年人，并未发现新农保养老金收入对他们获得的私人转移支付数额存在显著影响。

二　基于结构化数量模型的收入分配政策评估实践

（一）以统计数据为核心的几类结构化模型

以上方法仅能够观察单方面政策评估效果，然而政策冲击很可能是多方面、多角度的，甚至不同政策可能会产生交互影响。同时，评估政策不仅仅是为了“评估”，在许多情况下也希望通过对政策冲击过程的深入认识，提出较为可靠、较为具体的改良建议。识别这种结构化的复杂过程，需要结构化的评估模型。根据基础数据的不同，结构化模型主要包括宏观结构化模型和微观结构化模型。宏观结构化模型这里仅介绍以大量宏观经济数据为基础的可计算一般均衡模型（CGE），微观结构化模型主要介绍以高质量微观个体数据为基础的微观模拟模型（MS），以及将两类数据信息结合起来的 CGE－MS 模型。

可计算一般均衡模型（CGE）以瓦尔拉斯提出的一般均衡思想为理论基础，以一组数学方程的形式反映整个社会的经济活动。1960 年 Leif Johansen 建立了第一个模型——挪威多部门增长模型（MSG）。CGE 模型一般应用于三个方面：贸易、税收和能源。其中关于税收的 CGE 模型经常被用于分析一些扭曲性税收对经济系统的影响。在个人所得税方面，根据住户部门的决策机制，经常被用来分析劳动力参与问题。而在间接税方面，这些模型可以在家庭效用函数的基础上，评估某些政策对家庭福利的影响，例如测算增值税增加会造成多大的福利损失。

一些国内学者从 20 世纪 80 年代开始进行中国 CGE 模型的研究。冯珊

(1989）建立了8个部门的中国经济的CGE模型C－CGE，这是国内最早的多部门CGE模型。1991年国务院发展研究中心发表了《经济均衡与非均衡理论、模型和应用》一书，系统论述了CGE模型的理论基础、基本框架、求解方法和应用领域，并且详细讨论了CGE模型在我国应用的可能性。1993年国务院发展研究中心、上海社会科学院、中科院系统所合作开发了一个10部门中国可计算一般均衡模型。1995年国务院发展研究中心独立开发了DRCCGE模型，并在后续的20多年内不断更新，目前仍然是国务院发展研究中心的主力模型之一。Wang和Zhai（1998）建立了一个中国CGE模型，分析了关税减让和税收替代对中国收入分配的影响。文章发现累进的收入税不仅会降低基尼系数，而且不会使得经济效率大幅下降。在贸易自由化背景下，累进的收入税比关税政策更加适合中国国情。目前CGE模型在社会经济领域的应用大多数侧重于宏观经济增长分析、国际贸易方面的研究、石油价格的影响等。

微观模拟模型的概念首先由美国耶鲁大学Orcutt教授在1957年提出，并在1961年与其合作者完成了这个模型。目前国际上具有影响力的动态微观模拟模型超过60个，其中多数由美国、英国、澳大利亚、德国等国家的研究团队建立。微观模拟模型得到了许多发达国家政府部门的高度重视，并且已被纳入他们的日常工作中。然而，在该领域还没有出现具备影响力的中国模型。

综合宏观一般均衡关系和微观异质性特征能更好地评估政策效果。理想做法是将宏观模型和微观模型进行连接，其中目前发展较快的模型包括可计算一般均衡－微观模拟模型（CGE－MS）和动态随机一般均衡－微观模拟模型（DSGE－MS）。Orcutt（1967）最早提出了连接微观和宏观经济模型的思路。不过，截至21世纪初，真正将两类模型进行连接的学者并不多。以CGE－MS为例，在计算信息技术和建模方法快速发展的推动下，最近十年CGE－MS模型发展较为迅速。按照连接方式可以将CGE－MS模型分为两大类：集成式CGE－MS模型和序贯式CGE－MS模型。后者又可以根据模型运算顺序分为“自上而下”或“自下而上”两种模型形式。CGE－MS模型兼顾内生的价格变动和个体异质性对政策冲击的反应，避免了CGE和微观模拟模型各自的弊端。截至目前，已经被应用于贸易自由化、财政政策效果评估等领域；世界银行、国际食品政策研究所等国际性机构都建立了特定主题下的 CGE – MS 模型。

（二）结构化模型的挑战和优势

制约结构化模型发展的一个重要原因是它的高成本问题。这些成本包括：学习成本，方程式一般较多，需要对宏观经济多个方面具有较好的把握；模型检验复杂程度较高，得到可靠结果需要经过反复校验；外生参数较多，难以在同一框架下得到真正一致的参数估计量；数据来源一般较多，难以统一多种来源的数据口径；模型维护成本较高，模型基础数据和外生参数都需要随时间不断更新；等等。由于结构化模型的模块较多，相比计量模型更难解释其中的可靠性，成果产出会更难，这在一定程度上也制约了结构化模型的发展。

虽然存在这样一些成本压力，结构化模型在政策评估工作中仍然能够发挥其他模型或方法难以达到的优势。主要体现在经济系统过程的透明化上，即在对经济系统具备正确认识的基础上，借助数学化的模型结构和可靠的统计信息，能够更加直观、更加综合性地评估某一政策效果，甚至评估多个政策的交叉效果，其他模型很难达到这个目的。

由于建模成本较高，中国收入分配政策评估实践中应用结构化模型的成果相对较少。宏观数据相比微观数据更容易获取，因而 CGE 模型和 DSGE 模型相对较多。然而过去缺乏能够用于微观模拟建模的高质量微观数据，微观模拟模型在中国政策评估领域的成果非常少。

三　结构化模型的强有力工具：微观模拟模型

（一）微观模拟理论和日趋完善的建模技术

20 世纪 60 年代，随着计算机技术的迅速发展，经济学界提出了一种新的政策评估模型，即微观模拟系统（Micro - Simulation）。微观模拟系统是一种新型的政策评估与模拟工具，它在计算机上再现了社会经济的真实环境，在协助政府决策部门制定和修订公共政策时十分有效。

微观模拟系统在主要发达国家得到了不断完善与发展，在税收、社会福利、卫生和教育方面，以及在与经济政策立法有关的再分配政策方面起着越来越重要的作用。20 世纪 70 年代中期，是美国政策分析的黄金时代，其间微观模拟系统也得到蓬勃发展，并在政策分析方面取得了卓越成就。进入 80 年代以后，微观模拟模型开始稳定发展，很多早期开发的模型被重新修改与简化，更加灵活、更容易修正、使用更方便，费用也更低。

（二）微观模拟在发达国家政策制定中得到广泛应用

微观模拟系统的主要任务是评估政策效果、比较政策方案、预告政策冲击和推演未来趋势，并以精准的方式展示政策成本、效益和风险，其一系列研究成果指引了各国的公共政策。作为一项基础的政策评估与分析工具，微观模拟系统具有极其广泛的应用前景。目前，除美国之外，加拿大、德国、英国、瑞典、挪威、法国、以色列、荷兰、芬兰、丹麦、匈牙利、澳大利亚等国家都开发并应用了微观模拟系统。据初步统计，目前具有影响力的微观模拟系统超过 60 个，它们得到这些国家政府有关部门的高度重视，并且已被纳入他们的日常工作，成为政策制定和评估的基本工具。据估计，2015 年仅美国劳工部就有 240 多项重要的决策在实施前通过微观模拟系统进行了政策预评价工作，美国医疗和社会事务部更是将微观模拟作为重大政策出台前的前置环节。

（三）美国微观模拟系统的主要特点

政府主导建设与维护。1968 年，美国总统约翰逊提出“向贫困开战”的口号，并在微观模拟系统基础上倡导成立城市研究所，以重点解决美国城市及居民贫困问题。当前，美国微观模拟系统建设和运行主要依赖于政府相关机构，其资金主要来自联邦政府、基金和捐助。2015 年，联邦政府和国会给美国两个微观模拟系统分别提供了43.6%和40.0%的资金支持，每个模拟系统被应用于年均超过200个的政策评价与模拟项目，约80%的项目来自政府部门，涉及全美50个州以上。

政策事前模拟、事中监控和事后评估全覆盖。微观模拟系统的研究内容与经济环境和政府政策紧密相关。在约翰逊政府“向贫困开战”口号的影响下，早期模拟系统的主要任务是预警在城市贫困和城市内乱中福利损失较大的人群，监测贫困居民所受到的政策影响，并评估他们被冲击的影响机制。在这一时期，出现了研究联邦政府反贫困政策综合福利效应的微观模拟工具。这些模型以转移性收入模型（以下简称TRIM）最为出名。它是一个综合性微观模拟系统，主要分析政府税收、转移支付和健康政策对居民收入、贫困的影响，并评估个人、家庭、州和国家级层面的各种政策结果。

强大的人机交互平台。相比于其他国家或机构的微观模拟系统，美国的微观模拟系统具有三方面重要特征：第一，充分考虑了政策之间的相互影响，而不仅仅是单个政策对居民个体的冲击，因此也更加逼近现实。第二，经过数十年的发展，形成了强大的人机交互平台，减少了模型维护成本，并允许没有计算机编程基础的研究人员也能够使用该模型进行评估工作。第三，在这一强大系统的支持下，能够在短时间内对部分政策进行评估，减少了研究周期，增强了政策时效性。这三个特征也将是未来中国微观模拟系统建设重点考虑的方向。

（四）微观模拟系统在美国政策中的应用

住房政策。1973年美国尼克松总统宣布暂停住房补贴，TRIM研究了住房代金券对低收入家庭住房需求的影响，以及对经济发展的影响。2008年美国发生抵押贷款危机，并引发全球性金融危机。TRIM团队开展了大量研究以应付这一危机带来的影响，并随后成立住房信贷政策中心，为联邦政府重建住房信贷系统提供支持和立法建议。

社保政策。1996年美国实施福利改革，取消贫困家庭60岁以上老人的现金补贴，并将社会保障的职责转移至州政府。为此，美国利用动态收入模拟模型（简称 DYNASIM）追踪了全美 4 万户居民，描绘了各州政府的承担能力和面临的挑战，并建立了一套推演各州福利政策的社保数据库。

税收政策。2002 年，布什政府开始新一轮收入税削减计划，同时后“9·11”时期联邦政府出现较为激烈的预算争议，此时亟须没有任何偏向性的财政和税收政策评估结果。对此，美国城市研究所和布鲁金斯研究所合作成立税收政策中心，基于严密且透明的研究过程，重点评价和解释了具有争议的税收改革提案。

医疗政策。2010 年，奥巴马政府开始在马萨诸塞州实施一系列较为复杂的医疗改革方案。TRIM 事先评估了马萨诸塞州的一些普惠项目，并协助设计了平价医疗方案，并最终推广到全美 50 个州和 1 个直辖特区。

就业政策。2014 年，美国“婴儿潮时期出生的人”已达到退休年龄，年轻一代遇到严峻的就业形势，这成为美国各级政府需要面对的重要现实问题。DYNASIM 模拟了美国人口结构对就业问题带来的各项挑战。

综合政策。2016 年底，美国总统特朗普上台，人们预期他会实施一系列激进的国内政策改革。TRIM 模拟了这些政策变化对美国城市居民和社区的影响，涉及家庭收入、经济增长、贫困、养老、税收和政府财政政策选择等问题。

四　中国收入分配政策综合评估理论和实践的发展方向

（一）微观模拟系统对我国治理体系现代化的重要意义

1. 微观模拟系统可以对政策进行定向评估

引入公共政策的微观模拟模型，可以制度化宏观经济、相关政策和微观数据的综合评估机制，从而对有关政策的执行情况和效果进行评估。以收入分配政策为例，任何一个政策的出台都会对不同部门、不同地区和不同人群产生影响。为了获得政策对特定人群的净影响，就只能依赖于微观模拟系统，因为它能准确判断政策出台以后对各个微观人群产生的实际效应。由此，也可以对任何一个特定人群的政策影响进行准确估计，并为精准施策提出科学可行的政策建议。

2. 微观模拟系统能够评估政策的综合效应

在政策的前期调研和制定过程中，要实现自身的帕累托最优，就必须要统筹考虑政策的连续性和关联性；同时，很多宏观政策是互相影响互相牵制的，要更好地发挥政策的预期效应，就必须要对政策可能产生的效果和影响进行合理评估。微观模拟系统可以发挥模拟真实世界的巨大优势，通过调整变量和控制政策参数，从而很好地模拟政策产生的实际效果，并对模拟结果做出合理评估，由此对单个政策的综合效应进行合理估计。

3. 微观模拟系统是社会治理精细化的关键环节

社会治理精细化，首先是政策制定的精细化，最终落脚到具体执行的精细化上。在提高社会治理水平和国家治理能力现代化的背景下，要合理借助微观模拟这个政策工具，通过合理的绩效考核体系、公平的考评结果应用体系，来合理评价政策制定、执行过程中的各种问题。通过绩效评估，发现问题、诊断问题和改进问题，由此更好地发挥绩效评估的“纠偏”功能，促进公共政策制定、执行和调整等各环节不断精细化。因此，用高质量微观数据并借助微观模拟系统对政策过程、结果进行评估、衡量，是提高政府政策精细化执行力的必要环节。

（二）中国微观模拟模型研究的发展

中国微观模拟模型分析的探索过程大体可以分为四个阶段。

第一阶段，理论探索阶段。郭绍禧（1986）率先将微观模拟分析方法引入我国学术界，对原理进行了简要介绍。20 世纪 80 年代末，国务院发展研究中心李善同研究员赴美国城市研究所访问，交流微观模拟建模工作，是国内首批进行微观模拟模型探索的学者。1990 年发表论文对微观分析模拟模型的类型、特点及局限性进行了研究（李善同，1990）。

第二阶段，借助局部地区微观调查数据开展微观模拟实践阶段。借助烟台市住户调查数据，李善同和高嘉陵（1999）研制了烟台微观模拟模型，用于分析当时养老保险制度改革方案的经济效应。进入 21 世纪，张世伟

（2005）应用微观模拟技术，分析了退休制度改革的收入分配效应、财政效应和就业效应。张世伟和万相昱（2006）提出了一个我国个人所得税改革的微观模拟模型，开始系统地将该技术引入收入分配政策的评价和设计当中。万相昱（2011）应用动态的微观模拟模型对从1994年开始的历次个人所得税改革方案的财政和收入分配效应进行了模型分析。

第三阶段，借助全国性微观调查数据进行微观模拟实践阶段。依托国家统计局城镇住户调查数据（UHS）和中国家庭收入调查数据（CHIP），万相昱（2013）、岳希明等（2012；2013）、李实和詹鹏（2015）、詹鹏和吴珊珊（2015）等进行了更为细致的微观模拟分析工作，建立个人所得税静态微观模拟模型、房产税微观模拟模型、遗产税微观模拟模型、农村贫困发生率预测模型等，对收入分配相关的一些基础问题进行了探索。

第四阶段，系统化微观模拟模型建设和实践阶段。为了更为现实地模拟现实经济系统，捕捉收入分配政策更为细致的冲击过程，微观模拟模型系统需要尽可能精细，包括模型框架设计、基础数据的收集和维护、模块化的模型程序、高效率的计算机算法、针对新问题具备足够的扩展能力等。为了保证技术上的可靠性，需要在国际交流基础上充分吸取先进经验，不断完善模型细节。为了保证模型实践的时效性，需要不断对模型基础数据和参数进行更新维护。这些工作不太可能由单个人或一个小规模团队实施，而需要一个系统化的研究团队。世界上第一个具有影响力的微观模拟模型是由美国城市研究所完成的，是在美国总统的支持下建立的。在过去近60年时间内，该团队已经为美国历届政府解决了许多现实政策评估问题。中国目前已经基本具备开展系统化微观模拟模型研究的条件，并且已经开始出现较为系统化的产出成果。例如北京师范大学政策模拟中心课题组根据中国贫困研究微观模拟模型（CPRMS）预测了2020年后的中国贫困状况，为“后2020”的扶贫战略提供了思路。

（三）当前微观模拟发展面临的主要问题

1. 政策上不够重视

当前一些政府部门仍没有深刻认识全球化、市场化快速发展所带来的诸多社会治理挑战，“强化制度创新，改善治理结构，扩大社会参与”虽然成为大家所共同接受的口号，但在实际政策执行过程中仍然存在各种观念和行动上的阻力，政策上不够重视、实施上不够彻底、评估上不够系统的问题仍在相当程度上存在。这使得微观模拟系统建设，在很多地方仍然存在观念上认识不足、实施上不够重视的问题，由此导致我国到现在仍然没有类似的微观模拟系统。过去我们的社会治理方式主要是命令型、控制型，政策制定过程主要是主观型、粗放型，这种传统经验化政策管理已经无法满足时代需求，难以适应社会发展和转型的需要，必须加快向政策精细化转型。

2. 缺乏高质量微观数据

针对经济发展中的诸多热点问题，国外一般通过科学的抽样，采用现代调查技术和调查管理手段，在全国范围内收集有关居民、企业和政府等微观层次的相关信息，从而为研究者提供有关经济社会问题的高质量微观数据。基于调查数据，研究者能够最大限度地获取和模拟真实的经济社会现实，并为政策制定者提供有力参考。虽然国家统计局调查获取了一些高质量微观数据，但是在开放性和使用便利性方面存在严重不足。虽然民间微观数据调查也已开始起步，但是存在样本代表性不足、抽样方案设计有偏差等问题，而且各政策领域的微观数据库仍然非常欠缺，高质量微观数据严重缺乏，这在客观上极大地限制了我国微观模拟系统的建设。可以说，在未来数年内，微观数据及其质量状况对于模拟系统建设将具有至关重要的影响，并将在长期中制约其研究能力的发展和政策影响力的发挥。

3. 政策和技术的联动性不够

过去二十多年中，我国微观模拟系统建设一直面临较大的技术瓶颈。虽然我国相关学者经过多年的科研探索，已经形成了一些模拟成果，但过去仍不具备系统性开发微观模拟系统的技术条件。近年来，微观模拟技术已逐渐普及并为我国科技人员所掌握，但是要真正应用到实际政策评估中，还必须对政策本身有相当程度的了解。然而，在我国实践中，很难要求科研人员既掌握先进的模拟技术，又熟悉各领域的具体政策，交叉型、复合型人才非常欠缺，这使得政策和技术的联动性问题始终存在。总的来看，由于技术瓶颈、数据限制、经费缺乏和重要性认识不足等原因，我国到目前为止还没有类似的微观模拟系统，其中稳定高质量微观数据缺乏，同时掌握技术和了解政策的人才缺乏，是制约我国微观模拟系统建设的主要难题。

（四）中国微观模拟模型分析的发展方向

20 世纪研究中国收入分配问题的主要微观数据来自 1988 年开始的中国家庭收入调查（CHIP）和 1989 年开始的家庭健康与营养调查（CHNS）。21 世纪之后，中国社会综合调查（CGSS，2003 年开始第一轮调查）、中国家庭动态跟踪调查（CFPS，2010 年开始第一轮全国性调查）等微观数据不断出现。国家发改委、国家统计局等政府部门也开始重视以微观数据为基础的研究工作。在技术方面，国际上已经形成了较为成熟的微观模拟模型理论体系。应该说，当前已经基本具备开展系统化微观模拟模型研究的基础条件。

未来建立系统化微观模拟模型并开展具体的收入分配综合评估工作，应着重注意以下几个方面：第一，争取多部门数据整合，形成统一的数据平台或数据库。这是系统化开展微观模拟模型工作的重要基础。第二，强调模型的高效性、扩展性和灵活性。中国正处于收入差距持续高位、经济增长逐渐放缓、各种改革进程处于关键阶段的特殊时期，与居民福利相关的备选收入分配政策可能会多样化、复杂化。为进行更为可靠的评估，需要模型具备足够的扩展性和灵活性，能够高效率探索政策收入分配政策多角度、多样化的冲击机制，并且能够综合考虑多种政策的交互关系。第三，期待政府部门更大的支持力度。收入分配政策综合评估的最终目的是为政府部门进行科学决策提供参考依据。微观模拟模型能够从定量角度提供更为直观、更为可靠的参考信息，本质上是大力推动科学决策的有力工具。政府的有力支持一方面能够补充微观模拟模型运转的基础数据和基础条件，另一方面能够让微观模拟模型结果真正服务于实际的决策工作。

（北京师范大学政策模拟中心　詹鹏　李实）

附录一

2016年收入分配政策文件

国务院办公厅关于全面治理拖欠农民工工资问题的意见

国办发〔2016〕1号

各省、自治区、直辖市人民政府，国务院各部委、各直属机构：

解决拖欠农民工工资问题，事关广大农民工切身利益，事关社会公平正义和社会和谐稳定。党中央、国务院历来高度重视，先后出台了一系列政策措施，各地区、各有关部门加大工作力度，经过多年治理取得了明显成效。但也要看到，这一问题尚未得到根本解决，部分行业特别是工程建设领域拖欠工资问题仍较突出，一些政府投资工程项目不同程度存在拖欠农民工工资问题，严重侵害了农民工合法权益，由此引发的群体性事件时有发生，影响社会稳定。为全面治理拖欠农民工工资问题，经国务院同意，现提出如下意见：

一、总体要求

（一）指导思想。全面贯彻党的十八大和十八届二中、三中、四中、五中全会精神，按照“四个全面”战略布局和党中央、国务院决策部署，牢固树立并切实贯彻创新、协调、绿色、开放、共享的发展理念，紧紧围绕保护农民工劳动所得，坚持标本兼治、综合治理，着力规范工资支付行为、优化市场环境、强化监管责任，健全预防和解决拖欠农民工工资问题的长效机制，切实保障农民工劳动报酬权益，维护社会公平正义，促进社会和谐稳定。

（二）目标任务。以建筑市政、交通、水利等工程建设领域和劳动密集型加工制造、餐饮服务等易发生拖欠工资问题的行业为重点，健全源头预防、动态监管、失信惩戒相结合的制度保障体系，完善市场主体自律、政府依法监管、社会协同监督、司法联动惩处的工作体系。到 2020 年，形成制度完备、责任落实、监管有力的治理格局，使拖欠农民工工资问题得到根本遏制，努力实现基本无拖欠。

二、全面规范企业工资支付行为

（三）明确工资支付各方主体责任。全面落实企业对招用农民工的工资支付责任，督促各类企业严格依法将工资按月足额支付给农民工本人，严禁将工资发放给不具备用工主体资格的组织和个人。在工程建设领域，施工总承包企业（包括直接承包建设单位发包工程的专业承包企业，下同）对所承包工程项目的农民工工资支付负总责，分包企业（包括承包施工总承包企业发包工程的专业企业，下同）对所招用农民工的工资支付负直接责任，不得以工程款未到位等为由克扣或拖欠农民工工资，不得将合同应收工程款等经营风险转嫁给农民工。

（四）严格规范劳动用工管理。督促各类企业依法与招用的农民工签订劳动合同并严格履行，建立职工名册并办理劳动用工备案。在工程建设领域，坚持施工企业与农民工先签订劳动合同后进场施工，全面实行农民工实名制管理制度，建立劳动计酬手册，记录施工现场作业农民工的身份信息、劳动考勤、工资结算等信息，逐步实现信息化实名制管理。施工总承包企业要加强对分包企业劳动用工和工资发放的监督管理，在工程项目部配备劳资专管员，建立施工人员进出场登记制度和考勤计量、工资支付等管理台账，实时掌握施工现场用工及其工资支付情况，不得以包代管。施工总承包企业和分包企业应将经农民工本人签字确认的工资支付书面记录保存两年以上备查。

（五）推行银行代发工资制度。推动各类企业委托银行代发农民工工资。在工程建设领域，鼓励实行分包企业农民工工资委托施工总承包企业直接代发的办法。分包企业负责为招用的农民工申办银行个人工资账户并办理实名制工资支付银行卡，按月考核农民工工作量并编制工资支付表，经农民工本人签字确认后，交施工总承包企业委托银行通过其设立的农民工工资（劳务费）专用账户直接将工资划入农民工个人工资账户。

三、健全工资支付监控和保障制度

（六）完善企业工资支付监控机制。构建企业工资支付监控网络，依托基层劳动保障监察网格化、网络化管理平台的工作人员和基层工会组织设立的劳动法律监督员，对辖区内企业工资支付情况实行日常监管，对发生过拖欠工资的企业实行重点监控并要求其定期申报。企业确因生产经营困难等原因需要延期支付农民工工资的，应及时向当地人力资源和社会保障部门、工会组织报告。建立和完善欠薪预警系统，根据工商、税务、银行、水电供应等单位反映的企业生产经营状况相关指标变化情况，定期对重点行业企业进行综合分析研判，发现欠薪隐患要及时预警并做好防范工作。

（七）完善工资保证金制度。在建筑市政、交通、水利等工程建设领域全面实行工资保证金制度，逐步将实施范围扩大到其他易发生拖欠工资的行业。建立工资保证金差异化缴存办法，对一定时期内未发生工资拖欠的企业实行减免措施、发生工资拖欠的企业适当提高缴存比例。严格规范工资保证金动用和退还办法。探索推行业主担保、银行保函等第三方担保制度，积极引入商业保险机制，保障农民工工资支付。

（八）建立健全农民工工资（劳务费）专用账户管理制度。在工程建设领域，实行人工费用与其他工程款分账管理制度，推动农民工工资与工程材料款等相分离。施工总承包企业应分解工程价款中的人工费用，在工程项目所在地银行开设农民工工资（劳务费）专用账户，专项用于支付农民工工资。建设单位应按照工程承包合同约定的比例或施工总承包企业提供的人工费用数额，将应付工程款中的人工费单独拨付到施工总承包企业开设的农民工工资（劳务费）专用账户。农民工工资（劳务费）专用账户应向人力资源和社会保障部门和交通、水利等工程建设项目主管部门备案，并委托开户银行负责日常监管，确保专款专用。开户银行发现账户资金不足、被挪用等情况，应及时向人力资源和社会保障部门和交通、水利等工程建设项目主管部门报告。

（九）落实清偿欠薪责任。招用农民工的企业承担直接清偿拖欠农民工工资的主体责任。在工程建设领域，建设单位或施工总承包企业未按合同约定及时划拨工程款，致使分包企业拖欠农民工工资的，由建设单位或施工总承包企业以未结清的工程款为限先行垫付农民工工资。建设单位或施工总承包企业将工程违法发包、转包或违法分包致使拖欠农民工工资的，由建设单位或施工总承包企业依法承担清偿责任。

四、推进企业工资支付诚信体系建设

（十）完善企业守法诚信管理制度。将劳动用工、工资支付情况作为企业诚信评价的重要依据，实行分类分级动态监管。建立拖欠工资企业“黑名单”制度，定期向社会公开有关信息。人力资源和社会保障部门要建立企业拖欠工资等违法信息的归集、交换和更新机制，将查处的企业拖欠工资情况纳入人民银行企业征信系统、工商部门企业信用信息公示系统、住房和城乡建设等行业主管部门诚信信息平台或政府公共信用信息服务平台。推进相关信用信息系统互联互通，实现对企业信用信息互认共享。

（十一）建立健全企业失信联合惩戒机制。加强对企业失信行为的部门协同监管和联合惩戒，对拖欠工资的失信企业，由有关部门在政府资金支持、政府采购、招投标、生产许可、履约担保、资质审核、融资贷款、市场准入、评优评先等方面依法依规予以限制，使失信企业在全国范围内“一处违法、处处受限”，提高企业失信违法成本。

五、依法处置拖欠工资案件

（十二）严厉查处拖欠工资行为。加强工资支付监察执法，扩大日常巡视检查和书面材料审查覆盖范围，推进劳动保障监察举报投诉案件省级联动处理机制建设，加大拖欠农民工工资举报投诉受理和案件查处力度。完善多部门联合治理机制，深入开展农民工工资支付情况专项检查。健全地区执法协作制度，加强跨区域案件执法协作。完善劳动保障监察行政执法与刑事司法衔接机制，健全劳动保障监察机构、公安机关、检察机关、审判机关间信息共享、案情通报、案件移送等制度，推动完善人民检察院立案监督和人民法院及时财产保全等制度。对恶意欠薪涉嫌犯罪的，依法移送司法机关追究刑事责任，切实发挥刑法对打击拒不支付劳动报酬犯罪行为的威慑作用。

（十三）及时处理欠薪争议案件。充分发挥基层劳动争议调解等组织的作用，引导农民工就地就近解决工资争议。劳动人事争议仲裁机构对农民工因拖欠工资申请仲裁的争议案件优先受理、优先开庭、及时裁决、快速结案。对集体欠薪争议或涉及金额较大的欠薪争议案件要挂牌督办。加强裁审衔接与工作协调，提高欠薪争议案件裁决效率。畅通申请渠道，依法及时为农民工讨薪提供法律服务和法律援助。

（十四）完善欠薪突发事件应急处置机制。健全应急预案，及时妥善处置因拖欠农民工工资引发的突发性、群体性事件。完善欠薪应急周转金制度，探索建立欠薪保障金制度，对企业一时难以解决拖欠工资或企业主欠薪逃匿的，及时动用应急周转金、欠薪保障金或通过其他渠道筹措资金，先行垫付部分工资或基本生活费，帮助解决被拖欠工资农民工的临时生活困难。对采取非法手段讨薪或以拖欠工资为名讨要工程款，构成违反治安管理行为的，要依法予以治安处罚；涉嫌犯罪的，依法移送司法机关追究刑事责任。

六、改进建设领域工程款支付管理和用工方式

（十五）加强建设资金监管。在工程建设领域推行工程款支付担保制度，采用经济手段约束建设单位履约行为，预防工程款拖欠。加强对政府投资工程项目的管理，对建设资金来源不落实的政府投资工程项目不予批准。政府投资项目一律不得以施工企业带资承包的方式进行建设，并严禁将带资承包有关内容写入工程承包合同及补充条款。

（十六）规范工程款支付和结算行为。全面推行施工过程结算，建设单位应按合同约定的计量周期或工程进度结算并支付工程款。工程竣工验收后，对建设单位未完成竣工结算或未按合同支付工程款且未明确剩余工程款支付计划的，探索建立建设项目抵押偿付制度，有效解决拖欠工程款问题。对长期拖欠工程款结算或拖欠工程款的建设单位，有关部门不得批准其新项目开工建设。

（十七）改革工程建设领域用工方式。加快培育建筑产业工人队伍，推进农民工组织化进程。鼓励施工企业将一部分技能水平高的农民工招用为自有工人，不断扩大自有工人队伍。引导具备条件的劳务作业班组向专业企业发展。

（十八）实行施工现场维权信息公示制度。施工总承包企业负责在施工现场醒目位置设立维权信息告示牌，明示业主单位、施工总承包企业及所在项目部、分包企业、行业监管部门等基本信息；明示劳动用工相关法律法规、当地最低工资标准、工资支付日期等信息；明示属地行业监管部门投诉举报电话和劳动争议调解仲裁、劳动保障监察投诉举报电话等信息，实现所有施工场地全覆盖。

七、加强组织领导

（十九）落实属地监管责任。按照属地管理、分级负责、谁主管谁负责的原则，完善并落实解决拖欠农民工工资问题省级人民政府负总责，市（地）、县级人民政府具体负责的工作体制。完善目标责任制度，制定实施办法，将保障农民工工资支付纳入政府考核评价指标体系。建立定期督察制度，对拖欠农民工工资问题高发频发、举报投诉量大的地区及重大违法案件进行重点督察。健全问责制度，对监管责任不落实、组织工作不到位的，要严格责任追究。对政府投资工程项目拖欠工程款并引发拖欠农民工工资问题的，要追究项目负责人责任。

（二十）完善部门协调机制。健全解决企业工资拖欠问题部际联席会议制度，联席会议成员单位调整为人力资源和社会保障部、发展改革委、公安部、司法部、财政部、住房和城乡建设部、交通运输部、水利部、人民银行、国资委、工商总局、全国总工会，形成治理欠薪工作合力。地方各级人民政府要建立健全由政府负责人牵头、相关部门参与的工作协调机制。人力资源和社会保障部门要加强组织协调和督促检查，加大劳动保障监察执法力度。住房和城乡建设、交通运输、水利等部门要切实履行行业监管责任，规范工程建设市场秩序，督促企业落实劳务用工实名制管理等制度规定，负责督办因挂靠承包、违法分包、转包、拖欠工程款等造成的欠薪案件。发展改革等部门要加强对政府投资项目的审批管理，严格审查资金来源和筹措方式。财政部门要加强对政府投资项目建设全过程的资金监管，按规定及时拨付财政资金。其他相关部门要根据职责分工，积极做好保障农民工工资支付工作。

（二十一）加大普法宣传力度。发挥新闻媒体宣传引导和舆论监督作用，大力宣传劳动保障法律法规，依法公布典型违法案件，引导企业经营者增强依法用工、按时足额支付工资的法律意识，引导农民工依法理性维权。对重点行业企业，定期开展送法上门宣讲、组织法律培训等活动。充分利用互联网、微博、微信等现代传媒手段，不断创新宣传方式，增强宣传效果，营造保障农民工工资支付的良好舆论氛围。

（二十二）加强法治建设。健全保障农民工工资支付的法律制度，在总结相关行业有效做法和各地经验基础上，加快工资支付保障相关立法，为维护农民工劳动报酬权益提供法治保障。

国务院办公厅

2016 年 1 月 17 日

国务院关于整合城乡居民基本医疗保险制度的意见

国发〔2016〕3 号

各省、自治区、直辖市人民政府，国务院各部委、各直属机构：

整合城镇居民基本医疗保险（以下简称城镇居民医保）和新型农村合作医疗（以下简称新农合）两项制度，建立统一的城乡居民基本医疗保险（以下简称城乡居民医保）制度，是推进医药卫生体制改革、实现城乡居民公平享有基本医疗保险权益、促进社会公平正义、增进人民福祉的重大举措，对促进城乡经济社会协调发展、全面建成小康社会具有重要意义。在总结城镇居民医保和新农合运行情况以及地方探索实践经验的基础上，现就整合建立城乡居民医保制度提出如下意见。

一、总体要求与基本原则

（一）总体要求。

以邓小平理论、“三个代表”重要思想、科学发展观为指导，认真贯彻党的十八大、十八届二中、三中、四中、五中全会和习近平总书记系列重要讲话精神，落实党中央、国务院关于深化医药卫生体制改革的要求，按照全覆盖、保基本、多层次、可持续的方针，加强统筹协调与顶层设计，遵循先易后难、循序渐进的原则，从完善政策入手，推进城镇居民医保和新农合制度整合，逐步在全国范围内建立起统一的城乡居民医保制度，推动保障更加公平、管理服务更加规范、医疗资源利用更加有效，促进全民医保体系持续健康发展。

（二）基本原则。

1. 统筹规划、协调发展。要把城乡居民医保制度整合纳入全民医保体系发展和深化医改全局，统筹安排，合理规划，突出医保、医疗、医药三医联动，加强基本医保、大病保险、医疗救助、疾病应急救助、商业健康保险等衔接，强化制度的系统性、整体性、协同性。

2. 立足基本、保障公平。要准确定位，科学设计，立足经济社会发展水平、城乡居民负担和基金承受能力，充分考虑并逐步缩小城乡差距、地区差异，保障城乡居民公平享有基本医保待遇，实现城乡居民医保制度可持续发展。

3. 因地制宜、有序推进。要结合实际，全面分析研判，周密制订实施方案，加强整合前后的衔接，确保工作顺畅接续、有序过渡，确保群众基本医保待遇不受影响，确保医保基金安全和制度运行平稳。

4. 创新机制、提升效能。要坚持管办分开，落实政府责任，完善管理运行机制，深入推进支付方式改革，提升医保资金使用效率和经办管理服务效能。充分发挥市场机制作用，调动社会力量参与基本医保经办服务。

二、整合基本制度政策

（一）统一覆盖范围。

城乡居民医保制度覆盖范围包括现有城镇居民医保和新农合所有应参保

（合）人员，即覆盖除职工基本医疗保险应参保人员以外的其他所有城乡居民。农民工和灵活就业人员依法参加职工基本医疗保险，有困难的可按照当地规定参加城乡居民医保。各地要完善参保方式，促进应保尽保，避免重复参保。

（二）统一筹资政策。

坚持多渠道筹资，继续实行个人缴费与政府补助相结合为主的筹资方式，鼓励集体、单位或其他社会经济组织给予扶持或资助。各地要统筹考虑城乡居民医保与大病保险保障需求，按照基金收支平衡的原则，合理确定城乡统一的筹资标准。现有城镇居民医保和新农合个人缴费标准差距较大的地区，可采取差别缴费的办法，利用 2～3 年时间逐步过渡。整合后的实际人均筹资和个人缴费不得低于现有水平。

完善筹资动态调整机制。在精算平衡的基础上，逐步建立与经济社会发展水平、各方承受能力相适应的稳定筹资机制。逐步建立个人缴费标准与城乡居民人均可支配收入相衔接的机制。合理划分政府与个人的筹资责任，在提高政府补助标准的同时，适当提高个人缴费比重。

（三）统一保障待遇。

遵循保障适度、收支平衡的原则，均衡城乡保障待遇，逐步统一保障范围和支付标准，为参保人员提供公平的基本医疗保障。妥善处理整合前的特殊保障政策，做好过渡与衔接。

城乡居民医保基金主要用于支付参保人员发生的住院和门诊医药费用。稳定住院保障水平，政策范围内住院费用支付比例保持在 75% 左右。进一步完善门诊统筹，逐步提高门诊保障水平。逐步缩小政策范围内支付比例与实际支付比例间的差距。

（四）统一医保目录。

统一城乡居民医保药品目录和医疗服务项目目录，明确药品和医疗服务支付范围。各省（区、市）要按照国家基本医保用药管理和基本药物制度有关规定，遵循临床必需、安全有效、价格合理、技术适宜、基金可承受的原则，在现有城镇居民医保和新农合目录的基础上，适当考虑参保人员需求变化进行调整，有增有减、有控有扩，做到种类基本齐全、结构总体合理。完善医保目录管理办法，实行分级管理、动态调整。

（五）统一定点管理。

统一城乡居民医保定点机构管理办法，强化定点服务协议管理，建立健全考核评价机制和动态的准入退出机制。对非公立医疗机构与公立医疗机构实行同等的定点管理政策。原则上由统筹地区管理机构负责定点机构的准入、退出和监管，省级管理机构负责制定定点机构的准入原则和管理办法，并重点加强对统筹区域外的省、市级定点医疗机构的指导与监督。

（六）统一基金管理。

城乡居民医保执行国家统一的基金财务制度、会计制度和基金预决算管理制度。城乡居民医保基金纳入财政专户，实行“收支两条线”管理。基金独立核算、专户管理，任何单位和个人不得挤占挪用。

结合基金预算管理全面推进付费总额控制。基金使用遵循以收定支、收支平衡、略有结余的原则，确保应支付费用及时足额拨付，合理控制基金当年结余率和累计结余率。建立健全基金运行风险预警机制，防范基金风险，提高使用效率。

强化基金内部审计和外部监督，坚持基金收支运行情况信息公开和参保人员就医结算信息公示制度，加强社会监督、民主监督和舆论监督。

三、理顺管理体制

（一）整合经办机构。

鼓励有条件的地区理顺医保管理体制，统一基本医保行政管理职能。充分利用现有城镇居民医保、新农合经办资源，整合城乡居民医保经办机构、人员和信息系统，规范经办流程，提供一体化的经办服务。完善经办机构内外部监督制约机制，加强培训和绩效考核。

（二）创新经办管理。

完善管理运行机制，改进服务手段和管理办法，优化经办流程，提高管理效率和服务水平。鼓励有条件的地区创新经办服务模式，推进管办分开，引入竞争机制，在确保基金安全和有效监管的前提下，以政府购买服务的方式委托具有资质的商业保险机构等社会力量参与基本医保的经办服务，激发经办活力。

四、提升服务效能

（一）提高统筹层次。

城乡居民医保制度原则上实行市（地）级统筹，各地要围绕统一待遇政策、基金管理、信息系统和就医结算等重点，稳步推进市（地）级统筹。做好医保关系转移接续和异地就医结算服务。根据统筹地区内各县（市、区）的经济发展和医疗服务水平，加强基金的分级管理，充分调动县级政府、经办管理机构基金管理的积极性和主动性。鼓励有条件的地区实行省级统筹。

（二）完善信息系统。

整合现有信息系统，支撑城乡居民医保制度运行和功能拓展。推动城乡居民医保信息系统与定点机构信息系统、医疗救助信息系统的业务协同和信息共享，做好城乡居民医保信息系统与参与经办服务的商业保险机构信息系统必要的信息交换和数据共享。强化信息安全和患者信息隐私保护。

（三）完善支付方式。

系统推进按人头付费、按病种付费、按床日付费、总额预付等多种付费方式相结合的复合支付方式改革，建立健全医保经办机构与医疗机构及药品供应商的谈判协商机制和风险分担机制，推动形成合理的医保支付标准，引导定点医疗机构规范服务行为，控制医疗费用不合理增长。

通过支持参保居民与基层医疗机构及全科医师开展签约服务、制定差别化的支付政策等措施，推进分级诊疗制度建设，逐步形成基层首诊、双向转诊、急慢分治、上下联动的就医新秩序。

（四）加强医疗服务监管。

完善城乡居民医保服务监管办法，充分运用协议管理，强化对医疗服务的监控作用。各级医保经办机构要利用信息化手段，推进医保智能审核和实时监控，促进合理诊疗、合理用药。卫生计生行政部门要加强医疗服务监管，规范医疗服务行为。

五、精心组织实施，确保整合工作平稳推进

（一）加强组织领导。

整合城乡居民医保制度是深化医改的一项重点任务，关系城乡居民切身利益，涉及面广、政策性强。各地各有关部门要按照全面深化改革的战略布局要求，充分认识这项工作的重要意义，加强领导，精心组织，确保整合工作平稳有序推进。各省级医改领导小组要加强统筹协调，及时研究解决整合过程中的问题。

（二）明确工作进度和责任分工。

各省（区、市）要于2016年6月底前对整合城乡居民医保工作作出规划和部署，明确时间表、路线图，健全工作推进和考核评价机制，严格落实责任制，确保各项政策措施落实到位。各统筹地区要于2016年12月底前出台具体实施方案。综合医改试点省要将整合城乡居民医保作为重点改革内容，加强与医改其他工作的统筹协调，加快推进。

各地人力资源和社会保障、卫生计生部门要完善相关政策措施，加强城乡居民医保制度整合前后的衔接；财政部门要完善基金财务会计制度，会同相关部门做好基金监管工作；保险监管部门要加强对参与经办服务的商业保险机构的从业资格审查、服务质量和市场行为监管；发展改革部门要将城乡居民医保制度整合纳入国民经济和社会发展规划；编制管理部门要在经办资源和管理体制整合工作中发挥职能作用；医改办要协调相关部门做好跟踪评价、经验总结和推广工作。

（三）做好宣传工作。

要加强正面宣传和舆论引导，及时准确解读政策，宣传各地经验亮点，妥善回应公众关切，合理引导社会预期，努力营造城乡居民医保制度整合的良好氛围。

国务院

2016年1月3日

国务院关于进一步健全特困人员救助供养制度的意见

国发〔2016〕14 号

各省、自治区、直辖市人民政府，国务院各部委、各直属机构：

保障城乡特困人员基本生活，是完善社会救助体系、编密织牢民生安全网的重要举措，是坚持共享发展、保障和改善民生的应有之义，也是打赢脱贫攻坚战、全面建成小康社会的必然要求。长期以来，在党和政府的高度重视下，我国先后建立起农村五保供养、城市“三无”人员救济和福利院供养制度，城乡特困人员基本生活得到了保障。2014 年，国务院公布施行了《社会救助暂行办法》，将城乡“三无”人员保障制度统一为特困人员供养制度，我国城乡特困人员保障工作进入新的发展阶段。为解决城乡发展不平衡、相关政策不衔接、工作机制不健全、资金渠道不通畅、管理服务不规范等问题，切实保障特困人员基本生活，根据《社会救助暂行办法》《农村五保供养工作条例》，现就进一步健全特困人员救助供养制度提出以下意见。

一、总体要求和基本原则

（一）总体要求。

以党的十八大和十八届三中、四中、五中全会精神为指导，按照党中央、国务院决策部署，以解决城乡特困人员突出困难、满足城乡特困人员基本需求为目标，坚持政府主导，发挥社会力量作用，在全国建立起城乡统筹、政策衔接、运行规范、与经济社会发展水平相适应的特困人员救助供养制度，将符合条件的特困人员全部纳入救助供养范围，切实维护他们的基本生活权益。

（二）基本原则。

坚持托底供养。强化政府托底保障职责，为城乡特困人员提供基本生活、照料服务、疾病治疗和殡葬服务等方面保障，做到应救尽救、应养尽养。

坚持属地管理。县级以上地方人民政府统筹做好本行政区域内特困人员救助供养工作，分级管理，落实责任，强化管理服务和资金保障，为特困人员提供规范、适度的救助供养服务。

坚持城乡统筹。健全城乡特困人员救助供养工作管理体制，在政策目标、资金筹集、对象范围、供养标准、经办服务等方面实现城乡统筹，确保城乡特困人员都能获得救助供养服务。

坚持适度保障。立足经济社会发展水平，科学合理制定救助供养标准，加强与其他社会保障制度衔接，实现特困人员救助供养制度保基本、全覆盖、可持续。

坚持社会参与。鼓励、引导、支持社会力量通过承接政府购买服务、慈善捐赠以及提供志愿服务等方式，为特困人员提供服务和帮扶，形成全社会关心、支持、参与特困人员救助供养工作的良好氛围。

二、制度内容

（一）对象范围。

城乡老年人、残疾人以及未满16周岁的未成年人，同时具备以下条件的，应当依法纳入特困人员救助供养范围：

无劳动能力、无生活来源、无法定赡养抚养扶养义务人或者其法定义务人无履行义务能力。

具体认定办法由民政部负责制定。

（二）办理程序。

申请程序。申请特困人员救助供养，由本人向户籍所在地的乡镇人民政府（街道办事处）提出书面申请，按规定提交相关材料，书面说明劳动能力、生活来源以及赡养、抚养、扶养情况。本人申请有困难的，可以委托村（居）民委员会或者他人代为提出申请。

乡镇人民政府（街道办事处）以及村（居）民委员会应当及时了解掌握辖区内居民的生活情况，发现符合特困人员救助供养条件的人员，应当告知其救助供养政策，对无民事行为能力等无法自主申请的，应当主动帮助其申请。

审核程序。乡镇人民政府（街道办事处）应当通过入户调查、邻里访问、信函索证、群众评议、信息核查等方式，对申请人的收入状况、财产状况以及其他证明材料等进行调查核实，于20个工作日内提出初审意见，在申请人所在村（社区）公示后，报县级人民政府民政部门审批。申请人及有关单位、组织或者个人应当配合调查，如实提供有关情况。

审批程序。县级人民政府民政部门应当全面审查乡镇人民政府（街道办事处）上报的调查材料和审核意见，并随机抽查核实，于20个工作日内作出审批决定。对符合条件的申请予以批准，并在申请人所在村（社区）公布；对不符合条件的申请不予批准，并书面向申请人说明理由。

终止程序。特困人员不再符合救助供养条件的，村（居）民委员会或者供养服务机构应当及时告知乡镇人民政府（街道办事处），由乡镇人民政府（街道办事处）审核并报县级人民政府民政部门核准后，终止救助供养并予以公示。

县级人民政府民政部门、乡镇人民政府（街道办事处）在工作中发现特困人员不再符合救助供养条件的，应当及时办理终止救助供养手续。特困人员中的未成年人，满16周岁后仍在接受义务教育或在普通高中、中等职业学校就读的，可继续享有救助供养待遇。

（三）救助供养内容。

特困人员救助供养主要包括以下内容：

提供基本生活条件。包括供给粮油、副食品、生活用燃料、服装、被褥等日常生活用品和零用钱。可以通过实物或者现金的方式予以保障。

对生活不能自理的给予照料。包括日常生活、住院期间的必要照料等基本服务。

提供疾病治疗。全额资助参加城乡居民基本医疗保险的个人缴费部分。医疗费用按照基本医疗保险、大病保险和医疗救助等医疗保障制度规定支付后仍有不足的，由救助供养经费予以支持。

办理丧葬事宜。特困人员死亡后的丧葬事宜，集中供养的由供养服务机构办理，分散供养的由乡镇人民政府（街道办事处）委托村（居）民委员会或者其亲属办理。丧葬费用从救助供养经费中支出。

对符合规定标准的住房困难的分散供养特困人员，通过配租公共租赁住房、发放住房租赁补贴、农村危房改造等方式给予住房救助。对在义务教育阶段就学的特困人员，给予教育救助；对在高中教育（含中等职业教育）、普通高等教育阶段就学的特困人员，根据实际情况给予适当教育救助。

（四）救助供养标准。

特困人员救助供养标准包括基本生活标准和照料护理标准。

基本生活标准应当满足特困人员基本生活所需。照料护理标准应当根据特困人员生活自理能力和服务需求分类制定，体现差异性。

特困人员救助供养标准由省、自治区、直辖市或者设区的市级人民政府综合考虑地区、城乡差异等因素确定、公布，并根据当地经济社会发展水平和物价变化情况适时调整。民政部、财政部要加强对特困人员救助供养标准制定工作的指导。

（五）救助供养形式。

特困人员救助供养形式分为在家分散供养和在当地的供养服务机构集中供养。具备生活自理能力的，鼓励其在家分散供养；完全或者部分丧失生活自理能力的，优先为其提供集中供养服务。

分散供养。对分散供养的特困人员，经本人同意，乡镇人民政府（街道办事处）可委托其亲友或村（居）民委员会、供养服务机构、社会组织、社会工作服务机构等提供日常看护、生活照料、住院陪护等服务。有条件的地方，可为分散供养的特困人员提供社区日间照料服务。

集中供养。对需要集中供养的特困人员，由县级人民政府民政部门按照便于管理的原则，就近安排到相应的供养服务机构；未满16周岁的，安置到儿童福利机构。

供养服务机构管理。供养服务机构应当依法办理法人登记，建立健全内部管理、安全管理和服务管理等制度，为特困人员提供日常生活照料、送医治疗等基本救助供养服务。有条件的经卫生计生行政部门批准可设立医务室或者护理站。供养服务机构应当根据服务对象人数和照料护理需求，按照一定比例配备工作人员，加强社会工作岗位开发设置，合理配备使用社会工作者。

三、保障措施

（一）加强组织领导。

各地要将特困人员救助供养工作列入政府重要议事日程，将供养服务机构建设纳入经济社会发展总体规划，强化其托底保障功能，进一步完善工作协调机制，切实担负起资金投入、工作条件保障和监督检查责任。民政部门要切实履行主管部门职责，发挥好统筹协调作用，重点加强特困人员救助供养工作日常管理、能力建设，推动相关标准体系完善和信息化建设，实行特困人员“一人一档案”，提升管理服务水平；加强对特困人员救助供养等社会救助工作的绩效评价，将结果送组织部门，作为对地方政府领导班子和有关领导干部综合考核评价的重要参考。卫生计生、教育、住房城乡建设、人力资源社会保障等其他社会救助管理部门要依据职责分工，积极配合民政部门做好特困人员救助供养相关工作，实现社会救助信息互联互通、资源共享，形成齐抓共管、整体推进的工作格局。发展改革部门要将特困人员救助供养纳入相关专项规划，支持供养服务设施建设。财政部门要做好相关资金保障工作。

（二）做好制度衔接。

各地要统筹做好特困人员救助供养制度与城乡居民基本养老保险、基本医疗保障、最低生活保障、孤儿基本生活保障、社会福利等制度的有效衔接。符合相关条件的特困人员，可同时享受城乡居民基本养老保险、基本医疗保险等社会保险和高龄津贴等社会福利待遇。纳入特困人员救助供养范围的，不再适用最低生活保障政策。纳入孤儿基本生活保障范围的，不再适用特困人员救助供养政策。纳入特困人员救助供养范围的残疾人，不再享受困难残疾人生活补贴和重度残疾人护理补贴。

（三）强化资金保障。

县级以上地方人民政府要将政府设立的供养服务机构运转费用、特困人员救助供养所需资金列入财政预算。省级人民政府要优化财政支出结构，统筹安排特困人员救助供养资金。中央财政给予适当补助，并重点向特困人员救助供养任务重、财政困难、工作成效突出的地区倾斜。有农村集体经营等收入的地方，可从中安排资金用于特困人员救助供养工作。各地要完善救助供养资金发放机制，确保资金及时足额发放到位。

（四）加强监督管理。

各地区、各有关部门要将特困人员救助供养制度落实情况作为督查督办的重点内容，定期组织开展专项检查。加强对特困人员救助供养资金管理使用情况的监督检查，严肃查处挤占、挪用、虚报、冒领等违纪违法行为。充分发挥社会监督作用，对公众和媒体发现揭露的问题，要及时查处并公布处理结果。完善责任追究制度，加大行政问责力度，对因责任不落实造成严重后果的单位和个人，要依纪依法追究责任。

（五）鼓励社会参与。

鼓励群众团体、公益慈善等社会组织、社会工作服务机构和企事业单位、志愿者等社会力量参与特困人员救助供养工作。鼓励运用政府和社会资本合作（PPP）模式，采取公建民营、民办公助等方式，支持供养服务机构建设。加大政府购买服务和项目支持力度，落实各项财政补贴、税收优惠和收费减免等政策，引导、激励公益慈善组织、社会工作服务机构，以及社会力量举办的养老、医疗等服务机构，为特困人员提供专业化个性化服务。

（六）加强政策宣传。

各地区、各有关部门要采用群众喜闻乐见的形式，大力宣传特困人员救助供养政策，不断提高社会知晓度，积极营造全社会关心关爱特困人员的良好氛围。

民政部、财政部要加强对本意见执行情况的监督检查，重大情况及时向国务院报告。国务院将适时组织专项督查。

国务院
2016 年 2 月 10 日

国务院办公厅关于支持贫困县开展统筹整合使用财政涉农资金试点的意见

国办发〔2016〕22号

各省、自治区、直辖市人民政府，国务院各部委、各直属机构：

为贯彻落实《中共中央国务院关于打赢脱贫攻坚战的决定》精神，优化财政涉农资金供给机制，进一步提高资金使用效益，保障贫困县集中资源打赢脱贫攻坚战，经国务院同意，现就支持贫困县开展统筹整合使用财政涉农资金试点提出以下意见。

一、总体要求

（一）指导思想。全面贯彻党的十八大和十八届三中、四中、五中全会精神，深入贯彻习近平总书记系列重要讲话精神，紧紧围绕“五位一体”总体布局和“四个全面”战略布局，牢固树立创新、协调、绿色、开放、共享的新发展理念，认真落实党中央、国务院决策部署，坚持精准扶贫、精准脱贫基本方略，实行中央统筹、省负总责、市县抓落实的工作机制，改革财政涉农资金管理使用机制，赋予贫困县统筹整合使用财政涉农资金的自主权。

（二）试点目标。通过试点，形成“多个渠道引水、一个龙头放水”的扶贫投入新格局，激发贫困县内生动力，支持贫困县围绕突出问题，以摘帽销号为目标，以脱贫成效为导向，以扶贫规划为引领，以重点扶贫项目为平台，统筹整合使用财政涉农资金，撬动金融资本和社会帮扶资金投入扶贫开发，提高资金使用精准度和效益，确保如期完成脱贫攻坚任务。

（三）基本原则。

——渠道不变，充分授权。对纳入统筹整合使用范围的财政涉农资金，中央和省、市级有关部门仍按照原渠道下达，资金项目审批权限完全下放到贫困县。

——省负总责，强化监督。中央有关部门主要负责政策制定、资金下达、制度建设和监督考核。省级扶贫开发领导小组对试点工作负总责，重点抓好试点选择、上下衔接、组织协调、督促检查等工作。

——县抓落实，权责匹配。贫困县作为实施主体，根据本地脱贫攻坚规划，统筹整合使用财政涉农资金，并承担资金安全、规范、有效使用的具体责任。

——精准发力，注重实效。贫困县财政涉农资金统筹整合使用要与脱贫成效紧密挂钩，精确瞄准建档立卡贫困人口，着力增强贫困人口自我发展能力，改善贫困人口生产生活条件。

二、试点范围

2016 年，各省（区、市）在连片特困地区县和国家扶贫开发工作重点县范围内，优先选择领导班子强、工作基础好、脱贫攻坚任务重的贫困县开展试点，试点贫困县数量不少于贫困县总数的三分之一，具备条件的可扩大试点范围。2017 年，推广到全部贫困县。

三、资金范围

统筹整合使用的资金范围是各级财政安排用于农业生产发展和农村基础设施建设等方面资金。中央层面主要有：财政专项扶贫资金、农田水利设施建设和水土保持补助资金、现代农业生产发展资金、农业技术推广与服务补助资金、林业补助资金、农业综合开发补助资金、农村综合改革转移支付、新增建设用地土地有偿使用费安排的高标准基本农田建设补助资金、农村环境连片整治示范资金、车辆购置税收入补助地方用于一般公路建设项目资金（支持农村公路部分）、农村危房改造补助资金、中央专项彩票公益金支持扶贫资金、产粮大县奖励资金、生猪（牛羊）调出大县奖励资金（省级统筹部分）、农业资源及生态保护补助资金（对农民的直接补贴除外）、服务业发展专项资金（支持新农村现代流通服务网络工程部分）、江河湖库水系综合整治资金、全国山洪灾害防治经费、旅游发展基金，以及中央预算内投资用于“三农”建设部分（不包括重大引调水工程、重点水源工程、江河湖泊治理骨干重大工程、跨界河流开发治理工程、新建大型灌区、大中型灌区续建配套和节水改造、大中型病险水库水闸除险加固、生态建设方面的支出）。教育、医疗、卫生等社会事业方面资金，也要结合脱贫攻坚任务和贫困人口变化情况，完善资金安排使用机制，精准有效使用资金。

各省（区、市）、市（地）要结合本地实际，明确本级财政安排的涉农资金中贫困县可统筹整合使用的资金范围，进一步加大统筹整合力度。

四、工作措施

（一）*增强贫困县财政保障能力*。中央和省级财政优化转移支付结构，明显加大对贫困地区的转移支付力度，扩大一般性转移支付规模和比例，提升贫困县财政保障能力。清理整合目标接近、资金投入方向类同、资金管理方式相近的专项转移支付，推进部门内部资金的统筹整合使用。对具有地域管理信息优势的项目，主要采取因素法分配相关转移支付资金，便于贫困县统筹安排使用。进一步加强预算执行管理，提高提前下达转移支付预计数比例，按因素法分配且金额相对固定的转移支付提前下达的预计数比例要达到90%，其他专项转移支付提前下达的预计数原则上不能低于上年度执行数的70%，便于地方统筹编制预算。中央对地方一般性转移支付在全国人大批准预算后30日内正式下达，专项转移支付在90日内正式下达。省级政府接到中央转移支付后，应在30日内正式下达到县级以上地方各级政府。有条件的地方要进一步加快转移支付预算下达进度。

（二）*加大对贫困县倾斜支持力度*。按照政府扶贫投入力度要与脱贫攻坚任务相适应的要求，中央和省、市级财政要在切实增加扶贫投入基础上，进一步向贫困县倾斜，将脱贫攻坚作为资金分配的重要参考因素。原则上用于贫困地区、贫困人口的资金增幅不低于该项资金的平均增幅，确保完成“两不愁、三保障”（不愁吃、不愁穿，义务教育、基本医疗和住房安全有保障）的目标任务。有关部门和地方不得限定资金在贫困县的具体用途，干扰统筹整合使用资金的，要严肃追究责任。

（三）*发挥贫困县统筹整合使用资金主体作用*。贫困县要坚持目标导向和问题导向，编制好本地脱贫攻坚规划，做好与全国脱贫攻坚规划、各部门专项规划的衔接，以规划引领投入，凝聚扶贫合力。要结合各部门政策目标和工作任务，依据本地脱贫攻坚规划，充分发挥贴近脱贫攻坚一线、管理信息充分的优势，区分轻重缓急，确定好重点扶贫项目和建设任务，统筹安排好相关涉农资金，交由县级相关部门具体落实。资金统筹整合使用要与脱贫任务挂钩，按照脱贫效益最大化原则配置资源，将脱贫成效作为衡量资金统筹整合使用工作成果的主要标准。要加强脱贫攻坚项目储备，加快相关涉农资金安排进度，项目成熟一个资金到位一个，年度计划的建设任务应在接到上级转移支付后一年内完成，确保不出现资金滞留问题。

（四）创新财政涉农资金使用机制。贫困县要积极探索开展产业扶贫、资产收益扶贫等机制创新，借鉴易地扶贫搬迁筹资模式，通过政府和社会资本合作、政府购买服务、贷款贴息、设立产业发展基金等有效方式，充分发挥财政资金引导作用和杠杆作用，撬动更多金融资本、社会帮扶资金参与脱贫攻坚。在选择扶贫项目时，要充分尊重贫困群众的意愿，积极推广群众民主议事决策机制，优先安排贫困人口参与积极性高、意愿强烈的扶贫项目，有条件的可吸收贫困村、贫困户代表参与项目评选和建设管理。各级有关部门要加强指导、服务和监督。

（五）构建资金统筹整合使用制度体系。中央和省、市级有关部门要及时修订完善各项制度，取消限制资金统筹整合使用的相关规定。贫困县要制定统筹整合使用财政涉农资金具体办法，明确部门分工、操作程序、资金用途、监管措施。对统筹整合使用的资金，贫困县要结合脱贫攻坚规划和各部门专项规划，在农业生产发展和农村基础设施建设范围（即统筹整合使用的财政涉农资金用途）内，提出包括主要目标和具体建设任务在内的资金统筹整合使用方案，认真组织实施。相关资金按上述办法调整用途，各部门应予以认可。贫困县资金统筹整合使用方案确定后，要及时报省级扶贫开发领导小组备案，省级扶贫开发领导小组向中央相关部门通报，各部门要将其作为加强指导、监督问责的重要依据。

五、组织保障

（一）建立沟通协调机制。在各级扶贫开发领导小组的统一领导下，建立有关部门广泛参与的工作协调机制，确定部门职责分工，研究纳入统筹整合使用的具体资金范围，明确对贫困地区、贫困人口倾斜支持政策，取消限制资金统筹整合使用管理要求，定期或不定期召开会议交流情况，解决工作中遇到的实际问题。各级有关部门要加强对试点工作的指导，强化试点工作培训，深入开展调查研究，总结推广好的经验做法。贫困县要及时研究处理具体操作层面遇到的问题，注意积累可借鉴的经验，发掘可复制的典型，并及时向上级扶贫开发领导小组和有关部门报告。

（二）加强规划有效衔接。各级发展改革、扶贫部门要科学编制脱贫攻坚规划，各有关部门要按照脱贫攻坚要求及时调整完善相关专项规划，实现脱贫攻坚规划与部门专项规划的有效衔接，保障按计划完成脱贫任务。部门专项规划与脱贫攻坚规划不一致的，应当区分具体情况研究处理，原则上以脱贫攻坚规划为准。

（三）全面推行公开公示制度。推进政务公开，各级有关部门应将涉农资金政策文件、管理制度、资金分配、工作进度等信息及时向社会公开。贫困县要在本地政府门户网站和主要媒体公开统筹整合使用的涉农资金来源、用途和项目建设等情况，并实施扶贫项目行政村公示制度，接受社会监督。

（四）实行严格监督评价。各级政府要把纳入统筹整合范围的财政涉农资金作为监管重点。贫困县对财政涉农资金管理监督负首要责任，贫困村第一书记、驻村工作队、村委会要深度参与涉农资金和项目的管理监督。各级审计、财政等部门要加大对贫困县的审计和监督检查力度，并对贫困县监管职责落实情况进行跟踪问效，对地方探索实践资金统筹整合使用、提高资金使用效益给予大力支持。探索引入第三方独立监督，引导贫困人口主动参与，构建多元化资金监管机制。各级扶贫、财政、发展改革部门要加强对资金统筹整合使用的绩效评价，并将其纳入扶贫开发工作成效考核，评价、考核结果以本级扶贫开发领导小组名义通报。对试点工作成效好、资金使用效益高的地方，在分配财政专项扶贫资金时给予奖励和倾斜；对不作为、乱作为等行为，严肃追究相关人员责任。

国务院办公厅

2016年4月12日

国务院关于实施支持农业转移人口市民化若干财政政策的通知

国发〔2016〕44号

各省、自治区、直辖市人民政府，国务院各部委、各直属机构：

加快农业转移人口市民化，是推进以人为核心的新型城镇化的首要任务，是破解城乡二元结构的根本途径，是扩内需、调结构的重要抓手。根据党中央、国务院决策部署，现就实施支持农业转移人口市民化若干财政政策通知如下：

一、总体要求

全面贯彻落实党的十八大和十八届三中、四中、五中全会以及中央经济工作会议、中央城镇化工作会议、中央城市工作会议精神，深入贯彻习近平总书记系列重要讲话精神，适应、把握和引领经济发展新常态，按照“五位一体”总体布局和“四个全面”战略布局，牢固树立和贯彻落实创新、协调、绿色、开放、共享的发展理念，强化地方政府尤其是人口流入地政府的主体责任，建立健全支持农业转移人口市民化的财政政策体系，将持有居住证人口纳入基本公共服务保障范围，创造条件加快实现基本公共服务常住人口全覆盖。加大对吸纳农业转移人口地区尤其是中西部地区中小城镇的支持力度，维护进城落户农民土地承包权、宅基地使用权、集体收益分配权，支持引导其依法自愿有偿转让上述权益，促进有能力在城镇稳定就业和生活的常住人口有序实现市民化，并与城镇居民享有同等权利。

二、基本原则

创新机制、扩大覆盖。创新公共资源配置的体制机制，将持有居住证人口纳入义务教育、基本医疗、基本养老、就业服务等基本公共服务保障范围，使其逐步享受与当地户籍人口同等的基本公共服务。

精准施策、促进均衡。强化经济发达地区为农业转移人口提供与当地户籍人口同等基本公共服务的职责；综合考虑户籍人口、持有居住证人口和常住人口等因素，完善转移支付制度，确保中西部财政困难地区财力不因政策调整而减少，促进基本公共服务均等化。

强化激励、推动落户。建立中央和省级财政农业转移人口市民化奖励机制，调动地方政府推动农业转移人口市民化的积极性，有序推动有能力在城镇稳定就业和生活的农业转移人口举家进城落户。

维护权益、消除顾虑。充分尊重农民意愿和自主定居权利，依法维护进城落户农民在农村享有的既有权益，消除农民进城落户的后顾之忧。为进城落户农民在农村合法权益的流转创造条件，实现其权益的保值增值。

三、政策措施

（一）保障农业转移人口子女平等享有受教育权利。地方政府要将农业转移人口及其他常住人口随迁子女义务教育纳入公共财政保障范围，逐步完善并落实中等职业教育免学杂费和普惠性学前教育的政策。中央和省级财政部门要按在校学生人数及相关标准核定义务教育和职业教育中涉及学生政策的转移支付，统一城乡义务教育经费保障机制，实现“两免一补”资金和生均公用经费基准定额资金随学生流动可携带，落实好中等职业教育国家助学政策。

（二）支持创新城乡基本医疗保险管理制度。加快落实医疗保险关系转移接续办法和异地就医结算办法，整合城乡居民基本医疗保险制度，加快实施统一的城乡医疗救助制度。对于居住证持有人选择参加城镇居民医保的，个人按城镇居民相同标准缴费，各级财政按照参保城镇居民相同标准给予补助，避免重复参保、重复补助。加快实现基本医疗保险参保人跨制度、跨地区转移接续。

（三）支持完善统筹城乡的社会保障体系。加快实施统一规范的城乡社会保障制度，中央和省级财政部门要配合人力资源社会保障等有关部门做好将持有居住证人口纳入城镇社会保障体系和城乡社会保障制度衔接等工作。

（四）加大对农业转移人口就业的支持力度。中央和省级财政部门在安排就业专项资金时，要充分考虑农业转移人口就业问题，将城镇常住人口和城镇新增就业人数作为分配因素，并赋予适当权重。县级财政部门要统筹上级转移支付和自有财力，支持进城落户农业转移人口中的失业人员进行失业登记，并享受职业指导、介绍、培训及技能鉴定等公共就业服务和扶持政策。

（五）建立农业转移人口市民化奖励机制。中央财政建立农业转移人口市民化奖励机制，奖励资金根据农业转移人口实际进城落户以及地方提供基本公共服务情况，并适当考虑农业转移人口流动、城市规模等因素进行测算分配，向吸纳跨省（区、市）流动农业转移人口较多地区和中西部中小城镇倾斜。省级财政要安排资金，建立省（区、市）对下农业转移人口市民化奖励机制。县级财政部门要将上级奖励资金统筹用于提供基本公共服务。

（六）均衡性转移支付适当考虑为持有居住证人口提供基本公共服务增支因素。中央财政在根据户籍人口测算分配均衡性转移支付的基础上，充分考虑各地区向持有居住证人口提供基本公共服务的支出需求，并根据基本公共服务水平提高和规模增长情况进行动态调整，确保对中西部财政困难地区转移支付规模和力度不减。省级财政要参照中央做法，在对下分配均衡性转移支付资金时考虑为持有居住证人口提供基本公共服务等增支因素，增强县级政府财政保障能力，鼓励中西部地区农业转移人口就近城镇化。

（七）县级基本财力保障机制考虑持有居住证人口因素。完善县级基本财力保障机制奖补资金分配办法，中央和省级财政在测算县级相关民生支出时，要适当考虑持有居住证人口因素，加强对吸纳农业转移人口较多且民生支出缺口较大的中西部县级政府的财力保障。县级政府要统筹用好资金，切实将农业转移人口纳入基本公共服务保障范围，使农业转移人口与当地户籍人口享受同等基本公共服务。

（八）支持提升城市功能，增强城市承载能力。地方政府要将农业转移人口市民化工作纳入本地区经济社会发展规划、城乡规划和城市基础设施建设规划。要多渠道筹集建设资金，通过发行地方政府债券等多种方式拓宽城市建设融资渠道。要推广政府和社会资本合作（PPP）模式，吸引社会资本参与城市基础设施建设和运营。按照市场配置资源和政府保障相结合的原则，鼓励农业转移人口通过市场购买或租赁住房，采取多种方式解决农业转移人口居住问题。中央财政在安排城市基础设施建设和运行维护、保障性住房等相关专项资金时，对吸纳农业转移人口较多的地区给予适当支持。

（九）维护进城落户农民土地承包权、宅基地使用权、集体收益分配权。地方政府不得强行要求进城落户农民转让在农村的土地承包权、宅基地使用权、集体收益分配权，或将其作为进城落户条件。要通过健全农村产权流转交易市场，逐步建立进城落户农民在农村的相关权益退出机制，积极引导和支持进城落户农民依法自愿有偿转让相关权益，促进相关权益的实现和维护，但现阶段要严格限定在本集体经济组织内部。要多渠道筹集资金，支持进城落户农民在城镇居住、创业、投资。

（十）加大对农业转移人口市民化的财政支持力度，并建立动态调整机制。中央和地方各级财政部门要根据不同时期农业转移人口数量规模、不同地区和城乡之间农业转移人口流动变化、大中小城市农业转移人口市民化成本差异等，对转移支付规模和结构进行动态调整。落实东部发达地区和大型、特大型城市的主体责任，引导其加大支出结构调整力度，依靠自有财力为农业转移人口提供与当地户籍人口同等的基本公共服务，中央财政根据其吸纳农业转移人口进城落户人数等因素适当给予奖励。

四、组织实施

建立健全支持农业转移人口市民化的财政政策是党中央、国务院部署的重点改革任务之一，各级政府及其财政部门要高度重视、提高认识、尽快部署、狠抓落实。

中央财政要加快调整完善相关政策，加大转移支付支持力度，建立绩效考核机制，督促地方财政部门尽快制定有关支持农业转移人口市民化的财政政策措施。

省级财政部门要按照本通知要求，结合本地区实际制定支持农业转移人口市民化的政策措施，并报财政部备案；要完善省对下转移支付制度，引导农业转移人口就近城镇化，增强省以下各级政府落实农业转移人口市民化政策的财政保障能力。

人口流入地政府尤其是东部发达地区政府要履行为农业转移人口提供基本公共服务的义务，把推动本地区新型城镇化、加快推进户籍制度改革、促进已进城农业转移人口在城镇定居落户与提供基本公共服务结合起来，通过加强预算管理，统筹使用自有财力和上级政府转移支付资金，合理安排预算，优化支出结构，切实保障农业转移人口基本公共服务需求。

国务院

2016年7月27日

国务院办公厅转发民政部等部门关于做好农村最低生活保障制度与扶贫开发政策有效衔接指导意见的通知

国办发〔2016〕70号

各省、自治区、直辖市人民政府，国务院各部委、各直属机构：

民政部、国务院扶贫办、中央农办、财政部、国家统计局、中国残联《关于做好农村最低生活保障制度与扶贫开发政策有效衔接的指导意见》已经国务院同意，现转发给你们，请认真贯彻执行。

关于做好农村最低生活保障制度与扶贫开发政策有效衔接的指导意见

民政部 国务院扶贫办 中央农办 财政部

国家统计局 中国残联

为贯彻落实党中央、国务院关于打赢脱贫攻坚战的决策部署，切实做好农村最低生活保障（以下简称低保）制度与扶贫开发政策有效衔接工作，确保到2020年现行扶贫标准下农村贫困人口实现脱贫，制定本意见。

一、总体要求

（一）指导思想。全面贯彻党的十八大和十八届三中、四中、五中全会精神，深入贯彻习近平总书记系列重要讲话精神特别是关于扶贫开发重要指示精神，认真落实党中央、国务院决策部署，紧紧围绕“五位一体”总体布局和“四个全面”战略布局，牢固树立创新、协调、绿色、开放、共享的发展理念，坚持精准扶贫精准脱贫基本方略，以制度有效衔接为重点，加强部门协作，完善政策措施，健全工作机制，形成制度合力，充分发挥农村低保制度在打赢脱贫攻坚战中的兜底保障作用。

（二）基本原则。

坚持应扶尽扶。精准识别农村贫困人口，将符合条件的农村低保对象全部纳入建档立卡范围，给予政策扶持，帮助其脱贫增收。

坚持应保尽保。健全农村低保制度，完善农村低保对象认定办法，加强农村低保家庭经济状况核查，及时将符合条件的建档立卡贫困户全部纳入农村低保范围，保障其基本生活。

坚持动态管理。做好农村低保对象和建档立卡贫困人口定期核查，建立精准台账，实现应进则进、应退则退。建立健全严格、规范、透明的贫困户脱贫和低保退出标准、程序、核查办法。

坚持资源统筹。统筹各类救助、扶贫资源，将政府兜底保障与扶贫开发政策相结合，形成脱贫攻坚合力，实现对农村贫困人口的全面扶持。

（三）主要目标。通过农村低保制度与扶贫开发政策的有效衔接，形成政策合力，对符合低保标准的农村贫困人口实行政策性保障兜底，确保到2020年现行扶贫标准下农村贫困人口全部脱贫。

二、重点任务

（一）加强政策衔接。在坚持依法行政、保持政策连续性的基础上，着力加强农村低保制度与扶贫开发政策衔接。对符合农村低保条件的建档立卡贫困户，按规定程序纳入低保范围，并按照家庭人均收入低于当地低保标准的差额发给低保金。对符合扶贫条件的农村低保家庭，按规定程序纳入建档立卡范围，并针对不同致贫原因予以精准帮扶。对返贫的家庭，按规定程序审核后，相应纳入临时救助、医疗救助、农村低保等社会救助制度和建档立卡贫困户扶贫开发政策覆盖范围。对不在建档立卡范围内的农村低保家庭、特困人员，各地统筹使用相关扶贫开发政策。贫困人口参加农村基本医疗保险的个人缴费部分由财政给予补贴，对基本医疗保险和大病保险支付后个人自负费用仍有困难的，加大医疗救助、临时救助、慈善救助等帮扶力度，符合条件的纳入重特大疾病医疗救助范围。对农村低保家庭中的老年人、未成年人、重度残疾人、重病患者等重点救助对象，要采取多种措施提高救助水平，保障其基本生活，严格落实困难残疾人生活补贴制度和重度残疾人护理补贴制度。

（二）加强对象衔接。县级民政、扶贫等部门和残联要密切配合，加强农村低保和扶贫开发在对象认定上的衔接。完善农村低保家庭贫困状况评估指标体系，以家庭收入、财产作为主要指标，根据地方实际情况适当考虑家庭成员因残疾、患重病等增加的刚性支出因素，综合评估家庭贫困程度。进一步完善农村低保和建档立卡贫困家庭经济状况核查机制，明确核算范围和计算方法。对参与扶贫开发项目实现就业的农村低保家庭，在核算其家庭收入时，可以扣减必要的就业成本，具体扣减办法由各地根据实际情况研究制定。“十三五”期间，在农村低保和扶贫对象认定时，中央确定的农村居民基本养老保险基础养老金暂不计入家庭收入。

（三）加强标准衔接。各地要加大省级统筹工作力度，制定农村低保标准动态调整方案，确保所有地方农村低保标准逐步达到国家扶贫标准。农村低保标准低于国家扶贫标准的地方，要按照国家扶贫标准综合确定农村低保的最低指导标准。农村低保标准已经达到国家扶贫标准的地方，要按照动态调整机制科学调整。进一步完善农村低保标准与物价上涨挂钩的联动机制，确保困难群众不因物价上涨影响基本生活。各地农村低保标准调整后应及时向社会公布，接受社会监督。

（四）加强管理衔接。对农村低保对象和建档立卡贫困人口实施动态管理。乡镇人民政府（街道办事处）要会同村（居）民委员会定期、不定期开展走访调查，及时掌握农村低保家庭、特困人员和建档立卡贫困家庭人口、收入、财产变化情况，并及时上报县级民政、扶贫部门。县级民政部门要将农村低保对象、特困人员名单提供给同级扶贫部门；县级扶贫部门要将建档立卡贫困人口名单和脱贫农村低保对象名单、脱贫家庭人均收入等情况及时提供给同级民政部门。健全信息公开机制，乡镇人民政府（街道办事处）要将农村低保和扶贫开发情况纳入政府信息公开范围，将建档立卡贫困人口和农村低保对象、特困人员名单在其居住地公示，接受社会和群众监督。

三、工作要求

（一）制定实施方案。按照中央统筹、省负总责、市县抓落实的工作机制，各省（区、市）民政、扶贫部门要会同有关部门抓紧制定本地区实施方案，各市县要进一步明确衔接工作目标、重点任务、实施步骤和行动措施，确保落到实处。2016 年 11 月底前，各省（区、市）民政、扶贫部门要将实施方案报民政部、国务院扶贫办备案。

（二）开展摸底调查。2016 年 12 月底前，县级民政、扶贫部门和残联要指导乡镇人民政府（街道办事处）抓紧开展一次农村低保对象和建档立卡贫困人口台账比对，逐户核对农村低保对象和建档立卡贫困人口，掌握纳入建档立卡范围的农村低保对象、特困人员、残疾人数据，摸清建档立卡贫困人口中完全或部分丧失劳动能力的贫困家庭情况，为做好农村低保制度与扶贫开发政策有效衔接奠定基础。

（三）建立沟通机制。各地要加快健全低保信息系统和扶贫开发信息系统，逐步实现低保和扶贫开发信息系统互联互通、信息共享，不断提高低保、扶贫工作信息化水平。县级残联要与民政、扶贫等部门加强贫困残疾人和重度残疾人相关信息的沟通。县级民政、扶贫部门要定期会商交流农村低保对象和建档立卡贫困人口变化情况，指导乡镇人民政府（街道办事处）及时更新农村低保对象和建档立卡贫困人口数据，加强信息核对，确保信息准确完整、更新及时，每年至少比对一次台账数据。

（四）强化考核监督。各地要将农村低保制度与扶贫开发政策衔接工作分别纳入低保工作绩效评价和脱贫攻坚工作成效考核体系。加大对农村低保制度与扶贫开发政策衔接工作的督促检查力度，加强社会监督，建立第三方评估机制，增强约束力和工作透明度。健全责任追究机制，对衔接工作中出现的违法违纪问题，要依法依纪严肃追究有关人员责任。

四、保障措施

（一）明确职责分工。各地民政、扶贫、农村工作、财政、统计等部门和残联要各负其责，加强沟通协调，定期会商交流情况，研究解决存在的问题。民政部门牵头做好农村低保制度与扶贫开发政策衔接工作；扶贫部门落实扶贫开发政策，配合做好衔接工作；农村工作部门综合指导衔接政策设计工作；财政部门做好相关资金保障工作；统计部门会同有关部门组织实施农村贫困监测，及时提供调整低保标准、扶贫标准所需的相关数据；残联会同有关部门及时核查残疾人情况，配合做好对农村低保对象和建档立卡贫困人口中残疾人的重点帮扶工作。

（二）加强资金统筹。各地财政部门要按照国务院有关要求，结合地方实际情况，推进社会救助资金统筹使用，盘活财政存量资金，增加资金有效供给；优化财政支出结构，科学合理编制预算，提升资金使用效益。中央财政安排的社会救助补助资金，重点向保障任务重、地方财政困难、工作绩效突出的地区倾斜。各地财政、民政部门要加强资金使用管理情况检查，确保资金使用安全、管理规范。

（三）提高工作能力。加强乡镇人民政府（街道办事处）社会救助能力建设，探索建立村级社会救助协理员制度，在乡镇人民政府（街道办事处）现有编制内，根据社会救助对象数量等因素配备相应工作人员，加大业务培训力度，进一步提高基层工作人员服务和管理能力。通过政府购买服务等方式，引入社会力量参与提供农村低保服务。充分发挥第一书记和驻村工作队在落实农村低保制度和扶贫开发政策中的骨干作用。进一步健全社会救助“一门受理、协同办理”工作机制，为农村低保对象和建档立卡贫困人口提供“一站式”便民服务。

（四）强化舆论引导。充分利用新闻媒体和基层政府便民服务窗口、公园广场、医疗机构、村（社区）公示栏等，组织开展有针对性的农村低保制度和扶贫开发政策宣传活动，在全社会努力营造积极参与和支持的浓厚氛围。坚持正确舆论导向，积极弘扬正能量，着力增强贫困群众脱贫信心，鼓励贫困群众在政府扶持下依靠自我奋斗实现脱贫致富。

国务院办公厅关于印发贫困地区水电矿产资源开发资产收益扶贫改革试点方案的通知

国办发〔2016〕73号

各省、自治区、直辖市人民政府，国务院各部委、各直属机构：

《贫困地区水电矿产资源开发资产收益扶贫改革试点方案》已经国务院同意，现印发给你们，请认真贯彻执行。

贫困地区水电矿产资源开发资产收益扶贫改革试点方案

《中华人民共和国国民经济和社会发展第十三个五年规划纲要》和《中共中央国务院关于打赢脱贫攻坚战的决定》提出，对在贫困地区开发水电、矿产资源占用集体土地的，试行给原住居民集体股权方式进行补偿，探索对贫困人口实行资产收益扶持制度。为推动资源开发成果更多惠及贫困人口，促进共享发展，逐步建立贫困地区水电、矿产等资源开发资产收益扶贫制度，制定本方案。

一、总体要求

（一）指导思想。全面贯彻党的十八大和十八届三中、四中、五中全会精神，深入贯彻习近平总书记系列重要讲话精神，认真落实党中央、国务院决策部署，紧紧围绕“五位一体”总体布局和“四个全面”战略布局，牢固树立创新、协调、绿色、开放、共享的新发展理念，坚持精准扶贫、精准脱贫基本方略，以保障农村集体经济组织合法权益为中心，以增加贫困人口资产性收益为目标，以改革试点为突破口，以严格保护生态环境为前提，发挥资源优势，创新贫困地区水电、矿产资源开发占用农村集体土地补偿方式，探索建立集体股权参与项目分红的资产收益扶贫长效机制，走出一条资源开发与脱贫攻坚有机结合的新路子，实现贫困人口共享资源开发成果。

（二）基本原则。

政府引导，群众自愿。将入股分红作为征地补偿的新方式，坚持政府组织引导、统筹推动和监督检查，建立公平、公正、公开的项目收益分配制度，推动实现共享发展。充分尊重贫困地区农村集体经济组织及其成员意愿，保障其知情权、选择权和参与权。

精准扶持，利益共享。把水电、矿产资源开发与脱贫攻坚紧密结合，瞄准建档立卡贫困户，让贫困人口更多分享资源开发收益。统筹兼顾企业、农村集体经济组织及其成员等各方利益，充分调动利益相关方参与改革的积极性和主动性。

封闭运行，控制风险。试点项目严格按照国家审核通过的省级试点方案组织实施、封闭运行，享受试点政策，未经批准不得扩大试点区域和范围。预估预判各类风险，建立风险防范和控制机制，做到风险可控。

探索创新，有序推进。鼓励试点地方和项目单位结合实际，在股权设置、资产管理、收益分配、精准扶持、退出机制等方面进行探索创新。按照生态优先、绿色发展的要求，稳妥选择试点项目，密切跟踪试点进展，及时总结试点经验。

（三）试点目标。在贫困地区选择一批水电、矿产资源开发项目，用3年左右时间组织开展改革试点，探索建立农村集体经济组织成员特别是建档立卡贫困户精准受益的资产收益扶贫长效机制，形成可复制、可推广的操作模式和制度。

二、试点范围、期限与项目选择

（一）试点范围。在集中连片特困地区县和国家扶贫开发工作重点县（以下统称贫困县）开展试点，优先选择革命老区和民族地区贫困县。

（二）试点期限。2016 年底启动，2019 年底结束。

（三）项目选择。以精准扶贫、精准脱贫为导向，在全国范围内选择不超过 20 个占用农村集体土地的水电或矿产资源开发项目开展试点。试点项目不限企业所有制性质，但应符合相关规划和产业政策及环境保护要求，并满足以下条件：

1. 水电开发应选择建设周期较短、经济性较好、征地面积和移民人数适量的项目；矿产资源开发应选择以露天开采方式为主、预期盈利能力较强的项目。

2. 2017 年内完成审批核准程序并开工建设。

3. 征地范围不跨省（区、市）。

4. 征地及影响范围内的原住居民，应包括一定比例建档立卡贫困户。

5. 出具项目影响区域内原住居民同意参与试点、农村集体经济组织承诺优先分配给建档立卡贫困户集体股权收益等证明材料。

三、试点内容

重点围绕界定入股资产范围、明确股权受益主体、合理设置股权、完善收益分配制度、加强股权管理和风险防控等方面开展试点。

（一）准确界定入股资产范围。依法依规准确界定水电、矿产资源开发项目征收、征用的农村集体土地范围。按照“归属清晰、权责明确、群众自愿”的原则，合理确定以土地补偿费量化入股的农村集体土地数量、类型和范围，并将核定的土地补偿费作为资产入股试点项目，形成集体股权。入股资产应限于农村集体经济组织所有的耕地、林地、草地、未利用地等非建设用地的土地补偿费。

（二）明确入股主体和受益主体。农村集体经济组织为股权持有者，其成员为集体股权受益主体，建档立卡贫困户为优先受益对象。探索建立以组、村、乡镇不同层级农村集体经济组织为入股单位的集体股权制度。

（三）规范集体股权设置办法。农村集体经济组织选择以全额或者部分集体土地补偿费入股试点项目，并以农村集体经济组织为单位设置集体股权。股权设置方法、程序等具体事项由试点项目所在地省级人民政府研究确定。股权设置结果须经项目所在地县级人民政府、项目投资建设单位、被占地农村集体经济组织共同确定。鼓励有条件的地方通过设立项目公司等方式，探索对集体股权实行专业化管理。

（四）保障集体股权收益。试点项目所在省份根据试点项目情况，探索建立集体股权收益保障制度，集体股权保障收益水平由项目投资建设单位和被占地农村集体经济组织根据项目实际情况共同协商确定。项目运行期结束、项目法人解散或破产清算时，应保障集体股权持有者享有对按照公司法和企业破产法有关规定清偿后剩余财产的优先分配权。试点期间，集体股权原则上不得用于质押、担保，对依法转让的集体股权，项目投资建设单位享有优先回购权。集体股权持有者不参与项目经营管理和决策，但应享有知情权、监督权等股东基本权利。

（五）健全收益分配制度。农村集体经济组织要制定经成员认可并符合相关财务制度的收益分配方案，明确分配范围、顺序和比例，纳入村务公开范畴，接受成员监督。收益分配方案应明确建档立卡贫困户享有优先分配权益，并保证其收益不得以任何方式被截留、挪用、扣减。建档立卡贫困户额外享有的集体股权收益分配权益，在其稳定脱贫后应有序退出，由农村集体经济组织重新分配。已脱贫农户享有与本集体经济组织其他成员平等的收益分配权。

（六）保障农村集体经济组织成员权益。依法保障农村集体经济组织成员特别是建档立卡贫困户参与集体股权管理、分享集体股权收益的权利。科学确认农村集体经济组织成员身份，建立健全农村集体经济组织成员登记备案、收益权证书管理等制度。集体股权收益分配制度的制定、调整、废止等，须经本集体经济组织成员会议或成员代表会议讨论通过后方可生效。探索建立农村集体经济组织成员对集体股权收益权的转让、继承、质押、担保等机制。加强集体股权民主监督管理，防止被少数人控制，发生侵蚀、侵吞原住居民利益的行为。

（七）建立风险防控机制。按照政府领导、分级负责、县为基础、项目法人参与的管理体制，强化政府在试点工作中的组织协调、监督管理、风险防控等作用，建立农村集体经济组织及其成员的利益申诉机制，密切关注建档立卡贫困户权益，妥善解决利益纠纷，确保试点工作顺利开展。有关地方和部门要依法加强对项目运营情况的监督，发现项目投资建设单位弄虚作假、隐瞒收益的，要责令其限期整改并依法严肃追究有关人员责任。切实做好试点项目对生态环境影响的跟踪评估与风险防控工作，避免破坏生态环境。

四、保障措施

（一）加大政策支持力度。在安排水电、矿产资源开发领域项目中央补助等资金时，对符合条件的试点项目予以优先支持。农村小水电扶贫工程中央预算内投资优先支持试点项目，中央投资收益专项用于扶持建档立卡贫困户和贫困村相关公共设施建设。试点过程中，利用财政投入形成的相关资产，应折股量化到农村集体经济组织，并在收益分配时对建档立卡贫困户予以倾斜支持，帮助其进一步分享资源开发收益。

（二）加强项目运行保障。依法依规简化试点项目前期工作程序，加快项目核准进度。对水电开发试点项目，优先保障其所发电量全额上网。对矿产资源开发试点项目，降低试点区域矿业企业用地成本，适当延长矿区和尾矿库等依法占用临时用地的使用期限。

（三）做好试点组织实施。省级人民政府是试点工作的责任主体，要建立试点工作机制，组织申报试点项目，制定试点实施方案，统筹协调推进试点工作。县级人民政府是试点工作的实施主体，要明确工作职责，做好试点政策宣讲和工作督导，推动加强试点项目所在地基层党组织建设，确保试点工作稳妥有序推进。由国家发展改革委牵头，会同国土资源部、水利部、农业部、国务院国资委、国家林业局、国家能源局、国务院扶贫办等部门建立改革试点工作协调机制，审核省级试点实施方案，指导和支持各地开展试点工作。改革试点中遇到的重大问题，要及时向国务院报告。

（四）强化跟踪评估指导。国家发展改革委要建立试点项目定期调度机制，会同有关部门加强对试点工作的检查、评估和指导，及时总结推广试点经验。省级人民政府要加强对试点项目的动态跟踪和工作督导，组织试点项目投资建设单位定期上报进展情况，协调解决试点工作中出现的困难和问题，研究制定配套政策措施，确保完成改革试点目标任务。2020 年 1 月底前，各试点项目所在地省级人民政府要向国家发展改革委报送改革试点工作情况报告。国家发展改革委会同有关部门在总结各地试点经验基础上，形成全国改革试点工作总结报告和政策建议，上报国务院。

国务院办公厅关于印发推动1亿非户籍人口在城市落户方案的通知

国办发〔2016〕72号

各省、自治区、直辖市人民政府，国务院各部委、各直属机构：

《推动1亿非户籍人口在城市落户方案》已经国务院同意，现印发给你们，请认真贯彻执行。

推动1亿非户籍人口在城市落户方案

促进有能力在城镇稳定就业和生活的农业转移人口举家进城落户，是全面小康社会惠及更多人口的内在要求，是推进新型城镇化建设的首要任务，是扩大内需、改善民生的重要举措。为贯彻落实党中央、国务院关于推动1亿左右农业转移人口和其他常住人口等非户籍人口在城市落户的决策部署，根据《国家新型城镇化规划（2014—2020年）》、《国务院关于进一步推进户籍制度改革的意见》（国发〔2014〕25号）和《国务院关于深入推进新型城镇化建设的若干意见》（国发〔2016〕8号），特制定本方案。

一、总体要求

（一）指导思想。全面贯彻党的十八大和十八届三中、四中、五中全会精神，落实党中央、国务院决策部署，按照“五位一体”总体布局和“四个全面”战略布局，牢固树立和贯彻落实创新、协调、绿色、开放、共享的发展理念，以人的城镇化为核心，以理念创新为先导，以体制机制改革为动力，紧紧围绕推动1亿非户籍人口在城市落户目标，深化户籍制度改革，加快完善财政、土地、社保等配套政策，为促进经济持续健康发展提供持久强劲动力，为维护社会公平正义与和谐稳定奠定坚实基础。

（二）基本原则。

统筹设计，协同推进。统筹推进本地和外地非户籍人口在城市落户，实行相同的落户条件和标准。统筹户籍制度改革与相关配套制度改革创新，优化政策组合，形成工作合力，确保城市新老居民同城同待遇。

存量优先，带动增量。优先解决进城时间长、就业能力强、能够适应城市产业转型升级和市场竞争环境的非户籍人口落户，形成示范效应，逐步带动新增非户籍人口在城市落户。

因地制宜，分类施策。充分考虑城市综合承载能力，实施差别化落户政策，赋予地方更多操作空间，鼓励地方创造典型经验。充分尊重群众自主定居意愿，坚决打破“玻璃门”，严格防止“被落户”。

中央统筹，省负总责。中央政府层面统筹总体方案和制度安排，强化对地方的指导和监督考核。省级政府负总责，全面做好地方方案编制和组织实施等工作。

（三）主要目标。“十三五”期间，城乡区域间户籍迁移壁垒加速破除，配套政策体系进一步健全，户籍人口城镇化率年均提高1个百分点以上，年均转户1300万人以上。到2020年，全国户籍人口城镇化率提高到45%，各地区户籍人口城镇化率与常住人口城镇化率差距比2013年缩小2个百分点以上。

二、进一步拓宽落户通道

（四）全面放开放宽重点群体落户限制。除极少数超大城市外，全面放宽农业转移人口落户条件。以农村学生升学和参军进入城镇的人口、在城镇就业居住5年以上和举家迁徙的农业转移人口以及新生代农民工为重点，促进有能力在城镇稳定就业和生活的农业转移人口举家进城落户。省会及以下城市要全面放开对高校毕业生、技术工人、职业院校毕业生、留学归国人员的落户限制。省会及以下城市要探索实行农村籍高校学生来去自由的落户政策，高校录取的农村籍学生可根据本人意愿，将户口迁至高校所在地；毕业后可根据本人意愿，将户口迁回原籍地或迁入就（创）业地。（公安部牵头）

（五）调整完善超大城市和特大城市落户政策。超大城市和特大城市要以具有合法稳定就业和合法稳定住所（含租赁）、参加城镇社会保险年限、连续居住年限等为主要依据，区分城市的主城区、郊区、新区等区域，分类制定落户政策，重点解决符合条件的普通劳动者落户问题。户籍人口比重低

的超大城市和特大城市，要进一步放宽外来人口落户指标控制，加快提高户籍人口城镇化率。（公安部牵头）

（六）调整完善大中城市落户政策。大中城市均不得采取购买房屋、投资纳税等方式设置落户限制。城区常住人口300万以下的城市不得采取积分落户方式。大城市落户条件中对参加城镇社会保险的年限要求不得超过5年，中等城市不得超过3年。（公安部牵头）

三、制定实施配套政策

（七）加大对农业转移人口市民化的财政支持力度并建立动态调整机制。根据不同时期农业转移人口数量规模、不同地区和城乡之间农业人口流动变化、大中小城市农业转移人口市民化成本差异等，对中央和省级财政转移支付规模、结构进行动态调整。落实东部发达地区和大城市、特大城市的主体责任，引导其加大支出结构调整力度，依靠自有财力为农业转移人口提供与当地户籍人口同等的基本公共服务，中央财政根据其吸纳农业转移人口进城落户人数等因素适当给予奖励。（财政部牵头）

（八）建立财政性建设资金对吸纳农业转移人口较多城市基础设施投资的补助机制。加快实施中央预算内投资安排向吸纳农业转移人口落户数量较多城镇倾斜的政策。中央财政在安排城市基础设施建设和运行维护、保障性住房等相关专项资金时，对吸纳农业转移人口较多的地区给予适当支持。鼓励省级政府实施相应配套政策。（国家发展和改革委员会、财政部牵头）

（九）建立城镇建设用地增加规模与吸纳农业转移人口落户数量挂钩机制。按照以人定地、人地和谐的原则，实施城镇建设用地增加规模与吸纳农业转移人口落户数量挂钩政策，完善年度土地利用计划指标分配机制，保障农业转移人口在城镇落户的合理用地需求。规范推进城乡建设用地增减挂钩，建立健全城镇低效用地再开发激励约束机制。（国土资源部牵头）

（十）完善城市基础设施项目融资制度。健全债券信息披露、信用评级、发行管理等方面制度安排。（国家发展改革委、人民银行、证监会按职责分工负责）建立健全规范的地方政府举债融资机制，支持城市基础设施建设。（财政部牵头）采取有效措施推进城市公共服务领域和基础设施领域

采用政府和社会资本合作（PPP）模式融资。（财政部、国家发展改革委按职责分工负责）

（十一）建立进城落户农民“三权”维护和自愿有偿退出机制。加快推进农村集体产权制度改革，确保如期完成土地承包权、宅基地使用权等确权登记颁证，积极推进农村集体资产确权到户和股份合作制改革，不得强行要求进城落户农民转让其在农村的土地承包权、宅基地使用权、集体收益分配权，或将其作为进城落户条件。建立健全农村产权流转市场体系，探索形成农户对“三权”的自愿有偿退出机制，支持和引导进城落户农民依法自愿有偿转让上述权益，但现阶段要严格限定在本集体经济组织内部。（中央农办牵头，农业部、国土资源部等参与）

（十二）将进城落户农民完全纳入城镇住房保障体系。加快完善城镇住房保障体系，确保进城落户农民与当地城镇居民同等享有政府提供基本住房保障的权利。住房保障逐步实行实物保障与租赁补贴并举，通过市场提供房源、政府发放租赁补贴方式，支持符合条件的进城落户农民承租市场住房。推进扩大住房公积金缴存面，将农业转移人口纳入覆盖范围，鼓励个体工商户和自由职业者缴存。落实放宽住房公积金提取条件等政策，建立全国住房公积金转移接续平台，支持缴存人异地使用。（住房城乡建设部牵头）

（十三）落实进城落户农民参加城镇基本医疗保险政策。进城落户农民在农村参加的基本医疗保险可规范接入城镇基本医疗保险。完善并落实医保关系转移接续办法和异地就医结算办法，妥善处理医保关系转移中的有关权益，加强医保关系转移接续管理服务，确保基本医保参保人能跨制度、跨统筹地区连续参保。（人力资源和社会保障部牵头，国家卫生计生委等部门参与）

（十四）落实进城落户农民参加城镇养老保险等政策。加快落实基本养老保险关系转移接续政策，推动符合条件的进城落户农民参加当地城乡居民养老保险或城镇职工养老保险，按规定享有养老保险待遇。确保进城落户农民与当地城镇居民同等享有最低生活保障的权利。（人力资源和社会保障部、民政部牵头）

（十五）保障进城落户农民子女平等享有受教育权利。各地区要确保进城落户农民子女受教育与城镇居民同城同待遇。加快完善全国中小学生学籍信息管理系统，为进城落户居民子女转学升学提供便利。（教育部牵头）

（十六）推进居住证制度覆盖全部未落户城镇常住人口。切实保障居住证持有人享有国家规定的各项基本公共服务和办事便利。鼓励地方各级政府根据本地实际不断扩大公共服务范围并提高服务标准，缩小居住证持有人与户籍人口享有的基本公共服务的差距。督促各城市根据《居住证暂行条例》，加快制定实施具体管理办法。（公安部牵头）

四、强化监测检查

（十七）健全落户统计体系。加快建立健全全国统一的常住人口城镇化率和户籍人口城镇化率统计指标，准确快捷反映各地区两个指标变动状况，并列入国家和各地区统计公报。（国家统计局牵头，公安部参与）

（十八）强化专项检查。对各地区非户籍人口特别是进城农民落户进展情况进行跟踪监测和监督检查，及时向社会公布有关情况。2018 年组织开展对 1 亿非户籍人口在城市落户情况的中期评估，2020 年进行总结评估。（公安部、国家发展改革委牵头）

（十九）强化政策效果。对国发〔2014〕25 号、国发〔2016〕8 号等国务院文件已明确的相关配套政策，有关部门要加快工作进度，确保在 2016 年底前出台。采取自我评估和第三方评估相结合的方式，对相关配套政策实施情况进行跟踪分析，动态调整完善政策，强化政策实施效果。（推进新型城镇化工作部际联席会议负责统筹协调，国务院有关部门按职责分工负责）

（二十）强化审计监督。将非户籍人口在城市落户情况和相关配套政策实施情况纳入国家重大政策措施落实情况跟踪审计范围，将审计结果及整改情况作为有关部门考核、任免、奖惩领导干部的重要依据。（审计署牵头）

各地区、各部门要高度重视新型城镇化建设各项相关工作，统一思想，提高认识，加大力度，切实抓好本方案实施，确保 1 亿非户籍人口在城市落户目标任务如期完成。

国务院关于激发重点群体活力带动城乡居民增收的实施意见

国发〔2016〕56号

各省、自治区、直辖市人民政府，国务院各部委、各直属机构：

提高城乡居民收入是全面建成小康社会的重要内容，体现社会主义本质的必然要求。党的十八大提出，要千方百计增加居民收入。党的十八届三中全会提出，要形成合理有序的收入分配格局。党的十八届五中全会提出，在提高发展平衡性、包容性、可持续性的基础上，到2020年国内生产总值和城乡居民人均收入比2010年翻一番。按照党中央、国务院决策部署，为营造激励奋发向上的公平环境，拓宽就业渠道，促进各类社会群体依靠自身努力和智慧，创造社会财富，共享发展红利，现提出以下实施意见。

一、总体要求

（一）基本形势。

改革开放以来，我国城乡居民收入保持持续较快增长，收入分配结构呈现向好趋势。从放权让利到允许一部分人、一部分地区先富起来，到要素参与分配，适应我国国情的分配制度基本确立，收入分配政策推动了经济社会发展，促进了各类社会群体依靠自身努力和智慧，创造社会财富，共享发展红利，为深化改革开放注入了动力和活力。

当前，经济运行的新常态特征更加明显，新技术、新产业、新业态加速成长，培育壮大新动能，改造提升传统动能，正在不断创造出新的就业岗位，为促进城乡居民收入稳定增长提供了有力支撑。但受国内外多重因素影响，经济下行压力也正在向收入分配领域传导。既要降低经济运行成本、保持经济中高速增长，又要提高居民收入、不断增进人民福祉，实现居民收入增长和经济增长同步、劳动报酬提高和劳动生产率提高同步任重而道远。同时，部分劳动者人力资本积累不足、增收困难，部分市场主体等待观望，部分地区行业收入增长潜在动能不强，部分收入分配政策指向宽泛、聚焦不够。为推动解决相关问题，必须进一步深化收入分配制度改革，调整优化收入分配政策，拓宽就业创业渠道，努力营造激励奋发向上的公平环境。

（二）指导思想。

全面贯彻落实党的十八大和十八届三中、四中、五中全会精神，深入贯彻习近平总书记系列重要讲话精神，统筹推进“五位一体”总体布局，协调推进“四个全面”战略布局，牢固树立和贯彻落实创新、协调、绿色、开放、共享的发展理念，按照党中央、国务院决策部署，坚持以人民为中心的发展思想，做到发展为了人民、发展依靠人民、发展成果由人民共享。围绕加快实施创新驱动发展战略、推动大众创业万众创新、培育发展新动能、改造提升传统动能，着力推进供给侧结构性改革，不断深化简政放权、放管结合、优化服务改革，进一步深化收入分配制度改革，强化收入分配政策激励导向，分群体施策，不断激发全体劳动者的积极性、主动性、创造性，实现经济增长与居民增收互促共进，使全体人民在共建共享发展中有更多获得感，朝着共同富裕方向稳步前进。

（三）基本原则。

坚持多种激励方式相结合。物质激励和精神激励并用，综合运用增加薪资报酬、强化权利保护、优化评优奖励、提升职业技能、增进社会认同等多种激励手段，调动不同群体的积极性、主动性和创造性。完善绩效考核制度，将激励与考核挂钩。

坚持多条增收渠道相结合。多管齐下，不断拓展居民增收渠道，努力提高工资性、经营性收入，合理提高转移性收入，有效保护股权、债权、物权和知识产权等无形财产权益，着力增加居民财产性收入。

坚持促增收与降成本相结合。有效降低社会保险费率等劳动用工成本和阻碍劳动力流动的制度成本，助力各类市场主体轻装上阵，增加就业吸纳能力，切实将居民收入提高建立在经济发展质量效益提升、劳动生产率提高、企业综合成本降低的基础上。

坚持鼓励创收致富与缩小收入差距相结合。在初次分配中鼓励全体劳动者通过诚实劳动、辛勤劳动、创造性劳动创收致富，同时完善税收、社会保障等再分配调节手段，规范收入分配秩序，切实保障困难群众基本生活，有效抑制通过非市场因素获利，不断缩小不同群体间的收入差距。

坚持积极而为与量力而行相结合。在集中更多财力保障民生的同时，综合考虑国情、发展阶段、经济周期等因素，制定财力支撑可持续、社会预期可把握的目标任务和政策措施，不吊胃口、不养懒汉，切实将福利水平提高建立在经济和财力可持续增长的基础上，通过大众创业万众创新激发创造活力，增强居民收入增长的可持续性。

（四）主要目标。

到2020年，城镇就业规模逐步扩大，劳动生产率不断提高，就业质量稳步提升；城乡居民人均收入比2010年翻一番；宏观收入分配格局持续优化，居民可支配收入占国内生产总值（GDP）的比重继续提高；居民内部收入差距持续缩小，中等收入者比重上升，现行标准下农村贫困人口全部实现脱贫，共建共享的格局初步形成。

二、实施七大群体激励计划

瞄准技能人才、新型职业农民、科技人员等增收潜力大、带动能力强的七大群体，深化收入分配制度改革，在发展中调整收入分配结构，推出差别化收入分配激励政策。持续推动大众创业万众创新，创造更大市场空间和更多就业岗位，着力营造公开公平公正的体制机制和竞争环境，不断培育和扩大中等收入群体，逐步形成合理有序的收入分配格局，带动城乡居民实现总体增收。

（一）技能人才激励计划。

完善多劳多得、技高者多得的技能人才收入分配政策，引导加大人力资本投资，提高技能人才待遇水平和社会地位，大力弘扬新时期工匠精神，培养高水平大国工匠队伍，带动广大产业工人增技能、增本领、增收入。

完善技术工人薪酬激励机制。优化职业技能标准等级设置，向上增加等级级次，拓宽技术工人晋升通道。引导企业合理确定技术工人薪酬水平，促进高等级技术工人薪酬水平合理增长。加大对技能要素参与分配的激励力度，探索建立企业首席技师制度，鼓励企业采取协议薪酬、持股分红等方式，试行年薪制和股权制、期权制，提高技能人才收入水平。

贯通职业资格、学历等认证渠道。统筹考虑技能培训、职业教育和高等教育，建立职业资格与相应的职称、学历可比照认定制度。完善职业资格与职业教育学历“双证书”制度。研究制定高技能人才与工程技术人才的职业发展贯通办法。健全青年技能人才评价选拔制度，适当突破年龄、资历和比例等限制，完善高技能人才评价使用机制。

营造崇尚技能的社会氛围。定期组织开展全国性或区域性技术大赛或岗位练兵，大力宣传劳动模范、大国工匠和技术创新人才。鼓励地方对重点领域紧缺的技术工人在大城市落户、购租住房、子女上学等方面予以支持。培育精益求精的工匠精神，支持技能人才分享品质品牌增值收益。

（二）新型职业农民激励计划。

在加快推进新型城镇化、有序推进农业转移人口市民化的同时，加大对新型职业农民的培育和支持力度，加快职业化进程，带动广大农民共享现代化成果。

提高新型职业农民增收能力。将新型职业农民培育纳入教育培训发展相关规划，支持职业学校办好涉农专业，定向培养新型职业农民，完善国家助学和培训补贴政策，鼓励农民通过“半农半读”等方式就地就近接受职业教育培训。继续实施新型职业农民培育工程、现代青年农场主计划等项目，启动新型农业经营主体带头人轮训计划，努力提高妇女参训比例。

挖掘现代农业增收潜力。鼓励农民采用节本增效技术，培育农业社会化服务组织，支持农业废弃物资源化利用，降低农业生产成本。加快建立农业信贷担保体系，改进农业保险产品和服务，支持农民发展现代农业。完善农产品初加工补助政策，促进农产品深加工向优势产区和关键物流节点集中，支持优势产区产地批发市场建设，延长农业产业链条。扶持发展一乡（县）一业、一村一品，培育农业科技创新应用企业集群，引导产业集聚发展。推动“互联网+”现代农业，大力发展农产品电子商务，探索农业新型业态。推动农业全产业链改造升级，鼓励农民共享一二三产业融合发展的增值收益，增加经营性收入。

拓宽新型职业农民增收渠道。积极培育家庭农场、专业大户、农民合作社、农业企业等新型农业经营主体和农业社会化服务主体，发展适度规模经营。支持农民工、大学生等人员返乡创业，推进土地经营权入股发展农业产业化经营试点。稳步推进农村集体产权制度改革，发展多种形式的股份合作，推进农村集体资产股份权能改革试点，完善农村集体经济组织相关政策和法律规定，发展壮大农村集体经济，探索将财政资金投入农业农村形成的经营性资产折股量化到户。加快推进农村土地征收、集体经营性建设用地入市、宅基地制度改革试点，多渠道增加农民集体和个人分享的增值收益、股权收益、资产收益。

（三）科研人员激励计划。

深化事业单位分类改革，实行以增加知识价值为导向的激励机制，提高科研人员成果转化收益分享比例，通过工资性收入、项目激励、成果转化奖励等多重激励引导科研人员潜心研究工作，激发科技创新热情。

完善工资水平决定机制。在加强行业薪酬调查和信息发布基础上，探索建立体现行业特点的高校、科研机构薪酬调查比较制度。鼓励科研事业单位聘用高端科研人员实行协议薪酬。赋予科研单位更大的人财物支配权，保障科研人员的合理工资待遇水平。

改进科研项目及其资金管理。发挥科研项目资金对科研人员的激励引导作用。全面取消劳务费比例限制，调整劳务费开支范围。完善间接费用管理，项目承担单位结合一线科研人员实际贡献公开公正安排绩效支出。改进项目结转结余资金管理办法。下放科研项目部分经费预算调整审批权，砍掉科研管理中的繁文缛节，推行有利于人才创新的经费审计方式，充分尊重智力劳动的价值和科研规律。

健全绩效评价和奖励机制。深入落实促进科技成果转化法，完善单位内部科技成果转化中对科研人员进行现金和股权、期权奖励办法。实施国有科技型企业股权和分红激励。探索完善科研人员股权奖励个人所得税递延纳税政策。鼓励企事业单位提供资金、资源支持职工创新，营造宽容失败、勇于突破的创新氛围。鼓励社会资本设立专项奖励基金，补偿优秀科研人员的智力投入。多渠道募资，加大对基础性和前沿性科研课题的长期资助力度，加大对青年科研人才的创新奖励力度。对社会科学研究机构和智库推行政府购买服务制度。加大对科技创新成果的知识产权保护力度。

（四）小微创业者激励计划。

进一步降低创业成本，健全创新创业成果利益分配机制，在更大范围、更高层次、更深程度上推进大众创业万众创新，引导和支持小微创业者在“双创”中实现创收致富。

清除创业壁垒，提升创业参与率。深化商事制度改革，支持各地结合实际放宽新注册企业场所登记条件限制，推动“一址多照”、集群注册等住所登记改革。优化审批流程，推行“一表申请、一窗受理、一次告知”。

加大扶持力度，提高创业成功率。支持并规范多层次、专业化创业服务平台建设，建设一批高水平的“双创”示范基地。完善通过政府采购促进中小企业发展的政策措施，通过评审优惠、预留份额等方式对包括初创企业在内的小微企业加大扶持力度。落实扶持创业的各项优惠政策。对创业失败的失业登记人员及时提供各种就业服务。

探索创业成果利益分配机制。进一步完善创新型中小企业上市股权激励和员工持股计划的制度规则。研究完善商业模式知识产权保护制度，研究制定文化创意等创新成果保护办法，加大小微企业知识产权维权援助工作力度。加快建设全国知识产权运营公共服务平台，完善知识产权质押融资等金融服务机制。依法查处垄断行为，鼓励龙头企业与小微创业者探索分享创业成果新模式，支持有实力的企业承担技术服务、信息服务等公共平台功能。支持自由职业者的智力创造和高端服务，使其能够获得与智力付出相匹配的合理回报。

（五）企业经营管理人员激励计划。

完善产权保护制度、依法保护产权，进一步稳定预期、优化环境，激发企业家创业热情，推动经济增长、就业增加、效益提升、职工增收实现良性互动。

完善国有企业经营管理人员激励方式。完善对组织任命的国有企业负责人的薪酬激励机制，合理确定基本年薪、绩效年薪和任期激励收入。研究制定在国有企业建立职业经理人制度的指导意见，对市场化选聘的职业经理人实行市场化薪酬分配机制，采取多种方式探索完善中长期激励机制。稳妥有序推进混合所有制企业员工持股试点，探索通过实行员工持股建立激励约束长效机制。

强化民营企业家创业激励。消除各种隐性壁垒，解决政策执行中存在的“玻璃门”、“弹簧门”、“旋转门”等问题，鼓励民营企业家扩大投资，参与国有企业改革。坚持依法平等保护产权，严肃查处侵犯非公有制企业和个人合法权益、合法经营、合法收入的行为，营造公平、公正、透明、稳定的法治化环境。规范司法程序，严格执行先定罪后没收或处置嫌疑人财产的规定，最大限度减少对涉案非公有制企业正常生产经营活动的影响。减少对企业点对点的直接资助，增加普惠性政策，促进公平竞争。

（六）基层干部队伍激励计划。

完善工资制度，健全不同地区、不同岗位差别化激励办法，建立阳光化福利保障制度，充分调动基层干部队伍工作积极性，同步完善相关人员激励机制。

完善工资制度。提高基本工资在工资性收入中的比重，落实基本工资正常调整机制。完善作为激励手段和收入补充的津贴补贴制度。落实艰苦边远地区津贴标准正常调整机制。实施地区附加津贴制度，根据地区经济社会发展、物价消费水平等差异，适当参考企业相当人员工资水平，将规范后的工作性津贴和生活性补贴纳入地区附加津贴，实现同城同待遇。推进公务员工资调整制度化，定期开展公务员和企业相当人员工资水平的调查比较。

健全差别化激励机制。建立健全公务员绩效考核体系，考核结果与工资收入挂钩。完善公务员奖金制度，强化省级政府统筹调控责任。赋予地方一定的考核奖励分配权，重点向基层一线人员和业绩突出人员倾斜。完善公务员职务与职级并行制度，充分发挥职级对基层公务员的激励作用。

明确福利标准和保障范围。明确应享有的各项福利待遇名称、发放标准及发放范围。推进公务员职务消费和福利待遇货币化改革，规范改革性补贴，形成以货币福利为主，实物福利为补充的福利体系，实现阳光透明操作，接受社会监督。符合条件的乡镇公务员可以按规定纳入当地住房保障范围，为符合条件的公立医院医务人员就近提供公租房保障。

（七）有劳动能力的困难群体激励计划。

鼓励引导低保对象、建档立卡贫困人口以及残疾人等困难群体中具备劳动能力和劳动条件者提升人力资本，主动参加生产劳动，通过自身努力增加收入。

推进产业扶贫济困。实施贫困村“一村一品”产业推进行动。强化贫困地区农民合作社、龙头企业与建档立卡贫困户的利益联结机制。深入实施电商、旅游、光伏扶贫工程。加大对贫困地区农产品品牌推介营销支持力度。引导和支持贫困地区青年通过发展电子商务增收致富。

建立低保与就业联动机制。鼓励、引导具备就业能力的困难人员积极就业，增强其就业动力。对实现就业的低保对象，在核算其家庭收入时，可扣减必要的就业成本。具备劳动能力、劳动条件但未就业的低保对象，无正当理由连续 3 次拒绝接受有关部门介绍的与其健康状况、劳动能力相适应的工作的，可减发或停发其本人的低保金。

完善相关专项救助制度。加强专项救助制度与低保救助制度的统筹衔接，在重点保障城乡低保对象、特困人员的基础上，将医疗、教育、住房等专项救助向建档立卡贫困户家庭、低收入家庭或其他有特殊困难的家庭延伸，形成阶梯式救助模式。

三、实施六大支撑行动

坚持按劳分配为主体、多种分配方式并存，坚持初次分配和再分配调节并重，完善劳动、资本、知识、技术、管理等要素按贡献参与分配的初次分配机制，健全以税收、社会保障、转移支付为主要手段的再分配调节机制，以就业促进、技能提升、托底保障、增加财产性收入、收入分配秩序规范、收入监测为重点，制定综合配套政策，为实现城乡居民增收提供服务支撑、能力支撑和技术支撑。

（一）就业促进行动。

全面提升就业岗位创造能力。推动经济向中高端水平迈进、生产制造向生产服务延伸，创造更多高质量的就业机会。鼓励新型劳动密集产业发展，引导和支持沿海劳动密集型产业向中西部地区有序转移。鼓励发展家政、养老、护理等生活性服务业和手工制作等民族地区特色产业，吸纳更多中低技能劳动者特别是建档立卡贫困户家庭劳动者就业。推动上游能源原材料行业脱困发展，稳定就业岗位。大力发展城乡社区服务，扩大劳动力市场的包容性。

有效提升劳动力市场流动能力。推进户籍、住房、教育、社会保障等制度改革，消除制约劳动力流动就业的体制机制障碍。充分发挥中心城市、新兴产业带动效应，吸纳更多困难地区、困难行业劳动力跨地区、跨行业、跨所有制流动就业。总结推广返乡创业试点经验，引导劳动力由东向西、由劳务输入地向输出地回流，创造更多就地就近就业机会。

不断提升劳动力市场供求匹配能力。健全覆盖城乡的公共就业创业服务体系，全面提升公共就业创业服务水平。完善失业登记办法，建立健全公共就业服务提供机制，保障城镇常住人员享有与本地户籍人员同等的劳动就业权利。加强人力资源市场建设，探索利用移动互联网等现代信息技术手段及时发布劳动力市场供求信息，全面提高公共就业服务效能。积极打造人力资源服务全产业链，在产业集聚、创业创新集中地区，支持建设一批包括招聘、培训、薪酬、咨询、健康服务等多位一体、一站式管理、订单式服务的人力资源产业园。

（二）职业技能提升行动。

加强职业技能实训基地建设。分类指导建设一批布局合理、功能突出、高效实用的多层次职业技能实训基地。加大政府支持力度，鼓励社会投资，放宽职业技能培训教育机构外资准入限制，改善实训条件，提高实训效能。

推行企业新型学徒制。企校结合，推行以“招工即招生、入企即入校、企校双师联合培养”为主要内容的企业新型学徒制。实施技师培训项目，加快急需紧缺工种高技能人才培养，为培育支柱产业和战略性新兴产业提供人才支撑。

完善职业技能培训体系。实施以新生代农民工为重点的职业技能提升计划，开展农村贫困家庭子女、未升学初高中毕业生、农民工、退役军人免费接受职业培训行动。以就业为导向对困难人员实施职业培训，把职业技能培训和推荐就业安置紧密结合起来。加大青年就业见习工作力度，帮助青年获得相应工作经验或经历，提高就业竞争力。

（三）托底保障行动。

完善基本生活保障制度。完善最低工资保障制度。加大转移支付力度，着力提高低收入者收入。健全低保制度，完善低保对象认定办法，建立健全低保标准动态调整机制，在保障家庭基本生活的同时，兼顾就业激励目标。

提升精准兜底保障能力。完善多层次的救助体系，积极发展医疗、教育、住房、就业等专项救助和临时救助，确保面临特定困难的人员获得相应救助。探索将支出型贫困家庭纳入救助范围。

扩大基本保障覆盖范围。完善社会保障制度，实施全民参保计划，基本实现法定人员全覆盖。将城镇私营单位在岗职工平均工资纳入缴费基数统计口径范围，形成合理的社会保险和住房公积金缴费基数，避免对低收入群体的制度性挤出。划转部分国有资本充实社保基金，加大国有资本收益补贴社会保障力度，化解社会保险基金缺口等长期风险。积极发展慈善事业。

（四）财产性收入开源清障行动。

拓宽居民财产投资渠道。在风险可控的前提下，加快发展直接融资，促进多层次资本市场平稳健康发展。加强金融产品和金融工具创新，改善金融服务，向居民提供多元化的理财产品，满足居民日益增长的财富管理需求。

加强对财产性收入的法治保障。加强资本市场诚信和透明度建设，完善上市公司信息披露、财务管理和分红制度，切实维护中小投资者利益。在拆迁、征地、征用公民财产过程中，依法保护公民财产权利不受侵犯。

合理调节财产性收入。平衡劳动所得与资本所得税负水平，着力促进机会公平，鼓励更多群体通过勤劳和发挥才智致富。完善资本所得、财产所得税收征管机制。

（五）收入分配秩序规范行动。

规范现金管理。推行非现金结算。全面推行银行代发工资模式。

堵塞非正规收入渠道。继续遏制以权力、行政垄断等非市场因素获取收入，取缔非法收入。

进一步发挥税收调节收入分配的作用。健全包括个人所得税在内的税收体系，逐步建立综合和分类相结合的个人所得税制度，进一步减轻中等以下收入者税收负担，发挥收入调节功能，适当加大对高收入者的税收调节力度。完善鼓励回馈社会、扶贫济困的税收政策。

（六）收入监测能力提升行动。

建立个人收入和财产信息系统。在确保信息安全和规范利用的前提下，多渠道、多层级归集居民和非居民个人的收入、财产等相关信息，运用大数据、云计算等技术，创新收入监测方式方法，提升居民收入信息监测水平。

完善收入分配统计与核算。完善居民收入分配相关统计指标，增加群体分类。加快建立电子化居民收入调查统计系统。加强中等收入者标准研究。加强国民总收入（GNI）核算和境外净要素收入统计。

建立收入分配政策评估体系。建立宏观经济、相关政策和微观数据的综合评估机制，对有关政策的执行情况和效果进行评估。借鉴国际经验，引入收入分配微观模拟模型。

四、强化组织实施

（一）加强协调配合。充分发挥深化收入分配制度改革部际联席会议的统筹协调作用，形成政策合力，将重点群体增收激励计划落到实处。各地区可根据实际情况，研究制定本地区促进居民增收的具体办法，建立健全统筹协调工作机制，对重点群体实施精准激励。

（二）鼓励先行先试。选择部分省（区、市）开展城乡居民增收综合配套政策试点。选择部分地区和科研单位开展专项激励计划和收入监测试点。定期总结试点经验，重点提出可复制、可推广的经验做法和政策措施。

（三）加强督查考核。各地区、各部门要把落实收入分配政策、增加城乡居民收入作为重要任务，对各项具体细化措施和试点方案建立评估评价机制，每年进行专项和综合考核。深化收入分配制度改革部际联席会议要适时组织开展专项督查，确保各项政策措施落到实处。

（四）加强舆论引导。营造鼓励增收致富的良好社会环境，大力弘扬勤劳致富精神，加强依法保护产权、弘扬企业家精神、改善民生等方面的舆论引导，做好政策解读和宣传，不断激发全体劳动者的积极性、主动性、创造性。

国务院

2016 年 10 月 10 日

国务院关于深入推进实施新一轮东北振兴战略加快推动东北地区经济企稳向好若干重要举措的意见

国发〔2016〕62 号

各省、自治区、直辖市人民政府，国务院各部委、各直属机构：

为深入推进实施党中央、国务院关于全面振兴东北地区等老工业基地的战略部署，按照立足当前、着眼长远、标本兼治、分类施策的原则，现就积极应对东北地区经济下行压力、推动东北地区经济企稳向好提出以下意见。

一、全面深化改革，激发内在活力

（一）推进行政管理体制改革。东北三省要全面对标国内先进地区，加快转变政府职能，进一步推进简政放权、放管结合、优化服务改革。积极推广“一个窗口受理、一站式办理、一条龙服务”，简化流程，明确时限，提高效率。先行试点企业投资项目承诺制，探索创新以政策性条件引导、企业信用承诺、监管有效约束为核心的管理模式。开展优化投资营商环境专项行动，推进“法治东北”、“信用东北”建设，实行企业投资项目管理负面清单制度，试点市场准入负面清单制度，加强各种所有制经济产权保护，完善政府守信践诺机制。（辽宁、吉林、黑龙江省人民政府〔以下称三省人民政

府〕负责）对东北地区投资营商环境定期进行督查评估。（国家发展改革委、全国工商联负责）

（二）全面深化国有企业改革。2016年底前出台深化东北地区国有企业改革专项工作方案。推动驻东北地区的中央企业开展国有资本投资运营公司试点，选择部分中央企业开展综合改革试点，支持部分中央企业开展混合所有制改革试点，引导中央企业加大与地方合作力度。（国务院国资委牵头，国家发展改革委、财政部和三省人民政府分工负责）在东北三省各选择10—20家地方国有企业开展首批混合所有制改革试点。组建若干省级国有资本投资运营公司，研究推动若干重大企业联合重组。有序转让部分地方国有企业股权，所得收入用于支付必需的改革成本、弥补社保基金缺口。加快解决历史遗留问题，2017年底前推动厂办大集体改革取得实质性进展，2018年底前基本完成国有企业职工家属区“三供一业”分离移交工作。（三省人民政府组织实施，国务院国资委、财政部、国家发展改革委、人力资源社会保障部指导支持）加快推动东北地区国有林区、国有林场改革，提出分类化解林区林场金融债务的意见。（国家发展改革委、财政部、国家林业局按职责分工负责，东北三省和内蒙古自治区人民政府〔以下称三省一区人民政府〕组织实施）

（三）加快民营经济发展。在东北地区开展民营经济发展改革示范，重点培育有利于民营经济发展的政策环境、市场环境、金融环境、创新环境、法治环境等，增强民营企业发展信心，加快构建“亲”、“清”新型政商关系。（三省一区人民政府负责，国家发展改革委、工业和信息化部、全国工商联等指导支持）2017年6月底前，在东北地区至少设立一家民营银行。（银监会指导支持）推动“银政企保”合作，建立融资担保体系，重点为民营企业和中小企业贷款融资提供担保。遴选一批收益可预期的优质项目，通过政府和社会资本合作（PPP）等模式吸引社会资本。（三省一区人民政府负责）

二、推进创新转型，培育发展动力

（四）加快传统产业转型升级。支持东北地区开展“中国制造2025”

试点，提高智能制造、绿色制造、精益制造和服务型制造能力，鼓励国家重点工程优先采用国产装备，在实施“中国制造2025”中重塑东北装备竞争力，积极开拓重大装备国际市场，推动国际产能和装备制造合作。建设一批产业转型升级示范区和示范园区。加大先进制造产业投资基金在东北地区投资力度，抓紧设立东北振兴产业投资基金。建立“市场化收购+补贴”的粮食收储新机制，积极引导多元化市场主体入市收购。支持建立线上销售渠道，扩大东北地区优质特色农产品销售市场，打造东北农产品品牌和地理标志品牌。适当扩大东北地区燃料乙醇生产规模。（国家发展改革委、工业和信息化部、财政部、农业部、国家粮食局、国家能源局按职责分工负责，三省一区人民政府组织实施）

（五）支持资源枯竭、产业衰退地区转型。加快推进黑龙江龙煤集团、吉林省煤业集团、阜新矿业集团等重点煤炭企业深化改革，有序退出过剩产能，在专项奖补资金安排等方面给予重点支持。（三省人民政府负责，国家发展改革委、财政部、工业和信息化部指导支持）以黑龙江省鸡西、鹤岗、双鸭山、七台河四大煤城为重点，实施资源型城市产业转型攻坚行动计划，研究通过发展新产业转岗就业、易地安置转移等方式统筹安排富余人员。（黑龙江省人民政府负责，国家发展改革委、财政部、人力资源社会保障部等部门指导支持）将东北地区国有林区全部纳入国家重点生态功能区，支持开展生态综合补偿和生态移民试点，尽快落实停止天然林商业性采伐相关支持政策。支持林区发展林下经济。结合林场布局优化调整，建设一批特色宜居小镇。全面推进城区老工业区和独立工矿区搬迁改造，支持开展城镇低效用地再开发试点和工矿废弃地治理。中央预算内投资设立采煤沉陷区综合治理专项。（国家发展改革委、财政部、国土资源部、国家林业局按职责分工负责，三省一区人民政府组织实施）

（六）大力培育新动能。实施好东北地区培育和发展新兴产业三年行动计划。加大对东北地区信息产业发展和信息基础设施建设的支持力度，大力发展基于“互联网+”的新产业新业态，支持打造制造业互联网双创平台，引导知名互联网企业深度参与东北地区电子商务发展，支持互联网就业服务机构实施东北地区促进就业创业专项行动。支持东北地区建设国家大数据综合试验区。（三省一区人民政府负责，国家发展改革委、工业和信息化部、商务部等部门指导支持）支持东北地区积极发展服务业，培育养老、旅游、文化等新消费增长点，出台推动东北地区旅游业转型升级发展的工作方案，完善旅游服务设施，新建一批5A级景区和全域旅游示范区。（国家发展改革委、民政部、文化部、国家旅游局按职责分工负责，三省一区人民政府组织实施）中央预算内投资设立东北振兴新动能培育专项。（国家发展改革委负责）

（七）加强创新载体和平台建设。深入推进沈阳全面创新改革试验，加快建设沈阳浑南区双创示范基地，推进哈尔滨、长春等城市双创平台建设。鼓励地方设立新兴产业创业投资基金。中央预算内投资设立东北地区创新链整合专项。（国家发展改革委牵头负责，三省一区人民政府组织实施）加快沈大国家自主创新示范区建设，支持吉林长春、黑龙江哈大齐工业走廊培育创建国家自主创新示范区。（科技部牵头负责，三省人民政府组织实施）支持东北地区开展科创企业投贷联动等金融改革试点。（银监会、科技部、人民银行按职责分工负责，三省一区人民政府组织实施）在布局国家实验室、大科学装置等重大创新基础设施时向东北地区倾斜。支持在东北地区组建国家机器人创新中心。（科技部、国家发展改革委、工业和信息化部、中科院按职责分工负责，三省人民政府组织实施）

（八）加快补齐基础设施短板。抓紧推进已纳入各领域“十三五”专项规划和推进东北地区等老工业基地振兴三年滚动实施方案的铁路、公路、机场、水利、农业、能源等重大基础设施项目建设。加快东北地区高速铁路网建设和既有铁路扩能改造，对东北地区支线机场建设补助标准参照中西部地区执行。研究建设新的特高压电力外送通道。制定东北地区电力体制改革专项工作方案，切实降低企业用电成本。扩大电能替代试点范围，全面实施风电清洁供暖工程，在有条件的地区开展光伏暖民示范工程。在光伏电站年度建设规模中对东北地区予以倾斜。支持吉林省开展可再生能源就近消纳试点。支持多元化投资主体参与抽水蓄能电站建设。提高东北地区农网改造升级工程中央预算内资金补助比例。对东北地区新型城镇化试点、棚户区改造、老旧小区节能宜居综合改造、重点城市“煤改气”和燃煤机组改造等给予倾斜支持。各地建立项目负责和服务推进机制，挂牌督办、包干推进。加快全光纤网络城市建设和无线宽带网络建设。（三省一区人民政府组织实施，国家发展改革委、工业和信息化部、国土资源部、环境保护部、住房城乡建设部、交通运输部、水利部、农业部、国家能源局、中国民航局、中国铁路总公司按职责分工负责）

三、扩大开放合作，转变观念理念

（九）打造重点开发开放平台。指导辽宁省做好新设自由贸易试验区总体方案起草工作，加快在东北地区推广中国（上海）等自由贸易试验区经验。（商务部牵头）创新完善大连金普新区、哈尔滨新区、长春新区管理体制机制，充分发挥引领带动作用。加快中德（沈阳）高端装备制造产业园、珲春国际合作示范区建设，规划建设中俄、中蒙、中日、中韩产业投资贸易合作平台以及中以、中新合作园区。支持大连东北亚国际航运中心建设，加快东北沿边重点开发开放试验区和边境经济合作区建设。（三省一区人民政府负责，国家发展改革委、商务部等部门指导支持）在符合条件的地区设立综合保税区等海关特殊监管区域。支持中国（大连）跨境电子商务综合试验区建设。研究设立汽车整车进口口岸。（海关总署、商务部牵头负责，三省一区人民政府组织实施）支持东北地区对接京津冀协同发展战略，推进与环渤海地区合作发展。进一步加强东北三省一区合作。（国家发展改革委牵头负责，三省一区人民政府组织实施）

（十）开展对口合作与系统培训。组织辽宁、吉林、黑龙江三省与江苏、浙江、广东三省，沈阳、大连、长春、哈尔滨四市与北京、上海、天津、深圳四市建立对口合作机制，开展互派干部挂职交流和定向培训，通过市场化合作方式积极吸引项目和投资在东北地区落地，支持东北装备制造优势与东部地区需求有效对接，增强东北产业核心竞争力。2017 年 2 月底前将对口合作工作方案报国务院审定后实施。（国家发展改革委、中央组织部指导协调，相关省市人民政府组织实施）依托国家级干部教育培训机构，组织老工业基地振兴发展专题培训，重点加强对省部级领导干部和地市党政主要负责同志、省（区）属国有企业主要领导人员的培训，并在其他相关调训名额分配上给予倾斜支持。指导地方分级加强县处级以上干部培训。组织全国标杆企业、先进园区、服务型政府、创新院所、金融机构等系列“东北行”活动。（中央组织部、国家发展改革委按职能分工负责，三省一区人民政府组织实施）东北三省要组织省内城市、企业的管理和技术人员走出去，学习国内其他老工业城市、资源型城市转型成功经验。（三省人民政府组织实施，国家发展改革委指导协调）

四、切实加强组织协调，充分调动两个积极性

（十一）*强化地方主体责任*。三省一区人民政府要强化东北振兴的主体责任，转变观念、振奋精神、扎实苦干，创造性开展工作。对《中共中央国务院关于全面振兴东北地区等老工业基地的若干意见》、《国务院关于近期支持东北振兴若干重大政策举措的意见》（国发〔2014〕28号）等政策文件提出的重大政策措施、重点任务和重大工程，要逐项明确责任、提出要求、规定时限，确保各项措施任务落实到位。完善老工业基地振兴工作的领导、协调、推进和督查考核机制，充分发挥各省（区）老工业基地振兴工作领导小组作用，设立办公室，充实地方各级政府老工业基地振兴工作力量。加强重大项目储备，安排专项资金支持重大项目前期工作。组织党员领导干部下基层下企业，帮助重点企业和特殊困难地区，协调解决突出困难和问题。创新招商方式，着力通过优化营商环境等措施加大引资工作力度。（三省一区人民政府负责）

（十二）*加大财政金融投资支持力度*。中央财政提高对东北地区民生托底和省内困难地区运转保障水平。对东北地区主导产业衰退严重的城市，比照实施资源枯竭城市财力转移支付政策。在加快养老保险制度改革的同时，制定实施过渡性措施，确保当期支付不出现问题。加快推进东北三省地方政府债务置换。（财政部会同人力资源社会保障部、国家发展改革委等部门负责）引导银行业金融机构加大对东北地区信贷支持力度，对有效益、有市场、有竞争力的企业，应满足其合理信贷需求，避免“一刀切”式的抽贷、停贷。对暂时遇到困难的优质大中型骨干企业，要协调相关金融机构积极纾解资金紧张等问题。鼓励各地建立应急转贷、风险补偿等机制。推进不良贷款处置。（银监会、人民银行、国家发展改革委和相关金融机构按职能分工负责，三省一区人民政府组织实施）对符合条件的东北地区企业申请首次公开发行股票并上市给予优先支持。（证监会牵头负责，三省一区人民政府做好组织和服务工作）推进实施市场化、法治化债转股方案并对东北地区企业予以重点考虑。支持企业和金融机构赴境外融资，支持东北地区探索发行企业债新品种，扩大债券融资规模。推出老工业基地调整改造重大工程包。（国家发展改革委、人民银行、财政部、银监会、证监会、国家外汇局按职责分工负责，三省一区人民政府组织实施）

（十三）加强政策宣传和舆论引导。有关部门和东北三省要建立东北振兴宣传工作定期沟通协调机制。加大信息发布和政策解读力度，组织各类媒体赴东北开展深度采访报道，营造良好社会氛围，增强发展信心。加强舆情监测，对不实报道等负面信息，要快速反应、及时发声、澄清事实，防止“唱衰东北”声音散播蔓延，赢得公众理解和支持。发挥社会监督作用，畅通群众投诉举报渠道，完善举报受理、处理和反馈机制，及时解决群众反映的困难和问题，妥善回应社会关切。（中央宣传部、中央网信办、国家发展改革委牵头负责，三省人民政府组织实施）

（十四）强化统筹协调和督促检查。国务院振兴东北地区等老工业基地领导小组各成员单位要积极主动开展工作，国家发展改革委要切实承担领导小组办公室工作，加强综合协调和调查研究，牵头推进重点任务落实。研究组建东北振兴专家顾问团。（国家发展改革委牵头）有关部门原则上要在2016年底前出台加快推动东北地区经济企稳向好的具体政策措施。各部门组织制定的稳增长、促改革、调结构、惠民生、防风险政策要优先考虑在东北地区试行，组织开展各类改革创新试点原则上要包含东北地区。（国务院振兴东北地区等老工业基地领导小组成员单位按职责分工负责）适时对东北振兴相关政策措施落实情况开展专项督查。（国务院办公厅、国家发展改革委牵头负责）

加快推动东北地区经济企稳向好，对于促进区域协调发展、维护全国经济社会大局稳定，意义十分重大。各有关方面要切实增强责任意识和忧患意识，充分调动中央和地方两个积极性，拿出更有力措施，打一场攻坚战，闯出一条新形势下老工业基地振兴发展新路，努力使东北地区在改革开放中重振雄风。

国务院

2016 年 11 月 1 日

国务院办公厅关于支持返乡下乡人员创业创新促进农村一二三产业融合发展的意见

国办发〔2016〕84 号

各省、自治区、直辖市人民政府，国务院各部委、各直属机构：

近年来，随着大众创业、万众创新的深入推进，越来越多的农民工、中高等院校毕业生、退役士兵和科技人员等返乡下乡人员到农村创业创新，为推进农业供给侧结构性改革、活跃农村经济发挥了重要作用。返乡下乡人员创业创新，有利于将现代科技、生产方式和经营理念引入农业，提高农业质量效益和竞争力；有利于发展新产业新业态新模式，推动农村一二三产业融合发展；有利于激活各类城乡生产资源要素，促进农民就业增收。在《国务院办公厅关于支持农民工等人员返乡创业的意见》（国办发〔2015〕47 号）和《国务院办公厅关于推进农村一二三产业融合发展的指导意见》（国办发〔2015〕93 号）的基础上，为进一步细化和完善扶持政策措施，鼓励和支持返乡下乡人员创业创新，经国务院同意，现提出如下意见。

一、重点领域和发展方向

（一）突出重点领域。鼓励和引导返乡下乡人员结合自身优势和特长，根据市场需求和当地资源禀赋，利用新理念、新技术和新渠道，开发农业农村资源，发展优势特色产业，繁荣农村经济。重点发展规模种养业、特色农业、设施农业、林下经济、庭院经济等农业生产经营模式，烘干、贮藏、保鲜、净化、分等分级、包装等农产品加工业，农资配送、耕地修复治理、病虫害防治、农机作业服务、农产品流通、农业废弃物处理、农业信息咨询等生产性服务业，休闲农业和乡村旅游、民族风情旅游、传统手工艺、文化创意、养生养老、中央厨房、农村绿化美化、农村物业管理等生活性服务业，以及其他新产业新业态新模式。

（二）丰富创业创新方式。鼓励和引导返乡下乡人员按照法律法规和政策规定，通过承包、租赁、入股、合作等多种形式，创办领办家庭农场林场、农民合作社、农业企业、农业社会化服务组织等新型农业经营主体。通过聘用管理技术人才组建创业团队，与其他经营主体合作组建现代企业、企业集团或产业联盟，共同开辟创业空间。通过发展农村电商平台，利用互联网思维和技术，实施“互联网+”现代农业行动，开展网上创业。通过发展合作制、股份合作制、股份制等形式，培育产权清晰、利益共享、机制灵活的创业创新共同体。

（三）推进农村产业融合。鼓励和引导返乡下乡人员按照全产业链、全价值链的现代产业组织方式开展创业创新，建立合理稳定的利益联结机制，推进农村一二三产业融合发展，让农民分享二三产业增值收益。以农牧（农林、农渔）结合、循环发展为导向，发展优质高效绿色农业。实行产加销一体化运作，延长农业产业链条。推进农业与旅游、教育、文化、健康养老等产业深度融合，提升农业价值链。引导返乡下乡人员创业创新向特色小城镇和产业园区等集中，培育产业集群和产业融合先导区。

二、政策措施

（四）简化市场准入。落实简政放权、放管结合、优化服务一系列措施，深化行政审批制度改革，持续推进商事制度改革，提高便利化水平。落实注册资本认缴登记和“先照后证”改革，在现有“三证合一”登记制度改革成效的基础上大力推进“五证合一、一照一码”登记制度改革。推动住所登记制度改革，积极支持各地放宽住所（经营场所）登记条件。县级人民政府要设立“绿色通道”，为返乡下乡人员创业创新提供便利服务，对进入创业园区的，提供有针对性的创业辅导、政策咨询、集中办理证照等服务。对返乡下乡人员创业创新免收登记类、证照类等行政事业性收费。（工商总局等负责）

（五）改善金融服务。采取财政贴息、融资担保、扩大抵押物范围等综合措施，努力解决返乡下乡人员创业创新融资难问题。稳妥有序推进农村承包土地的经营权抵押贷款试点，有效盘活农村资源、资金和资产。鼓励银行业金融机构开发符合返乡下乡人员创业创新需求的信贷产品和服务模式，探索权属清晰的包括农业设施、农机具在内的动产和不动产抵押贷款业务，提升返乡下乡人员金融服务可获得性。推进农村普惠金融发展，加强对纳入信用评价体系返乡下乡人员的金融服务。加大对农业保险产品的开发和推广力度，鼓励有条件的地方探索开展价格指数保险、收入保险、信贷保证保险、农产品质量安全保证保险、畜禽水产活体保险等创新试点，更好地满足返乡下乡人员的风险保障需求。（人民银行、银监会、保监会、农业部、国家林业局等负责）

（六）加大财政支持力度。加快将现有财政政策措施向返乡下乡人员创业创新拓展，将符合条件的返乡下乡人员创业创新项目纳入强农惠农富农政策范围。新型职业农民培育、农村一二三产业融合发展、农业生产全程社会化服务、农产品加工、农村信息化建设等各类财政支农项目和产业基金，要将符合条件的返乡下乡人员纳入扶持范围，采取以奖代补、先建后补、政府购买服务等方式予以积极支持。大学生、留学回国人员、科技人员、青年、妇女等人员创业的财政支持政策，要向返乡下乡人员创业创新延伸覆盖。把返乡下乡人员开展农业适度规模经营所需贷款纳入全国农业信贷担保体系。切实落实好定向减税和普遍性降费政策。（财政部、税务总局、教育部、科技部、工业和信息化部、人力资源社会保障部、农业部、国家林业局、共青团中央、全国妇联等负责）

（七）落实用地用电支持措施。在符合土地利用总体规划的前提下，通过调整存量土地资源，缓解返乡下乡人员创业创新用地难问题。支持返乡下乡人员按照相关用地政策，开展设施农业建设和经营。落实大众创业万众创新、现代农业、农产品加工业、休闲农业和乡村旅游等用地政策。鼓励返乡下乡人员依法以入股、合作、租赁等形式使用农村集体土地发展农业产业，依法使用农村集体建设用地开展创业创新。各省（区、市）可以根据本地实际，制定管理办法，支持返乡下乡人员依托自有和闲置农房院落发展农家乐。在符合农村宅基地管理规定和相关规划的前提下，允许返乡下乡人员和当地农民合作改建自住房。县级人民政府可在年度建设用地指标中单列一定比例专门用于返乡下乡人员建设农业配套辅助设施。城乡建设用地增减挂钩政策腾退出的建设用地指标，以及通过农村闲置宅基地整理新增的耕地和建设用地，重点支持返乡下乡人员创业创新。支持返乡下乡人员与农村集体经济组织共建农业物流仓储等设施。鼓励利用“四荒地”（荒山、荒沟、荒丘、荒滩）和厂矿废弃地、砖瓦窑废弃地、道路改线废弃地、闲置校舍、村庄空闲地等用于返乡下乡人员创业创新。农林牧渔业产品初加工项目在确定土地出让底价时可按不低于所在地土地等别相对应全国工业用地出让最低价标准的70%执行。返乡下乡人员发展农业、林木培育和种植、畜牧业、渔业生产、农业排灌用电以及农业服务业中的农产品初加工用电，包括对各种农产品进行脱水、凝固、去籽、净化、分类、晒干、剥皮、初烤、沤软或大批包装以供应初级市场的用电，均执行农业生产电价。（国土资源部、国家发展改革委、住房城乡建设部、农业部、国家林业局、国家旅游局、国家电网公司等负责）

（八）开展创业培训。实施农民工等人员返乡创业培训五年行动计划和新型职业农民培育工程、农村青年创业致富“领头雁”计划、贫困村创业致富带头人培训工程，开展农村妇女创业创新培训，让有创业和培训意愿的返乡下乡人员都能接受培训。建立返乡下乡人员信息库，有针对性地确定培训项目，实施精准培训，提升其创业能力。地方各级人民政府要将返乡下乡人员创业创新培训经费纳入财政预算。鼓励各类培训资源参与返乡下乡人员培训，支持各类园区、星创天地、农民合作社、中高等院校、农业企业等建立创业创新实训基地。采取线上学习与线下培训、自主学习与教师传授相结合的方式，开辟培训新渠道。加强创业创新导师队伍建设，从企业家、投资者、专业人才、科技特派员和返乡下乡创业创新带头人中遴选一批导师。建立各类专家对口联系制度，对返乡下乡人员及时开展技术指导和跟踪服务。（人力资源社会保障部、农业部、教育部、科技部、民政部、国家林业局、国务院扶贫办、共青团中央、全国妇联等负责）

（九）完善社会保障政策。返乡下乡人员可在创业地按相关规定参加各项社会保险，有条件的地方要将其纳入住房公积金缴存范围，按规定将其子女纳入城镇（城乡）居民基本医疗保险参保范围。对返乡下乡创业创新的就业困难人员、离校未就业高校毕业生以灵活就业方式参加社会保险的，可按规定给予一定社会保险补贴。对返乡下乡人员初始创业失败后生活困难的，可按规定享受社会救助。持有居住证的返乡下乡人员的子女可在创业地接受义务教育，依地方相关规定接受普惠性学前教育。（人力资源社会保障部、财政部、民政部、住房城乡建设部、教育部等负责）

（十）强化信息技术支撑。支持返乡下乡人员投资入股参与信息进村入户工程建设和运营，可聘用其作为村级信息员或区域中心管理员。鼓励各类电信运营商、电商等企业面向返乡下乡人员开发信息应用软件，开展农业生产技术培训，提供农资配送、农机作业等农业社会化服务，推介优质农产品，组织开展网络营销。面向返乡下乡人员开展信息技术技能培训。通过财政补贴、政府购买服务、落实税收优惠等政策，支持返乡下乡人员利用大数据、物联网、云计算、移动互联网等新一代信息技术开展创业创新。（农业部、国家发展改革委、工业和信息化部、财政部、商务部、税务总局、国家林业局等负责）

（十一）创建创业园区（基地）。按照政府搭建平台、平台聚集资源、资源服务创业的思路，依托现有开发区、农业产业园等各类园区以及专业市场、农民合作社、农业规模种养基地等，整合创建一批具有区域特色的返乡下乡人员创业创新园区（基地），建立开放式服务窗口，形成合力。现代农业示范区要发挥辐射带动和示范作用，成为返乡下乡人员创业创新的重要载体。支持中高等院校、大型企业采取众创空间、创新工厂等模式，创建一批重点面向初创期“种子培育”的孵化园（基地），有条件的地方可对返乡下乡人员到孵化园（基地）创业给予租金补贴。（农业部、国家发展改革委、科技部、工业和信息化部、财政部、人力资源社会保障部、商务部、文化部、国家林业局等负责）

三、组织领导

（十二）健全组织领导机制。各地区、各有关部门要充分认识返乡下乡人员创业创新的重要意义，作为经济社会发展的重点任务予以统筹安排。农业部要发挥牵头作用，明确推进机构，加强工作指导，建立部门间协调机制，督促返乡下乡人员创业创新政策落实，加强经验交流和推广。地方人民政府要建立协调机制，明确任务分工，落实部门责任，形成工作合力；加强调查研究，结合本地实际，研究制定和落实支持返乡下乡人员创业创新的政策措施。探索建立领导干部定点联系返乡下乡人员创业创新制度，深入了解情况，帮助解决实际问题。（农业部、省级人民政府等负责）

（十三）提升公共服务能力。积极开展面向返乡下乡人员的政策咨询、市场信息等公共服务。推进农村社区综合服务设施和信息平台建设，依托现有的各类公益性农产品市场和园区（基地），为返乡下乡人员创业创新提供高效便捷服务。做好返乡下乡人员创业创新的土地流转、项目选择、科技推广等方面专业服务。利用农村调查系统和农村固定观察点，加强对返乡下乡人员创业创新的动态监测和调查分析。（农业部、国家发展改革委、民政部、人力资源社会保障部、商务部、国家统计局、国家林业局等负责）

（十四）加强宣传引导。采取编制手册、制定明白卡、编发短信微信微博等方式，宣传解读政策措施。大力弘扬创业创新精神，树立返乡下乡人员先进典型，宣传推介优秀带头人，发挥其示范带动作用。充分调动社会各界支持返乡下乡人员创业创新的积极性，广泛开展创业大赛、创业大讲堂等活动，营造良好氛围。（农业部等负责）

国务院办公厅

2016 年 11 月 18 日

国务院办公厅关于完善支持政策促进农民持续增收的若干意见

国办发〔2016〕87号

各省、自治区、直辖市人民政府，国务院各部委、各直属机构：

小康不小康，关键看老乡。全面建成小康社会，难点在农村，关键在农民。增加农民收入是“三农”工作的中心任务，事关农民安居乐业和农村和谐稳定，事关巩固党在农村的执政基础，事关经济社会发展全局。随着经济发展进入新常态，农业发展进入新阶段，支撑农民增收的传统动力逐渐减弱，农民收入增长放缓，迫切需要拓宽新渠道、挖掘新潜力、培育新动能。为进一步完善支持政策，促进农民持续增收，经国务院同意，现提出如下意见：

一、总体要求

（一）指导思想。全面贯彻党的十八大和十八届三中、四中、五中、六中全会精神，深入学习贯彻习近平总书记系列重要讲话精神，紧紧围绕统筹推进“五位一体”总体布局和协调推进“四个全面”战略布局，牢固树立创新、协调、绿色、开放、共享的发展理念，认真落实党中央、国务院决策部署，以粮食主产区和种粮农民为重点，紧紧围绕农业提质增效强基础、农民就业创业拓渠道、农村改革赋权增活力、农村社会保障固基本，进一步完善强农惠农富农政策，着力挖掘经营性收入增长潜力，稳住工资性收入增长势头，释放财产性收入增长红利，拓展转移性收入增长空间，确保农民收入持续较快增长，确保如期实现全面小康。

（二）基本原则。

坚持市场主导、政府支持。充分发挥市场配置资源的决定性作用，加快推进农业供给侧结构性改革，促进农业提质增效。更好发挥政府作用，进一步多予少取放活，完善农业支持保护制度，健全农村社会保障体系。

坚持就业为本、拓宽渠道。加快推进新型工业化、信息化、城镇化、农业现代化同步发展，深入推进农村一二三产业融合发展，努力增加就业岗位和创业机会，促进农业转移人口市民化，开拓农民增收新路径和新模式。

坚持改革创新、激发活力。加快构建现代农业经营体系，深化农村集体产权制度改革，推进城乡一体化发展，促进城乡要素平等交换、公共资源均衡配置，建立健全有利于农民增收的体制机制，激发农业农村发展活力。

坚持统筹兼顾、协调发展。统筹考虑保障重要农产品有效供给和保护农业生态环境，实现农民增收、确保粮食安全和农业可持续发展相统一。加大对老少边穷和资源枯竭、产业衰退、生态严重退化等地区的扶持力度，推动协同发展。

（三）主要目标。到2020年，农民收入增长支持政策体系进一步完善，农业支持保护制度更加健全，农民就业创业政策更加完善，农村资源资产要素活力充分激发，农村保障政策有力有效，农民收入持续较快增长、城乡居民收入差距进一步缩小，确保实现农民人均收入比2010年翻一番的目标。

二、完善农业支持保护制度，挖掘农业内部增收潜力

（四）加大农业基础设施投入。优先保障财政对“三农”的投入，坚持把农业农村作为国家固定资产投资重点领域，确保力度不减弱。大规模推进高标准农田建设和农村土地整治，加强农田水利、农业科技和粮食仓储物流等基础设施建设，实施山水林田湖生态保护和修复工程。实施新一轮农村电网改造升级工程。加大财政涉农资金整合力度，提高资金使用效益。创新投融资模式，充分发挥财政资金的杠杆作用，撬动更多社会资本投向农业农村。对财政资金投入农业农村形成的经营性资产，鼓励各地探索将股权量化到村到户，作为村集体或农户持有的股权，让农民长期受益。（国家发展改革委、财政部、国土资源部、水利部、农业部、国家林业局、国家粮食局、国家能源局等负责）

（五）推进农业补贴政策转型。在确保国家粮食安全和农民收入稳定增长前提下，改革完善农业补贴政策，并注意补贴的绿色生态导向。落实和完善农业“三项补贴”改革政策，重点支持耕地地力保护和粮食适度规模经营。完善耕地保护补偿机制，推进耕地轮作休耕制度试点。健全草原、森林、湿地、河湖等生态补偿政策。继续实施和完善产粮大县奖励政策。加大粮食生产功能区和重要农产品生产保护区建设支持力度，保障农民合理收益。（财政部、国家发展改革委、国土资源部、农业部、水利部、国家林业局、国家粮食局等负责）

（六）完善农业结构调整政策。推进农牧（农林、农渔）结合、循环发展，调整优化农业种养结构，加快发展特色农业。完善粮改饲、粮豆轮作补助政策。建设现代饲草料产业体系，合理布局畜禽、水产养殖，推进标准化、规模化生产。加强海洋牧场建设。积极发展木本粮油、林下经济等。加快推广节水、节肥、节药技术设备，深入开展主要农作物生产全程机械化推进行动。加强农产品质量安全全程监管，提高农产品质量安全水平。支持农业废弃物资源化利用，吸引社会资本进行市场化运营。推进农业标准化生产、品牌化营销，支持新型农业经营主体发展“三品一标”农产品，积极培育知名农业品牌，形成优质优价的正向激励机制。（农业部、水利部、国家林业局、国家发展改革委、科技部、财政部、国家粮食局等负责）

（七）改革完善农产品价格形成机制。坚持市场化改革取向和保护农民利益并重，完善粮食等重要农产品价格形成机制。继续执行并完善稻谷、小麦最低收购价政策。积极稳妥推进东北地区玉米收储制度改革。加强农产品成本调查和国内外价格监测分析，提高农产品市场和进出口调控的有效性，依法开展贸易救济调查。（国家发展改革委、财政部、农业部、商务部、国家粮食局等负责）

（八）健全新型农业经营主体支持政策。完善财税、信贷、保险、用地、项目支持等政策，培育发展家庭农场、专业大户、农民合作社、农业产业化龙头企业等新型农业经营主体。探索开展粮食生产规模经营主体营销贷款改革试点。健全土地流转服务体系，引导农民以多种方式流转承包土地的经营权。加强农民合作社规范化建设，相关扶持政策向规范化、示范性农民合作社倾斜。支持龙头企业转型升级，强化科技研发，创新生产管理和商业模式。支持各类农业社会化服务组织发展，推广农业生产经营环节服务外包、土地托管、代耕代种、联耕联种等综合服务模式，建设一批集收储、烘干、加工、配送、销售等于一体的粮食服务中心。（农业部、国家发展改革委、财政部、国土资源部、人民银行、银监会、保监会、国家粮食局等负责）

（九）加强农村金融服务。加快构建多层次、广覆盖、可持续的农村金融体系，发展农村普惠金融。鼓励大中型商业银行加强对“三农”的金融支持，提升服务“三农”能力。创新村镇银行设立模式，支持民间资本参与发起设立村镇银行，提高覆盖面。规范发展农村合作金融，鼓励符合条件的农民合作社开展内部信用合作。积极引导互联网金融、产业资本开展农村金融服务。推进农村信用体系建设，健全农户、农民合作社、农村小微企业等信用信息征集和评价体系。有序推进农村承包土地的经营权和农民住房财产权抵押贷款试点，鼓励银行业金融机构在风险可控和商业可持续的前提下扩大农业农村贷款抵押物范围。（人民银行、银监会、证监会、农业部、国家林业局等负责）

（十）创新农业保险产品和服务。把农业保险作为支持农业发展和农民增收的重要手段，建立健全农业保险保障体系，从覆盖直接物化成本逐步实现覆盖完全成本。健全农业保险基层服务体系，形成适度竞争的市场格局。进一步发展关系国计民生和国家粮食安全的农作物保险、主要畜产品保险、重要“菜篮子”品种保险和森林保险，推广农房、农机具、设施农业、渔业、制种保险等业务。稳步开展主要粮食作物、生猪和蔬菜价格保险试点，探索天气指数保险和“基本险 + 附加险”等模式。探索发展适合农业农村特点的农业互助保险组织。鼓励各地区因地制宜开展特色优势农产品保险试点。加快建立农业保险大灾风险分散机制，增强对重大自然灾害风险的抵御能力。（保监会、财政部、农业部、国家林业局等负责）

（十一）探索财政撬动金融支农新模式。综合运用奖励、补贴、税收优惠等政策工具，加大对“三农”金融服务的政策支持，重点支持发展农户小额贷款、新型农业经营主体贷款、种养业贷款、粮食市场化收购贷款、农业产业链贷款、大宗农产品保险、林权抵押贷款等。落实县域金融机构涉农贷款增量奖励政策。加快建立覆盖全国的农业信贷担保体系。健全银政担合作机制。完善涉农贴息贷款政策，降低农户和新型农业经营主体融资成本。总结推广“财政补助、农户自缴、社会帮扶”等模式，引导成立多种形式的农民资金互助组织，有效提升农户小额信贷可得性。鼓励社会资本投资农业产业投资基金、农业私募股权投资基金和农业科技创业投资基金。推动建立农业补贴、涉农信贷、农产品期货、农业保险联动机制。（财政部、人民银行、银监会、证监会、保监会、农业部、国家林业局、国家粮食局等负责）

三、强化就业创业扶持政策，拓宽农民增收渠道

（十二）加强新型职业农民培育。健全新型职业农民教育培训、认定管理、政策扶持“三位一体”培育制度，将职业农民培养成建设现代农业的主导力量。完善职业农民教育培训体系，加强涉农专业全日制学历教育，健全农业广播电视学校体系。实施新型职业农民培育工程，加强县级培训基地和农业田间学校建设，推进新型农业经营主体带头人培育行动。依托农业技术推广单位、涉农企业、农民合作组织、涉农职业院校和农林示范基地，围绕特色产业发展急需的关键技术开展培训。鼓励有条件的地方将新型职业农民纳入城镇职工社会保障体系。（农业部、教育部、人力资源社会保障部、国家林业局等负责）

（十三）完善城乡劳动者平等就业制度。推动形成平等竞争、规范有序、城乡统一的劳动力市场，落实农民工与城镇职工平等就业、同工同酬制度。从严查处克扣、拖欠农民工工资行为。完善覆盖城乡的公共就业服务制度，逐步实现城乡居民公共就业服务均等化。以新生代农民工为重点，实施农民工职业技能提升计划，提高职业培训针对性和有效性。加强农民工输出输入地劳务对接，积极开展有组织的劳务输出。支持农村社区组建农民劳务合作社，开展劳务培训和协作。在制定征地补偿安置方案时，要明确促进被征地农民就业的具体措施。（人力资源社会保障部、农业部、国土资源部等负责）

（十四）支持农民创业创新。大力发展农产品加工、休闲农业和乡村旅游、农村服务业等劳动密集型产业项目，推进农村产业融合发展。实施农民工等人员返乡创业培训五年行动计划，支持返乡创业园、返乡创业孵化园（基地）、信息服务平台、实训基地和乡村旅游创客示范基地建设。深入推行科技特派员制度。实施“互联网+”现代农业行动，大力发展农产品电子商务，提高农村物流水平。提升休闲农业和乡村旅游发展质量，改善公共服务设施条件。推动科技、人文等元素融入农业，积极探索农产品个性化定制服务、会展农业、农业众筹等新型业态。挖掘农村传统工匠技艺，发展一乡一业、一村一品，培育乡村手工艺品和农村土特产品品牌。（农业部、国家发展改革委、科技部、人力资源社会保障部、商务部、国家林业局、国家旅游局等负责）

（十五）鼓励规范工商资本投资农业农村。继续深化简政放权、放管结合、优化服务改革，积极引导工商资本投入农业农村。鼓励推广政府和社会资本合作模式，支持新型农业经营主体和工商资本投资土地整治和高标准农田建设。工商资本投资建设高标准农田、生态公益林等连片面积达到一定规模的，允许在符合土地管理法律法规和土地利用总体规划、依法办理建设用地审批手续、坚持节约集约用地的前提下，利用一定比例的土地开展观光和休闲度假旅游、农产品加工流通等经营活动。鼓励工商企业投资适合产业化、规模化、集约化经营的农业领域，积极发展现代种养业和农业多种经营。探索建立政府与社会合作共建和政府购买公益服务等机制，放宽农村公共服务机构准入门槛，支持工商资本进入农村生活性服务业。加强对工商企业租赁农户承包地的监管和风险防范，建立健全资格审查、项目审核、风险保障金制度。（国家发展改革委、财政部、国土资源部、水利部、农业部、商务部、国家林业局、国家旅游局等负责）

（十六）健全产业链利益联结机制。深入总结各地经验，引导龙头企业创办或入股合作组织，支持农民合作社入股或兴办龙头企业，发展农业产业化经营联合体。创新发展订单农业，支持龙头企业为农户提供贷款担保和技术服务，资助农户参加保险。探索建立新型农民合作社管理体系，拓展合作领域和服务内容。鼓励大型粮油加工企业与农户以供应链融资等方式结成更紧密的利益共同体。以土地、林地为基础的各种形式合作，凡是享受财政投入或政策支持的承包经营者均应成为股东方，并采取“保底收益＋按股分红”等形式，让农户分享加工、销售环节收益。（农业部、国家林业局、国家粮食局、国家发展改革委、财政部等负责）

四、构建城乡一体化发展长效机制，释放农民增收新动能

（十七）*深化农村集体产权制度改革。*完善农村集体产权权能，加快农村承包地、林地、草原、“四荒地”、宅基地、农房、集体建设用地等确权登记颁证。实行农村土地所有权、承包权、经营权分置并行。继续推进农村土地征收、集体经营性建设用地入市、宅基地制度改革试点。完善农村土地征收制度，缩小征地范围，规范土地征收程序，完善对被征地农民合理、规范、多元保障机制。在符合规划、用途管制和依法取得前提下，推进农村集体经营性建设用地与国有建设用地同等入市、同权同价，建立兼顾国家、集体、个人的土地增值收益分配机制，合理提高个人收益。有序推进农村经营性资产股份合作制改革，以股份或份额形式量化到本集体经济组织成员。稳步推进农村集体资产股份权能改革试点。有效维护进城落户农民土地承包权、宅基地使用权、集体收益分配权，支持引导其依法自愿有偿转让上述权益。完善集体林权制度，引导林权规范有序流转，鼓励发展家庭林场、股份合作林场。（农业部、国土资源部、国家林业局等负责）

（十八）*激发农村资源资产要素活力。*鼓励农村集体经济组织与工商资本合作，整合集体土地等资源性资产和闲置农房等，发展民宿经济等新型商业模式，积极探索盘活农村资产资源的方式方法。壮大村级集体经济实力，因地制宜采取资源开发利用、统一提供服务、物业管理、混合经营、异地置业等多种实现形式，增强自我发展、自我服务、自我管理能力和水平。建立农村产权流转交易平台，促进农村各类产权依法流转。（农业部、国土资源部、国家林业局、国家旅游局等负责）

（十九）*充分发挥新型城镇化辐射带动作用。*加快推进户籍制度改革，全面实施居住证制度，放宽农业转移人口落户条件。以县级行政区为基础，以建制镇为支点，深入推进农村产业融合发展试点示范工程，引导农村二三产业向县城、重点乡镇及产业园区等集中，发挥产业集聚优势。探索农村新型社区和产业园区同建等模式，带动农村产业发展和农民增收。完善城乡土地利用机制，全面推行城镇建设用地增加与农村建设用地减少相挂钩的政策，在资源环境承载力适宜地区开展低丘缓坡地开发试点。加快推进工矿废弃土地复垦利用。（国家发展改革委、公安部、国土资源部等负责）

五、健全困难群体收入保障机制，确保实现全面小康

（二十）强化精准扶贫、精准脱贫。持续加大扶贫综合投入力度，通过产业扶持、转移就业、易地搬迁、教育支持、健康扶贫、社保兜底等措施，因地制宜，分类指导，精准施策，确保如期实现脱贫攻坚目标。将民生项目、惠民政策最大限度地向贫困地区倾斜，广泛动员社会各方面力量积极参与扶贫开发。实施贫困村一村一品产业推进行动。加大以工代赈投入力度，支持农村中小型公益性基础设施建设，增加贫困人口劳务报酬收入。强化贫困地区农民合作社、龙头企业与建档立卡贫困户的利益联结机制。深入实施乡村旅游、林业特色产业、光伏、小水电、电商扶贫工程。加大对贫困地区农产品品牌推介营销支持力度。（国务院扶贫办、农业部、人力资源社会保障部、国家发展改革委、教育部、国家卫生计生委、民政部、水利部、国家林业局、国家旅游局、国家能源局等负责）

（二十一）完善农村社会保障制度。完善城乡居民基本养老保险制度，健全多缴多得、长缴多得的激励约束机制，完善缴费补贴政策，引导农村贫困人口积极参保续保，逐步提高保障水平。整合城乡居民基本医疗保险制度，适当提高政府补助标准和个人缴费标准及受益水平。将符合条件的农村贫困家庭全部纳入农村低保范围，完善低保标准动态调整机制。进一步健全特困人员救助供养制度，合理确定农村特困人员救助供养标准。全面建立针对经济困难高龄、失能老年人的补贴制度。加强城乡各项养老保险制度、医疗保险制度的衔接，畅通参保人员双向流动的制度转换通道。（人力资源社会保障部、国家卫生计生委、民政部、财政部等负责）

六、加强组织领导

（二十二）落实地方责任。各地区要提高对促进农民增收重要性的认识，增强责任感和紧迫感，健全工作机制，结合当地实际进一步拓宽农民增收渠道，确保各项政策措施落到实处。选好配强村级领导班子，突出抓好村党组织带头人队伍建设，精准选派第一书记和驻村工作队，充分发挥他们在促进农民增收中的作用。（省级人民政府等负责）

（二十三）强化部门配合。各有关部门要根据本意见精神，按照职能分工，强化协同配合，加大工作力度，抓紧制定和完善具体政策措施。农业部、国家发展改革委要会同有关部门对本意见落实情况进行跟踪评估，及时向国务院报告。（农业部、国家发展改革委等负责）

国务院办公厅

2016 年 11 月 24 日

附录二
2016年收入分配统计资料

表1　国内生产总值（按当年价格计算）

单位：亿元

年份	国民总收入	国内生产总值	第一产业	第二产业	第三产业	人均 GDP(元)
1978	3645. 2	3645. 2	1027. 5	1745. 2	872. 5	381
1979	4062. 6	4062. 6	1270. 2	1913. 5	878. 9	419
1980	4545. 6	4545. 6	1371. 6	2192. 0	982. 0	463
1981	4889. 5	4891. 6	1559. 5	2255. 5	1076. 6	492
1982	5330. 5	5323. 4	1777. 4	2383. 0	1163. 0	528
1983	5985. 6	5962. 7	1978. 4	2646. 2	1338. 1	583
1984	7243. 8	7208. 1	2316. 1	3105. 7	1786. 3	695
1985	9040. 7	9016. 0	2564. 4	3866. 6	2585. 0	858
1986	10274. 4	10275. 2	2788. 7	4492. 7	2993. 8	963
1987	12050. 6	12058. 6	3233. 0	5251. 6	3574. 0	1112
1988	15036. 8	15042. 8	3865. 4	6587. 2	4590. 3	1366
1989	17000. 9	16992. 3	4265. 9	7278. 0	5448. 4	1519
1990	18718. 3	18667. 8	5062. 0	7717. 4	5888. 4	1644
1991	21826. 2	21781. 5	5342. 2	9102. 2	7337. 1	1893
1992	26937. 3	26923. 5	5866. 6	11699. 5	9357. 4	2311
1993	35260. 0	35333. 9	6963. 8	16454. 4	11915. 7	2998
1994	48108. 5	48197. 9	9572. 7	22445. 4	16179. 8	4044
1995	59810. 5	60793. 7	12135. 8	28679. 5	19978. 5	5046
1996	70142. 5	71176. 6	14015. 4	33835. 0	23326. 2	5846
1997	78060. 9	78973. 0	14441. 9	37543. 0	26988. 1	6420
1998	83024. 3	84402. 3	14817. 6	39004. 2	30580. 5	6796
1999	88479. 2	89677. 1	14770. 0	41033. 6	33873. 4	7159
2000	98000. 5	99214. 6	14944. 7	45555. 9	38714. 0	7858

续表

年份	国民总收入	国内生产总值	第一产业	第二产业	第三产业	人均 GDP(元)
2001	108068.2	109655.2	15781.3	49512.3	44361.6	8622
2002	119095.7	120332.7	16537.0	53896.8	49898.9	9398
2003	134977.0	135822.8	17381.7	62436.3	56004.7	10542
2004	159453.6	159878.3	21412.7	73904.3	64561.3	12336
2005	183617.4	184937.4	22420.0	87598.1	74919.3	14185
2006	215904.4	216314.4	24040.0	103719.5	88554.9	16500
2007	266422.0	265810.3	28627.0	125831.4	111351.9	20169
2008	316030.3	314045.4	33702.0	149003.4	131340.0	23708
2009	340320.0	340902.8	35226.0	157638.8	148038.0	25608
2010	399759.5	401512.8	40533.6	187383.2	173596.0	30015
2011	468562.4	473104.0	47486.2	220412.8	205205.0	35198
2012	518214.8	519470.1	52373.6	235162.0	231934.5	38460
2013	566130.2	568845.2	56957.0	249684.4	262203.8	41908
2014	644791.1	643974	58343.5	277571.8	308058.6	47203
2015	682635.1	685505.8	60860.5	280560.3	344075	49992
2016	741140.4	744127.2	63670.7	296236.0	384220.5	53980

注：1980 年以后国民总收入（原称国民生产总值）与国内生产总值的差额为国外净要素收入。

表 2　各种价格指数（以上年为 100）

年份	居民消费价格指数	城市居民消费价格指数	农村居民消费价格指数	商品零售价格指数
1978	100.7	100.7		100.7
1980	107.5	107.5		106.0
1985	109.3	111.9	107.6	108.8
1990	103.1	101.3	104.5	102.1
1995	117.1	116.8	117.5	114.8
1996	108.3	108.8	107.9	106.1
1997	102.8	103.1	102.5	100.8
1998	99.2	99.4	99.0	97.4
1999	98.6	98.7	98.5	97.0
2000	100.4	100.8	99.9	98.5
2001	100.7	100.7	100.8	99.2
2002	99.2	99.0	99.6	98.7
2003	101.2	100.9	101.6	99.9

续表

年份	居民消费价格指数	城市居民消费价格指数	农村居民消费价格指数	商品零售价格指数
2004	103.9	103.3	104.8	102.8
2005	101.8	101.6	102.2	100.8
2006	101.5	101.5	101.5	101.0
2007	104.8	104.5	105.4	103.8
2008	105.9	105.6	106.5	105.9
2009	99.3	99.1	99.7	98.8
2010	103.3	103.2	103.6	103.1
2011	105.4	105.3	105.8	104.9
2012	102.6	102.7	102.5	102.0
2013	102.6	102.6	102.8	101.4
2014	102.0	102.1	101.8	101.0
2015	101.4	101.5	101.3	100.1
2016	102.0	102.1	101.9	100.7

表3　国家财政收支总额及增长速度

年份	财政收入（亿元）	财政支出（亿元）	增长速度（%）		财政收入占GDP的比重（%）
			财政收入	财政支出	
1978	1132.26	1122.09	29.5	33.0	31.1
1979	1146.38	1281.79	1.2	14.2	28.2
1980	1159.93	1228.83	1.2	-4.1	25.5
1981	1175.79	1138.41	1.4	-7.5	24.0
1982	1212.33	1229.98	3.1	8.0	22.8
1983	1366.95	1409.52	12.8	14.6	22.9
1984	1642.86	1701.02	20.2	20.7	22.8
1985	2004.82	2004.25	22.0	17.8	22.2
1986	2122.01	2204.91	5.8	10.0	20.7
1987	2199.35	2262.18	3.6	2.6	18.2
1988	2357.24	2491.21	7.2	10.1	15.7
1989	2664.90	2823.78	13.1	13.3	15.7
1990	2937.10	3083.59	10.2	9.2	15.7
1991	3149.48	3386.62	7.2	9.8	14.5

续表

年份	财政收入（亿元）	财政支出（亿元）	增长速度(%)		财政收入占GDP的比重(%)
			财政收入	财政支出	
1992	3483.37	3742.20	10.6	10.5	12.9
1993	4348.95	4642.30	24.8	24.1	12.3
1994	5218.10	5792.62	20.0	24.8	10.8
1995	6242.20	6823.72	19.6	17.8	10.3
1996	7407.99	7937.55	18.7	16.3	10.4
1997	8651.14	9233.56	16.8	16.3	11.0
1998	9875.95	10798.18	14.2	16.9	11.7
1999	11444.08	13187.67	15.9	22.1	12.8
2000	13395.23	15886.50	17.0	20.5	13.5
2001	16386.04	18902.58	22.3	19.0	14.9
2002	18903.64	22053.15	15.4	16.7	15.7
2003	21715.25	24649.95	14.9	11.8	16.0
2004	26396.47	28486.89	21.6	15.6	16.5
2005	31649.29	33930.28	19.9	19.1	17.1
2006	38760.20	40422.73	22.5	19.1	17.9
2007	51321.78	49781.35	32.4	23.2	19.3
2008	61330.35	62592.66	19.5	25.7	19.5
2009	68518.30	76299.93	11.7	21.9	20.1
2010	83101.51	89874.16	21.3	17.8	20.7
2011	103874.43	109247.79	25.0	21.6	22.0
2012	117253.52	125952.97	12.9	15.3	22.6
2013	129209.64	140212.10	10.2	11.3	22.7
2014	140370.03	151785.56	8.6	8.3	22.1
2015	152269.23	175877.77	5.8	13.2	22.2
2016	159604.97	187755.21	4.5	6.3	21.5

注：1. 在国家财政收支中，价格补贴1985年以前冲减财政收入，1986年以后列为财政支出。为了可比，本表将1985年以前冲减财政收入的价格补贴改列在财政支出中。2. 财政收入中不包括国内外债务收入。3. 从2000年起，财政支出中包括国内外债务付息支出。4. 与以往年份相比，2007年财政收支科目实施了较大改革，特别是财政支出项目口径变化很大，与往年数据不可比。2007年起财政支出采用新的分类指标。

表 4　各项税收

单位：亿元

年　份	合　计	#国内增值税	#国内消费税	#营业税	#企业所得税	#个人所得税	#关　税
1978	519.28						28.76
1979	537.82						26.00
1980	571.70						33.53
1981	629.89						54.04
1982	700.02						47.46
1983	775.59						53.88
1984	947.35						103.07
1985	2040.79	147.70		211.07	696.06		205.21
1986	2090.73	232.19		261.07	692.40		151.62
1987	2140.36	254.20		302.00	664.71		142.67
1988	2390.47	384.37		397.92	676.04		155.02
1989	2727.40	430.83		487.30	700.43		181.54
1990	2821.86	400.00		515.75	716.00		159.01
1991	2990.17	406.36		564.00	731.13		187.28
1992	3296.91	705.93		658.67	720.78		212.75
1993	4255.30	1081.48		966.09	678.60		256.47
1994	5126.88	2308.34	487.40	670.02	708.49		272.68
1995	6038.04	2602.33	541.48	865.56	878.44		291.83
1996	6909.82	2962.81	620.23	1052.57	968.48		301.84
1997	8234.04	3283.92	678.70	1324.27	963.18		319.49
1998	9262.80	3628.46	814.93	1575.08	925.54		313.04
1999	10682.58	3881.87	820.66	1668.56	811.41	413.66	562.23
2000	12581.51	4553.17	858.29	1868.78	999.63	659.64	750.48
2001	15301.38	5357.13	929.99	2064.09	2630.87	995.26	840.52
2002	17636.45	6178.39	1046.32	2450.33	3082.79	1211.78	704.27
2003	20017.31	7236.54	1182.26	2844.45	2919.51	1418.03	923.13
2004	24165.68	9017.94	1501.90	3581.97	3957.33	1737.06	1043.77
2005	28778.54	10792.11	1633.81	4232.46	5343.92	2094.91	1066.17
2006	34804.35	12784.81	1885.69	5128.71	7039.60	2453.71	1141.78
2007	45621.97	15470.23	2206.83	6582.17	8779.25	3185.58	1432.57
2008	54223.79	17996.94	2568.27	7626.39	11175.63	3722.31	1769.95

续表

年　份	合　计	#国内增值税	#国内消费税	#营业税	#企业所得税	#个人所得税	#关　税
2009	59521.59	18481.22	4761.22	9013.98	11536.84	3949.35	1483.81
2010	73210.79	21093.48	6071.55	11157.91	12843.54	4837.27	2027.83
2011	89738.39	24266.63	6936.21	13679.00	16769.64	6054.11	2559.12
2012	100614.28	26415.51	7875.58	15747.64	19654.53	5820.28	2783.93
2013	110530.70	28810.13	8231.32	17233.02	22427.20	6531.36	2630.61
2014	119175.31	30856.35	8907.12	17781.73	24642.19	7376.61	2843.41
2015	124922.20	31109.47	10542.16	19132.84	27133.87	8617.27	2560.84
2016	130360.73	40712.08	10217.23	11501.88	28851.36	10088.98	2603.75

注：1. 企业所得税2001年以前只包括国有及集体企业所得税，从2001年起，企业所得税还包括除国有企业和集体企业外的其他所有制企业所得税。2. 国内增值税不包括进口产品增值税；国内消费税不包括进口产品消费税。

表5　城镇单位就业人员工资总额和指数

年份/地区	工资总额　（亿元）				指数(上年=100)			
	合　计	国有单位	城镇集体单位	其他单位	合计	国有单位	城镇集体单位	其他单位
1995	8055.8	6172.6	1210.6	672.6	119.0	117.4	115.6	142.2
1996	8964.4	6893.3	1269.4	801.7	111.3	111.7	104.9	119.2
1997	9602.4	7323.9	1283.9	994.5	107.1	106.2	101.1	124.0
1998	9540.2	6934.6	1054.9	1550.7	99.4	94.7	82.2	155.9
1999	10155.9	7289.9	995.8	1870.1	106.5	105.1	94.4	120.6
2000	10954.7	7744.9	950.7	2259.1	107.9	106.2	95.5	120.8
2001	12205.4	8515.2	898.5	2791.7	111.4	109.9	94.5	123.6
2002	13638.1	9138.0	863.9	3636.2	111.7	107.3	96.1	130.3
2003	15329.6	9911.9	867.1	4550.6	112.4	108.5	100.4	125.1
2004	17615.0	11038.2	876.2	5700.6	114.9	111.4	101.0	125.3
2005	20627.1	12291.7	906.4	7429.0	117.1	111.4	103.4	130.3
2006	24262.3	13920.6	983.8	9357.9	117.6	113.3	108.5	126.0
2007	29471.5	16689.1	1108.1	11674.3	121.5	119.9	112.6	124.8
2008	35289.5	19487.9	1203.2	14598.4	119.7	116.8	108.6	125.0
2009	40288.2	21862.7	1273.3	17152.1	114.2	112.2	105.8	117.5
2010	47269.9	24886.4	1433.7	20949.7	117.3	113.8	112.6	122.1
2011	59954.7	28954.8	1737.4	29262.4	126.8	116.3	121.2	139.7

续表

年份/地区	工资总额　（亿元）				指数（上年=100）			
	合　计	国有单位	城镇集体单位	其他单位	合计	国有单位	城镇集体单位	其他单位
2012	70914.2	32950.0	1990.4	35973.8	118.3	113.8	114.6	122.9
2013	93064.3	33359.6	2195.8	57508.9	131.2	101.2	110.3	159.9
2014	102817.2	36106.6	2302.7	64408.0	110.5	108.2	104.9	112.0
2015	112007.8	40387.9	2239.4	69380.5	108.9	111.9	97.3	107.7
2016	120074.8	44462.9	2268.6	73343.3	107.2	110.1	101.3	105.7

注：1995～2008年的城镇单位就业人员工资总额即为原来的城镇单位就业人员劳动报酬总额。

表6　城镇单位就业人员平均工资和指数

年份/地区	平均工资　（元）				平均货币工资指数（上年=100）				平均实际工资指数（上年=100）			
	合计	国有单位	城镇集体单位	其他单位	合计	国有单位	城镇集体单位	其他单位	合计	国有单位	城镇集体单位	其他单位
1995	5348	5553	3934	7728	118.9	117.3	121.1	119.9	101.8	100.4	103.7	102.6
1996	5980	6207	4312	8521	111.8	111.8	109.6	110.3	102.8	102.7	100.7	101.3
1997	6444	6679	4516	9092	107.8	107.6	104.7	106.7	104.5	104.4	101.6	103.5
1998	7446	7579	5314	9241	115.5	113.5	117.7	101.6	116.2	114.2	118.4	102.3
1999	8319	8443	5758	10142	111.7	111.4	108.4	109.8	113.2	112.9	109.8	111.2
2000	9333	9441	6241	11238	112.2	111.8	108.4	110.8	111.3	110.9	107.5	109.9
2001	10834	11045	6851	12437	116.1	117.0	109.8	110.7	115.3	116.2	109.0	109.9
2002	12373	12701	7636	13486	114.2	115.0	111.5	108.4	115.4	116.2	112.6	109.5
2003	13969	14358	8627	14843	112.9	113.0	113.0	110.1	111.9	112.0	112.0	109.1
2004	15920	16445	9723	16519	114.0	114.5	112.7	111.3	110.3	110.9	109.1	107.7
2005	18200	18978	11176	18362	114.3	115.4	114.9	111.2	112.5	113.6	113.1	109.4
2006	20856	21706	12866	21004	114.6	114.4	115.1	114.4	112.9	112.7	113.4	112.7
2007	24721	26100	15444	24271	118.5	120.2	120.0	115.6	113.4	115.0	114.8	110.6
2008	28898	30287	18103	28552	116.9	116.0	117.2	117.6	110.7	109.8	111.0	111.4
2009	32244	34130	20607	31350	111.6	112.7	113.8	109.8	112.6	113.7	114.8	110.8
2010	36539	38359	24010	35801	113.3	112.4	116.5	114.2	109.8	108.9	112.9	110.7
2011	41799	43483	28791	41323	114.4	113.4	119.9	115.4	108.6	107.7	113.9	109.6
2012	46769	48357	33784	46360	111.9	111.2	117.3	112.2	109.0	108.3	114.3	109.2
2013	51483	52657	38905	51453	110.1	108.9	115.2	111.0	107.3	106.1	112.2	108.2
2014	56360	57296	42742	56485	109.5	108.8	109.9	109.8	107.2	106.6	107.6	107.5
2015	62029	65296	46607	60906	101.1	114.0	109.0	107.8	108.5	112.3	107.4	106.2
2016	67569	72538	50527	65531	108.9	111.1	108.4	107.6	106.7	108.8	106.2	105.4

表 7　按行业分城镇单位就业人员平均工资

单位：元

指标	2016	2015	2014	2013	2012	2011	2010
城镇单位就业人员	67569	62029	56339	51483	46769	41799	36539
农、林、牧、渔业	33612	31947	28356	25820	22687	19469	16717
采矿业	60544	59404	61677	60138	56946	52230	44196
制造业	59470	55324	51369	46431	41650	36665	30916
电力、燃气及水的生产和供应业	83863	78886	73339	67085	58202	52723	47309
建筑业	52082	48886	45804	42072	36483	32103	27529
交通运输、仓储和邮政业	73650	68822	63416	57993	53391	47078	40466
信息传输、计算机服务和软件业	122478	112042	100797	90915	80510	70918	64436
批发和零售业	65061	60328	55820	50308	46340	40654	33635
住宿和餐饮业	43382	40806	37264	34044	31267	27486	23382
金融业	117418	114777	108273	99653	89743	81109	70146
房地产业	65497	60244	55554	51048	46764	42837	35870
租赁和商务服务业	76782	72489	66475	62538	53162	46976	39566
科学研究、技术服务和地质勘查业	96638	89410	82220	76602	69254	64252	56376
水利、环境和公共设施管理业	47750	43528	39198	36123	32343	28868	25544
居民服务和其他服务业	47577	44802	41882	38429	35135	33169	28206
教育	74498	66592	56580	51950	47734	43194	38968
卫生、社会保障和社会福利业	80026	71624	63267	57979	52564	46206	40232
文化、体育和娱乐业	79875	72764	64150	59336	53558	47878	41428
公共管理和社会组织	70959	62323	53110	49259	46074	42062	38242

表 8　城乡居民家庭人均收入及恩格尔系数

年份	城镇居民家庭人均可支配收入		农村居民家庭人均纯收入/人均可支配收入		城乡居民收入差距	城镇居民家庭恩格尔系数(%)	农村居民家庭恩格尔系数(%)
	绝对数（元）	指数（1978=100）	绝对数（元）	指数（1978=100）			
1978	343. 4	100. 0	133. 6	100. 0	2. 57	57. 5	67. 7
1980	477. 6	127. 0	191. 3	139. 0	2. 50	56. 9	61. 8
1985	739. 1	160. 4	397. 6	268. 9	1. 86	53. 3	57. 8
1990	1510. 2	198. 1	686. 3	311. 2	2. 20	54. 2	58. 8
1991	1700. 6	212. 4	708. 6	317. 4	2. 40	53. 8	57. 6

续表

年份	城镇居民家庭人均可支配收入		农村居民家庭人均纯收入/人均可支配收入		城乡居民收入差距	城镇居民家庭恩格尔系数(%)	农村居民家庭恩格尔系数(%)
	绝对数（元）	指数（1978＝100）	绝对数（元）	指数（1978＝100）			
1992	2026.6	232.9	784.0	336.2	2.58	53.0	57.6
1993	2577.4	255.1	921.6	346.9	2.80	50.3	58.1
1994	3496.2	276.8	1221.0	364.3	2.86	50.0	58.9
1995	4283.0	290.3	1577.7	383.6	2.71	50.1	58.6
1996	4838.9	301.6	1926.1	418.1	2.51	48.8	56.3
1997	5160.3	311.9	2090.1	437.3	2.47	46.6	55.1
1998	5425.1	329.9	2162.0	456.1	2.51	44.7	53.4
1999	5854.0	360.6	2210.3	473.5	2.65	42.1	52.6
2000	6280.0	383.7	2253.4	483.4	2.79	39.4	49.1
2001	6859.6	416.3	2366.4	503.7	2.90	38.2	47.7
2002	7702.8	472.1	2475.6	527.9	3.11	37.7	46.2
2003	8472.2	514.6	2622.2	550.6	3.23	37.1	45.6
2004	9421.6	554.2	2936.4	588.0	3.21	37.7	47.2
2005	10493.0	607.4	3254.9	624.5	3.22	36.7	45.5
2006	11759.5	670.7	3587.0	670.7	3.28	35.8	43.0
2007	13785.8	752.5	4140.4	734.4	3.33	36.3	43.1
2008	15780.8	815.7	4760.6	793.2	3.31	37.9	43.7
2009	17174.7	895.4	5153.2	860.6	3.33	36.5	41.0
2010	19109.4	965.2	5919.0	954.4	3.23	35.7	41.1
2011	21809.8	1046.3	6977.3	1063.2	3.13	36.3	40.4
2012	24564.7	1146.7	7916.6	1176.9	3.10	36.2	39.3
2013	26955.1	1227.0	8895.9	1286.4	3.03	35.0	37.7
2014	29381.0	1310.5	9892.0	1404.7	2.75	30.0	33.6
2015	31790.3	1396.9	10772.0	1510.1	2.95	29.7	33.1
2016	34257.6		11600.1		2.95	29.3	32.2

注：从2013年起，农村居民人均纯收入改变为人均可支配收入，而且从2013年起城乡居民可支配收入的指数不再统计。根据城乡一体化住户收支与生活状况调查数据，按可比口径推算获得。从2016年起不再推算，本表中2016年数据根据2015年趋势推算。

表 9　各省（自治区、直辖市）居民人均可支配收入（2016 年）

单位：元

地　区	城镇人均可支配收入(元)	农村可支配收入(元)	地　区	城镇人均可支配收入(元)	农村可支配收入(元)
合　计	33616.2	12363.4	河　南	27232.9	11696.7
北　京	57275.3	22309.5	湖　北	29385.8	12725.0
天　津	37109.6	20075.6	湖　南	31283.9	11930.4
河　北	28249.4	11919.4	广　东	37684.3	14512.2
山　西	27352.3	10082.5	广　西	28324.4	10359.5
内蒙古	32974.9	11609.0	海　南	28453.5	11842.9
辽　宁	32876.1	12880.7	重　庆	29610.0	11548.8
吉　林	26530.4	12122.9	四　川	28335.3	11203.1
黑龙江	25736.4	11831.9	贵　州	26742.6	8090.3
上　海	57691.7	25520.4	云　南	28610.6	9019.8
江　苏	40151.6	17605.6	西　藏	27802.4	9093.8
浙　江	47237.2	22866.1	陕　西	28440.1	9396.4
安　徽	29156.0	11720.5	甘　肃	25693.5	7456.9
福　建	36014.3	14999.2	青　海	26757.4	8664.4
江　西	28673.3	12137.7	宁　夏	27153.0	9851.6
山　东	34012.1	13954.1	新　疆	28463.4	10183.2

文中表格索引

文中图形索引

统计名词解释

家庭人口	指居住在一起,经济上合在一起共同生活的家庭成员。
常住人口	全年经常在家或在家居住6个月以上,而且经济和生活与本户连成一体的人口。外出从业人员在外居住时间虽然在6个月以上,但收入主要带回家中,经济与本户连为一体,仍视为家庭常住人口。
劳动力	指调查期内常住人口中16周岁到60周岁的劳动力,虽然在劳动年龄之内,但已丧失劳动能力的人,不应算为劳动力。
转移劳动力	指举家外出住户的劳动力和常住人口中外出从业6个月以上,或未外出从业,但在本地非农产业从业6个月以上的劳动力。
总收入	住户和住户成员从各种来源渠道得到的收入总和。按收入的性质划分为工资性收入、家庭经营收入、财产性收入和转移性收入,不包括出售财物和借贷收入。
工资性收入	农村中,指住户成员受雇于单位或个人,靠出卖劳动而获得的收入,包括在非企业组织中劳动得到的收入,在本地劳动得到的收入,常住人口外出从业得到的收入。城镇中,是指就业人员通过各种途径得到的全部劳动报酬,包括从事主要职业的工资以及从事第二职业、其他兼职和零星劳动得到的其他劳动收入。
家庭经营收入	住户以家庭为生产经营单位进行生产筹划和管理而获得的收入。是全部生产经营收入中扣除生产成本和税金后所得的收入。
财产性收入	指金融资产或有形非生产性资产的所有者向其他机构单位提供资金或将有形非生产性资产供其支配,作为回报而从中获得的收入。
转移性收入	指住户和住户成员无须付出任何对应物而获得的货物、服务、资金或资产所有权等,不包括无偿提供的用于固定资本形成的资金。一般指指国家、单位、社会团体对居民家庭的各种转移支付和居民家庭间的收入转移。
总支出	住户用于生产、生活和再分配的全部支出。家庭经营费用支出、购置生产性固定资产支出、生产性固定资产折旧、税费支出、生活消费支出、财产性支出和转移性支出。
农村居民家庭人均纯收入	指住户当年从各个来源得到的总收入相应地扣除所发生的费用后的收入总和。纯收入主要用于再生产投入和当年生活消费支出,也可用于储蓄和各种非义务性支出。计算方法:纯收入=总收入-家庭经营费用支出-税费支出-生产性固定资产折旧-赠送农村内部亲友支出。

续表

居民家庭人均可支配收入	指调查户可用于最终消费支出和其他非义务性支出以及储蓄的总和，即居民家庭可以用来自由支配的收入。它是家庭总收入扣除经营性支出、交纳的个人所得税、个人交纳的社会保障费以及调查户的记账补贴后的收入。
现金收入	指农村住户和住户成员在调查期内得到以现金形态表现的收入。按来源分成工资性收入、家庭经营现金收入、财产性收入、转移性收入。
非收入所得	指住户和成员得到的不具收入特性的款项。非收入所得也可用于住户和成员的消费支出，包括：支取的储蓄存款、出卖财产得到的款项、借款、贷款和其他款项。

图书在版编目(CIP)数据

中国居民收入分配年度报告. 2017 / 国家发展和改革委员会就业和收入分配司，北京师范大学中国收入分配研究院编著. --北京：社会科学文献出版社，2018. 1
ISBN 978-7-5201-1951-1

Ⅰ. ①中… Ⅱ. ①国… ②北… Ⅲ. ①国民收入分配-研究报告-中国-2017 Ⅳ. ①F126. 2

中国版本图书馆 CIP 数据核字（2017）第 314530 号

中国居民收入分配年度报告（2017）

顾　　问 / 王晓涛　宋晓梧　程建林　施子海
编　　著 / 国家发展和改革委员会就业和收入分配司
　　　　　北京师范大学中国收入分配研究院

出 版 人 / 谢寿光
项目统筹 / 任文武
责任编辑 / 张丽丽

出　　版 / 社会科学文献出版社 · 区域与发展出版中心（010）59367143
　　　　　地址：北京市北三环中路甲 29 号院华龙大厦　邮编：100029
　　　　　网址：www. ssap. com. cn
发　　行 / 市场营销中心（010）59367081　59367018
印　　装 / 北京季蜂印刷有限公司

规　　格 / 开　本：787mm × 1092mm　1/16
　　　　　印　张：24. 5　字　数：373 千字
版　　次 / 2018 年 1 月第 1 版　2018 年 1 月第 1 次印刷
书　　号 / ISBN 978-7-5201-1951-1
定　　价 / 88. 00 元

本书如有印装质量问题，请与读者服务中心（010-59367028）联系